Andreas Oberhoff
Digitale Editionen im Spannungsfeld des Medienwechsels

Digital Humanities Research | Band 3

Editorial

Die *Digital Humanities* sind ein sich rasant entwickelndes, innovatives und Disziplinen übergreifendes Feld innerhalb der Geisteswissenschaften, das die Anwendung computergestützter Methoden im Zentrum hat. Die Forschung in diesem Bereich ist ein interdisziplinäres Unterfangen, das Forscher*innen aus den Geisteswissenschaften und der Informatik zusammenbringt und sowohl die angewandten Methoden als auch die theoretischen Grundlagen dieser unterschiedlichen Fächer voranbringt. Die Auswirkungen und Möglichkeiten dessen müssen adressiert und gemäden Traditionen der verschiedenen geisteswissenschaftlichen Disziplinen behandelt werden.

Digital Humanities Research fördert Publikationen aus all jenen Disziplinen, die sich mit den methodologischen und theoretischen Implikationen der Anwendung der digitalen Forschung in den Geisteswissenschaften befassen.

Die Reihe wird herausgegeben von Silke Schwandt, Anne Baillot, Andreas Fickers, Tobias Hodel und Peter Stadler.

Andreas Oberhoff (Dr. rer. nat.), geb. 1981, studierte und promovierte an der Universität Paderborn im Fachbereich Informatik. Schwerpunkt seiner wissenschaftlichen Forschungsarbeit am Heinz Nixdorf Institut war die Kontextuelle Informatik im Bereich der Digital Humanities.

Andreas Oberhoff

Digitale Editionen im Spannungsfeld des Medienwechsels

Analysen und Lösungsstrategien aus Sicht der Informatik

[transcript]

Qualifikationsnachweis: Dieses Buch ist 2020 (bis auf kleinere Änderungen) als Dissertation in der Fakultät für Elektrotechnik, Informatik und Mathematik an der Universität Paderborn eingereicht worden.

Bibliografische Information der Deutschen Nationalbibliothek
Die Deutsche Nationalbibliothek verzeichnet diese Publikation in der Deutschen Nationalbibliografie; detaillierte bibliografische Daten sind im Internet über http://dnb.d-nb.de abrufbar.

http://www.bielefeld-university-press.de

transcript Verlag | Hermannstraße 26 | D-33602 Bielefeld | live@transcript-verlag.de

Umschlaggestaltung: Maria Arndt, Bielefeld
Druck: Majuskel Medienproduktion GmbH, Wetzlar
Print-ISBN 978-3-8376-5905-4
PDF-ISBN 978-3-8394-5905-8
https://doi.org/10.14361/9783839459058
Buchreihen-ISSN: 2747-5476
Buchreihen-eISSN: 2749-1986

Gedruckt auf alterungsbeständigem Papier mit chlorfrei gebleichtem Zellstoff.
Besuchen Sie uns im Internet: *https://www.transcript-verlag.de*
Unsere aktuelle Vorschau finden Sie unter *www.transcript-verlag.de/vorschau-download*

Inhalt

1. Einleitung

Was ist eine Edition? Ein Zitat von Patrick Sahle aus seiner Arbeit zum Umgang mit der Überlieferung unter den Bedingungen des Medienwandels gibt einen ersten Einblick und fasst viele Herausforderungen der Editionsphilologie anhand zunächst unbeantworteter Fragestellungen sehr parabolisch, aber für einen Einstieg in die Thematik dennoch treffend, zusammen:

> »Am Anfang war das Wort. Und das Wort war bei Gott. Und Gott sprach. Und der Mensch schrieb. Und das Geschriebene wurde abgeschrieben und ging verloren. Und in die Abschriften gelangten Fehler. Und in den Abschriften der Abschriften waren noch mehr Fehler. – Was waren eigentlich die genauen Worte Gottes gewesen?
> Am Anfang war die Idee. Das Werk. Und der Autor schrieb es auf. Und der Lektor korrigierte den Text und der Setzer setzte ihn und der Verleger publizierte ihn. Für eine spätere Auflage wurde der Text vom Autor revidiert und von den nachfolgenden Generationen erneut verändert zum Druck gebracht. – Was war es, das der Autor eigentlich hatte sagen wollen?
> Am Anfang setzte er sich hin und schrieb. Gedanken, Notizen, Satzfetzen. Dann überarbeitete er: Streichungen, Korrekturen, Umstellungen, Ergänzungen. Und sein Text, der ein Kunstwerk war, wuchs im Schreiben und aus dem Schreiben heraus. Und schließlich wurde etwas veröffentlicht, vielleicht von ihm, vielleicht von seinem Nachlassverwalter. – Und das Schreiben selbst blieb unsichtbar und im Archiv versteckt. Aber war nicht das Schreiben selbst die Kunst gewesen?
> Am Anfang war die Tat, das Ereignis, der Beschluss, die rechtsgültige Bestätigung dessen, was Gegenwart war. Vieles wurde protokolliert, beschrieben und festgehalten. Und es wurde im Archiv aufbewahrt und wurde zur Vergangenheit. – Wie war es doch gleich gewesen? Was waren eigentlich die Umstände, unter denen alles geschah und protokolliert wurde? Und wie

> sind das Protokollierte und seine Sprache dann überhaupt zu verstehen, jetzt, hunderte Jahre später?
> Am Anfang war das Dokument, der Gegenstand. Ein Medium. Ein altes. Jetzt wieder aufgefunden. – Wie sollte man es heute benutzen, wenn nicht als ein Neues, neu Geschaffenes, Übertragenes? Aber was hatte das Dokument ursprünglich sagen sollen, und wie hatte es das ausgedrückt, was es mitteilen sollte? Wie hatte es funktioniert und wie war es benutzt, gelesen worden? Müsste man dies alles nicht ganz genau wissen, um seinen Inhalt, seine Mitteilung, seine Funktion jetzt wieder neu geben und benutzbar machen zu können?«[1]

Jede dieser Fragestellungen impliziert für sich genommen bereits grundlegende und vielschichtige Herausforderungen an die Editionswissenschaft. Darüber hinaus lassen sich in diesen Herausforderungen zudem schon erste Aufgaben, Funktionen und Zielstellungen für die Editionen und ihr Umfeld erkennen. Ein stetiger Wandel im Bereich der Editionswissenschaft bzw. der Editionen wird ebenfalls an einigen Stellen nachgezeichnet. Dieser Wandel kristallisiert sich in besonderer Weise an der Verlagerung vom Buchdruck hin zu den digitalen Medien heraus (Sahle nennt es Medienwandel, in dieser Arbeit wird stattdessen der Begriff »Medienwechsel« für diesen speziellen und insbesondere aus einer technikzentrierten Perspektive betrachteten Übergang verwendet) und erfordert sowohl eine historische, in die Vergangenheit gewandte Rekapitulation, aber vor allem auch eine in die Zukunft gedachte, zum Teil prospektive Betrachtung, um diese dynamischen Entwicklungen verstehen, aber auch steuern zu können. So postuliert Sahle ebenfalls:

> »Editionen müssen die Verbindung zur Tradition bewahren, sie müssen aber ebenso nach vorne blicken. Jede Edition, egal ob gedruckt oder digital, ist eine Wette auf die Zukunft.«[2]

Unter einer ähnlichen Prämisse stehen auch die folgenden Untersuchungen, so dass sich aus diesen ersten Feststellungen und Vorbedingungen bereits die

1 Sahle, *Das typografische Erbe*. Seite 7. Das Zitat stammt aus dem ersten einer insgesamt drei Bände umfassenden und sehr umfangreichen Arbeit mit dem übergeordneten Titel »Digitale Editionsformen – Zum Umgang mit der Überlieferung unter den Bedingungen des Medienwandels«. In editionswissenschaftlichen Fachkreisen gilt sie als Referenzwerk, auf das in dieser Arbeit insbesondere zur Beleuchtung einer philologischen Perspektive vielfach Bezug genommen wird.

2 Sahle, »Zwischen Mediengebundenheit und Transmedialisierung«. Seite 26.

Motivation für diese Arbeit ableiten lässt: Es gilt insbesondere aus der Perspektive der Informatik die Kräfte im Spannungsfeld des Medienwechsels von der gedruckten zur digitalen Edition zu identifizieren, ihre Ursachen, Auswirkungen und Bedingungen zu verstehen, sie systematisch einzuordnen, um schlussendlich diesen komplexen und vielschichtigen Entwicklungsprozess technisch unterstützend begleiten, aber auch innovativ und konstruktiv gestalten zu können.

Auf Grund des informatischen Blickwinkels dieser Arbeit bilden die *digitalen* Editionen und ihr Umfeld den wesentlichen Kern der im Weiteren ausgeführten Beobachtungen und Analysen. Sie sind gleichzeitig sowohl der Ausgangs- als auch der Zielpunkt dieser Untersuchungen, so dass sich die Spurensuche anhand differenzierter Aufgaben- und Fragestellungen in dieser Arbeit an vielen Stellen und in viele Richtungen thematisch oder chronologisch von diesem stets lebendigen Zentrum wegbewegt, um sich dann mit neuen Einsichten und Erkenntnissen wieder anzunähern, ohne dabei die inhärent dynamischen Prozesse der digitalen Editionen aus den Augen zu verlieren. Auf diese Weise können viele Entwicklungszweige und Abhängigkeitsbedingungen besser recherchiert, belegt, aufbereitet und eingeordnet werden, um ein umfangreiches und in sich schlüssiges Gesamtbild der digitalen Editionen aus der Perspektive der Informatik zu zeichnen. Schlussendlich sollen durch dieses Vorgehen neue Blickwinkel eröffnet, alternative Herangehensweisen an diese komplexe Thematik entwickelt sowie vor allem innovative und technische Impulse für eine konkrete Umsetzung digitaler Editionen und entsprechender Infrastrukturen gegeben werden.

Mit einem besonderen Augenmerk auf die Infrastrukturen überschneiden sich einige Bereiche der Untersuchungen auch mit den aktuell wesentlich breiter und interdisziplinärer diskutierten Themenfeldern der Forschungsdateninfrastrukturen bzw. des Forschungsdatenmanagements. Insbesondere die »Nationale Forschungsdateninfrastruktur« (NFDI)[3] als eine von Bund und Ländern geförderte Initiative soll Datenbestände von Wissenschaft und Forschung systematisch erschließen, nachhaltig sichern und zugänglich machen sowie (inter-)national vernetzen. Eine solche Infrastruktur soll aus einem durch die Wissenschaft getriebenen Prozess als vernetzte Struktur ei-

3 Nationale Forschungsdateninfrastruktur (NFDI) – Eine im Aufbau befindliche, digitale, verteilte Infrastruktur, die der Wissenschaft in Deutschland Dienste und Beratungsangebote rund um das Management von Forschungsdaten anbietet (https://www.dfg.de/nfdi).

geninitiativ agierender Konsortien entwickelt werden. Derartige Konsortien befinden sich aktuell in einer Findungs- bzw. Aufbauphase, ein Überblick entsprechender Partner und ihrer Absichtserklärungen lässt aber bereits auf ein breites Interesse auch aus dem Bereich der Editionswissenschaft schließen. Neben der deutlichen Fokussierung auf das Umfeld der digitalen Editionen und ihrer Infrastrukturen gilt es deshalb auch, die im Rahmen dieser Arbeit zu entwickelnden innovativen Ansätze gemäß der genannten Strategien über fachliche Grenzen hinweg zu denken und an entsprechenden Stellen auf das breitere Umfeld der NFDI zu übertragen, um Synergien erzeugen und ausnutzen, Konventionen und Standards schaffen und etablieren sowie ganz generell theoretische und praktische Konzepte für zukunftsfähige Forschungsdateninfrastrukturen propagieren zu können. Gemeinsame Reflexions- und Bezugspunkte sind in diesem Zusammenhang vor allem die Potenziale, aber auch die Beschränkungen des Medienwechsels, die folglich vielfältigen und oft konfligierenden Herausforderungen, heterogene Akteure mit differenzierten Interessen, die entsprechend zunehmende und vielschichtige Prozessorientierung und Kontextabhängigkeit sowie grundsätzlich der notwendige Paradigmenwechsel vom monolithischen System zur Infrastruktur.

Trotz der im Rahmen dieser Arbeit explizit eingenommenen Perspektive der Informatik liegt der eigentliche Ursprung des betrachteten Themenkomplexes sowie seiner vielschichtigen Aufgaben- und Fragestellungen ganz offensichtlich auf Seiten der Kulturwissenschaften bzw. spezieller im Forschungsfeld der Editionswissenschaft (Editionsphilologie) als Teilgebiet der Literaturwissenschaft bzw. der Musikwissenschaft. Aktueller und moderner ausgedrückt bewegen sich die Untersuchungen dieser Arbeit im sehr dynamischen Umfeld der »Digital Humanities«, was den interdisziplinären Charakter der behandelten Thematik im Spannungsfeld zwischen der Informatik und den Geisteswissenschaften deutlich passender unterstreicht. Diesbezüglich ist die »Editorik« ein erweiternder Begriff für die Editionswissenschaft und verbindet die theoretischen Konzepte der Edition mit ihren praktischen Umsetzungen. Die Editorik ist demnach eine theoretische (wissenschaftliche) und praktische (produktive) Beschäftigung mit wissenschaftlichen Editionen.[4] Der Schwerpunkt dieser Arbeit lässt sich folglich im Bereich der

4 Institut für Dokumentologie und Editorik e.V. (IDE) – Zusammenschluss von ForscherInnen aus dem Bereich der Digitalen Geisteswissenschaften, die sich besonders mit der Anwendung von digitalen Methoden auf historische Dokumente beschäftigen (ht

digitalen Editorik verorten. Die Perspektive der Informatik und ihre technischen Konzepte zur praktischen Umsetzung digitaler Editionen stehen zwar an vielen Stellen im Vordergrund, die sehr einfluss- und facettenreichen Aspekte der Editionswissenschaft bilden aber logischerweise den entsprechenden Kontext, stellen implizite Bezugspunkte sowie wesentliche Leitlinien für diese Untersuchungen dar und werden demgemäß auch ausführlich miteinbezogen.

Um sich dem speziellen Editionstypus der digitalen Edition in seiner Komplexität und seinem Facettenreichtum zu nähern, werden in Kapitel 2 (Herausforderungen digitaler Editionen) zuerst dessen Ursprünge und seine dynamische Entwicklung sowie wichtige Meilensteine dieses Weges und bedeutende Konzepte aus seinem Umfeld betrachtet, so dass gleichzeitig auch der aktuelle Stand der Technik bzw. der Kunst für diese Thematik passend aufbereitet wird. Im Zentrum dieser Beobachtungen stehen dabei immer wieder der Medienwechsel von der gedruckten zur digitalen Edition und dessen Implikationen, um die daraus entstehenden und sehr vielfältigen Herausforderungen fundierter untersuchen und strukturierter einordnen zu können. Dabei werden sowohl die erheblichen Potenziale und Mehrwerte der digitalen Editionen gegenüber den Buchausgaben detailliert aufgezeigt als auch eine problematische Kehrseite dieses Medienwechsels sowie deren Ursachen eingehend beleuchtet.

Die einführende Betrachtung geschieht zweigeteilt. In Kapitel 2.1 (Technologische Genese digitaler Editionen) werden aus einer überwiegend technisch geprägten Perspektive zuerst die Entwicklungsprozesse der digitalen Editionen und die damit eng verwobenen technologischen Konzepte sowohl chronologisch als auch nach thematischen Schwerpunkten in Unterkapitel gruppiert vorgestellt, um entsprechende Herausforderungen in diesen Bereichen zu identifizieren. In Kapitel 2.2 (Beobachtungen im Umfeld digitaler Editionen) wird dann der bis dorthin sehr technische Blickwinkel auf ein breiteres Umfeld ausgeweitet und so um weitere wichtige Aspekte ergänzt. Anhand dieser ebenfalls thematisch in Unterkapitel gegliederten Aspekte wird aufgezeigt, dass der Medienwechsel hin zur digitalen Edition neben den inhärent technischen Implikationen viele weitere, sehr unterschiedliche Bereiche tangiert und dabei Herausforderungen mit kulturellen, traditionellen, insti-

---

tps://www.i-d-e.de). Vom IDE stammt auch die genannte Einordnung des Begriffs Editorik.

tutionellen, rechtlichen, sozialen, kollaborativen, kommunikativen und kontextuellen Bezügen aufwirft.

Die zuvor als bedeutend und sehr facettenreich hervorgehobenen Herausforderungen der digitalen Edition und ihres Umfeldes werden in Kapitel 3 (Editionsinfrastrukturen) aufgenommen und in einen technisch-infrastrukturellen Kontext gesetzt. Es wird gezeigt, dass für moderne digitale Editionen als hochgradige Vernetzung von verteilten Inhalten bzw. Diensten eine gewisse Kompatibilität zugrunde liegender Systeme, Methoden und Schnittstellen vorausgesetzt werden muss. Standardisierungen und Modularisierungen können dazu die Basis für eine breite Palette an unabhängigen, aber untereinander kompatiblen Werkzeugen zur Editionsarbeit bilden. Auch die zunehmende Komplexität, eine sich diversifizierende Kompetenzverteilung und die dadurch geförderte Kollaboration unterschiedlicher Akteure und Institutionen, der Abbau von Grenzen zwischen Arbeits-, Publikations- und Rezeptionsumgebungen sowie der verstärkte Einbezug des Gesamtkontextes und daraus entstehender Abhängigkeiten benötigen eine durchgängige Integration auf technologischer Ebene. Ergänzt um Aspekte einer technisch unterstützten Ausbalancierung gegenläufiger oder widersprüchlicher Herausforderungen wird schlussendlich eine Tendenz herausgearbeitet, die deutlich erkennbar für die Entwicklung und Etablierung von entsprechenden Editionsinfrastrukturen spricht.

In Kapitel 4 (Produkt-Prozess-Komplementarität) wird eine produkt- bzw. prozessorientierte Sicht auf die Editionen genutzt, um den Medienwechsel von der gedruckten zur digitalen Edition als bedeutenden Ursprung der vielfältigen Herausforderungen noch tiefgreifender analysieren und gleichzeitig die daraus abgeleitete Notwendigkeit einer Editionsinfrastruktur fundierter begründen zu können. Insbesondere die Betrachtungsweise der Produkt-Prozess-Komplementarität aus der Softwareentwicklung und eine daran angelehnte Theorie zur Wissensarbeit liefern für diese Untersuchungen grundlegende Ansatzpunkte und ermöglichen einen innovativen und anschaulichen Zugang zu einer komplexen und an vielen Stellen auch widersprüchlichen Thematik. Mit Hilfe der vorgestellten Konzepte wird den digitalen Editionen eine zunehmend dominierende Prozessperspektive attestiert, gleichzeitig aber auch aufgezeigt, dass sich die produktorientierte Sicht der gedruckten Editionen nicht gänzlich ausblenden lässt und eine generelle Betrachtung produkt- oder prozessorientierter Merkmale auch im Digitalen nicht einfach nur alternativ ausschließend, sondern wechselseitig ergänzend und damit komplementär erfolgen muss. Darüber hinaus fordert und fördert die prozessorientierte Betrachtungsweise eine deutlich umsichtigere und integrative Berücksichtigung des Gesamtkontextes, so dass schließlich die Korrelationen der adaptierten Konzepte mit den wesentlichen Ideen und Zielen der Editionsinfrastrukturen im Umgang mit den Herausforderungen und ihren Wechselwirkungen deutlich offensichtlich werden. Insgesamt entsteht durch diese Herangehensweise eine solide und theoretisch unterfütterte Basis für ein besseres Verständnis der digitalen Editionen und ihrer Implikationen.

In Anknüpfung an das Konzept der Produkt-Prozess-Komplementarität und den Erkenntnissen aus einer zunächst konträren, aber schließlich komplementären Betrachtungsweise von produkt- bzw. prozessorientierten Eigenschaften wird in Kapitel 5 (Abgeschlossenheit vs. Offenheit) die bewusst konkurrierend formulierte Gegenüberstellung von Abgeschlossenheit und Offenheit in Bezug auf das Konzept der Gestaltungskonflikte als ein Instrument der weiteren Untersuchungen in den Mittelpunkt der Beobachtungen gestellt, um die ausschlaggebenden Kräfte für die zuvor beschriebene, komplexe Form der Wechselwirkungen identifizieren und systematisch analysieren zu können. Zunächst werden dazu beide Seiten dieser Gegenüberstellung jeweils mit grundlegenden, durch die Grenze des Medienwechsels aufgeteilten Attributen der gedruckten bzw. der digitalen Editionen verknüpft, um die kompetitiv zugeordneten Merkmale dann aus verschiedenen Perspektiven ausführlich zu untersuchen und in den Kontext der bereits vielfältig dargestellten Herausforderungen und ihrer Implikationen zu setzen. Mit Unterstützung des Konzepts der Gestaltungskonflikte kann schließlich herausgearbeitet werden, dass zum einen viele Argumente für die Abgeschlossenheit der gedruckten Editionen trügerisch sind, zum anderen kann vor allem beobachtet werden, dass einige Aspekte der facettenreichen Öffnungsprozesse digitaler Editionen, wie beispielsweise die deutliche Abschwächung oder sogar der Verlust von Merkmalen aus dem Bereich der Abgeschlossenheit, als unvorteilhaft angesehen werden und ein zunehmender Technikeinsatz diese Konflikte noch auf weiteren Ebenen verschärfen kann. So wird insbesondere untersucht, inwieweit das digitale Medium als Auslöser dieser Kontroversen nun gleichzeitig durch seine Gestaltungspotenziale selbst die Möglichkeiten einer komplementären Kompromissfindung bzw. -bildung für das Austarieren dieser Konflikte in sich trägt. Eine ausführliche Analyse der gesamten Thematik schafft so ein deutlich tiefergehendes und präziseresVerständnis für die abstrakte Ambivalenz des Gestaltungskonflikts »Abgeschlossenheit vs. Offenheit« und seiner nun gleichzeitig kompetitiven, aber auch komplementären Kräfteverhältnisse. Zusammen mit dem Konzept der Produkt-Prozess-

Komplementarität werden mit diesem Ansatz die wechselwirkenden Bedingungen des Medienwechsels veranschaulicht und ein austarierender Technikeinsatz als wichtige Lösungsstrategie im Umfeld digitaler Editionen hervorgehoben. Abschließend werden die theoretischen Erkenntnisse auf konkrete, anwendungsnahe, praxisorientierte und entsprechend auszutarierende Anforderungen an die digitalen Editionen bzw. Editionsinfrastrukturen übertragen.

In Kapitel 6 (Revisionssicherheit digitaler Editionen) wird das Konzept der Revisionssicherheit als eine geeignete Methodik eingeführt, um das zuvor beschriebene komplizierte und konfligierende Spannungsfeld der digitalen Editionen bzw. Editionsinfrastrukturen unter den Bedingungen des Medienwechsels und insbesondere die daraus abgeleiteten, konkreten Anforderungen reflektierter verstehen und konsolidierter beschreiben zu können. Die Aufzeichnung von Geneseinformationen als implizite Vorbedingung der konkreten Anforderungen und gleichzeitig zentrales Moment des Konzepts der Revisionssicherheit wird dabei als ein wesentliches Argument für diese Untersuchungen angeführt. Das Konzept wird zunächst detailliert erläutert und in den Kontext der digitalen Editionen bzw. Editionsinfrastrukturen gesetzt, bevor es anhand seiner Kriterien in enge Relation mit den konkreten Anforderungen gestellt wird, um die Tauglichkeit des gewählten Ansatzes entsprechend zu untermauern. Auf diese Weise entsteht schließlich ein strukturierender, systematisierender und qualifizierender Bezugsrahmen für die konkreten Anforderungen der digitalen Editionen bzw. Editionsinfrastrukturen. Zum einen soll dieses Vorgehen das grundlegende Verständnis für die konkreten Anforderungen und ihre komplexen Ursprünge als Gestaltungskonflikte einer zunehmend dominierenden Prozessorientierung sowie eine einheitliche Betrachtungs- bzw. Sprechweise dieser komplizierten Sachverhalte vertiefen und verankern. Zum anderen soll dieser Ansatz auch als funktionale Methodik klassifizierend und überprüfend auf bestimmte Eigenschaften und Merkmale von digitalen Editionen bzw. Editionsinfrastrukturen angewendet werden können und darüber hinaus eine praxisorientierte bzw. anwendungsnahe Einordnung und Bewertung konkreter, technischer Lösungsansätze ermöglichen.

Das Kapitel 7 (Technische Lösungsansätze zur Revisionssicherheit) ist den technischen Lösungsansätzen für die zuvor herausgearbeiteten und durch das Konzept der Revisionssicherheit systematisch eingerahmten konkreten Anforderungen im Umfeld der digitalen Editionen gewidmet. Da dieses Konzept selbst keine praktischen bzw. technischen Vorgaben zur Erfüllung dieser

Anforderungen (bzw. zum Austarieren entsprechender Gestaltungskonflikte) beinhaltet, bedarf es innovativer und konkreter Lösungsansätze sowie einer Einordnung und Bewertung gemäß der entsprechend adaptierten Revisionssicherheit und ihrer Kriterien. Schwerpunkte bei der Vorstellung möglicher Lösungswege sind dabei die Verwaltung und (Nach-)Nutzung von Editionsdaten sowie insbesondere die damit zusammenhängenden Aspekte der Editionsinfrastrukturen.

In Kapitel 7.1 (Versionsverwaltungssysteme) werden zunächst Systeme zur versionierten Verwaltung von Daten in den Fokus der Beobachtungen gestellt. Es wird ausführlich aufgezeigt, dass der Einsatz von Versionsverwaltungssystemen aus der Softwareentwicklung für die kollaborative Arbeit mit digitalen Editionsdaten viel Potenzial bietet, da sowohl die konkreten Anforderungen als auch die damit in engem Bezug stehenden Kriterien der Revisionssicherheit mit den Eigenschaften und Funktionalitäten solcher Systeme nahezu vollständig abgebildet und erfüllt werden können. Darüber hinaus werden Versionsverwaltungssysteme insbesondere auf Grund wichtiger, konzeptueller Merkmale und Implementierungsdetails als ein grundlegender Baustein für die Umsetzung von Editionsinfrastrukturen herausgestellt. Es wird aber auch aufgezeigt, dass wesentliche Merkmale schlussendlich von den Betreibern solcher Systeme als vertrauenswürdige Intermediäre abhängig sind und diese nachteiligen Aspekte andere oder ergänzende Lösungsansätze und damit ein weiteres technisches Austarieren notwendig machen können.

Die als problematisch betrachtete Notwendigkeit zentraler Vertrauensinstanzen beim Einsatz von Versionsverwaltungssystemen werden in Kapitel 7.2 (Blockchain-Technologien) zunächst noch einmal für das Umfeld der digitalen Editionen aufgegriffen und kritisch durchleuchtet. Als Ergebnis dieser Diskussion wird einer möglichen Disintermediation durch entsprechenden Technikeinsatz das Potenzial einer innovativen und zukunftsfähigen Lösung für das Spannungsfeld von Authentizität und Vertrauen attestiert. Unter diesen Vorbedingungen werden dann die »Blockchain«-Technologien und ihre Konzepte eingeführt sowie die erstmals allein durch Technikeinsatz erreichte Disintermediation mittels einer innovativen Verknüpfung von kryptografischen und dezentralisierten Methoden und Mechanismen als fundamental hervorgehoben. Anhand wesentlicher Charakteristiken der Blockchain-Technologien, ihrer technischen Ausprägungen und konzeptuellen Erweiterungen sowie deren Implikationen auf Authentizität und Vertrauen werden verschiedene konkrete Lösungsvorschläge bzw. Einsatzszenarien vorgestellt und in den Kontext der konkreten Anforderungen an digitale Editionen bzw. Editionsinfratrukturen gestellt sowie anhand entsprechender Kriterien der Revisionssicherheit eingeordnet und bewertet. Neben einigen problematischen Aspekten und entsprechend möglichen Kompromissen werden vor allem die Potenziale der Blockchain-Technologien für die digitalen Editionen, die Verwaltung von Editionsdaten und nicht zuletzt auch die Ausgestaltung von Editionsinfrastrukturen im Sinne einer Disintermediation als bedeutend herausgestellt.

In Kapitel 7.3 (Weitere Technologien und Konzepte) werden in Ergänzung zu den Blockchain-Technologien in Unterkapitel gegliedert weitere Technologien und Konzepte untersucht, die ebenfalls aus einem von Dezentralisierung und Disintermediation geprägten Umfeld stammen, dementsprechend innovative Ansätze verfolgen und somit den Ein- und Überblick technischer Lösungsansätze für die konkreten Anforderungen sowie einer entsprechenden Einordnung und Bewertung unter den Kriterien der Revisionssicherheit abrunden.

Mit Bezug auf die Blockchain-Technologien und gewisser Restriktionen solcher Konzepte werden in Kapitel 7.3.1 (Peer-to-Peer Dateisysteme) verteilte Dateisysteme zur Speicherung und zum Austausch von Daten auf Basis von »Peer-to-Peer«-Netzwerken als mögliche Alternativen bzw. Ergänzungen in den Blickpunkt gestellt. Die konzeptuelle und funktionale Nähe zu Versionsverwaltungssystemen und Blockchains, die Interoperabilität und Integrationsfähigkeit in Bezug auf entsprechend heterogene Systemlandschaften und nicht zuletzt ein substanzieller Beitrag zur Erfüllung der konkreten Anforderungen sowie der entsprechenden Kriterien der Revisionssicherheit heben Systeme auf Basis dieser Konzepte als zukunftsfähige und grundlegende Komponenten einer Editionsinfrastrukur hervor.

In Kapitel 7.3.2 (Blockchain-Datenbanken) wird das Konzept spezieller Datenbanktypen untersucht, welche die Funktionalitäten klassischer Datenbankkonzepte um charakteristische Merkmale der Blockchain-Technologien erweitern. Die Möglichkeiten, beliebig strukturierbare Daten speichern, indexieren und vor allem effizient abfragen zu können, aber auch die versionierte Aufzeichnung von Änderungsvorgängen werden dabei als wesentliche Vorteile herausgestellt. Mit Blick auf konkrete Anforderungen und ihre Bezüge zur Revisionssicherheit werden neben den Blockchain-Eigenschaften vor allem die charakteristischen Merkmale einer Datenbank hervorgehoben, die insbesondere die Anforderungen aus dem Bereich der Publikation und damit auch Aspekte der Nachnutzbarkeit, der Anschlussfähigkeit und der Bewahrung in besonderem Maße unterstützen können.

Das Kapitel 8 (Zusammenfassung) dient der abschließenden Reflexion über den gesamten Themenkomplex dieser Arbeit. Zunächst werden die wesentlichen Ergebnisse und die daraus abgeleiteten Erkenntnisse sowie die prospektiv gegebenen Empfehlungen und Impulse kapitelweise zusammengefasst. Anhand eines roten Fadens von den Herausforderungen der digitalen Editionen, dem induzierten Bedarf an entsprechenden Editionsinfrastrukturen, einer theoretischen Vertiefung der Thematik durch verschiedene, interdisziplinäre Konzepte bis hin zu den konkreten, praxisorientierten Lösungsansätzen werden die substanziellen Beiträge dieser Arbeit sowie die daraus gezogenen Schlussfolgerungen und Erkenntnisgewinne bewertend eingeordnet. Abschließend werden Vorgehensweisen und Resultate der Arbeit in Kapitel 8.1 (Ausblick) gegenüber nicht betrachteten Aspekten des Themengebiets und anderer Forschungsfelder abgegrenzt, unbeantwortet gelassene Aufgaben- und Fragestellungen begründet und mögliche Anknüpfungspunkte für weitere Untersuchungen aufgezeigt.

2. Herausforderungen digitaler Editionen

Die Editionsarbeit richtet sich seit jeher nach tradierten Verfahren, die von festen Regeln und Normen bestimmt sind.[1] Editorische Entscheidungen sollen auf Basis eines Regelwerks legitimiert werden können und so vor allem Objektivität und Transparenz schaffen.[2] Aus diesen Gründen liegt die Idee einer Zuhilfenahme von Maschinen für wiederkehrende Aufgaben mit festen Vorschriften auch in der Editorik nahe. Sie kam dementsprechend auch schon vor dem Zeitalter des Computers auf: Der »Hinman Collator«[3] oder spätere Verbesserungen wie der »Lindstrand Comparator«[4] und der »McLeod Collator«[5] sind optomechanische Werkzeuge zum visuellen Überblenden von Druckseiten, um ein zeitsparendes Vergleichen zum Auffinden textkritischer Varianten zu ermöglichen und gehören damit zu den bekanntesten Beispielen für den frühen Einsatz von Maschinen in der editorischen Vorarbeit.[6] Hans Werner Seiffert merkt über diese noch analogen Beispiele hinaus im Zusammenhang mit dem Einsatz von ersten Computern zur Textkritik bereits früh

1 Baillot und Schnöpf, »Von wissenschaftlichen Editionen als interoperable Projekte, oder: Was können eigentlich digitale Editionen?« Seite 1. Anne Baillot spricht von »eine[r] langen Tradition [sowie] Referenzen und Normen«.

2 Sahle, »Digitales Archiv–Digitale Edition. Anmerkungen zur Begriffsklärung«. Kapitel 9.7 (Die Edition als regelgeleitetes Unternehmen).

3 Hinman, *The Printing and Proof-reading of the First Folio of Shakespeare*. Charlton Hinman beschreibt hier den nach ihm benannten »Hinman Collator«, eine Kollationsmaschine, die von ihm als Hilfsmittel für die Shakespeare-Forschung bereits Ende der 1940er Jahre erfunden wurde.

4 Rück, *Methoden der Schriftbeschreibung*. Seite 217 f.

5 Rück. Seite 218 f.

6 Shillingsburg, *Scholarly Editing in the Computer Age: Theory and Practice*. Seite 135. Peter L. Shillingsburg spricht hier ebenfalls von der Zeit vor dem Aufkommen des Computers: »The optical machines available to editors before the advent of computers [...].«

an, dass »diese Elektronenmaschinen bei besonders günstigen Voraussetzungen auch für textkritische Entscheidungen in Anspruch genommen werden [können]. [...] Voraussetzung ist aber immer eine kluge Programmierung. Leider ist die dafür erforderliche Methodik noch allenthalben in der Entwicklung.«[7] Trotz fehlender Grundlagen in diesem Bereich erahnt er aber schon damals das enorme Potenzial digitaler Technologien, als er weiter ausführt: »Wenn auch nicht bezweifelt werden kann, daß sich hier für die Zukunft entscheidende Möglichkeiten andeuten [...].«[8]

Als ein bedeutender Begründer einer frühen computerunterstützten Editionswissenschaft wird heute sehr oft Roberto Busa genannt. Der Jesuitenpater begann Ende der 1940er Jahre mit Hilfe von Lochkarten eine Konkordanz, also ein Indexverzeichnis aller in den Werken des Thomas von Aquin vorkommenden Worte, inklusive eines kurzen Kontextausschnitts, zu verfassen. Unterstützung erhielt er dabei durch IBM, damals führender Hersteller von Lochkartensortiermaschinen.[9] So konnte Busa ab den 1970er Jahren seine »Index Thomesticus« genannte Arbeit in einer 70.000 Seiten umfassenden 56-bändigen Reihe publizieren.[10] »Aus den Anfängen der Verwendung der frühen Computertechnologie im Umgang mit Texten sticht vor allem [s]eine Geschichte hervor, die geradezu als ›Gründungsmythos‹ der Digital Humanities gelten kann.«[11] Zwar ist das Erstellen eines vollständigen Index noch keine eigenständige Edition, dennoch zählt es aber zu den essentiellen Vorarbeiten einer textkritischen Analyse.

Mit der schnell fortschreitenden Entwicklung des Computers und der Verbesserung seiner Einsatzmöglichkeiten entstanden ab den 1960er Jahren zahlreiche Anwendungen für unterschiedliche editorische Tätigkeiten.[12] Viele dieser Programme dienten zuerst oft der reinen Arbeitserleichterung bei der Durchführung bestimmter, oft repetitiver Schritte eines editorischen

---

7 Seiffert, *Untersuchungen zur Methode der Herausgabe deutscher Texte*. Seite 70. Hans Werner Seifferts Aussagen stammen bereits aus den frühen 1960er Jahren.

8 Seiffert. Seite 70.

9 Busa, »The annals of humanities computing: The index Thomisticus«.

10 Busa, *Index Thomisticus Sancti Thomae Aquinatis Operum Omnium Indices Et Concordantiae in Quibus Verborum Omnium Et Singulorum Formae Et Lemmata Cum Suis Frequentiis Et Contextibus Variis Modis Referuntur*. In den frühen 1990er Jahren wurde der Index auch auf CD-ROM veröffentlicht.

11 Thaller, »Geschichte der Digital Humanities«. Seite 1.

12 Hockey, »Creating and Using Electronic Editions«. Seite 1 ff. Susan M. Hockey nennt hier chronologisch einige der bekanntesten Anwendungen und deren Aufgabenbereiche.

Prozesses, insbesondere um den Aufwand für Routineaufgaben mit Hilfe des Computers zu reduzieren. Nicht so sehr im Vordergrund stand damals das Bestreben, durch den Einsatz des Computers oder bestimmter Anwendungen konzeptionell und methodisch besonders innovativ zu sein. Es lässt sich heute aber unzweifelhaft festhalten, dass schon lange keine Edition mehr ohne Computerunterstützung erstellt wird. Das betrifft ganz allgemein (und wie in vielen anderen Bereichen auch) den Computer als grundlegendes und unverzichtbares Werkzeug, aber auch editionsspezifischere Anforderungen, beispielsweise »[z]ur Texterstellung, zur Apparateverwaltung, für die Bibliographie und zum Satz«[13]. Grundsätzlich können fast alle Prozesse der Editionserstellung durch digitale Technologien unterstützt werden. So wurden bereits in den 1990er Jahren fast alle Stufen der Editionsvorbereitung mit Computerunterstützung durchgeführt,[14] endeten aber zu dieser Zeit meist noch mit dem elektronischen Setzverfahren für einen anschließenden Buchdruck.[15]

Der Editionsbegriff wird demnach bis hierher auch noch sehr traditionell im Sinne einer typografisch geprägten Sichtweise verwendet. Auch der Begriff »digital« bezieht sich dabei nur auf die Anwendung von Computern als Hilfsmittel, bei der die technischen Möglichkeiten auf die klassische Editionsarbeit adaptiert werden. Interessant wird es aber im Sinne dieser Arbeit erst, wenn der Computer jenseits eines reinen Werkzeugs zur Arbeitserleichterung betrachtet wird. Nämlich dann, wenn der Computer und seine verwandten Ausprägungen das Buch als primäres Medium der Edition ablösen. Hier müssen vor allem zwei Perspektiven betrachtet werden. Zum einen die computergestützten Arbeitsumgebungen der Editoren, welche als Zielpunkt nicht mehr den Druck, sondern direkt die digitale Edition haben. Zum anderen die Arbeitsumgebungen für die Nutzer, welche der Publikation einer digitalen Edition immanent sind und für die Präsentation sowie für die

13 Kamzelak, »Edition und EDV. Neue Editionspraxis durch Hypertext-Editionen«. Kapitel 1.1 (Der Computer als Werkzeug). Interessant ist in diesem Zusammenhang auch Kapitel 1.2 (Computereinsatz in der editorischen Praxis).

14 Exemplarisch zu erwähnen sind hier das spezialisierte Satzsystem »Critical Edition Typesetter« (CET) oder spätere Textverarbeitungssysteme wie der »Classical Text Editor« (CTE) nach dem »WYSIWYG«-Prinzip, sowie komplexere Werkzeuge wie »TUSTEP«, das auf Grund seiner Öffnung in Richtung moderner Standards und digitaler Publikation heute immer noch zum Einsatz kommt.

15 Henrichs, »Bericht über die Arbeit der Kommission Technik«. Seite 154. »DV- Unterstützung der Editionsarbeit […] gipfelt im Einsatz elektronischer Satzverfahren […].«

Exploration große Bedeutung haben. Dieser Medienwechsel bringt sowohl für die Editoren als auch für die Nutzer der Editionen erhebliche Mehrwerte und Potenziale, die noch nicht ausgeschöpft sind. Es gibt aber auch deutliche Nachteile dieser Entwicklung, die nicht immer sofort auf der Hand liegen, aber direkt oder indirekt dem Medienwechsel geschuldet sind. Im Folgenden soll deshalb dieser Wandel von der gedruckten zur digitalen Edition auf Basis ausgewählter, in einer späteren Argumentation immer wieder aufgegriffener Aspekte, betrachtet werden, um die vielfältigen Herausforderungen zu verdeutlichen.

2.1 Technologische Genese digitaler Editionen

Wie bereits eingangs erläutert, ist der Ausgangspunkt für jede wissenschaftliche Edition die Überlieferung in Form historischer Quellen. Eine möglichst vollständige Erschließung und Aufbereitung dieser Quellen und die Zugänglichmachung für die Wissenschaft und/oder ein interessiertes Publikum ist das primäre Bestreben. Das vorherrschende editorische Konzept ist eine möglichst quellennahe Annäherung an den Urtext unter Berücksichtigung des (mutmaßlichen) Autorwillens. Lange Zeit war, egal ob mit analoger oder digitaler Vorarbeit, der Buchdruck das einzige Zielmedium der Edition. Doch bereits diese einführenden Feststellungen zur Vollständigkeit der Erschließung, Annäherung an den Urtext und Berücksichtigung des Autorwillens zeigen nun auch schon erste Widersprüche und Konflikte bei der Erstellung gedruckter Editionen, welche auch Wilhelm Bauer bereits in einem Satz zusammenfasst:

> »Die Ausgabe einer schriftlichen Quelle durch den Druck verfolgt den Zweck, a) den Text in möglicher Reinheit und Vollständigkeit, in der vermutlich vom Verfasser gewollten Form wiederzugeben, b) ihn so übersichtlich, lesbar und verständlich darzustellen, wie das ohne Verletzung des Inhaltes immer nur möglich ist.«[16]

Patrick Sahle stellt dazu treffend fest:

> »Hier werden insgesamt vier Perspektiven angedeutet, die sich in der Praxis durchaus widersprechen, ja sogar ausschließen: Orientierung an der Über-

16 Bauer, *Einführung in das Studium der Geschichte*. Seite 215.

> lieferung (»Reinheit und Vollständigkeit«), Orientierung an eher philologischen Kategorien (die vom Verfasser intendierte Form), Orientierung an einem faktizistischen Geschichtsverständnis (der Inhalt) und Orientierung an dem Nutzer (»so lesbar und verständlich wie möglich«).«[17]

Die Konflikte zwischen unterschiedlichen, rein editorischen Methoden, Konzepten, Sichtweisen und Zielen werden an dieser Stelle den bereits vielfach geführten und immer wieder aufbrechenden Diskussionen innerhalb der Editionswissenschaft überlassen. Wichtiger für die Argumentation in dieser Arbeit sind die impliziten Möglichkeiten, aber insbesondere auch die Beschränkungen des Buchdrucks als Medium selbst, welche hier sichtbar werden und maßgeblichen Einfluss auf eine spätere Editionspraxis aus der Perspektive elektronischer Medien haben.

Am offensichtlichsten ist dabei die traditionelle Begrenzung auf eine einzige Fassung durch den Editor. So werden grundsätzliche Ausgangsannahmen und Zielsetzungen in einem Vorwort untergebracht und Abweichungen aus unterschiedlichen Quellen in den Variantenapparat ans Ende ausgegliedert, um sich dazwischen, abgesehen von Verweisen, auf einen einzigen Text zu konzentrieren. Bereits hier zeigen sich die Grenzen des Buchdrucks, welcher durch die Linearität des Geschriebenen die synoptische Betrachtung verschiedener Sichtweisen insbesondere durch die Platzbeschränkung erschwert. Vielschichtige Verweissysteme sollen diese Sequenzialität aufbrechen, den komplexen Aufbau einer Edition nachvollziehbarer machen und die Überprüfbarkeit jeder vom Editor eingegriffenen Stelle im Text gewährleisten, um so zumindest die Wissenschaftlichkeit, Objektivität und Transparenz der Edition durch die Nennung aller getroffenen Interpretationsentscheidungen sicherzustellen. Doch selbst hier beschränkt oft der Platz auf einer Seite bzw. zwischen zwei Buchdeckeln die Auswahl und Anzahl der Einträge und verhindert somit die angestrebte Vollständigkeit. Zuweilen stellt diese Selektion damit sogar den Willen des Editors über den des Autors, denn die Interpretation von Varianz, Kontext und Autorwillen liegt ganz subjektiv im Wissen und der fachlichen Kompetenz des Editors. So attestiert Sahle dem Variantenapparat dann auch

> »einen sonderbaren Mischstatus: er kann zugleich als Ausweis von Objektivität und Transparenz gesehen werden oder aber in seiner Willkür und Aus-

17 Sahle, *Das typografische Erbe*. Seite 62.

schnitthaftigkeit als bloßes Feigenblatt für die editorisch subjektiven Konstruktionen des herausgegebenen Textes«[18].

Betrachtet man die Kommentierung bzw. den Apparat als eine Art Kommunikationsmittel zwischen dem Editor und dem Leser der Edition, so stellt man fest, dass Vorwissen und Erklärungsbedarf des Editionsnutzers nicht vorhersehbar sind und es dementsprechend schwer ist, diesen Apparat adäquat zu reglementieren oder gar nutzerabhängig zu gestalten.[19] Vielfach wird deshalb versucht, trotz typografisch bedingter Beschränkungen des Buchdrucks beispielsweise im Bereich des Layouts und durch Systeme diakritischer Zeichen[20] zusätzliche Informationsebenen einzuziehen, um wissenschaftliche Aspekte und den objektiven Vorgang der Textkonstitution aus der Überlieferung transparenter zu machen.[21] Insgesamt sind hier aber deutlich die Zwänge erkennbar, die durch das Medium Buch und seine inhärenten Eigenschaften auf den Editor und damit auch auf den späteren Rezipienten ausgeübt werden.

Die typografischen Möglichkeiten des Buchdrucks werden im Bereich der gedruckten Editionen fast vollständig ausgenutzt, dennoch gehen an vielen Stellen die Überlegungen zu dem was wünschenswert ist offensichtlich über das hinaus, was auf Buchseiten umsetzbar oder dem Leser zumutbar ist. Eine Weiterentwicklung bzw. Umsetzung ist an dieser Stelle vor allem durch das Medium Buch beschränkt. Dieser beschränkende Charakter und die daraus

18 Sahle. Seite 34.

19 Witkowski, *Textkritik und Editionstechnik neuerer Schriftwerke: Ein methodologischer Versuch*. Seite 16. Georg Witkowski merkt explizit die Abhängigkeit der Kommentierung vom Wissensstand des Lesers an.

20 Diakritische Zeichen in einem allgemeineren Sinn sind an Buchstaben angebrachte kleine Markierungen (Punkte, Striche, Häkchen, Bögen, Kreise etc.), die eine Erweiterung des Alphabets erlauben, ohne neue Buchstaben kreieren zu müssen. In der textwissenschaftlichen Editorik werden diakritische Zeichen verwendet, um zum Beispiel Korrekturen, Einblendungen, Umstellungen oder Unsicherheiten zu kennzeichnen. In der Musikedition werden diakritische Zeichen vor allem für Ergänzungen des Herausgebers, zur Kennzeichnung von Eigenheiten des Notentextes oder korrigierenden Eingriffen verwendet, um den Kritischen Apparat zu entlasten.

21 Maas, *Einleitung in die Altertumswissenschaft: Textkritik*; Sahle, *Das typografische Erbe*. Seite 15. Paul Maas fordert zur Transparenz von Eingriffen durch Editoren: »Im Text sind zu kennzeichnen: Konjekturale Zusätze […], konjekturale Streichungen (›Athetesen‹) […], Ergänzungen bei mechanischer Beschädigung [… und] unheilbare lokalisierbare Verderbnisse […].« / Seite 114. Patrick Sahle beschreibt entsprechende Versuche, bei einem »System […] diakritischer Zeichen zu einem verbindlichen Modell zu kommen«.

resultierenden Konflikte für den Editor, aber auch für den Nutzer einer Edition sind erste wichtige Reflexionspunkte, die in der nachfolgend betrachteten Fortentwicklung der digitalen Edition aus dem Blickwinkel des Medienwechsels aufgegriffen und durch die Betrachtung vieler weiterer Herausforderungen ergänzt werden.

2.1.1 Edition als Datenverarbeitung

Eine wichtige editorische Kernaufgabe ist das Verarbeiten von Daten in Form historischer Quellen und daraus abgeleiteten editorischen Erkenntnissen. Zur Erstellung einer Edition müssen zahlreiche Quellen gesichtet und aufbereitet sowie ihre Aussagen und Zusammenhänge erschlossen werden. Varianten aus unterschiedlichen Überlieferungen müssen analysiert, interpretiert und zu Entscheidungen kondensiert werden. Dabei müssen diese Daten und auch ihre Beziehungen untereinander möglichst strukturiert und systematisch organisiert und gespeichert werden, um jederzeit etwaige Hypothesen durch Analysen auf Grundlage dieser Datensammlungen überprüfen oder darauf basierende Entscheidungen begründen zu können. So besteht der Kern einer Edition im Grunde aus einer Ansammlung von Daten unterschiedlichster Form und Herkunft, welche entsprechend gewisser Vorgaben miteinander verknüpft werden. Ergänzt werden diese Sammlungen durch Informationen, die beispielsweise aus Interpretationen, Analysen, Nachweisen und Erkenntnissen der Editoren stammen. Insgesamt hängt die editorische Vorarbeit und damit auch ihr Gesamtergebnis als Edition inhärent von der Qualität und dem Potenzial solcher Datensammlungen und ihrer Möglichkeiten zur Verarbeitung ab und ist eine von vielen großen Herausforderungen innerhalb der Editionswissenschaft. Unter Betrachtung dieser Gesichtspunkte zeigen sich hier nun bereits deutliche Parallelen zwischen den Anforderungen zur Organisation und Verarbeitung an ebendiese Datensammlungen und den charakterisierenden Eigenschaften eines Datenbanksystems.[22] Im Folgenden soll nun dieser Vergleich erläutert werden, um die Schnittmenge dieser Konzepte, aber auch sich widersprechende Aspekte zu verdeutlichen.

---

22 Kammer, »On problems of literary databanks.« Seite 521 ff. Auch Manfred Kammer sieht diese Analogie und nähert sich ihr von der anderen Seite, denn er argumentiert, dass für ihn auch jede historisch-kritische Ausgabe bereits eine Datenbank ist, die jedoch in einer konventionalisierten Präsentationsform vorliegt.

Rein konzeptuell betrachtet speichert eine Datenbank eine Menge an einheitlich strukturierten und miteinander in Beziehung stehenden Daten, die über Funktionalitäten zur Eingabe, Ausgabe, Manipulation und Abfrage (weiter-)verarbeitet werden können. Sie bietet darüber hinaus Mechanismen, um die Integrität und Konsistenz miteinander verknüpfter Daten zu gewährleisten. Unterschiedliche Datenbanksysteme unterstützen unterschiedliche Datenmodelle, um die Daten in unterschiedlichen Formen strukturieren und abfragen zu können. Die wohl verbreitetste Ausprägung ist die relationale Datenbank.[23] Sie orientiert sich prinzipiell am Konzept von Tabellen und definiert Felder (Spalten), in denen die Datensätze (Zeilen) gespeichert werden. Tabellen repräsentieren Objekttypen, die über Verknüpfungen miteinander in Relation gesetzt werden können. In den letzten Jahren wird der Blick aber auch wieder vermehrt auf die nicht-relationalen Datenbanken gerichtet. Sie spielen wieder zunehmend (oder auch ergänzend zu den relationalen Datenbanken) eine größere Rolle, da sie auf festgelegte Tabellenschemata verzichten und damit bestimmte Anforderungen im Hinblick auf eine flexiblere Datenmodellierung bzw. bestimmte Retrieval-Operationen (beispielsweise spezielle Suchanfragen) besser erfüllen.[24]

Das Konzept der Datenbank wurde auch in der Editorik bereits früh als ein Hilfsmittel aufgegriffen, um bestehende Informationen, die auf Grund ihres Umfangs, ihrer bereits vorgegebenen Struktur oder den beabsichtigten Operationen eine Verwendung von Datenbanken nahelegten, entsprechend zu verwalten. Doch auch im Bereich der Editionen wurden schnell der Mehrwert und das Potenzial von Datenbanken über die reine Nutzung als Werkzeug hinaus erkannt.[25] Die Datenbanktheorie war mit Blick auf die Geschich-

---

23 Codd, »A Relational Model of Data for Large Shared Data Banks«. Das Konzept der relationalen Datenbank von Edgar F. Codd stammt bereits aus dem Jahr 1970.

24 Indrawan-Santiago, »Database Research: Are We at a Crossroad? Reflection on NoSQL«; Atzeni u. a., »The relational model is dead, SQL is dead, and I don't feel so good myself«. Beide Konferenzbeiträge stellen die Vor- und Nachteile von relationalen und nicht-relationalen Datenbankkonzepten vergleichend gegenüber, gehen aber auch differenzierter über eine reine Nebeneinanderstellung hinaus.

25 Herberger, »Plädoyer für eine ›elektronische Edition‹ – zusätzlich zur gedruckten«. Seite 338. Maximilian Herberger teilt diese Einschätzung und merkt auch mit dem Blick auf die Nutzung von Datenbanken an: »Mit ›elektronischer Edition‹ ist nicht gemeint, daß EDV-Hilfsmittel zur Vorbereitung der gedruckten Edition verwendet werden (sollen) – dies wird als selbstverständlich vorausgesetzt: Alles andere wäre nicht mehr ›state of the art‹.«

te des Computers aus heutiger Sicht bereits früh sehr hoch entwickelt. Unter den vielen unterschiedlichen Konzepten und Modellen für Datenbanken, die bereits seit den Anfängen existierten, setzten sich zunächst die relationalen Datenbanken durch. Das lag vor allem an der Einfachheit des Modells[26] und seiner Strukturiertheit, einer standardisierten Abfrage- und Manipulationssprache,[27] der hohen Effizienz und dem breiten Einsatzgebiet. Die sehr verbreitete Verwendung relationaler Ansätze findet aber zugegebenermaßen damals wie heute mehrheitlich in Anwendungsbereichen außerhalb der Editionswissenschaft statt. Diese auch gegenwärtig noch erkennbare Disjunktion im Einsatzkontext deutet also bereits ein kontradiktorisches Verhältnis zwischen den editorischen, vor allem textkritischen bzw. textorientierten Methoden und Konzepten und dem strikten Modell der relationalen Datenbank an.

Die genannte Gegensätzlichkeit rührt daher, dass die Schemata einer relationalen Datenbank in großen Teilen bereits vor ihrem Einsatz bekannt sein müssen. Auch wenn eine beliebige Remodellierung theoretisch jederzeit möglich ist, muss die Struktur doch praktisch vor dem Befüllen mit Daten feststehen. Dem entgegen stehen die wesentlichen Prozesse und Methoden der Forschungsarbeit und zwar nicht nur, aber insbesondere innerhalb des Editionswesens. Die intensive Arbeit mit einer sich über die Zeit eventuell sogar ändernden Quellenlage macht eine stabile Vorabdefinition der Schemata unmöglich, auch weil beispielsweise neue Erkenntnisse oder neue Hypothesen notwendige Änderungen am Datenmodell erforderlich machen können. Auch der umgekehrte Weg, bei dem zunächst alle Daten erschlossen werden, um dann entsprechende Strukturen daraus abzuleiten, ist nicht ideal, da die Datenbank als unterstützendes Hilfsmittel bis dahin nicht in vollem Umfang oder nur für bestimmte Nebentätigkeiten genutzt werden kann, bei denen die benötigten Strukturen bereits erkennbar sind. Daraus folgt indirekt ein weiterer problematischer Aspekt bei der Nutzung von relationalen Datenbanken. Schemata verlangen eine hohe Uniformität von Daten in einer möglichst spezifisch festgelegten Granularität, um sie persistieren und

26 Chen, »The Entity-relationship Model – Toward a Unified View of Data«. Das »Entity-Relationship«-Modell erleichtert die konzeptionelle Entwicklung von Schemata für relationale Datenbanken.

27 Chamberlin und Boyce, »SEQUEL: A Structured English Query Language«. »Standard Query Language« (SQL), erst als »SEQUEL« abgekürzt und später umbenannt, ist die standardisierte Abfrage- und Manipulationssprache für relationale Datenbanken.

abfragen zu können. Auch hier stehen die variierenden Eigenschaften editorischer Dokumente bzw. Quellen konträr zu strikten Strukturvorgaben. Textdaten und -strukturen eignen sich auf Grund ihrer komplexen Hierarchien, dem Variantenreichtum und oft fehlender Gleichmäßigkeit nicht für die Abbildung in relationalen Schemata. Manfred Kammer betont in diesem Zusammenhang: »Damit wird in besonderer Weise der interpretative Charakter derartiger Modellierungen deutlich, da die Strukturierung der Datenbank nur eine begrenzte Anzahl aller möglichen, bzw. für das Problemfeld insgesamt denkbaren Auswertungsstrategien zuläßt. Die vorgängige Analyse und Modellierung präjudiziert somit den möglichen Erkenntnisgewinn bei der Auswertung der Datenbank.«[28] Dennoch haben relationale Datenbanken in der Editorik durchaus ihre Daseinsberechtigung. Auch in digitalen Editionen gibt es natürlich etwas abseits vom Text und der textkritischen Auseinandersetzung viele Bereiche, in denen sich Daten auf relationale Strukturen abbilden lassen. Beispielhaft seien hier Register, Konkordanzen oder bibliographische Informationen[29] angeführt. Zu erwähnen sind hier ebenfalls relationale Datenbanken, die zusätzliche, nicht-relationale Ansätze integrieren oder aber Konzepte, welche die relationalen Strukturen zugrunde liegender Datenbanksysteme abstrahieren oder verbergen können.[30]

Neben den insgesamt weit verbreiteten relationalen Datenbanken kommen im Bereich der Philologie häufig sogenannte Text- bzw. Volltextdatenbanken zum Einsatz. Hier ist die Transferleistung bzw. die notwendige Modellierung für eine Überführung der Quellen in die Datenbank im Gegensatz zum relationalen Ansatz deutlich einfacher, da sich dieses Konzept weitaus näher am Text und seinen sequenziellen Eigenschaften orientierte. Laut Manfred Kammer

---

28 Kammer, *Literarische Datenbanken: Anwendungen der Datenbanktechnologie in der Literaturwissenschaft*. Seite 152.

29 Kammer. Seite 34.

30 Ein Beispiel für dieses Anwendungsfeld sind relationale Datenbanksysteme mit integrierter Funktionalität zur Speicherung und Abfrage von textuell ausgezeichneten Daten (beispielsweise im Format der »eXtensible Markup Language«, XML), welche sich auf Grund ihrer hierarchischen Struktur nicht effizient auf ein rein relationales Schema abbilden lassen. Ein anderes Beispiel sind Frameworks zur objektrelationalen Abbildung (»Object-Relational Mapping«, ORM), mit dem Objekte einer objektorientierten Programmiersprache in einer relationalen Datenbank abgelegt werden können, die konzeptuelle Abstraktion und strukturelle Transformation übernimmt dabei das ORM-Framework.

> »stellt die Erschließung eines [...] Textkorpus durch eine Volltextdatenbank eine besonders geeignete Zugangsform zu Informationen dar, da keine erneute Beschreibung der Beziehungen einzelner Entitäten untereinander erfolgen muß. [...] Diesem Leistungsumfang steht die Einschränkung gegenüber, daß grundsätzlich nur auf Informationen rekurriert werden kann, die explizit im Text erscheinen.«[31]

So wird der Text zunächst indexiert, um Such- und Analysefunktionen bereitzustellen oder Untersuchungen nach Wortformen und -häufigkeiten durchführen zu können. Zusätzlich wird der Text ähnlich wie bei einem Buch in Segmente unterteilt, wie beispielsweise Seiten oder Zeilennummern, so dass diese als Referenzstrukturen genutzt werden können. Durch das Anlegen eines Thesaurus können Informationen über die Zusammengehörigkeiten von Begriffen abgebildet und durch Kontextausschnitte oder andere Erläuterungen angereichert werden. Mit Hilfe der Thesauri können hierarchische Relationen abgebildet, assoziative Verweissysteme konstruiert und Detailkenntnisse des Textes dokumentiert werden. Zur Diskussion assoziativer Verknüpfungen sei hier auf das Kapitel 2.1.3 (Vom Hypertext zum WWW) verwiesen, da dieses Konzept in Teilen der Hypertexttheorie ähnelt. Mit einer Volltextdatenbank steht dem Editor also ein Werkzeug zur Verfügung, das durch seine inhaltliche und strukturelle Nähe zum Text, einer jederzeit sichergestellten Lesbarkeit des Gesamttextes und den bekannten Konzepten von Registern und Listen teils sehr intuitive Zugangs- und Analysemöglichkeiten bietet. Im Gegensatz zu den relationalen Datenbankkonzepten ist das Charakteristikum hier die

> »Vermeidung von präjudizierenden Entscheidungen seitens des Einrichters einer Datenbank. Jede qualitative Auswahl, die immer auch bis zu einem gewissen Grad eine Interpretation darstellt, wird konsequent auf den Nutzer der Datenbank verlagert und erfolgt stets in dessen Verantwortung. Entscheidungen bleiben somit immer überprüfbar«[32].

Die strenge Orientierung an der textlichen Gestalt eines Textkorpus hat allerdings den Nachteil, dass Informationen explizit im Text verankert sein müssen. Sachverhalte, die nicht direkt an sprachlichen Formulierungen festge-

---

31 Kammer, *Literarische Datenbanken: Anwendungen der Datenbanktechnologie in der Literaturwissenschaft*. Seite 71.

32 Kammer. Seite 98.

macht werden können, sind nur schwer zu dokumentieren. Vor allem durch diese Einschränkung fehlt dem Konzept, trotz vieler nützlicher Funktionalitäten, ein wichtiger Baustein zur Abbildung bzw. Modellierung einer modernen Edition.

Die oben angeführten Defizite der genannten Datenbankkonzepte führten in der Editorik zusammen mit der generellen Beurteilung von Komplexität überlieferter Quellen und ihrer differenzierten Erschließung schnell zu der Erkenntnis, dass auf die Anforderungen spezialisierte, nicht-relationale Datenbanksysteme benötigt werden. Manfred Thaller merkt passend dazu an,

> »daß Informationen, die in historischen Quellen enthalten sind, Eigenschaften haben, die die Anwendung herkömmlicher [Datenbank-]Software mindestens behindern, und in letzter Konsequenz die Erarbeitung eigener fachspezifischer Datenmodelle erfordern«[33].

Er war es auch, der sich mit der Adaption bzw. Entwicklung solcher Datenbanken bereits früh technisch-konzeptionell beschäftigte.[34] Bereits 1978 starteten Thaller und seine Mitarbeiter die »Entwicklung eines datenbankorientierten Programmsystems [namens »Clio«, später auch »Kleio«], das speziell auf die Bedürfnisse der historischen Forschung abgestellt«[35] war und auch in der Editorik eingesetzt werden konnte.[36] Es sollte unterschiedlichste Quellenformate sehr flexibel akzeptieren, um somit so nah wie möglich am Original arbeiten zu können. Ausgehend von diesen quellennahen Repräsentationsformen konnten in weiteren, darüber liegenden Ebenen die Quellen erschlossen und entsprechend dargestellt sowie für anschließende Analysen und Auswertungen aufbereitet werden.[37]

---

33 Thaller, »Clio – ein datenbankorientiertes System für die historischen Wissenschaften: Fortschreibungsbericht«. Seite 88.

34 Thaller, »Ungefähre Exaktheit: theoretische Grundlagen und praktische Möglichkeiten einer Formulierung historischer Quellen als Produkte ›unscharfer‹ Systeme [1984]«; Thaller, »Data bases v. critical editions«; Thaller, »Datenbasen als Editionsformen«.

35 Thaller, »Clio – ein datenbankorientiertes System für die historischen Wissenschaften: Fortschreibungsbericht«. Seite 88.

36 Schadwaldt, »Erfahrungen beim Einsatz der EDV«. Seite 174 f. Daphne Schadwaldt beschreibt im Detail ihre editorische Arbeit mit Kleio in der Version 5.

37 Thaller, »Automation on Parnassus: CLIO – A Databank Oriented System for Historians [1980]«. Seite 115. »Historical sources should be accepted in an extremely flexible format as close to the original as possible [...] – performing linkages of files via names of

In Bezug auf die Problematik der Dynamik, einer nicht vorhandenen Gleichförmigkeit und der schwer festzulegenden Granularität von editorischen, textkritischen Daten hebt Thaller bereits damals als Vorteil seines Systems hervor:

> »Beliebige Schwankungen in der Feldlänge und/oder die häufige Abwesenheit von »Variablen« oder ganzen »Entitäten« beeinflussen das Systemverhalten nicht.«[38]

Zum Dilemma mit im Vorhinein definierten Schemata stellt Thaller fest:

> »[T]herefore it is more often than not impossible to decide exactly at the time of data input which parts of a given source will be needed most at the time of analysis and which ones can be discarded.«[39]

Die grundlegenden Probleme erkannt und mit dem Hinweis auf die große Kontextsensitivität historischer Daten spricht er sich eindeutig

> »gegen das extrem kontextfreie relationale Datenmodell [aus]: die [...] Implementation [von Clio] baut daher bewußt auf einem eigens entwickelten Datenmodell auf, das die Daten zunächst als ein semantisch bestimmtes Netzwerk verwaltet, das von einzelnen Systemteilen dann, je nach Bedarf, als ein Netz im herkömmlichen Modellsinn verstanden werden kann, auf das andere Systemteile bei Bedarf aber auch mit einem relationalen Ansatz zugreifen können«[40].

Mit seinem Problembewusstsein für die Eigenheiten historisch textkritischer Daten und insbesondere mit den Ideen eines frühen »Semantic Web« war er seiner Zeit damit deutlich voraus und erkannte damals schon, dass »eine konsequente Anwendung datentechnischer Möglichkeiten zur Realisierung von Datenbanken führen [kann], die einen wesentlich erweiterten Be-

---

persons mentioned therein, merging data structures of almost unlimited complexity and so on – and perform a number of analyses itself, and can «bring you in touch« with other programs – either by direct interfaces or, at least, by preparing your data to suit optimally the input requirements of another program.«

38 Thaller, »Clio – ein datenbankorientiertes System für die historischen Wissenschaften: Fortschreibungsbericht«. Seite 89.

39 Thaller, »Automation on Parnassus: CLIO – A Databank Oriented System for Historians [1980]«. Seite 114.

40 Thaller, »Clio – ein datenbankorientiertes System für die historischen Wissenschaften: Fortschreibungsbericht«. Seite 91.

griff der ›Edition‹ ermöglichen«[41]. Diese frühe Feststellung und die sehr hohe und abseits der damals verbreiteten technischen Paradigmen liegende Innovativität dieser Konzepte machten aber letztendlich die Einstiegshürden für viele so unüberwindbar, dass sich dieses und ähnliche Systeme zu jener Zeit nicht wirklich durchsetzen konnten. So kann man mit Blick in die nähere Vergangenheit und die Gegenwart heute feststellen, dass viele der damaligen technischen Konzepte wieder neu »erfunden« bzw. adaptiert werden müssen und bereits früh thematisierte Problembereiche heute immer noch aktuell sind.

Bis hierher werden die Datenbanken in ihren verschiedenen Ausprägungen als Werkzeuge zur strukturierten Persistierung und zur Aufbereitung mittels Abfragemechanismen für anschließende analysierende und weiterverarbeitende Prozesse der Editionsarbeit beleuchtet. Noch nicht betrachtet wird, dass eine solche entsprechend befüllte und funktional ausgestattete Datenbank durchaus auch als eine maschinenlesbare Edition der originalen Quellen betrachtet werden kann.[42] Diese Sichtweise auf eine solche Datenbank als eigene Publikationsplattform basiert folgerichtig auf der Feststellung, dass diese in ihren Möglichkeiten

> »[g]anz offensichtlich [...] über die des [G]edruckten weit hinaus [geht]. Das übliche [G]edruckte [...] wäre nur mehr eine Art Standardausgabe der Datenbank in entsprechender typografischer Aufbereitung. Die Datenbank würde darüber hinaus vielfältige Möglichkeiten der gezielten Abfrage von Zugriffnahme und Informationen bieten«[43].

Abgeleitet aus diesen sich erstmals bietenden Funktionen entstanden dann auch schnell die ersten Ideen einer dynamischen Edition, deren Instanzen je nach gewünschter Variante, sozusagen per Knopfdruck, aus den Datenbanken erzeugt werden sollten. Thaller stellt dementsprechend fest, dass

> »die dynamische [...] und integrierte [...] Darstellung sämtlicher Textüberlieferungen, die Datenbank allmählich in die Rolle eines Instruments bringt, aus dem die [...] weiterhin wünschbare gedruckte Edition als ein statischer Auszug aus dieser dynamischen Repräsentation erstellt werden kann«[44].

41 Thaller, »Datenbasen als Editionsformen«. Seite 234.

42 Harvey und Press, »Databases in Historical Research«. Seite 192. »Thus the database is conceived as a ›machine-readable edition‹ of the original source.

43 Schadwaldt, »Erfahrungen beim Einsatz der EDV«. Seite 175.

44 Thaller, »Datenbasen als Editionsformen«. Seite 234.

In Anbetracht der Maschinenlesbarkeit und somit der Zugänglichkeit für komplexe Abfrage- und Analyseprozesse wurde die gedruckte Edition in dieser Phase zunehmend als Beschränkung und Degression der Möglichkeiten betrachtet. Es stellte sich folglich bereits damals die grundsätzliche, auch gegenwärtig oft noch schwer zu beantwortende Frage, ob dem Nutzer nicht auch alle Daten und die gleichen Funktionalitäten zur Verfügung stehen sollen wie dem Editor. Maximilian Herberger gibt eine pragmatische Antwort, indem er fordert, dass es »nicht um das Publizieren aus der Text-Datenbank [gehen dürfe], sondern um das Publizieren der Text-Datenbank selbst«[45].

Für den Bereich der Datenbanken in der Editorik lässt sich zusammenfassend feststellen, dass ihr Einsatz früh diskutiert und für passende Aufgabenstellungen und Zielsetzungen auch umgesetzt wurde. Viele Problembereiche wurden entsprechend identifiziert, Lösungsansätze erarbeitet und frühe Weichenstellungen in Richtung digitaler Editionen vorgenommen. Dennoch bleibt festzuhalten, dass die Komplexität textueller Überlieferungen durch ihre Varianz, Unstrukturiertheit, einer schwer zu fassenden Granularität und nicht zuletzt der Nutzbarmachung durch (digitale) Publikation auch heute trotz sehr weit entwickelter und oft hochspezialisierter Datenbanksysteme immer noch enorme Herausforderungen bereithält.

Mit dem Blick in die Gegenwart gerichtet kann man feststellen, dass das Paradigma der Datenbank innerhalb der Editorik heute von anderen Konzepten und Methoden überlagert und damit oft unsichtbar geworden ist. Das liegt zum einen daran, dass in der Anfangszeit dieser Entwicklungen die technischen Hürden für den Einsatz solcher Datenbanken oft zu hoch waren, um sich in der Breite durchzusetzen. Zum anderen gab es keine geeigneten Verbreitungswege, um die Datenbank als solche adäquat zu veröffentlichen oder über entsprechende Schnittstellen auch für andere nutzbar zu machen.[46] Es fehlte schlicht die rezipiententaugliche Aufbereitung. Das Interesse für Datenbanken und die Anerkennung ihres Potenzials kamen damals vielmehr aus dem näheren Umfeld der Editoren und Wissenschaftler mit entsprechenden Erfahrungen.[47] Datenträger wie beispielsweise die CD-ROM (ausführlicher

---

45 Herberger, »Plädoyer für eine ›elektronische Edition‹ – zusätzlich zur gedruckten«. Seite 338.

46 Zu berücksichtigen ist hier vor allem auch, dass Datenbanken zur damaligen Zeit für Großrechner implementiert wurden und die PCs noch nicht die heutige Verbreitung oder gar Vernetzung hatten.

47 Ebenfalls zu bedenken ist, dass sowohl für die Erstellung als auch die Benutzung genannter Datenbanken entsprechender Zugang zu Soft- und Hardwaretechnologien als

in Kapitel 2.1.2 Datenträger statt Buchdruck) für die Weitergabe oder eine Installation der Datenbanken in speziellen Datenarchiven zur Nutzung vor Ort wurden zwar in Betracht gezogen und zum Teil auch umgesetzt, die Hürden für eine Nutzung, in diesem Fall insbesondere auch auf der Nutzerseite, blieben aber lange ein Problem.[48]

Der damalige Mangel an tauglichen Verbreitungs- und Nutzungswegen für Datenbanken ist heute nahezu vergessen und stattdessen sorgen neue, technische Errungenschaften dafür, dass auch die Editionsdatenbank als solche in den Hintergrund gerückt ist. Durch die Verbreitung des Internets und vor allem befeuert durch das »World Wide Web« (WWW) und dahinterstehenden Technologien insbesondere aus dem Umfeld des »World Wide Web Consortium« (W3C)[49] stehen heute neue Präsentations- und Publikationsmöglichkeiten sowie entsprechende Distributionswege für digitale Editionen zur Verfügung. Moderne Auszeichnungssprachen übernehmen komplexe Aufgaben der Datenhaltung und eignen sich insbesondere besser für den Umgang mit schwach und variabel strukturierten Daten (ausführlicher in Kapitel 2.1.3 Vom Hypertext zum WWW und insbesondere in Kapitel 2.1.4 Beschreibung durch Auszeichnung). Gespeichert und abgefragt werden in dieser Form codierte Daten zwar prinzipiell immer noch mittels Datenbanktechnologien, der Fokus liegt aktuell aber mehr auf umfassenderen und vernetzten Informationsarchitekturen sowie durchgängigen Arbeits- und Explorationsumgebungen.

2.1.2 Datenträger statt Buchdruck

Durch den Einsatz des Computers als Hilfsmittel und die Verwendung entsprechender Software wie beispielsweise Datenbanksysteme können sehr anspruchsvolle und umfangreiche Editionen vorbereitet und in den Druck gegeben werden. Wie bereits in Kapitel 2.1.1 (Edition als Datenverarbeitung) beschrieben, besteht dementsprechend schon länger der Wunsch, die Edition (auch) in digitaler Form weiter- und wiederzugeben, da der Buchdruck

---

auch Expertenwissen in diesem Bereich vorhanden sein musste, was beides zu dieser Zeit nicht selbstverständlich war.

48 Kammer, *Literarische Datenbanken: Anwendungen der Datenbanktechnologie in der Literaturwissenschaft*. Kapitel 2.3 (Verfügbarkeit von Datenbasen) und insbesondere Kapitel 2.3.2 (Distribution von Datenbasen).

49 Word Wide Web Consortium (W3C) – Leading the web to its full potential (https://www.w3.org).

vor allem die Maschinenlesbarkeit der Editionsdaten und somit die Zugänglichkeit für komplexe Abfrage- und Analyseprozesse einschränkt. Gegen den Druck als Reanalogisierung bereits digital aufbereiteter (vormals schon analoger) Daten sprechen aber nicht nur der Verlust der Maschinenlesbarkeit und der damit verbundenen Vorteile, sondern schlicht auch der Platz zwischen den Buchdeckeln, der auch vorher schon zu zahlreichen Beschränkungen geführt hat. Dazu merkt Dierk Hoffmann passend an:

> »Da in dem elektronischen Medium nicht mit Kilogramm, sondern Kilobytes gerechnet wird [...] spielt die zu speichernde Textmenge im Gegensatz zu Buchausgaben, wo der Text in Papiergewicht und Umfang auch heute noch berechnet werden muss, keine Rolle.«[50]

Nicht nur die Textmengen, sondern vor allem die Abbildung von Faksimiles ist in gedruckten Ausgaben meist aus ökonomischen Gründen stark begrenzt. Diese tendenzielle Bildfeindlichkeit der gedruckten Edition scheint durch eine digitale Weitergabe aufgehoben.[51] Durch die Integration der digitalisierten Textträger kann zudem quellennäher gearbeitet und veröffentlicht werden.

Als Datenträger und somit Publikationsmedium kam Ende der 1980er Jahre auf Grund des, für die damalige Zeit, recht großen Speicherplatzes zunächst nur die CD-ROM in Frage.[52] Da die Publikation digitaler Rohdaten oder technisch schwer zugänglicher Datenbanken für die Endnutzer praktisch nicht in Betracht zu ziehen war, musste gleichzeitig auch nach neuen Präsentationsformen gesucht werden, die den Mehrwert der digitalen Edition(-sdaten) gegenüber der gedruckten Edition durch Software und eine dynamische Darstellung an Bildschirmen ausschöpfen konnten. Erst zu diesem Zeitpunkt mit dem Überschreiten der Schwelle vom Computer als reinem Werkzeug der Editionswissenschaft hin zur Nutzung der CD-ROM als

---

50 Hoffmann, »Gedanken zu dem Konzept einer holistischen Edition basierend auf der Konsequent Synoptischen Methode (KSM)«. Seite 296.

51 Sahle, »Digitale Edition«. Seite 240. »Die gedruckte Edition [ist] aus ökonomischen Gründen tendenziell bildfeindlich [...]. In der digitalen Edition ist die Untermauerung durch Faksimiles nicht die Ausnahme, sondern die Regel.«

52 Disketten kamen auf Grund des geringen Speicherplatzes nur selten zum Einsatz. Die CD-ROM wird dementsprechend hier und im Folgenden auf Grund ihrer prägenden Rolle genannt, steht aber auch synonym für ihre Nachfolger im Bereich der mobilen Datenträger als Publikationsmedium für digitale Editionen, wie beispielsweise DVDs, USB-Sticks, externe Festplatten etc.

Publikations- und dem Computer als Präsentationsmedium konnte erstmals von durchgängig digitalisierten Editionen gesprochen werden.

Durch die so gewonnenen Publikations- und vor allem Präsentationsfreiheiten werden insbesondere seit den CD-ROM-Ausgaben digitaler Editionen sehr vielfältige Darstellungsformen und -konzepte entwickelt. Viele Beschränkungen des Buchdrucks und der Typografie sind im digitalen Raum aufgehoben, der Computer bietet nun neben den neuen Möglichkeiten zur Erstellung auch Innovationen für die Präsentation digitaler Editionen. Eine Stärke liegt in den deutlich schnelleren und flexibleren Navigationsmöglichkeiten, welche es den Nutzern erlauben, eine Edition wesentlich komfortabler auf verschiedensten Ebenen zu explorieren und eigene Lesepfade zu beschreiten. Sichten auf einzelne Varianten können dynamisch generiert und Quellen besser für die Nutzung eingebunden werden. Außerdem sind Methoden des Information Retrieval auf Basis benutzerdefinierter Kriterien sowie Volltextsuchen möglich, um das Erschließen durch den Nutzer zu verbessern.[53] Sogar die Integration und das Abspielen von Audio- und Videodaten sind mit dem Computer möglich. Diese Freiheiten haben aber auch durchaus ihre Nachteile. Je nach Art der Edition und ihrer Überlieferung sowie der Intention des Editors muss die Software zur digitalen Publikation individuell entwickelt und auf der CD-ROM zur Installation auf dem Rechner des Nutzers beigelegt werden oder dort bereits installiert sein. Natürlich etablierten sich in dieser frühen Phase auch für die Publikation auf CD-ROM gewisse Standards, welche dann aber wiederum die Ausrichtung der Edition an diesen Vorgaben zur Folge haben konnten. Die Verwendung von einheitlicher Software vermindert zwar generell die Einarbeitung und erhöht die Akzeptanz in der Nutzung, insbesondere auf Seiten des Rezipienten, aus wissenschaftlicher Sicht befürchtete man damals aber durch die softwaregeleitete Ausrichtung des Editionsprozesses oder die spätere Anpassung der Ausgangsdaten an die Funktionalitäten der Software einen Verfall der editorischen Ansprüche.[54]

---

53 Albrecht und Göttsche, »Vom Schicksal eines elektronischen Editionsvorhabens«. Seite 247. »[D]ie geplante CD-ROM-Edition [soll] den Inhalt der kritischen Buchedition elektronisch erschließen und umfangreiche Suchfunktionen im gesamten Text und Kommentar der Edition ermöglichen (Volltextrecherche).«

54 Assmann und Sahle, *Digital ist besser: die Monumenta Germaniae Historica mit den dMGH auf dem Weg in die Zukunft – eine Momentaufnahme*. Seite 40 f. »Jedes Publikationsmedium legt als technisch und ökonomisch bestimmtes System auch gewisse Verfahrensweisen, gewisse Präsentationsweisen und die Auswahl gewisser Inhalte nahe, weil es

Für bereits gedruckte Editionen bot die CD-ROM erstmals einen einfachen Weg der Neuveröffentlichung. Die digitalen Daten waren ja in vielen Fällen auch zu dieser Zeit bereits vorhanden und mussten nur noch entsprechend aufbereitet werden. Durch die Verwendung digitaler Datenträger war erstmals auch ein Mittelweg zwischen einer gedruckten Publikation und der digitalen Veröffentlichung möglich. Bei den ersten, aus diesen Entwicklungen entstandenen, Hybridausgaben wurden den gedruckten Editionen zusätzliche, den Umfang des Drucks ergänzende Materialien, wie beispielsweise Faksimile, der Ausgabe etwa auf CD-ROM beigelegt oder separat vertrieben. So blieb die editorisch-wissenschaftliche Methodik von Rückwirkungen durch eine der digitalen Publikation angepassten Vorgehensweise zunächst weitestgehend unberührt. Eine weitere Ausprägung waren auch erste Archivausgaben auf CD-ROM, die den Forschenden bis dahin wenig verbreitetes Material in Form erster Transkriptionen und digitaler Abbildungen der Textzeugen für eine weitere tiefergehende textkritische Erschließung bereits maschinenlesbar vorerschlossen und zur einfacheren Weiterverarbeitung zugänglich machen konnten.

Die CD-ROM oder vergleichbare, modernere Nachfolger spielen ihre Vorteile damals wie heute aber nicht nur dadurch aus, dass sie die Grenzen des Buchdrucks sprengen, sondern auch und gerade weil sie als explizit produzierte Medienträger etwas »Buchhaftes« an sich haben. So lassen sich CD-ROM-Editionen durch Verlage auf den gewohnten Wegen bewerben und vertreiben.[55] Wie das Buch ist die CD-ROM eine materielle und abgeschlossene Veröffentlichung und kann daher auch von Bibliotheken ohne weitere Anpassungen in Katalogen gelistet werden. Gegenüber reinen Onlineeditionen haben sie nicht den Charakter des Unabgeschlossenen, Flüchtigen, sondern verkörpern mehr Abgeschlossenheit sowie Stabilität und können somit

---

ihre Umsetzung erleichtert oder erschwert. [...] Die Digitalisierung wirkt zunächst wie eine Repräsentation gleicher Inhalte bei verbesserter Zugänglichkeit. Sie gewinnt aber – wenn man [sie] ernst nimmt [...] – eine Eigendynamik, von der Strukturen, Nutzungsmöglichkeiten und Inhalte schließlich nicht unberührt bleiben. Das hat Rückwirkungen auf die Konzepte [und erfordert] ein grundsätzlicheres Nachdenken [...].«

55 Robinson und Taylor, »Publishing an Electronic Textual Edition: The Case of The Wife of Bath's Prologue on CD-ROM«. Seite 283. »A CD-ROM retains a certain comfort for traditional publishers in that it is a physical object which can be stored in a warehouse, mailed through the post, shelved on a shelf. A publishing house need not radically overhaul its infrastructure in order to provide for CD-ROM production and distribution: roughly the same staff numbers are required, and the same kinds of facilities.«

in gewohnter Weise referenziert werden. Auch für Rechteinhaber, beispielsweise von digitalen Abbildungen, ist eine Erlaubnis für die Weitergabe auf CD-ROM überschaubarer als die Verwertung über das Internet. Die Herausgabe durch einen renommierten Verlag und der Verkauf für den Preis eines hochwertigen Buchs verleihen der Edition zusätzlich auch noch eine gewisse »Wertigkeit«.[56] Auch heute ist die Publikation einer digitalen Edition auf mobilen Datenträgern, neben der Onlineveröffentlichung, ein auf Grund der Buchähnlichkeit immer noch praktizierter Vertriebsweg. Trotz dieser Vorteile dürfen aber die begrenzte Lebensdauer der Speichermedien, die Verfügbarkeit entsprechender Lesegeräte, die schnelle Alterung der mitgelieferten Software und die Inkompatibilität neuer Betriebssysteme als Nachteile nicht vergessen werden.[57] Festzuhalten bleiben die unbestreitbaren Vorteile einer digitalen Publikation, welche aber dann durchaus wie oben angedeutet mit dem Verzicht oft weiterhin gewünschter Bucheigenschaften erkauft werden muss.

2.1.3 Vom Hypertext zum WWW

Durch den Wegfall zahlreicher medialer Beschränkungen des Buchdrucks und neu erlangten Publikations- bzw. Präsentationsfreiheiten im Digitalen ändert sich auch das editorische Textverständnis. Typografisch geprägte Denkmuster eines linearen, begrenzten und statischen Textes werden zunehmend von einer nicht-linearen, unbegrenzten, dynamischen, mehrdimensionalen, multimedialen und interaktiven Betrachtungsweise der Edition abgelöst. Insbesondere aus diesen Gründen ist eine eindeutige Konvergenz zwischen dieser neuen Perspektive und dem Konzept des Hypertexts erkennbar, auf die nun im Folgenden detailliert eingegangen werden soll.

Als die Vordenker des Hypertexts müssen vor allem drei Personen genannt werden. Zuerst Vannevar Bush, der bereits 1945 in seinem Essay »As

56 Luehrs, »Verwirklichung oder Entzweiung? Zur Edition des Musil-Nachlasses auf CD-ROM«. Seite 170 f. Kai Luehrs berichtet im Zusammenhang mit einer Veröffentlichung auf CD-ROM von einer verlagsseitig luxuriös gestalteten Erscheinungsform als Schmuckkassette.

57 Huszai, »Digitalisierung und Utopie des Ganzen: Überlegungen zur digitalen Gesamtedition von Robert Musils Werk«. Seite 132. »Mit der digitalen Edition […] von 1992 wurde der Nachlass als »Ganzes« zwar zum ersten Mal öffentlich zugänglich, aber die nicht-graphische, DOS-basierte Bedienungsoberfläche bewirkte, dass die Edition eigentlich schon bei ihrem Erscheinen veraltet […] war.«

We May Think«[58] das Konzept einer universellen Wissensmaschine namens »Memex« (Abkürzung für »Memory Extender«) vorstellte. Rückblickend erscheinen seine darin eingeführten Konzepte heute geradezu visionär, da er wesentliche Grundgedanken der Computerentwicklung und einer intuitiven Mensch-Maschine-Interaktion vorweg nimmt. Er sieht und beschreibt die Möglichkeit, Maschinen zu entwickeln, die dem Menschen nicht mehr nur die körperliche Arbeit abnehmen, sondern ihn auch bei seiner geistigen Arbeit entlasten können. Er unterteilt die Welt der Gedanken in einen kreativen und einen repetitiven Teil auf. Kreativität ist für ihn die Fähigkeit des assoziierenden Weiterdenkens, der repetitive Bereich ist das zu jeder Zeit vollständige Abrufen bereits gespeicherter Informationen. Hier sieht er Potenzial zur Steigerung der Kreativität, indem der repetitive Teil an noch zu entwickelnde Maschinen delegiert wird. Seine Idee des Memex ist ein Gerät, in dem man alle Informationen, wie beispielsweise Bücher, aber auch Kommunikation, auf einfache Weise speichern und über Indizes, aber insbesondere auch über dem menschlichen Gehirn nachempfundene Assoziationen flexibel wieder abrufen kann. Herzstück dieses Systems ist ein Verfahren, mit dem man schnell und automatisiert auf Informationen verweisen kann. So werden Informationen miteinander verbunden und diese Verknüpfungen auch dauerhaft persistiert. Nach Bush werden Informationen Teil eines Netzes assoziativer Pfade, das den Menschen bei der Erzeugung, Speicherung und Nutzung von Wissen unterstützen soll.

In diesem Zusammenhang ist weiterhin Douglas Engelbart zu nennen. Er veröffentlichte 1962 einen Bericht über ein Projekt[59], dessen Ziel die Erweiterung des menschlichen Intellekts war. In dieser Veröffentlichung bezieht er sich ausdrücklich auf das Essay von Bush und beschreibt unter anderem sehr ausführlich seine Vorstellung einer Verknüpfung von unterschiedlichen Informationen. Die Projektarbeit mündete damals in die Entwicklung eines Systems namens »NLS« (Abkürzung für »oN-Line System«, später »Augment«

58 Bush, »As We May Think«.

59 Engelbart, »Augmenting Human Intellect: A Conceptual Framework«.

genannt), welches neben den Grundzügen des Hypertexts viele weitere und für diese Zeit sehr innovative Konzepte demonstrieren konnte.[60]

Den Begriff Hypertext selbst verwendete aber Theodor Nelson erstmals um 1965.[61] In einem Konferenzbeitrag aus dieser Zeit schreibt er einführend: »Let me introduce the word ›hypertext‹ to mean a body of written or pictorial material interconnected in such a complex way that it could not conveniently be presented or represented on paper. It may contain summaries, or maps of its contents and their interrelations; it may contain annotations, additions and footnotes from scholars who have examined it.«[62] Nelson definiert hier, ebenfalls auch in Bezug auf das Essay von Bush, seine ersten Vorstellungen des Hypertexts. Zwei Jahre später präzisiert er mit Blick auf den Computer als Medium: »Hypertext is the combination of natural-language with the computer's capacities for interactive, branching or dynamic display, when explicitly used as a medium. Or, to define it more broadly, ›hypertext‹ is the generic term for any text which cannot be printed (or printed conveniently) on a conventional page, or used conveniently when bound between conventional covers. ›Non-linear text‹ might be a fair approximation.«[63] Deutlich betont Nelson hier als entscheidende Eigenschaft des Hypertext, dass seine Inhalte und insbesondere seine strukturellen Merkmale nicht im Druck wiedergegeben werden können. Auch die Grundvoraussetzung digitaler Medien zur Nutzung seines Konzepts stellt er klar heraus. Einen Höhepunkt hatte das Thema Hypertext aber erst ab den 1980er Jahren unter anderem mit der Vorstellung von Nelsons Buch »Literary Machines«[64] und einem darin vorgestellten Pro-

60 Douglas Engelbart demonstrierte am 9. Dezember 1968 die technischen Möglichkeiten des NLS vor großem Publikum in San Francisco. Nicht nur wegen der zahlreichen innovativen Funktionalitäten des Systems, sondern auch wegen des bemerkenswerten Einbezugs von Video- und Projektionstechniken wird die Vorstellung heute auch als »Mother of All Demos« bezeichnet.

61 Als frühester gedruckter Nachweis des Begriffs Hypertext gilt ein Artikel über einen Vortrag Theodor Nelsons in der Zeitschrift »Vassar College Miscellany News« vom 3. Februar 1965.

62 Nelson, »Complex Information Processing: A File Structure for the Complex, the Changing and the Indeterminate«. Seite 96.

63 Nelson, »Getting it Out of Our System«. Seite 195.

64 Nelson, *Literary Machines: the Report On, and Of, Project Xanadu Concerning Word Processing, Electronic Publishing, Hypertext, Thinkertoys, Tomorrow's Intellectual Revolution, and Certain Other Topics Including Knowledge, Education and Freedom.*

jekt namens »Xanadu«.[65] Der Hypertext ist nach diesem Konzept ein offenes, interaktives, computergestütztes System, welches aus zu einem Netz verbundenen informationellen Einheiten besteht. Die Knoten dieses Netzes können beliebige Dokumente wie Texte oder Bilder, aber auch Audio- und Videomaterial sein, welche, als Ganzes oder auch nur ausschnitthaft, über ein-, bi- oder mehrdirektionale Kanten miteinander verbunden sind und so aufeinander verweisen. Die Möglichkeit der kooperativen und simultanen Bearbeitung von Dokumenten soll den Gegensatz zwischen Autor und Leser nahezu aufheben. Neben der Verwaltung vielfältiger und komplexer Beziehungen zwischen einzelnen Informationseinheiten werden Mechanismen beschrieben, welche die Integrität, Aktualität und auch das Rückverfolgen der Entstehungshistorie eines Dokuments gewährleisten sowie den Schutz von Urheber-, Nutzungs- und Vervielfältigungsrechten unterstützen. Beim Einbinden und Vernetzen eigener Daten in den Informationsbestand entscheiden die Autoren, ob es sich um zugangsbeschränkte oder öffentliche Daten handelt, sogar die Abrechnung kostenpflichtiger Inhalte kann feingranular abgebildet werden.[66]

Um den Hypertextbegriff herum entwickelten sich in den 1980er und den frühen 1990er Jahren äußerst weitläufige, vielschichtige und in einigen Aspekten sehr tiefgründige Diskussionen. Oft ausgehend von Bush, Engelbart und vor allem Nelson mit seinem Projekt Xanadu wurden die Konzepte in unterschiedlichste wissenschaftliche Fachrichtungen getragen und dort adaptiert oder spezialisiert.[67] In dieser Zeit entstand zum Thema Hypertext und seinen verschiedenen Ausprägungen und Einsatzszenarien eine sehr differenzierte und schier unerschöpfliche Menge an wissenschaftlicher Literatur. Neben den theoretischen Debatten wurden entsprechend komplexe, softwaretechnische Umsetzungen implementiert welche in der damaligen Praxis auch durchaus

---

65 Theodor Nelson taufte das Projekt zur technischen Realisierung seiner Konzepte zum Hypertext bereits in den 1960er Jahren Xanadu.

66 Kuhlen, *Hypertext: Ein nicht-lineares Medium zwischen Buch und Wissensbank*. Seite 328. Rainer Kuhlen erwähnt (in Bezug auf Xanadu) u. a. explizit »die Verwaltung [...] von unstrukturierten [...], im Umfang unbegrenzten Informationen; [...] kollaboratives Schreiben; [...] Versionskontrolle [...]; Trennung von privaten und öffentlichen Daten [...]; Abrechnung nach Benutzung; flexible [...] Verknüpfungsmöglichkeiten«.

67 Einige beispielhaft zu nennende Themenbereiche rund um den Begriff Hypertext sind u. a. Medialität, Textualität, Datenstrukturen, semantische Aspekte, Typisierung, Granularität, Rezeption, kognitive Modelle, Navigation, Visualisierung, Retrieval, Interaktion, Kollaboration.

ihren Einsatz fanden.[68] Seit den ersten Ideen von Bush sowie den konkreteren Definitionen und Umsetzungen von Engelbart und insbesondere Nelson in seinem Projekt Xanadu waren diese Hypertextsysteme vorrangig für den Umgang mit Text erdacht (wie der Begriff Hypertext bereits impliziert). Es lag also bereits damals der Versuch nahe, die Hypertextkonzepte auf Grund gemeinsamer Charakteristiken auch für die Editorik zu adaptieren.

Die Edition im Allgemeinen ist seit jeher eine Komposition von miteinander in Beziehung gesetzten Teilen (Texte, Quellen, Apparate, Register, Indizes etc.) und trägt somit schon immer einige Ideen des Hypertexts in sich. Diese genannten Teile und ihre Verweise aufeinander unterliegen beim Buchdruck allerdings einer inhärenten und nicht zu vermeidenden Linearität, Begrenzung und Fixierung des Geschriebenen.[69] Der Hypertext dagegen bietet eine konzeptuelle Basis, die Edition zu delinearisieren und unabhängig von Struktur- und Mengenvorgaben der Buchseiten und ihrer ein- und aufteilenden Funktion zu organisieren. Die Umsetzung einiger auch bereits zuvor diskutierter und an den Beschränkungen des Buchdrucks gescheiterter Konzepte rückt im Rahmen dieser Theorien zumindest konzeptuell in greifbare Nähe. Dirk Hoffmann, Peter Jörgensen und Otmar Foelsche schreiben dazu recht pathetisch:

> »Während die Inflexibilität des Mediums Buch meist nur eine Stimme deutlich hörbar werden und deshalb das Gesagte an Pseudo-Autorität gewinnen läßt, erlaubt *hypertext* Meinungspolyphonie, die in Büchern nur in sehr begrenztem Umfang durch Verweise erzielt werden kann. Die Gewährleistung der Offenheit der Ausgabe ist das Ziel der Editoren einer *hypertext*-Edition. Ihre Aufgabe liegt weniger im Ausfiltern von Materialien bei der Informationsvermittlung als der Gewichtung und dem Verknüpfen. Es geht dabei sowohl um die parallele Verfügbarkeit verschiedener Informationsquellen [...] als auch das Nebeneinanderstellen, die Einbindung eines Einzelelements in einen größeren Kontext und die damit verbundene Aktivierung der unerschöpflichen Materialfülle, die das elektronische Medium zu erfassen vermag. [...] Das elektronische Medium enthebt den Editor auch der oft schwie-

68 Eine der bekannteren Hypertextanwendungen ist »HyperCard«, das von Apple ab 1987 entwickelte und später durch die auf ähnlichen Ideen basierenden Autorensysteme abgelöst wurde.

69 Delany und Landow, *Hypermedia and Literary Studies*. Seite 3. »So long as the text was married to a physical media, readers and writers took for granted three crucial attributes: that the text was linear, bounded, and fixed.«

> rigen Entscheidung, wo was wie geboten werden soll, denn Flexibilität und Offenheit […] bei einer Computer-Edition bedeutet auch die Möglichkeit des unmittelbaren Zugriffs und der Verfügbarkeit aller relevanten Texte in ihrer Totalität statt der üblichen aus dem Kontext gelösten Zitate.«[70]

Joachim Veit relativiert eine solch polarisierende Ansicht, indem er aufzeigt, dass

> »[k]ritische Lektüre [bereits] nicht-lineares Lesen [ist], das Querverweisen nachgeht und eigene Pfade einschlägt (die im Übrigen in der Regel auch über die beiden Buchdeckel hinausgehen). Trotz aller Register und Seitenverweise ist das digitale Medium auf diesem Sektor dem analogen [aber einfach] überlegen – wenn es denn entsprechend genutzt wird.«[71]

Jonathan Culler ergänzt grundsätzlicher:

> »[…] literary works are to be considered not as autonomous entities, ›organic wholes‹, but as intertextual constructs: sequences which have meaning in relation to other texts which they take up, cite, parody, refute, or generally transform. A text can be read only in relation to other texts […].«[72]

Die Herausforderungen von Multiperspektivität oder individuellen Nutzererwartungen und frei definierbaren Lesepfaden statt »Eintextlichkeit« und Linearität (vor allem durch Beschränkungen des Buchdrucks hervorgerufen) scheinen somit in der Welt des Hypertexts als nicht mehr unlösbar bzw. als endlich durchführbar.[73] Jay David Bolter spricht gar von der Eröffnung akti-

---

70 Hoffmann, Jörgensen, und Foelsche, »Computer-Edition statt Buch-Edition. Notizen zu einer historisch-kritischen Edition – basierend auf dem Konzept von hypertext und hypermedia«. Seite 214 f.

71 Veit, »Es bleibt nichts, wie es war – Wechselwirkungen zwischen digitalen und ›analogen‹ Editionen«. Seite 45.

72 Culler, *The Pursuit of Signs: Semiotics, Literature, Deconstruction*. Seite 38.

73 Steding, *Computer Based Scholarly Editions: Context, Concept, Creation, Clientele*; Ross, »The Electronic Text and the Death of the Critical Edition«; Morgan, »Hypertext and the Literary Document«; Vanhoutte, »Display or Argument: Markup and Visualisation for Electronic Scholarly Editions«. Seite 115. »[…] why the idea of hypertext is so appealing for use with scholarly editions. Scholarly editions are usually very large amounts of data, data that is highly cross-linked, interdependent, and referential. In their printed form, scholarly editions quite often have reached a level of complexity and sheer size that makes them difficult to handle.« / Seite 228 f. / Seite 379. / Seite 80 f. »In scholarly editing, the idea of hypertext was very soon announced as the liberating solution to

ver Gestaltungsräume für den vormals passiven Editionskonsumierer.[74] Die Grenzen zwischen dem Autor, dem Editor und schließlich dem Leser können dementsprechend weiter abgebaut werden.[75] Mit Blick auf die technischen Umsetzungen der Hypertexttheorie ergibt sich somit nicht nur die Möglichkeit, Texte, Varianten und Relationen einfacher abzubilden, sondern sogar den Editionsdiskurs selbst zu medialisieren,[76] um so auch alle vorausgegangenen editorischen Prozesse und damit den Weg der Editionsentstehung erfahrbar zu machen. Auch als undruckbar geltende Editionstypen, wie beispielsweise die genetischen Editionen, welche den Entstehungs- bzw. den Schreibprozess eines Werks zu rekonstruieren versuchen, erscheinen in der Theorie des Hypertexts im den Bereich des Möglichen.[77]

Die Schnittmenge editorischer Konzepte und ihrer Ziele mit denen des Hypertexts und deren Möglichkeiten wird hier deutlich augenfällig, sogar von einer »Verwandtschaft zwischen Hypertext und Edition«[78] ist die Rede. Paul Delany und George Landow fassen diese Erkenntnis unter Nennung von Beispielen aus der Literaturwissenschaft treffend zusammen:

> »These deep theoretical implications of hypertext converge with some major points of contemporary literary and semiological theory, particularly with [...] emphasis on decentering, with [...] conception of the readerly versus the writerly text, with post-modernism's rejection of sequential narratives and unitary perspectives, and with the issue of ›intertextuality‹. In fact, hypertext

---

a couple of problems which especially the users of scholarly editions in bookform are confronted with.«

74 Bolter, *Writing Space: The Computer, Hypertext, and the History of Writing*.

75 Ross, »A Future for Editing: Lawrence in Hypertext«. Seite 157. »In the near future hypertext will lower the barriers between writers, readers, and editors, turning all into true collaborators in the writing of textuality.«

76 Conner, »Lighting out for the Territory: Hypertext, Ideology, and Huckleberry Finn«. Seite 74 f. Patrick W. Conner sieht insbesondere im Hypertext (und den von ihm so genannten Objekten des kybernetischen Kontextes) ein enges Wechselwirken zwischen Literaturkritik und Technologie, so dass jeder dieser Bereiche der Ideologie des jeweils anderen dient.

77 Ferrer, »Hypertextual Representation of Literary Working Papers«. Seite 143 f. »[...] to reconstitute the writing process [...] the choice of an electronic hypertextual representation is becoming quite natural [...] this will [...] put the reader, for the first time, in a position to understand concretely the process aspect of writing, which is the very object of genetic criticism.«

78 Kamzelak, »Edition und EDV. Neue Editionspraxis durch Hypertext-Editionen«. Seite 71.

> creates an almost embarrasingly literal embodiment of such concepts, one that in turn raises questions about [...] their interesting combination [...] and historical relations [...].«[79]

Insgesamt scheinen die theoretischen Potenziale des Hypertexts aus dem Blickwinkel der Editorik nahezu unausschöpflich und wurden damals, wie aus der einschlägigen Literatur ersichtlich, recht optimistisch und teilweise gar euphorisch goutiert. Die Hypertextedition galt auf Grund ihrer Möglichkeiten als Ausgabentyp der Zukunft;[80] als Verbesserung alter Methoden, als Befreiung von den Restriktionen des Buchdrucks und als Lösung für lange gehegte Editorenträume.[81] Neben der sehr umfangreichen Theoriedebatte rund um Editionen und Hypertext wurde in dieser Zeit natürlich auch nach Möglichkeiten zur technischen Realisierung gesucht. So gab es Editionsprojekte, die bestehende Hypertextanwendungen für ihre Vorhaben nutzten,[82] die Autorensysteme (basierend auf Hypertextideen) verwendeten[83] oder maßgeschneiderte Eigenentwicklungen implementierten. Dabei ist aber festzustellen, dass der ursprüngliche, bereits sehr komplexe Hypertextgedanke Nelsons und die späteren Vertiefungen und Erweiterungen des Konzepts im Bereich der Editionen nur ausschnitthaft oder stark vereinfacht umgesetzt wurden. Ein Grund für die Reduktion auf wenige Teilkonzepte war dabei oft die naheliegende und recht pragmatisch gesehene Erleichterung der praktischen Realisierbarkeit. Sie beschränkte sich beispielsweise auf die einfache Verknüpfung von Textteilen mit entsprechenden Navigationsmechanismen. Der Be-

---

79 Delany und Landow, *Hypermedia and Literary Studies*. Seite 6.

80 Göttsche, »Ausgabentypen und Ausgabenbenutzer«. Seite 39. »Neben die Buchedition tritt in Zukunft die Hypertextedition, als deren Ergänzung und als ein neuer Gegenstand editionswissenschaftlicher Aufgabenbestimmung«.

81 Hoffmann, Jörgensen, und Foelsche, »Computer-Edition statt Buch-Edition. Notizen zu einer historisch-kritischen Edition – basierend auf dem Konzept von hypertext und hypermedia«. Seite 212. »Inzwischen wurden verschiedene solcher Systeme entwickelt, [...] die den einstigen Traum Wirklichkeit werden ließen und auch bei Editionen einen neuen Ansatz ermöglichen [...].«

82 Delany und Gilbert, »HyperCard Stacks for Fielding's Joseph Andrews: Issues of Design and Content«. Ein Beispiel von vielen Editionen auf Basis von »HyperCard«, eine der bekannteren Hypertextanwendungen jener Zeit.

83 Kepper, *Musikedition im Zeichen neuer Medien*. Seite 162 f. Johannes Kepper spricht hier über den Einsatz von »Macromedia Director« als Autorensystem für die Edition von Carl Maria von Webers »Klarinettenquintett op. 34«.

griff Hypertext wurde oft nur noch als Schlagwort für ein nach Bedarf variabel interpretiertes Konzept verwendet.

Diese Reduktion auf einige Grundaspekte der Hypertexttheorie nahm auch in einem anderen Bereich einen ganz ähnlichen Verlauf. So ist rückblickend bei den Entwicklungsprozessen des »World Wide Web« (WWW) und der »Hypertext Markup Language« (HTML) sowie entsprechender Konzepte durch Tim Berners-Lee ab Ende der 1980er Jahre zwar eine Anlehnung an das ursprüngliche Hypertextkonzept von Nelson zu erkennen,[84] aber auch hier werden viele zentrale Funktionalitäten zu Gunsten einer Simplifikation der Standards außer Acht gelassen.[85] Dennoch oder gerade auf Grund dieser Vereinfachung und Standardisierung im Vergleich zu den theoretisch und technisch ausgereifteren Hypertextkonzepten etablierte sich das WWW schnell und äußerst erfolgreich. Das lag vor allem an der Integration des Internets, der leicht zu verstehenden Auszeichnungssprache HTML für die Darstellung der Inhalte und dem einfach zu bedienenden Webbrowser als Zugangs- und Anwendungssoftware.[86] So überrollte die Erfolgswelle des WWW den bis dahin erstaunlich fortgeschrittenen Hypertextdiskurs. Auch im Bereich des Editionswesens wurden die Komplexität des Hypertexts und nicht vorhandene Standards sowie daraus folgend sehr heterogen entwickelte Software mit eingeschränkter Verbreitung und Erreichbarkeit bereits früh als ausbremsende Probleme erkannt,[87] so dass viele Editionsprojekte die Technologien des WWW dankbar aufnahmen, um sie für ihre Zwecke zu nutzen. Mark Feltham und William Barrer beispielsweise beschreiben ihre

84 »I just had to take the hypertext idea and connect it to the TCP and DNS ideas and – ta-da! – the World Wide Web.« Zitat von Tim Berners-Lee, dem Erfinder des World Wide Web.

85 Storrer, »Hypertext und Texttechnologie«. Seite 212. »Allerdings blieb das WWW in seiner Umsetzung der Hypertext-Idee zunächst hinter dem zurück, was in früheren, dezidierten Hypertextsystemen bereits realisiert worden war.«

86 Storrer. Seite 211. »Seinen Erfolg verdankt das WWW der Einbindung in das bereits vorhandene Internet, [einer] schnell erlernbaren Dokumentenauszeichnungssprache [...] und [entsprechender] Zugangssoftware, den Web-Browsern.«

87 O'Donnell und Thrush, »Designing a Hypertext Edition of a Modern Poem«. Seite 193 ff. William H. O'Donnell und Emily A. Thrush kritisieren besonders die Inkompatibilität verschiedener Hypertextsysteme: »This wide range of methods could cause confusion for users who need to read hypertext documents written with different [...] systems [...].«

Entscheidung gegen das komplexere Hypertextkonzept und für das WWW mit einer durchaus kritischen Begründung ihrer Abwägungen:

> »At that time we were familiar with theoretical discussions of hypertext, but had little experience with actual hypertext systems. We were, however, acquainted with the World Wide Web, and the global access that it provides was central in causing us to choose it as our platform, although this choice counterbalances benefits with drawbacks, as we discuss below.«[88]

Noch kritischer wird Edward Vanhoutte:

> »Through the success of the graphical browser, HTML very soon became the *standard* of hypertext and hyperlinking, although the hypertext capabilities of HTML were in fact an oversimplification of the earlier hypertext systems because it lacked structural markup and the possibility to display alternate views. Further, HTML did not and still does not support neither bidirectional and n-way linking nor the rhetoric classification of categories of links.«[89]

Für die Editorik bleibt dennoch festzuhalten, dass trotz des Verblassens der Hypertextkonzepte im ursprünglichen und enger gefassten Sinne viele Aspekte und Ideen aus diesem Umfeld das Verständnis von Texten und Editionen maßgeblich beeinflusst haben und heute für das Grundverständnis moderner Editionen selbstverständlich sind. Mit Blick auf den stetigen Wandel und die Weiterentwicklung der (WWW-)Technologien zeigt sich zunehmend auch, dass vernachlässigte Konzepte und Funktionalitäten der Hypertexttheorie heute wieder größere Bedeutung erlangen.

Insbesondere der einheitliche (und im Vergleich zu den Hypertextkonzepten vereinfachte) Standard einer Auszeichnungssprache (HTML) und die damit einhergehende Möglichkeit zur Entwicklung dazu kompatibler, grafischer Anwendungssoftware (Browser) sowie die Verknüpfung und der Zugriff über das Internet sind als wesentliche Triebfedern für den Erfolg des WWW zu nennen. Betrachtet man diese Entwicklung nun im Kontext der digitalen Editionen, so sind vor allem zwei Aspekte von größerer Bedeutung. Zum einen ändert der Distributionskanal über das Internet grundlegend die Art und

---

88 Feltham und Barker, »The Web and the Book: The Memorial Electronic Edition of Andrea Alciato's Book of Emblems«. Kapitel 6.

89 Vanhoutte, »Display or Argument: Markup and Visualisation for Electronic Scholarly Editions«.

Weise der Publikation. Zum anderen bietet HTML als standardisierte Auszeichnungssprache neue mediale Ausdrucksmöglichkeiten ohne die Nachteile einer mit auszuliefernden Software für die Präsentation und Exploration auf Seiten der Nutzer. Diese beiden Punkte auf Basis einer offenen, durch jeden flexibel nutz- und erweiterbaren Client-Server-Architektur ermöglichen eine besonders einfache, günstige und direkte Veröffentlichung von Editionsergebnissen. Die in Kapitel 2.1.1 (Edition als Datenverarbeitung) beschriebene Problematik der Weitergabe einer Datenbank bzw. die Nutzung ihrer Funktionalitäten kann beispielsweise durch die Verlagerung des Betriebs auf Seiten des Servers aufgelöst werden. Die Nachteile aus Kapitel 2.1.2 (Datenträger statt Buchdruck) zur Auslieferung einer Edition mittels Datenträgern werden zum Großteil durch die Auslieferung standardisierter HTML-Dokumente an den Client und der Betrachtung mit dort bereits vorhandener, dazu kompatibler Software beseitigt. Die Erfindung und Weiterentwicklung des WWW im Gegensatz zur Hypertextdebatte hat zwar insgesamt weniger Einfluss auf die Methoden- und Theoriebildung innerhalb der Editorik, bringt aber vor allem für die Publizierung und Darstellung entscheidende Neuerungen und hat somit in diesem Bereich auch rückwirkenden Einfluss auf die Aufbereitung entsprechender Daten. Insbesondere die aus vielfältigen und bereits genannten Gründen sowie im Vergleich zu anderen Wegen relativ niedrige Schwelle für die Benutzung des WWW erleichtert den Einstieg. Die bereits vorhandenen digitalen Editionsdaten können statt für den Druck auch ebenso als HTML-Dokumente aufbereitet und sogar ohne Umwege über einen Verlag direkt selbst veröffentlicht werden. Lina Karlssons und Linda Malms Frage, ob es sich bei dieser, anfangs noch sehr das Buch simulierenden Vorgehensweise um eine »Revolution or Remediation«[90] handelt, ist dementsprechend verständlich, aber natürlich mussten die technischen und gestalterischen Möglichkeiten sowie die Einschränkungen und Besonderheiten dieses neuen Publikations- und Präsentationsmediums in der Anfangszeit des WWW erst ausgelotet werden, eine Abkehr von den Mengen- und Strukturvorgaben des Buchs war dabei aber immer schon offensichtlich.

Das WWW und seine Technologien ermöglichen sinnvolle Gliederungen, die frei von einschneidenden Umbrüchen durch Seitenwechsel sind und sich stattdessen inhaltlichen Einheiten orientieren können. Die vom Buchdruck in

90 Karlsson und Malm, »Revolution or remediation? A study of electronic scholarly editions on the web«.

allen Bereichen der Edition implizit geforderte Komprimierung bzw. Selektion der Ergebnisse kann nahezu aufgehoben werden. Im Text eingebettete Verweisstrukturen mit Hilfe von Hyperlinks und die Möglichkeit der flexiblen Anordnung und des Ein- und Ausblendens von Informationen oder ganzer Fenster beispielsweise für den Apparat machen die Bildschirmpräsentation und damit die Erschließung durch den Leser einfacher und übersichtlicher,[91] zum Teil aber auch herausfordernder. Der umfassende Einbezug digitalisierter Originalquellen ist, sofern Urheberrechte dies nicht unterbinden, keine Ausnahme mehr. Auch dynamisch generierte Editionen in Abhängigkeit von nutzerbestimmten Parametern sind technisch realisierbar. Das WWW in all seinen Facetten bietet bis heute ein Experimentierfeld mit vielen Freiheiten und besitzt unbestritten das Potenzial, viele Elemente einer Edition immer wieder neu zu denken.

Die in Kapitel 2.1.2 (Datenträger statt Buchdruck) in zahlreichen Aspekten als vorteilhaft beschriebene Buchhaftigkeit auf CD-ROM vertriebener digitaler Editionen wird durch den neuen Verbreitungsweg des WWW endgültig aufgebrochen. Damit einhergehend müssen die Aufgaben von Verlagen und Bibliotheken neu überdacht werden und die hauptsächlich durch diese Institutionen und ihre traditionellen Wege erreichte Sichtbarkeit, Stabilität, Authentizität und Rezeptionsfähigkeit einer Edition oft durch die Editionsprojekte selbst bewerkstelligt werden. Editoren werden also insbesondere durch die niedrige Publikationsschwelle selbst zu Verlegern. So können auch die Publikationszyklen im Gegensatz zur Buchausgabe beliebig kurz gefasst werden, was der digitalen Edition den Charakter des Offenen, aber auch des Unfertigen verleihen kann. Wie bei den Hybridausgaben auf CD-ROM gibt es natürlich auch Editionen, die den Veröffentlichungsweg über das WWW nur als zweite, den Druck ergänzende Möglichkeit sehen oder aber diesen Publikationskanal nutzen, um vorab schon Ergebnisse für den wissenschaftlichen Diskurs in entsprechend aufbereiteter Form bereitzustellen, um die Forschung nicht durch die Jahre oder sogar Jahrzehnte laufenden Editionsprojekte mit einer erst am Ende erscheinenden Publikation unnötig auszu-

91 Veit, »Es bleibt nichts, wie es war – Wechselwirkungen zwischen digitalen und ›analogen‹ Editionen«. Seite 44 f. »Abhängigkeiten von Quellen [lassen sich] durch ein- und ausblendbare Hervorhebungen oder entsprechende Bildbearbeitungstechniken rascher erfassen.«

bremsen oder um wertvolles Feedback nicht zu spät zu erhalten.[92] Diskutiert wird sogar, ob dem Nutzer nicht grundsätzlich immer die gleichen Daten und Anwendungen zur Verfügung stehen müssen wie dem Editor selbst.[93]

Insgesamt sind natürlich beliebige Kombinationen und Nutzungsformen der unterschiedlichen Publikations- und Präsentationsmedien möglich, welche dann nebeneinander unabhängig oder sich ergänzend existieren. Wichtig sind in dieser Arbeit aber vor allem die digitalen Editionen und ihre Publikationen im WWW, die sich inhaltlich, strukturell und in ihrer Darstellungsform deutlich von gedruckten Editionen unterscheiden, eigenständig existieren (können) und sich durch die technischen Rahmenbedingungen (und den darin inhärenten Möglichkeiten und Einschränkungen) des WWW definieren. Diese Editionen sind natürlich eng mit der schnell fortschreitenden Evolution des WWW und dessen flankierenden Technologien verknüpft. Festzuhalten sind aber an dieser Stelle vor allem die grundlegenden Paradigmenwechsel bei der Publikation und der Präsentation. Da nicht mehr nur die editorischen Vorarbeiten, sondern nun auch die Veröffentlichung, aber insbesondere auch die möglicherweise sogar parallele Weiterarbeit durch Korrekturen und Ergänzungen selbst vollständig im Digitalen stattfinden, ist jede Materialisierung nur noch eine schnell veraltende Momentaufnahme und die digitale Edition zukünftig die primäre (nicht zwangsläufig einzige) Ausgabeform.[94]

Wie bereits erläutert, stand insbesondere die anfängliche Entwicklung des WWW und seiner Auszeichnungssprache HTML an vielen Stellen unter der Prämisse der Einfachheit. Vielversprechende Konzepte, beispielsweise

---

92 Schepers, »Elektronische Edition – Alternative oder Ergänzung«. Seite 204. Hans Gerhard Schepers fordert darum generell für jede gedruckte Edition zusätzlich, »[m]ehr Zugänge zu den erarbeiteten Quellen [zu] schaffen«.

93 Ricklefs, »Zur Systematik historisch-kritischer Ausgaben«. Seite 22. Ulfert Riklefs propagiert eine Systematik, die letztendlich darauf abzielt, »bei Editionen so früh und vollständig wie möglich das Überlieferungspaket der handschriftlichen und gedruckten Texte elektronisch zu erfassen« und auch für Nutzer entsprechend zugänglich zu machen.

94 Schneider, »Neuprofilierung eines Autors: Karl F. Gutzkows Schriften und Briefe im Internet.«; Kropač, »Quellenbanken als Editionsmedien und ihre Rolle in fachspezifischen Informationssystemen«. Seite 141. »Die entstehende Gesamtausgabe wird [...] vollständig im Internet publiziert [...]. Die Basis der Edition bildet grundsätzlich die Internet-Ausgabe, die auch als Arbeitsforum [...] dient. Ein Vorzug der Publikation im Netz [...] ist die Chance, einzelne Texte [...] sukzessive bereitstellen zu können [...].« / Seite 260. Die gedruckte Edition »ist ein möglicher Output«.

aus dem Bereich des Hypertexts, aber auch aus dem Umfeld der Auszeichnungssprachen, wurden zum Zwecke der Komplexitätsreduzierung wohlwollend vernachlässigt, nur um sich später an vielen problematischen Stellen wieder dieser erinnern zu müssen. Diese Vereinfachung senkte zwar zunächst deutlich die Hürden für den Einstieg und sorgte für eine schnelle Etablierung, in vielen Bereichen stieß man aber dennoch schnell an die Grenzen des technisch Machbaren.[95] Bei digitalen Editionen machte sich dies zuerst durch die beschränkten Ausdrucksmöglichkeiten von HTML gegenüber der traditionellen Typografie bemerkbar. HTML besaß in der Anfangszeit nur eine relativ kleine, fest vorgegebene und eingeschränkt gestaltbare Menge an Elementen, um Dokumente zu beschreiben. Obwohl im Kern eine deskriptive Auszeichnungssprache, wurde HTML anfangs meist präsentational verwendet.[96] Das lag vor allem daran, das frühes HTML neben den für solche Auszeichnungssprachen typischen Strukturelementen auch Elemente und Attribute bereitstellte, die dem Webbrowser als Anzeigeprogramm prozedurale Anweisungen zur Darstellung erteilten. Diese Vermischung von Inhalt und Präsentation wurde schließlich mit HTML 4.0[97] suksessive durch das Entfernen der präsentationalen Elemente und Attribute aufgelöst und mit Hilfe der »Cascading Style Sheets« (CSS)[98] ausgelagert und die Auszeichnungssprache so unter deskriptiven Gesichtspunkten bereinigt.

Dennoch ist auch heute das primäre Ziel von HTML zusammen mit den integrierten Technologien wie CSS, aber auch »JavaScript« u. a. weiterhin die Darstellung innerhalb von Webbrowsern. So wird gegenwärtig die Präsentation der meisten digitalen Editionen durch die Verwendung dieser Technologien realisiert. Diese vorrangig layoutorientierte Ausrichtung von HTML

---

95 Storrer, »Hypertext und Texttechnologie«. Seite 212. Angelika Storrer spricht die »grundsätzliche[n] Beschränkungen« insbesondere von HTML an.

96 Renear, »Representing text on the computer: lessons for and from philosophy«; Raymond, Tompa, und Wood, »Markup reconsidered«; Burrows, The Text in the Machine: Electronic Texts in the Humanities. Die Publikationen systematisieren die grundlegenden Eigenschaften von Auszeichnungssprachen (auch ergänzend zu den genannten) und geben einen vertiefenden Überblick.

97 Raggett u. a., »HTML 4.0 Specification«. Hier insbesondere Abschnitt 2.4.1. In späteren Spezifikationen wird das Thema an zahlreichen Stellen immer wieder aufgegriffen.

98 Lie und Bos, »Cascading Style Sheets, Level 1«. Die Konzepte der Cascading Style Sheets wurden einige Jahre parallel zu HTML entwickelt, aber erst mit der »CSS Level 1 Recommendation« unter dem Dach des W3C publiziert.

und die Anforderungen der Editorik an eine flexibel erweiterbare und deutlich ausdrucksmächtigere Beschreibungssprache für Inhalte verdeutlicht aber den Bedarf einer universelleren Auszeichnungsmöglichkeit und eine von der Präsentation mit HTML losgelösten Datenhaltung. Konzeptionell ausschlaggebend für diese Differenzierung sind auch die Vorstellung einer strikteren Trennung von Daten und deren Präsentation, die sich auch schon früher in zahlreichen anderen Bereichen, beispielsweise in der Softwareentwicklung, als vorteilhaft herausgestellt hat.[99] Diese Trennung und die Verwendung anderer Verfahren und Modelle für die Datenhaltung hat darüber hinaus zum einen den Vorteil, sich von der insbesondere anfangs recht schnell weiterentwickelnden und damit instabilen HTML-Spezifikation und ihren strukturellen und visuellen Ausdrucksmöglichkeiten entkoppeln zu können. Zum anderen kann man die Beschränkungen von HTML, was insbesondere die Menge der verfügbaren Elemente und den Umgang mit komplexen Strukturen betrifft, auflösen und eine universellere Datenbasis somit beispielsweise auch für flexible, nicht zwingend auf HTML beschränkte Veröffentlichungen nutzen.[100]

Wie bereits angedeutet, war die Trennung von Daten und ihrer Präsentation nicht neu, auch die Idee deskriptiver Auszeichnungssprachen hatte es lange vor der Spezifikation von HTML gegeben. Einmal mehr hatte man sich hier bestehender, aber weitaus komplexerer Konzepte bedient, diese entsprechend abstrahiert bzw. vereinfacht und damit offensichtlich auch in ihren Möglichkeiten beschnitten.[101] Unzulänglichkeiten der HTML-Definitionen wurden aber auch schon als Fehler erkannt und spätere Spezifikationen

---

99 Gamma, *Design Patterns: Elements of Reusable Object-Oriented Software.* Eines der bekanntesten Konzepte ist das »Model-View-Controller«-Muster aus der Softwarearchitektur, vor allem in diesem Feld gibt es vielfältige Varianten, welche aber immer die Trennung von Datenhaltung und Präsentationsschicht zum Ziel haben.

100 Für die Weiterverarbeitung solch allgemeingültiger Daten im Bereich der digitalen Editionen kann man hier insbesondere für die gedruckte Präsentationsform, und auch mit gewissen Parallelen zu HTML, beispielsweise »TeX« bzw. »LaTeX« nennen.

101 Für den Bereich der digitalen Edition gilt das natürlich nicht Allgemein. Viele Editoren waren sich bereits früh der vielschichtigen Probleme durchaus bewusst und hatten auch in der Hochphase des WWW die Vorzüge einer unabhängigen Datenhaltung im Blick, bei der HTML als eine Form der Darstellung keine negativen Rückwirkungen in andere Bereiche implizierte. Somit konnte eine Vermischung von Technologien mit ähnlichen konzeptuellen Wurzeln (bspw. Auszeichnungssprachen sowohl für die Datenhaltung als auch für die Präsentation), aber doch unterschiedlichen Zielen und dem Diskurs darüber weitgehend vermieden werden.

entsprechend neu ausgerichtet oder berichtigt. Die historische Entwicklung dieser Konzepte zeigt demnach deutlich die zahlreichen, zum Teil langwierigen Diskurse, welche insbesondere in der Anfangsphase sehr differenziert geführt werden mussten, um überhaupt gewisse Standards schaffen und etablieren zu können.

Auch in der Editionswissenschaft wurde der Bedarf an spezialisierten und flexibel zu erweiternden Auszeichnungsmöglichkeiten schon früher und unabhängig von der Entwicklung des WWW und seiner Technologien erkannt,[102] aber insbesondere unter den Einflüssen des WWW und seinen Auszeichnungssprachen noch einmal ausgiebig diskutiert. Vor dem Hintergrund dieser Debatten sollte eine solche Form der Auszeichnung aber dann auf ausdrucksmächtigen, generischen, deskriptiven, flexibel erweiterbaren und idealerweise standardisierten Auszeichnungssprachen aufbauen,[103] deren Entwicklungen und Eigenschaften ausführlich in Kapitel 2.1.4 (Beschreibung durch Auszeichnung) nachgezeichnet und erläutert werden.

2.1.4 Beschreibung durch Auszeichnung

Der wesentliche Grundstein für das Konzept deskriptiver Auszeichnungssprachen wurde bereits in den 1960er Jahren von William W. Tunnicliffe gelegt,[104] gegen Ende des gleichen Jahrzehnts maßgeblich von Charles F. Goldfarb aufgegriffen, zur »Generalized Markup Language« (GML) ausge-

---

102 Bereits in Kapitel 2.1.1 (Edition als Datenverarbeitung) wird dieser Bedarf in Bezug auf spezialisierte Datenbanken beschrieben, die grundlegende Problematik bzw. die speziellen Anforderungen sind hier ganz ähnlich gelagert.

103 Cover und Robinson, »Encoding Textual Criticism«. Seite 125. »Not only should markup be descriptive, it should be standard. Scholarly editing may require extremes of skill and time. It will be no service to future editors for this knowledge to be locked into an idiosyncratic and inaccessible encoding, no matter how powerful or well- conceived.«

104 Im September 1967 hielt William W. Tunnicliffe als Vorsitzender des »Graphic Communications Association (GCA) Composition Committee« bei einem Treffen des »Canadian Government Printing Office« einen Vortrag über die Trennung von Inhalt und Darstellung mit dem Titel »The separation of information content of documents from their format«. Später war er auch Vorsitzender bei der »International Organization for Standardization« (ISO). Der Vollständigkeit halber sei hier ebenfalls ein Buchgestalter namens Stanley Rice zu erwähnen, der in den späten 1960er Jahren die Idee für einen universellen Katalog von parametrisierten Elementen für redaktionelle Strukturen vorschlug.

baut[105] und Anfang der 1970er Jahre erstmals publiziert.[106] Mit Hilfe von GML konnte die logische Struktur elektronischer Textdokumente erstmals durch einen generalisierten Satz von Auszeichnungselementen in Form sogenannter »Tags« hierarchisch verschachtelt beschrieben werden, ohne Informationen für eine spätere Darstellung zu enthalten. So ausgezeichnete Dokumente waren entsprechend plattformunabhängig und über unterschiedliche Geräte hinweg besser transportabel bzw. kompatibel. Nach der Fertigstellung von GML setzte Goldfarb seine Forschung zu Dokumentenstrukturen fort und entwickelte zusätzliche Konzepte, die aber nicht als Bestandteil von GML aufgenommen wurden. Besonders hervorzuheben ist die Möglichkeit der Auszeichnungsminimalisierung (»short references«) oder verschiedene Aspekte zur Erzeugung und gleichzeitigen Koexistenz von Instanzen unterschiedlicher Dokumenttypen innerhalb des gleichen Dokuments (»link processes«, »concurrent document types«). Diese und weitere Ideen führten zusammen mit den Konzepten von GML Ende der 1970er Jahre zur Entwicklung der »Standard Generalized Markup Language« (SGML). In einer Arbeitsgruppe des »American National Standards Institute« (ANSI) unter Leitung von Goldfarb wurde damals an einer komplett generischen Auszeichnungssprache[107] gearbeitet und so 1980 ein erster Arbeitsentwurf von SGML durch das ANSI publiziert. 1984 wurde die Arbeitsgruppe unter dem Dach der »International Organization for Standardization« (ISO) neu organisiert und SGML 1986 unter der Norm »ISO 8879« als internationaler Standard offiziell verabschiedet.[108]

Streng genommen ist SGML durch seinen verallgemeinernden Ansatz und der Möglichkeit zum Erstellen von Grammatiken eine sogenannte Metasprache, mit der man spezialisierte Auszeichnungssprachen formal

---

105 Die ersten Konzepte von GML gehen auf das Jahr 1969 zurück, in dem Charles F. Goldfarb für IBM am Einsatz von Computern im Bereich des juristischen Schriftverkehrs forschte. Zusammen mit Edward Mosher and Raymond Lorie entwickelte er die GML als allgemeine Alternative zur prozeduralen Auszeichung und zur logischen Repräsentation von Daten.

106 Goldfarb, »Design considerations for integrated text processing systems«. Die Veröffentlichung stammt aus dem Jahr 1973, ist aber nach Aussage von Charles F. Goldfarb bereits zwei Jahre früher verfasst worden.

107 Goldfarb, »A Generalized Approach to Document Markup«. Charles F. Goldfarb begründet hier seinen generalisierten Ansatz.

108 ISO 8879:1986, »Information processing – Text and office systems – Standard Generalized Markup Language (SGML)«.

definieren kann. Auf SGML basierende Auszeichnungssprachen beschreiben ausschließlich die logische Dokumentenstruktur, sowohl generisch für den Dokumententyp (»Document Type Definition«, DTD) als auch spezifisch für die Dokumenteninstanz, aber immer ohne Angabe einer Semantik, wie beispielsweise für eine etwaige Formatierung.[109] Auch den ersten HTML-Definitionen (bis einschließlich Version 4) liegt eine Grammatik in Form einer SGML-DTD zugrunde, diese enthält aber, wie bereits in Kapitel 2.1.3 (Vom Hypertext zum WWW) als problematisch angesprochen, entgegen der rein strukturellen Philosophie von SGML auch visuell orientierte Tags und Attribute.

SGML war von Beginn an äußerst leistungsfähig bei der strukturierten Auszeichnung textueller Informationen, so dass auch im Umfeld digitaler Editionsprojekte dessen Vorteile schnell erkannt wurden.[110] Zwar gab es im Umgang mit elektronischen Texten schon vorher Auszeichnungsschemata, diese waren aber oft für spezielle Aufgaben oder Projekte konstruiert.[111] Mit Hilfe von SGML konnte man also bereits früh sehr komplexe, langfristig verfügbare und von jeder Publikationsform entkoppelte Editionen auf Basis eines einheitlichen Standards kodieren. Aus diesen Überlegungen heraus entstand dann 1987 die »Text Encoding Initiative« (TEI) und ab 1988 durch eben diese Organisation ein gleichnamiges Dokumentenformat auf Basis von SGML, welches 1990 erstmals als Vorschlag publiziert wurde. Die TEI als Institution entwickelt seit dieser Zeit federführend einen entsprechenden Auszeichnungsstandard (ebenfalls TEI genannt) für die digitale Repräsentation und Annotation textueller Werke, der heute vor allem in der Geistes- und Sprachwissenschaft das Mittel der Wahl ist, wenn es um die Auszeichnung schriftlicher oder sprachlicher Informationen geht.[112]

Vor allem die hohe Komplexität von SGML und ein dementsprechend geringes Angebot an verfügbarer Software für die Arbeit damit führte dazu,

---

109 Goldfarb und Rubinsky, *The SGML Handbook*. Charles F. Goldfarb selbst gibt zusammen mit Yuri Rubinsky einen umfassenden Überblick zu SGML, rekapituliert aber auch die Etappen der Entstehung bis hin zu den ersten Ideen und Inspirationen.

110 Barwell, »Electronic editions: an overview«. Seite 81. »[...] an electronic edition which did not use SGML would be a foolish undertaking [...].«

111 Hockey, *Electronic Texts in the Humanities: Principles and Practice*. Seite 24 f. »The use of markup goes back to the beginnings of electronic text technology. [...] Almost all early markup schemes [...] served different purposes.«

112 Burnard, *What is the Text Encoding Initiative?: How to add intelligent markup to digital resources*. Lou Burnard gibt einen umfangreichen Überblick zum Thema TEI.

dass mit der »eXtensible Markup Language« (XML) 1996 eine vereinfachte, aber dennoch ausdrucksmächtige Metasprache eingeführt wurde.[113] XML ist eine Teilmenge von SGML und wurde 1998 als Empfehlung des W3C veröffentlicht.[114] XML erfuhr recht schnell eine weite Verbreitung und löste SGML in der Praxis als Leitstandard für die flexible Definition von Auszeichnungssprachen ab. So gibt es auch für die Definition von HTML auf Basis von SGML seit dem Jahr 2000 eine entsprechende Spezifikation namens »eXtensible Hypertext Markup Language« (XHTML) auf Basis von XML,[115] so dass beide Varianten in aktualisierter Form bis heute parallel existieren. Mit der Spezifikation von HTML5 als aktuelle Version wird die direkte Kompatibilität zu SGML zwar durch einen eigenen Dialekt gebrochen, ein XML-basierter Dialekt und damit eine indirekte Beziehung zu SGML existiert aber weiterhin parallel. Auch im Umfeld der TEI erkannte man früh die Vorteile von XML und stellte den TEI-Standard im Jahr 2002 (mit der Version P4) offiziell von SGML auf XML um.[116]

Für den Bereich der textuellen Auszeichnung und insbesondere im Umfeld der digitalen Editionen gilt der Einsatz von TEI heute als der bevorzugte Weg. Auf der Seite digitaler Musikeditionen entwickelte sich mit der »Music Encoding Initiative« (MEI) etwas später als bei TEI eine ganz ähnlich organisierte und definierte Auszeichnungssprache. Perry Roland erarbeitete ab 1999 auf Basis von XML eine DTD für die Repräsentation von Musiknotation und stellte sie im Jahr 2000 der Öffentlichkeit vor.[117] Anschließend erhielt seine Definition, zunächst informell, später offiziell den Namen MEI. Neben MEI existiert mit »MusicXML« ein ebenfalls auf XML basierendes Format für die Kodierung von Musik, der Schwerpunkt liegt hier aber im Bereich des Notensatzes und dem Austausch zwischen entsprechenden Anwendungen. MEI dagegen zielt auf die wissenschaftlichen und editorischen Anforderungen in

---

113 Die Definition von SGML umfasst ca. 500 Seiten, die Definition von XML dagegen nur 26 Seiten.

114 Bray, Paoli, und Sperberg-McQueen, »Extensible Markup Language (XML) 1.0«. Mit Christopher M. Sperberg-McQueen schrieb sogar ein Gründervater der TEI an den ersten Empfehlungen zu XML mit.

115 Pemberton u. a., »XHTML™ 1.0 The Extensible HyperText Markup Language«.

116 Vanhoutte, »An Introduction to the TEI and the TEI Consortium«. Kapitel 2 (From P1 to P4).

117 Roland, »XML4MIR: Extensible Markup Language for Music Information Retrieval«. Perry Roland spricht hier ausführlich über die Vorteile von XML und auch über die Nähe seines Konzepts zu dem der TEI.

der Musik[118] und ist damit, ähnlich wie TEI, der Standard im Bereich der digitalen Musikeditionen. Im Vergleich zur Auszeichnung von Texten muss die Musikwissenschaft in diesem Bereich mit ganz eigenen Herausforderungen umgehen. Beispielhaft zu nennen sind insbesondere der Umgang mit komplexer, variantenreicher, verschachtelter, querverweisender Musiknotation sowie eine entsprechend kontextsensitive und feingranulare Referenzierung und Annotation einzelner oder aggregierter Elemente.[119]

Eine Grundeigenschaft von SGML- und damit auch XML-basierten Auszeichnungssprachen ist, dass entsprechend codierte Daten nicht nur von einer Maschine, sondern prinzipiell auch vom Menschen gelesen werden können. Aussagekräftige Namen für Elemente und Attribute sind dafür hilfreich, erhöhen aber auch die Datenmenge. Für die Bearbeitung solcher Dokumente reichen also theoretisch sehr einfache Anwendungen wie Texteditoren. Durch die große Verbreitung von XML gibt es aber auch unzählige Werkzeuge mit komplexem oder spezialisiertem Funktionsumfang. Für die automatisierte Abfrage und Manipulation von XML-basierten Dokumenten stehen beispielsweise mit »XPath«, »XQuery« und der »eXtensible Stylesheet Language« (XSL) sowie ihrer Transformationskomponente (»XSLT«) ebenfalls vom W3C verwaltete Standards zur Verfügung. »XPointer«, »XLink« oder »XInclude« ergänzen diese Standards um Möglichkeiten der Adressierung, Verlinkung oder Inklusion von XML-Dokumenten. Darüber hinaus gibt es für fast jede Programmiersprache Bibliotheken zum Umgang mit XML-basierten Dokumenten, so dass auch sehr spezielle Einsatzszenarien mit komplexerer Logik realisiert werden können. Die Auszeichnungssprachen zeichnen sich darüber

118 Veit und Richts, »Stand und Perspektiven der Nutzung von MEI in der Musikwissenschaft und in Bibliotheken«. Joachim Veit und Kristina Richts betonen insbesondere die wissenschaftlichen Zwecke des MEI-Standards.

119 Veit, »Es bleibt nichts, wie es war – Wechselwirkungen zwischen digitalen und ›analogen‹ Editionen«. Seite 46 f. Joachim Veit spricht in diesem Zusammenhang explizit »[g]rundlegende Eingabe- und Visualisierungsmöglichkeiten von Varianten im Bereich der sehr viel komplexeren, sogenannten *Common Western Notation* [...] auf [...] Basis des [...] Codierungssystems der Music Encoding Initiative« an. Ein weiterer Unterschied zwischen TEI und MEI besteht darin, dass TEI eine wirkliche »Markup- Language« ist, in der (sozusagen innerhalb der spitzen Klammern) mit demselben Zeichensystem Inhalte ausgezeichnet werden. Dies ist in Musik so nicht möglich, vielmehr handelt es sich dort um ein rein beschreibendes Markup, das das System der Sprachzeichen zur Repräsentation eines anderen Symbolsystems verwendet – dies trägt zusätzlich zur Komplexität musikalischer Codierungen bei.

hinaus durch ihre Plattformunabhängigkeit und eine flexible Erweiterbarkeit aus. Spezielle XML-Datenbanken können zur Datenhaltung entsprechender Dokumente und für die Abfrage und Manipulation dieser mit den oben genannten Sprachen genutzt werden. Damit schließt sich an dieser Stelle der Kreis zu den in Kapitel 2.1.1 (Edition als Datenverarbeitung) erläuterten Charakteristika von Datenbanksystemen. Im Unterschied zu den dort beschriebenen strengen Strukturvorgaben relationaler Ansätze und ihrer Problematik sind beispielsweise TEI oder MEI mit ihrer XML-Basis eher dokumentorientiert, so dass (semistrukturierte bzw. unstrukturierte) Textdaten allmählich immer weiter ausgezeichnet werden können und sich hierarchisch tief gestaffelte Strukturen bilden, die den Inhalt deskriptiv und äußerst flexibel umrahmen bzw. umschreiben können.[120] So gewinnt man beispielsweise deutlich an Flexibilität im Umgang mit nicht uniformen, lückenhaften oder erst über die Zeit zu präzisierenden Daten, wie sie im Umfeld digitaler Editionen häufig vorkommen.

Die bis hierher beschriebenen Entwicklungen im Bereich der Datenmodellierung (insbesondere auch im Rückbezug auf die Kapitel 2.1.1 Edition als Datenverarbeitung und Kapitel 2.1.3 Vom Hypertext zum WWW) bis hin zu den XML-basierten, deskriptiven, hierarchischen und flexibel erweiterbaren Auszeichnungssprachen wie TEI und MEI und ihren Eigenschaften werden bis heute vor allem in den entsprechenden Communities durchaus kontrovers diskutiert, im Folgenden sollen deshalb einige kritische Aspekte in engem Bezug auf die editorischen Prozesse näher betrachtet werden.

Computerunterstützung bedeutet in vielen Fällen insbesondere die Verarbeitung von klar strukturierten Daten. Diese Daten müssen dazu einem festgelegten und logischen Modell folgen. Die (Re-)Codierung ist folglich meist eine Abstraktion in Richtung eines Datenmodells. Diesen Ansatz vertreten insbesondere auch klassische Datenbanksysteme.[121] Ein solches Modell ist

---

120 Es ist natürlich ebenfalls auch ein datenzentrierter Ansatz möglich, bei dem ganz klare und strikte Strukturen für die Auszeichnung vorgegeben werden. Je nach Intention werden das dokumentorientierte Vorgehen und der datenzentrierte Ansatz auch oft ergänzend verwendet, um die Vorteile beider Seiten nutzen zu können. Entsprechende Schemata definieren die gewünschte Ausprägung, so dass die ausgezeichneten Dokumente später auch dagegen validiert werden können.

121 Sahle, *Textbegriffe und Recording*. Seite 217. Die (Re-)Codierung ist für Patrick Sahle eine »Logifizierung, […] Glättung und Bereinigung vorliegender Informationen in Richtung eines (Daten-)Modells. Dieser Vorstellung entsprachen die […] Datenbanksysteme«.

aber eher von der formal-syntaktischen Struktur des Textes geprägt, als die inhaltlich-semantische Ebene zu beschreiben.[122]

> »Aus dieser Tradition heraus erscheinen dann die Auszeichnungssprachen als eine Technologie, die Textnähe mit dem Verzicht auf ein komplexes und zugleich klares semantisches Datenmodell erkauft. Will man den Text in seiner semantischen Dimension speichern und verarbeiten, dann scheinen Auszeichnungssprachen eine unzulängliche technische Lösung darzustellen.«[123]

Ein Problem für das hierarchische Modell der Auszeichnungssprachen tritt also auf, wenn nicht mehr nur alleine die linguistischen, sondern die logischen Aspekte zu modellieren sind. Dies liegt insbesondere daran, dass die Auszeichnungssprache durch die Natur des Textes und ihres gleichzeitig hierarchisch geordneten Aufbaus doppelt linearisiert ist. Es gibt aber durchaus Textsorten, welche sich nicht ohne weiteres in diese Struktur pressen lassen, wie beispielsweise als semantische Netzwerke beschriebene Textmodelle. XML-basierte Auszeichnungssprachen sind also für die Abbildung der semantischen Dimension von Texten eher ungeeignet und benötigen komplexe Umwege, um dies dennoch erreichen zu können.[124] Solche Auszeichnungssprachen sind demnach

> »ein rein linguistisch basiertes Konzept, das Probleme bereitet, sobald der Text oder der Textinhalt nicht als lineare Kette oder als einfache Hierarchie (als Strukturbaum) gedacht wird. [...] XML ist dann eine Technologie, die visuelle, typografische Phänomene der Dokumente recodiert und sie als Textstrukturphänomene interpretiert. Sie ist aber keine Technologie, die die »document semantics« und deren Struktur gut abbilden kann.«[125]

---

122 Buzzetti, »Diacritical Ambiguity and Markup«. Seite 179. Laut Dino Buzzetti liegt in diesem Zusammenhang eine problematische Ambiguität von Text zwischen der Zuweisung einer linearen bzw. hierarchischen Struktur des Ausdrucks und der nicht- linearen Semantik des Inhalts vor.

123 Sahle, *Textbegriffe und Recording*. Seite 217.

124 Greenstein, »Conceptual Models and Model Solutions: A Summary Report of the TEI's Working Group on Historical Studies«. Seite 202. Daniel I. Greenstein spricht (wie Manfred Thaller, siehe Fußnote 40 (Kapitel 2.1.1)) vom Text als einem semantischen Netzwerk und einer entsprechend problematischen Strukturierung.

125 Sahle, *Textbegriffe und Recording*. Seite 218 mit explizitem Verweis auf Daniel I. Greenstein (Fußnote 124 (Kapitel 2.1.4).

Die Auszeichnung wird in die linguistische Codierung der Texte eingebettet und übernimmt damit deren Linearität, sie bremst somit die Umsetzung komplexerer Inhaltsmodelle.[126] Das Konzept der Auszeichnungssprachen wird an dieser Stelle natürlich nicht komplett verworfen, aber insbesondere die umständliche Codierung semantischer Aspekte kritisiert:

> »Gesucht wäre also ein gegenüber dem (laufenden) Text externes Datenmodell für den Textinhalt, das die linguistische Form des Textausdrucks ergänzt und für das dann noch anzugeben wäre, wie es im Einzelnen mit den Textsegmenten verknüpft ist, sich auf sie bezieht bzw. sich aus ihnen ergibt. Gesucht wäre eine Technologie, die den Text als laufenden linguistischen Text bereitstellt und ihn zugleich einem abstrakten [Datenmodell] entsprechend verarbeitbar macht. [...] Mit einem solchen vernetzten Doppelmodell ließen sich dann Textausdruck und Textinhalt auch in ihrem Zusammenhang recodieren. Denn beide stehen ja in dem sonderbaren Verhältnis, dass die Textrepräsentation den Textinhalt zwar ausdrückt, die Form des Inhalts aber nicht zwangsläufig der Form des Ausdrucks entspricht. Beide verhalten sich zugleich komplementär und konkurrierend zueinander.«[127]

Über diesen Konflikt der Modellierungskonzepte hinaus ergibt sich die Komplexität ganz konkret vor allem durch die Auszeichnung unterschiedlicher Informationsebenen innerhalb einer hierarchischen Baumstruktur, wie sie für XML-basierte Sprachen typisch ist.[128] Durch verschiedene Auszeichnungsebenen kann es schnell zu Überschneidungen kommen, da Texte komplexer als eine einfache Hierarchie aufgebaut sein und sogar Rekursionen enthalten

---

126 Buzzetti, »Diacritical Ambiguity and Markup«. Seite 179 ff. Siehe auch Fußnote 122 (Kapitel 2.1.4).

127 Sahle, *Textbegriffe und Recording*. Seite 220 mit explizitem Verweis auf Dino Buzzetti (Fußnote 122 (Kapitel 2.1.4)).

128 Renear, »Out of Praxis: Three (Meta)Theories of Textuality«. Seite 121. »The possibility of representing multiple versions or multiple markup perspectives has long been seen as an enticing prospect of the digital medium, but attempts to achieve this so far have led either complexity that taxes the limitations of markup.«

können.[129] Um aber die eindeutige Baumstruktur gewährleisten zu können, verbieten Auszeichnungssprachen auf Basis von XML solche Überlappungen von Teilbäumen oder Elementen. Auch bei der kollaborativen Erschließung eines Textes sind unterschiedliche Auszeichnungsebenen für verschiedene Interpretationen der Editoren für einzelne Textstellen denkbar, die sich dann ebenfalls schnell überschneiden können. Hier bedarf es nun Hilfskonstruktionen, welche solche Überlappungen auszeichnen können, aber gleichzeitig regelkonforme XML-Strukturen erzeugen. Dazu müssen beispielsweise logisch zusammenhängende Informationseinheiten voneinander getrennt und ihre Zusammengehörigkeit durch zusätzliche Referenzsysteme aufwendig nachgebildet werden. Hinzu kommt, dass aber auch bei solchen Fragmentationskonzepten immer genau eine Informationsebene den Vorzug gegenüber den anderen innerhalb der hierarchischen Baumstruktur erhält. So werden insgesamt die Übersichtlichkeit vermindert, die maschinelle Verarbeitung erschwert und durch die Verwendung von Referenzmarken das hierarchische Textmodell grundsätzlich in Frage gestellt.

Der gesamte Themenkomplex soll an dieser Stelle auf Grund der sehr breit und oft auch kontrovers geführten Diskussionen nicht weiter ausgeweitet werden, stattdessen soll durch die Ausführungen ein Bewusstsein für die inhärenten Konflikte der unterschiedlichen Modellierungskonzepte im Allgemeinen und die Problematiken der Auszeichnungssprachen im Speziellen geschaffen werden. Für eine detailliertere Auseinandersetzung mit diesen Thematiken und den entsprechenden Lösungsansätzen zur Umgehung genannter Schwierigkeiten innerhalb der Auszeichnungssprachen sei auf die referenzierte Literatur verwiesen.

Die TEI als Ausprägung einer XML-basierten Auszeichnungssprache ist innerhalb der Editionswissenschaft faktisch das Mittel der Wahl, wenn es um die editorische Modellierung und Beschreibung textueller Überlieferung geht. Ein wesentlicher Vorteil in der Verwendung von TEI liegt darin, dass sie bereits eine Fülle an Elementen zur Auszeichnung zahlreicher Textarten

---

129 McGann, »Endnote: what is text?« Jerome McGann führt beispielhaft an: »TEI and SGML mark-up, therefore, while reasonably adequate vehicles for expository and informational texts, come up far short of rendering the features of poetic texts [...]. Poetical texts are recursive structures built out of complex networks of repetition and variation. No poem can exist without systems of ›overlapping structures‹, and the more developed the poetical text, the more complex are those systems of recursion.«

bereithält und somit ein allgemeines Format vor allem für die digitale Transkription von Texten bietet.

> »Durch die Artikulation und formale Abbildung der verschiedenen Sichten auf Text und Vorstellungen von Text, wie sie in den einzelnen Fachgemeinschaften verbreitet sind, [ist die TEI] zu einer Disziplinen und Theorien übergreifenden, hochentwickelten Texttechnologie geworden, die alle Bereiche der Arbeit am Text abdeckt. Dies reicht von der Herstellung elektronischer Textformen über die Beschreibung ihrer formalen, strukturellen und inhaltlichen Merkmale, über die Vorbereitung analytischer Auswertungen bis hin zur Generierung von verschiedenen Präsentationsformen.«[130]

Dem generalistischen Ansatz der TEI liegt kein spezieller Textbegriff zugrunde, stattdessen ist sie darauf ausgelegt, alle denkbaren Modelle zu unterstützen und als ein offener Standard die Erweiterung und Integration durch unterschiedliche Interessengruppen ausdrücklich zu erlauben. Dieses allgemeingültige und offene Konzept hat aber auch einige Nachteile, Sahle etwa stellt dazu fest:

> »Die TEI will viele Fachgemeinschaften bedienen, die sich mit elektronischen Texten befassen. Sie will zugleich verschiedene Anwendungsszenarien ermöglichen, die von der einfachen Textdigitalisierung bis hin zu analytischer Textauszeichnung und der Verarbeitung elektronischer Texte zu unterschiedlichen Ausgabeformen reichen. Dies hat zu einer fast unüberschaubaren Zahl von Elementen und Attributen geführt, die keinen gleichmäßigen Charakter haben.«[131]

Mit dieser universellen Zielsetzung offenbart sich nun das Dilemma der TEI:

> »Sie bietet […] zum einen sehr allgemeine Beschreibungselemente, die fast immer (auch über verschiedene Textbegriffe hinweg) verwendbar sind, aber eben keine differenzierte Informationswiedergabe erlauben. Und sie bietet hoch spezialisierte Beschreibungselemente, die der Sicht einer bestimmten Fachdisziplin folgen. Diese Elemente haben dann eine höhere semantische Ladung, die aber im Kontext anderer Fachdisziplinen unpassend und »schief« sein kann.«[132]

---

130 Sahle, *Textbegriffe und Recording*. Seite 346.

131 Sahle. Seite 367.

132 Sahle. Seite 367.

So fehlen dem Standard je nach Vorhaben, Ausrichtung und Bedürfnis trotz der breiten Palette immer wieder spezialisierte Elemente, die zwar flexibel ergänzt werden können, dann aber wiederum den eigentlich impliziten Charakter der Interoperabilität eines Standards beschädigen, so dass beide Seiten dieses Konflikts niemals gleichzeitig konsequent bedient werden können. Die prinzipielle Offenheit und insbesondere die ebenfalls oft genutzte Freiheit, gleiche Textphänomene mit unterschiedlichsten Methoden und Elementen auszeichnen zu können, untergraben also die Eigenschaften von TEI als einen verbindlichen Standard.[133] Eine weitere Nebenwirkung dieses Konflikts ist darüber hinaus auch, dass entsprechende Software zur Verarbeitung, Analyse oder Darstellung sich zwar an einem Standard orientieren kann, wird dessen Norm aber oft durch Spezialisierungen, Zweckentfremdungen und Mehrdeutigkeit aufgeweicht, so übertragen sich die negativen Aspekte des Konflikts auch auf die Ebene der Softwareentwicklung. Die Vorteile der Universalität können sich so schnell in Nachteile umkehren und ebenfalls Spezialentwicklungen erfordern, die den jeweiligen TEI-Dialekt interpretieren und verarbeiten können.

Als weiterhin problematisch erweisen sich auch gewisse Inkonsistenzen zwischen der Dokumentation und dem eigentlichen Datengebrauch von TEI-Codierungen bzw. -Elementen, welche dann im Folgenden zu Fehlinterpretationen der Daten führen können. Um diesen Inkonsistenzen vorzubeugen, wird der Einsatz des TEI-konformen Spezifikationsformats »One Document Does it All« (ODD) empfohlen.

> »Mit dieser Schemasprache lassen sich die Datenformate [der] TEI [...] für ihren jeweils projektspezifischen Einsatzzweck anpassen, so dass nur die in der Edition benötigten und zu nutzenden Funktionen zur Verfügung stehen. [...] Der wesentliche konzeptionelle Vorteil von ODD ist dabei, dass aus der gleichen Datei sowohl ein zur Validierung der Projektdaten geeignetes Schema als auch eine inhaltlich entsprechende Dokumentation gewonnen werden kann. Damit lassen sich Inkonsistenzen zwischen Daten und Dokumentation wirksam vermeiden. Allerdings sollten im Idealfall in einer solchen ODD-Datei auch die Beschreibungen einzelner Elemente (wo nötig) an

133 Sahle. Seite 369. Patrick Sahle zeigt das Dilemma auf: »Man muss differenzieren: TEI-Texte sind gegen ein Schema »valide«. In diesem Sinne folgen sie einem Standard. Da das Schema aber aus verschiedenen Modulen zusammengebaut sein kann, kann es auch beliebig viele Schemata geben – von einem Standard wäre hier folglich nicht mehr zu sprechen.«

> den projektspezifischen Gebrauch angepasst werden, um absolute Klarheit über ihren Gebrauch zu schaffen. Allzu oft reduziert sich der Gebrauch von ODD auf die technische Beschränkung der Format-Möglichkeiten, ohne jedoch die inhaltlichen Beschreibungsmöglichkeiten in angemessener Weise umzusetzen.«[134]

Auch hier sei für tiefere Einblicke und weitere problematische Aspekte auf die referenzierte Literatur zu TEI verwiesen, der kurze Abriss zum Thema soll an dieser Stelle vor allem auch auf ein gewisses Konfliktpotenzial eines solch offenen Standards für Auszeichnungssprachen und deren Auswirkungen bei Anwendung, Verarbeitung und Dokumentation aufmerksam machen.

> Die kritische Betrachtung soll aber nicht darüber hinwegtäuschen, dass die TEI »zu einem neuen Denken über Text, Textphänomene und Textfunktionen geführt [hat], die immer mehr einer theoretisch fundierten, systematischen und expliziten Beschreibung unterworfen werden«[135].
> »Sie markiert nicht nur den bisherigen Höhepunkt der texttechnologischen Entwicklungen jenseits der an Formatierung und visueller Ebene orientierten Lösungen, sondern unterliegt selbst einer permanenten Weiterentwicklung und Verfeinerung der mit ihr verbundenen theoretischen Ansätze und praktischen Lösungen.«[136]
> »Die TEI hat letztlich mehr erreicht, als nur eine Richtlinie für den Austausch elektronischer Textdaten zu verabschieden oder eine allgemeine Datenbeschreibungssprache zur Verfügung zu stellen. Sie hat zugleich eine Forschungsgemeinschaft etabliert, die durch den wechselseitigen Bezug von praktischen und theoretischen Anforderungen sowie technischen Lösungsmöglichkeiten die Theorie des Textes im Allgemeinen und die Theorie des elektronischen Textes im Speziellen auf ein bis dahin nicht gekanntes Niveau geführt hat.«[137]

Digitalen Editionsvorhaben stehen also heute zur Auszeichnung ihrer Daten mit TEI (analog für die Musik auch MEI) sowie zur Verarbeitung dieser mit anderen Sprachen aus der XML-Familie sehr mächtige und aktiv weiterentwickelte Standards zur Verfügung. Trotz der genannten problematischen As-

---

134 Hartwig und Kepper, »Die Spuren des Digitalen – Über die Nachnutzbarkeit digitaler Inhalte«. Seite 328.

135 Sahle, *Textbegriffe und Recording*. Seite 346.

136 Sahle. Seite 346.

137 Sahle. Seite 346.

pekte von TEI überwiegen aber deutlich die Vorteile. Die stetige Weiterentwicklung von TEI muss dabei aber auch durch eine ständige Beobachtung begleitet werden, um entsprechende Entscheidungs- und Entwicklungsprozesse zu verstehen oder gegebenenfalls auch aktiv in der Community beeinflussen zu können, um damit doch von der grundsätzlichen Offenheit profitieren zu können.

Jenseits des Medienwechsels und seiner zahlreichen technologischen Aspekte spielen viele weitere Aspekte aus dem Umfeld digitaler Editionen eine nicht zu vernachlässigende Rolle. Einige ausgewählte Problembereiche sollen nun in Kapitel 2.2 (Beobachtungen im Umfeld digitaler Editionen) thematisiert werden.

2.2 Beobachtungen im Umfeld digitaler Editionen

In Kapitel 2.1 (Technologische Genese digitaler Editionen) geht es um die Auswirkungen des Medienwechsels von der analogen zur digitalen Edition und den damit verbundenen Entwicklungen und Herausforderungen innerhalb der Editionswissenschaft. Dieser technisierende Prozess begann zwar schon vor dem Zeitalter des Computers mit dem Einsatz arbeitserleichternder Maschinen zur Unterstützung einiger Editionsarbeiten, aber vor allem mit dem Aufkommen der Computertechnologie ergaben sich für die Editorik schließlich völlig neue Möglichkeiten, die vorher hauptsächlich durch das Buch und seine medialen Eigenschaften sowie fehlender Alternativen beschränkt waren. Mit dem Verschwinden dieser Restriktionen im Digitalen insbesondere bei Ausdrucks-, Strukur- und Mengenvorgaben konnten dann zum einen endlich alte Ideen und Editorenträume realisiert und zum anderen neuartige, innovative Ansätze viel unbeschränkter erdacht und entwickelt werden. Oft bediente sich die Editorik dabei auch an bereits vorhandenen Lösungen und Konzepten und adaptierte diese im Umfeld digitaler Editionen. In anderen Bereichen nahm man aber durchaus auch aktiv an technologischen Debatten teil. Lange hielt man aus vielen nachvollziehbaren Gründen am Buchdruck als primäres Publikationsmedium fest, näherte sich aber schrittweise einer Ablösung dieses Paradigmas an.

Über den Einsatz von Datenbanken für editorische Vorarbeiten, der Veröffentlichung digitaler Editionen auf Datenträgern, der editorischen Adaption von Hypertext- und WWW-Konzepten bis hin zur Entwicklung editionsspezifischer Auszeichnungsstandards für die Codierung zeichnet sich also in der Gesamtbetrachtung ein kontinuierlicher, technisch geprägter und weiterhin andauernder Entwicklungsprozess in der Editorik ab. Heute ist man sowohl auf Seiten der Editorik, als auch im Bereich der Publikation im Wesentlichen bereit, der oft schnellen Fort- und Weiterentwicklung der Technologien zu folgen sowie ihr Potenzial zu erkennen und zu nutzen, um der Editorik trotz neuer Hürden den Weg ins Digitale zu ebnen.

Abseits dieses doch sehr technischen Blickwinkels gibt es aber weitere Herausforderungen, welche direkt oder indirekt mit dem Medienwechsel hin zu einer umfassend digitalen Edition zu tun haben. Neben den Editoren und Nutzern digitaler Editionen gibt es beispielsweise noch einige weitere Akteure und Institutionen, welche auf Grund des Medienwechsels ihre Rolle oder ihr Geschäftsmodell überdenken und entsprechend weiterentwickeln müssen, da tradierte Prozesse aufgebrochen werden und ökonomische sowie rechtliche Bedingungen sich verändern. Innerhalb der Editorik ändern sich Tätigkeitsfelder und Kompetenzprofile und neue Kenntnisse und Qualifikationen müssen erlernt oder durch Kollaboration mit anderen Fachrichtungen auf Ebene der Editionsprojekte ergänzt werden. Vielfältige und weniger beschränkende technische Möglichkeiten erlauben es, die digitale Edition in einem breiteren Kontext zu betrachten und zu verknüpfen. Insgesamt müssen die digitale Edition sowie ihre Werkzeuge und Komponenten unter diesen Bedingungen und Herausforderungen an vielen Stellen von Grund auf neu gedacht und eingeordnet werden.

Ausgehend von der digitalen Edition, ihrer technischen Umsetzung und dem insgesamt weiter fortschreitenden technologischen Wandel lassen sich also deutliche Veränderungen und insbesondere zahlreiche Herausforderungen über das etablierte Feld der Editionswissenschaft hinaus erkennen. Diesen Beobachtungen soll nun im Folgenden nachgegangen werden.

2.2.1 Akteure und Rollen

Im Zeitalter der gedruckten Editionen und vor einer Arbeitsunterstützung durch den Computer war die Rollenverteilung der beteiligten Akteure noch sehr eindeutig geregelt: Die Editoren erstellten die Edition, ein Verlag übernahm Lektorat, Satz, Druck und Vertrieb, die Bibliotheken nahmen die Edition in ihren Katalogen auf, die Nutzer kauften oder liehen sich ein Exemplar zur Rezeption und die Archive sorgten für einen möglichst dauerhaften Erhalt, sowohl der ursprünglichen Quellen als auch der Edition. Mit einer auch in diesem Umfeld einsetzenden Digitalisierung begannen diese Strukturen aber allmählich aufzubrechen. Wie in Kapitel 2.1 (Technologische Genese digitaler Editionen) beschrieben, bahnte sich dieser Umbruch zuerst auf Seiten der Editoren an, die den Computer als Werkzeug nutzten, wo immer sie durch seinen Einsatz eine Arbeitserleichterung ausmachen konnten. Mit der technologischen Weiterentwicklung ergaben sich neue Möglichkeiten, die Arbeitsprozesse der Editoren zu unterstützen oder ihnen gar neue Mittel und Wege zu eröffnen, welche bis dahin oft utopisch anmuteten. So wurde schnell in nahezu allen Editionsvorhaben fast vollständig digital gearbeitet, auch wenn der Druck immer noch das eigentliche Ziel blieb. Bereits zu dieser Phase wurde aber immer öfter auch das Erstellen des Drucksatzes durch den Computer und entsprechende Anwendungen übernommen und schließlich ein Wechsel dieses Tätigkeitsfeldes von der Seite der Verlage auf die Seite der Editoren eingeleitet.[138] Natürlich kam die Qualität (insbesondere auch beim Satz von komplexer Musiknotation) anfangs nicht der eines professionell ausgebildeten Setzers und seiner noch manuell geprägten Arbeit gleich, mit der Zeit aber verbesserten sich auch hier die Möglichkeiten deutlich und veränderten damit nachhaltig das Berufsfeld in diesem Bereich des Verlagswesens. Mit den ersten Veröffentlichungen auf CD-ROM wurde dann schließlich auch die Grenze zur digitalen Publikation durchbrochen, so dass man ab diesem Zeitpunkt erstmals von einer vollständig digitalen Edition sprechen konnte. Insbesondere bei einer zusätzlich zum gedruckten Exemplar veröffentlichten CD-ROM änderte sich zwar die Vorarbeit des Editors, auf Seiten der Verlage konnten aber, bis auf den Pressvorgang der CD-ROM, nahezu die gewohnten und auf ein materielles Produkt zugeschnittenen Vertriebs- und Verwertungswege beibehalten werden. Auch in Bibliotheken ließen sich solche Ausgaben ohne Probleme in dieselben Bücherregale einsortieren, ohne auch hier die bisherige Praxis umstellen zu müssen.[139]

Mit dem WWW als digitales Publikationsmedium haben sich diese traditionellen und etablierten Wege grundsätzlich verändert. Betrachtet man

138 Henrichs, »Bericht über die Arbeit der Kommission Technik«. Seite 154. »Seit kurzem zeichnet sich [ein über den Einsatz elektronischer Satzverfahren] hinausreichender Computereinsatz ab. Es gibt weltweit klare Indizien dafür, daß in der Konsequenz der starken Verbreitung leistungsstarker Personalcomputer Printmedien durch elektronische Publikationsformen [...] ergänzt oder sogar ersetzt werden.«

139 Die Buchhaftigkeit der CD-ROM und die damit oft als vorteilhaft eingeschätzten medialen Merkmale werden in Kapitel 2.1.2 (Datenträger statt Buchdruck) ausführlicher behandelt.

nur die gedruckte Edition, so sorgen Verlage zwar bis heute für gewisse Beschränkungen und Zwänge auf Seiten der Editoren, indem sie vorgeben, was satz- und drucktechnisch mit vertretbarem Aufwand und abschätzbaren Kosten im Rahmen einer Veröffentlichung möglich ist, sie sind aber immer öfter mit einem schnell wachsenden Segment des sogenannten »Self-Publishing« konfrontiert, bei dem auf die Unterstützung durch traditionelle Intermediäre verzichtet, um die bereits digitalen Daten selbst online zu publizieren. Auch etwaige Mechanismen zur Filterung und Qualitätssicherung, wie das sonst bei einem Verlag angesiedelte Lektorat, können auf diese Weise zugunsten eines nachgeschalteten und auf Empfehlungen oder Rezensionen basierenden, nutzerseitigen Systems abgelöst oder ebenfalls schlicht selbst übernommen werden.[140] Johannes Kepper schreibt zum Aufgabenwandel eines Lektorats:

> »Durch die Offenheit digitaler Editionen gegenüber Veränderungen bzw. neuen Erkenntnissen verliert das *herkömmliche* Lektorat an Bedeutung: Es geht gerade nicht mehr darum, einen nachträglich effektiv nicht mehr zu ändernden Text vor der Veröffentlichung zu perfektionieren, sondern die je aktuellen Erkenntnisse – natürlich weiterhin in angemessener Qualität – zeitnah zu publizieren.«[141]

Nicht ganz auszuschließen ist an dieser Stelle aber auch die Möglichkeit eines den Umständen angepassten Lektorats, welches statt des einmaligen Redigierens dauerhaft in den Editions- und Publikationsprozess eingebunden ist, um die wissenschaftliche Qualität der Editionen jederzeit sicherzustellen.[142] Ob ein solches Lektorat allerdings weiterhin auf Verlagsseite angesiedelt sein kann, obwohl diese nicht mehr in die Herausgabe und damit der Verwertung der Edition eingebunden ist, scheint allerdings fraglich. Auf Seiten der Editionsprojekte bedeutet eine Veröffentlichung in Eigenregie natürlich zusätzlich auch gewisse laufende Kosten, beispielsweise für die Bereitstellung von Publikationsinfrastrukturen und Wartung. Diese sind zwar auf den ersten Blick im Vergleich zu den Druckkosten verschwindend gering, aber sie sind dauerhaft zu entrichten und für befristete Projektlaufzeiten generell sehr

---

140 Kohle, »Digitales Publizieren«. Seite 199. »Ein massiv expandierendes Segment [des Buchmarkts] wird vom sogenannten self-publishing besetzt, in dem auf die Hilfe traditioneller Intermediäre wie die der Verlage verzichtet und das Produkt direkt über einen online-Vermarkter angeboten wird.«

141 Kepper, *Musikedition im Zeichen neuer Medien*. Seite 220.

142 Kepper. Seite 221. Johannes Kepper spricht von einem Lektorat als Dienstleister.

problematisch. Ist eine Edition erst einmal als Druck herausgegeben, sorgen Gedächtnisinstitutionen wie Bibliotheken oder später auch Archive für eine langfristige Verfügbarkeit. Läuft für eine online publizierte Edition allerdings das Geld aus oder die Verantwortlichkeit ist nach Projektende ungeklärt, setzt quasi unmittelbar das »digitale Vergessen«[143] ein. Denkbar ist, dass an dieser Stelle die Verlage ihr Geschäftsmodell grundsätzlich anpassen und für eine dauerhafte Erreichbarkeit digitaler Editionen (inklusive des erwähnten ständigen Lektorats) sorgen. In diesem Fall stellt sich allerdings die Frage, ob ein einmaliger Kaufpreis, wie bei den gedruckten Ausgaben, für die dauerhaft anfallenden Kosten der Onlinepublikation überhaupt zu kalkulieren ist oder ob sich als Alternative ein Abonnementmodell als langfristig tragfähig erweisen kann. Zusätzlich müssen natürlich auch umfassende Kompetenzen im Bereich der Digitalisierung aufgebaut werden. Es ist also unklar, welche Rolle die Verlage in einer Verwertungskette online publizierter Editionen spielen können, insbesondere auch vor dem Hintergrund, dass Editionen fast immer mit öffentlichen Geldern finanziert werden und damit eigentlich kostenfrei für jeden zur Verfügung stehen sollten.[144] Hier zeigt sich deutlich, dass auch die Diskrepanzen zwischen kulturell durchaus wertvollen Editionsvorhaben und ihrem Potenzial zur kommerziellen Verwertbarkeit zusammen mit dem Wandel der technischen Möglichkeiten für die beteiligten Akteure Interessenkonflikte entstehen lassen, die Einfluss auf Sichtbarkeit, Verfügbarkeit und Qualität haben können. Dieses Problem lässt sich vermutlich nur lösen, wenn digitale Editionen für wissenschaftliche oder private Zwecke frei zur Verfügung stehen und Verlage ihr Recht auf eine alleinige Wertschöpfung abtreten. Flexible Verlage können aber durchaus noch als Dienstleister für Editionsprojekte in den genannten Aufgabenfeldern auftreten und durch ihre Vertriebswege die Verbreitung und durch ihr Renommee das Ansehen einer Edition befördern.[145] Das Sicherstellen einer gewissen Wertigkeit liegt hier durch-

---

143 Weber, »Archiv-Server/Server-Archive – Wie sehen die Kulturspeicher der Zukunft aus«. Seite 135.

144 Kepper, *Musikedition im Zeichen neuer Medien*. Seite 169. »Unter diesen Voraussetzungen erscheint [Johannes Kepper die kostenlose Nutzung] nur angemessen […].«

145 Robinson und Taylor, »Publishing an Electronic Textual Edition: The Case of The Wife of Bath's Prologue on CD-ROM«. Seite 275 ff. Peter Robinson und Kevin Taylor gehen hier zusätzlich auch auf die Erwartungshaltung von Förderinstitutionen und einer dementsprechenden Abwägung zwischen dem Self-Publishing oder Veröffentlichung über einen renommierten Verlag ein.

aus auch im Interesse der Editoren.[146] Im Bereich des »Print-on-Demand« haben Verlage sogar die Möglichkeit, auf Basis der digitalen Editionsdaten individuelle Ausgaben für Nutzer zu drucken und somit auch wissenschaftliche Ausgaben kommerziell zu verwerten.[147] Insgesamt ist eine profitorientierte Onlinevermarktung aber insofern immer problematisch, dass digitale Publikationen leichter zu vervielfältigen sind und damit unauthorisiert weitergegeben werden können. Um dieses Vorgehen zu verhindern, setzen entsprechende Institutionen auf proprietäre Datenformate und versehen diese gegebenenfalls mit Mechanismen des »Digital Rights Management« (DRM). Dieses läuft dem, zumindest in der öffentlich geförderten Wissenschaft, geforderten »Open Access«, also der uneingeschränkten Zurverfügungstellung aller Daten für eine Nachnutzung, zuwider. Vorstellbar ist deshalb an dieser Stelle offensichtlich auch, dass die Verlage im Bereich der Editionsveröffentlichung ihre Bedeutung nach und nach fast vollständig verlieren können. In diesem Szenario würden die Editionsprojekte die kostenlose und uneingeschränkte Veröffentlichung eigenständig oder mit neuen Partnern übernehmen und das Fachpublikum beispielsweise über ein bereits erwähntes Rezensionssystem oder ein Review-Verfahren die Qualität dauerhaft kontrollieren.

Eine ganz grundsätzliche Herausforderung der digitalen Publikation ist aber vor allem ihre Dynamik. Eine digitale Edition besitzt nicht die Abgeschlossenheit einer gedruckten Ausgabe, sie hat einen eher flüchtigen, offenen Charakter und ist dadurch nicht wirklich greifbar. Um für eine sich dynamisch ändernde und stetig fortentwickelnde digitale Edition dennoch eine Zitierfähigkeit zu gewährleisten, müssen, ähnlich zu verbesserten und erweiterten Neuauflagen von Büchern, auch hier alle Versionen einer digitalen Edition zugänglich und entsprechend eindeutig referenzierbar sein und bleiben. Wird diese Form der Versionierung vorgenommen, entsteht zusätzlich die Möglichkeit, mit der Veröffentlichung aktueller zu bleiben, als dies

---

146 Ein im Projekt »Zentrum Musik – Edition – Medien« von Bianca Meise durchgeführtes narratives, problemzentriertes Leitfadeninterview mit verschiedenen Editoren aus dem Umfeld der Musik bestätigt dieses Interesse deutlich.

147 Kepper, *Musikedition im Zeichen neuer Medien*. Seite 221. »Ein an der Edition beteiligter Verlag würde in einem solchen Modell als Dienstleister auftreten, der […] u. a. das Recht zur kommerziellen Auswertung der digital erscheinenden wissenschaftlichen Ausgabe in [gedruckten] Folgeausgaben erhält.«

mit der traditionellen Buchform möglich wäre.[148] Auch für marginale Änderungen können neue Versionsstände erzeugt werden, da Aufwand und Kosten im Gegensatz zur gedruckten Neuauflage zu vernachlässigen sind und so auch nicht erst gewartet werden muss, bis genügend Verbesserungen und Erweiterungen eine erneute Veröffentlichung rechtfertigen. Darüber hinaus könnten bestimmte Versionsstände mit entsprechenden Kennungen versehen werden, um beispielsweise einen zum entsprechenden Zeitpunkt aktuellen Arbeitsstand von einer Freigabe bzw. Veröffentlichung mit bedeutenderen Inhalten abzugrenzen. Es bleibt aber immer noch die problematische Verstetigung solcher Publikationsszenarien, insbesondere nach Ablauf von Editionsprojekten. Wie bereits oben erwähnt, ist die Rolle der Verlage in diesem Bereich als schwierig zu beurteilen und ihr vollständiger Wegfall aus den genannten Prozessen nicht unwahrscheinlich.

Im Bereich der Gedächtnisinstitutionen, wie den genannten Bibliotheken und Archiven, zeichnet sich im Zuge der durchgängigen Digitalisierung von Editionsvorhaben ebenfalls ein Wandel in der Rollenverteilung und auch im Rollenverständnis ab. Betrachtet man den gesamten Prozess der traditionellen Editionsarbeit chronologisch, so sind diese Institutionen vorwiegend am Anfang und am Ende in den Ablauf eingebunden. Zu Beginn eines Editionsprojekts werden die Bestände von Bibliotheken und Archiven durch die Editoren untersucht, um das zur Durchführung des Vorhabens benötigte Material, wie beispielsweise historische Quellen, zu sichten. Das Vorhalten und Erschließen dieser Bestände gehört aber schon seit jeher zu den Kernaufgaben von Bibliotheken und Archiven und zielt in diesem Bereich nicht primär nur auf eine Vorleistung für die Editorik. Am Ende des Editionsprozesses sorgen die gleichen Akteure dann für eine Aufnahme der Editionen in ihre Bestände und damit für die Verfügbarmachung und Bewahrung, so dass diese möglichst langfristig rezipiert bzw. nachgenutzt werden können. Auch hier fallen diese Tätigkeiten noch in den generellen Aufgabenbereich von Bibliotheken und Archiven. Mit einer fortschreitenden Digitalisierung sowohl im Editionswesen als auch im Bereich der Gedächtnisinstitutionen lässt sich aber eine Annäherung beider Bereiche erkennen. Die Bestände von Bibliotheken und Archiven werden zunehmend digitalisiert und oft auch online zur Verfügung

148 Natürlich kann man mit sogenannten »E-Books« ebenfalls eine höhere Veröffentlichungsfrequenz erreichen, durch die Nachahmung des Buchs und damit seiner bereits vielfach angesprochenen Beschränkungen ist ein solches Vorgehen aber nicht sinnvoll.

gestellt. Nicht selten werden diese Digitalisate auch mit weiteren Informationen oder bei Texten sogar Transkriptionen und Annotationen angereichert. So kann man diese Leistungen streng genommen auch bereits mit Vorarbeiten im editorischen Sinne vergleichen. Viele Gedächtnisinstitutionen haben sich, durchaus angetrieben von der zunehmenden Digitalisierung, umfangreiche Kompetenzen in der Aufbereitung, der technischen Verarbeitung und der entsprechenden Präsentation bzw. Publikation ihrer Bestände aufgebaut. Außerdem ist die digitale Edition durch die breite Verwendung von Faksimiles als referenzierte Quellen näher an der Überlieferung und damit gleichzeitig auch an den Orten der Überlieferung wie Bibliotheken und vor allem Archive. Durch die Kompetenzen und Nähe kommen sie nun auch für die Übernahme und dauerhafte Bereitstellung einer digitalen Editionspublikation und den damit verbundenen, oben genannten Aufgaben in Frage.[149] Gleichzeitig können sie durch ihre institutionelle Stabilität sogar für eine Standardisierung dieser Prozesse sorgen.

Bis hierher werden nun vor allem die Akteure und ihre sich verändernden Rollen auf Seiten der Editionserstellung und -publikation betrachtet. Durch die beschriebenen Umbrüche in diesem Bereich zeigen sich aber auch Auswirkungen auf bzw. sogar Rückwirkungen durch das Umfeld der Rezipienten. Das digitale Medium erlaubt es, die Exploration einer Edition für den Nutzer deutlich flexibler zu gestalten. Nahezu unbegrenzte Ausdrucksformen und Präsentationsmöglichkeiten, der breitere und tiefere Einbezug von Quellenmaterialien, alternative und variable Darstellungs- und Rezeptionswege in verschiedenen Sichten und auf verschiedenen Schichten können individuellen Nutzererfahrungen und -erwartungen deutlich besser gerecht werden. Benutzerdefinierte Parameter können die Anpassung der genannten Optionen erlauben und ermöglichen somit den Nutzern einen interaktiven Umgang mit der digitalen Edition. Im Digitalen kann sich für den Rezipienten sogar der Rückkanal zum Editor öffnen, so dass Beiträge der Nutzer ihren Weg (ganz im Sinne des Hypertextgedankens) in die Editionsprojekte und damit die Fortschreibung der Edition finden können. Die deutlich erweiterten

149 Wizisla, »Archive als Editionen? Zum Beispiel Bertolt Brecht«. Seite 416. Erdmut Wizisla spricht beispielhaft vom Brecht-Archiv und skizziert »[e]in Vorhaben[, dass] Auswirkungen auf die Beziehung zwischen Archiv und Edition[hätte]: Die Brecht- Datenbank übernähme teilweise Funktionen von Editionen, indem sie [...] Informationen durch Repertorien resp. Regestübersichten zur Verfügung stellt bzw. [...] Dokumente selbst als ein von Bilddateien hinterlegtes Verzeichnis anbietet«.

Rezeptionsmöglichkeiten auf Seiten der Nutzer erfordern nun auch für die Editoren zum einen das Bewusstsein und eine gewisse Akzeptanz für diese neuartigen Möglichkeiten sowie das Erkennen ihrer Potenziale und auch Probleme. Zum anderen müssen innerhalb der Editionsprojekte entsprechende Kompetenzen aufgebaut und Mittel und Wege gefunden werden, um die hier beschriebenen und hochkomplexen digitalen Editionen insbesondere auch technisch realisieren, veröffentlichen und möglichst kontinuierlich betreiben zu können.

Zusammenfassend ist festzustellen, dass das Umfeld der an einem Editionsvorhaben beteiligten Akteure und ihrer Aufgaben sehr facettenreich ist und die Rollenverteilungen sowie das Rollenverständnis, angetrieben durch die fortschreitende Digitalisierung, einem starken Wandel und vielen Umbrüchen unterliegen. Es vermischen sich traditionelle, technische, subjektive, kommerzielle, rechtliche und institutionalisierte Interessen miteinander, deren Abhängigkeiten ein komplexes Beziehungsgeflecht knüpfen, bei dem der Ausgang einer Konsolidierung noch schwer vorhersehbar ist. Deutlich treten Interessenkonflikte einzelner Akteure untereinander zu Tage, deren Lösungsfindung sich noch im Fluss befindet oder einiger zukünftiger Kompromisse bedarf, zudem ist an einigen Stellen eine entsprechende Disintermediation vorstellbar. Es sind aber auch Annäherungen einzelner Akteure zu erkennen, deren Interessen und Aufgabenbereiche zu konvergieren scheinen. Insgesamt zeichnen sich auf diesen Ebenen viele Herausforderungen im Umfeld digitaler Editionen ab, deren Ursprung zwar eindeutig im Bereich des technischen Wandels und Fortschritts liegt, ihre Auswirkungen aber darüber hinaus in vielen weiteren Prozessen der unterschiedlichen Akteure spürbar sind.

2.2.2 Urheberrecht und Autorschaft

Die zunehmende Digitalisierung stellt das Urheberrecht vor große Herausforderungen. Der bequeme Zugang zu publizierten Daten, der einfache Transfer, die unkomplizierte Vervielfältigung oder die komfortablen Möglichkeiten einer (erneuten) Veröffentlichung bieten zwar ungeahnte Chancen, erzeugen aber auch neue urheberrechtlich relevante Konflikte. Digitale Editionen entstehen im Kern grundsätzlich durch den Einbezug von Quellenmaterialien eines Werks und den darauf aufbauenden substanziellen Beiträgen der Editoren. Fragen des Urheberrechts, aber insbesondere auch der Autorschaft verschärfen sich in diesem Fall also auf unterschiedlichen Ebenen. Dieses komplexe Spannungsfeld von Urheberrecht und Autorschaft im Bereich digitaler Editionen soll im Folgenden erörtert werden.

Das Urheberrecht stellt ein Werk und seinen Schöpfer unter einen besonderen Schutz.[150] Der Urheber kann dadurch umfassend bestimmen, in welcher Art und Weise sein Werk genutzt wird. Das Urheberrecht erlischt erst 70 Jahre nach dem Tode des Urhebers und geht bis dahin auf seine rechtmäßigen Erben über.[151] Solange das Urheberrecht gilt, können die Rechteinhaber über eine Verwertung der Veröffentlichungs- und Vervielfältigungsrechte entscheiden und Dritten Nutzungsrechte erteilen. Zudem sind sie die Begünstigten der Einnahmen, die eine kommerzielle Verwertung der Werke erzielt. Damit ist das Urheberrecht im Umgang mit digitalen Editionen das Gesetz mit dem größten Einfluss, insbesondere auch mit Blick auf die Onlinepublikation.

Ein besonderer Aspekt des Urheberschutzes ist der sogenannte Erschöpfungsgrundsatz. Dieser sagt aus, dass (ausschließlich) das Verbreitungsrecht nach erstmaligem Inverkehrbringen, also in der Regel durch einen Verkauf bzw. Erwerb, erlischt. Für ein Werkstück, beispielsweise ein Buch, liegt demnach die Bestimmung des erworbenen Objekts als Sache alleine im Willen des Besitzers. Sind das Original oder Vervielfältigungsstücke des Werks mit Zustimmung des zur Verbreitung Berechtigten veräußert worden, so ist ihre Weiterverbreitung mit Ausnahme der Vermietung zulässig.[152] Diese Regelung bezieht sich aber ausdrücklich auf in einem Gegenstand manifestierte Werke auf einem Trägermedium. Fällt nun dieses Trägermedium weg, wie beispielsweise bei einem Buch, das digital veröffentlicht wird, ist jeglicher Transfer eine urheberrechtlich relevante Vervielfältigung. Ob allerdings der Erschöpfungsgrundsatz über das materielle Werkstück hinaus auch ins Digitale übertragen werden kann, ist immer noch strittig und in unterschiedlichen Gerichtsurteilen sehr differenziert und je nach Einzelfall entschieden worden.[153] Tendenziell bestätigt sich aber heute meist die Sichtweise, dass es sich bei Online-Übermittlungen um keine für den Erschöpfungsgrundsatz

---

150 Urheberrechtsgesetz (UrhG), Stand: Art. 1 G vom 28. November 2018 (BGBl. I S. 2014).

151 § 64 UrhG. Es gibt auch einige Ausnahmen, explizit zur Gültigkeitsdauer: §§ 64 bis 69 UrhG.

152 § 17 UrhG.

153 Beispielhaft: OLG Hamburg, 07.02.2007, Aktenzeichen 5 U 140/06 oder LG Berlin, 14.07.2009, Aktenzeichen 6 O 67/08 oder OLG Hamm, 15.05.2014, I-22 U 60/13.

taugliche Verbreitungshandlung, sondern um einen Akt der öffentlichen Wiedergabe[154] oder der öffentlichen Zugänglichmachung[155] handelt und damit unter das Verwertungsrecht des Urhebers oder seiner Rechtsnachfolger fällt. In diesem Fall findet keine Erschöpfung der Rechte wie beim Umgang mit dem gedruckten Buch statt, so dass bei der Nutzung eines Werks ohne physischen Träger immer die urheberrechtlichen Auswirkungen im Blick behalten werden müssen. In diesem rechtlichen Spannungsfeld befinden sich dementsprechend auch die Editionen, im besonderen Maße natürlich die online publizierten digitalen Editionen. Durch den Wegfall des physischen Trägermediums ändert sich die rechtliche Einordnung so grundlegend, dass das Bewusstsein im Umgang mit digitalen Materialien unter dieser Rechtslage deutlich sensibilisiert werden muss.

Digitale Editionen und die damit verbundenen Urheberrechtsproblematiken müssen aus zwei Blickwinkeln betrachtet werden. Schaut man durch die Brille der Editoren, so birgt die digitale Verbreitung einer Edition vor allem die Gefahr durch unerlaubte Vervielfältigung, Verfälschung und Plagiate in sich. Digitale Daten lassen sich leicht kopieren, verändern und neu veröffentlichen.[156] Editoren fühlen sich dadurch um Anerkennung und die Früchte ihrer jahrelangen Arbeit gebracht. Diese Argumente können teilweise schnell entkräftet werden. Zum einen ist das Umfeld der Editionen bzw. der Editionsprojekte sehr überschaubar, die unberechtigte Weiterverwendung editorischen Materials in der wissenschaftlichen Community würde schnell augenfällig werden. Zum anderen hat der kommerzielle Vertrieb einer gedruckten Edition selten das Editionsprojekt selbst und damit die Editoren finanziert, sondern nur die Kosten der Verlage für Druck und Vermarktung. Editionsprojekte werden fast ausschließlich durch öffentliche Gelder finanziert und digitale Publikationen dementsprechend auch meist kostenlos zur Verfügung gestellt, so dass ökonomische Anreize für unerlaubte Reproduktionen eigentlich keine Rolle spielen. Der Nachweis von Urheber- bzw. Autorschaft und die damit verbundenen Aspekte von Authentizität bleiben aber gleichwohl sehr

---

154 § 19a UrhG.

155 § 52a UrhG.

156 Donaghy, »Look before you leap. Elektronische Publikationen in neuer Sicht«. Seite 106. »[...] auch der Besitz und die Kontrolle elektronisch publizierten Materials [sind] nicht ohne ihre Probleme [...]. Insbesondere gibt es keine Möglichkeit, die Erhaltung der Unverfälschtheit eines elektronischen Textes [...] im Internet zu sichern.«

bedeutend und stellen insbesondere im Digitalen eine enorme Herausforderung dar.

Das andere Problem in diesem Bereich ist aber vor allem die digitale Nutzung urheberrechtlich geschützter Quellen oder die Einbettung bereits publizierter Ausgaben bzw. Literatur. Die innerhalb digitaler Editionen übliche und umfangreiche Einbindung der überlieferten Originalquellen in Form von digitalisierten Faksimiles sowie eine starke Bezugnahme dem Kontextverständnis dienender Literatur verursachen urheberrechtsrelevante Konflikte, so dass die Nutzungsrechte für eine digitale Veröffentlichung oft nicht mit vertretbarem Aufwand einzuholen sind.[157] Hier blockieren vor allem die bewahrenden Institutionen wie Bibliotheken und Archive, aber auch Stiftungen oder Privatpersonen als Rechteinhaber durch eine Erlaubnisverweigerung für die Publikation der digitalisierten Quellen. Oft sind Bestände in Bibliotheken und Archiven bereits digitalisiert und ebenfalls online einsehbar. Hier könnte ein Kompromiss die Lage entschärfen, indem die Digitalisate beim Rechteinhaber verbleiben und in der digitalen Edition lediglich referenziert werden, aber beispielsweise durch technische Übermittlung im Hintergrund und einer entsprechende Anzeige innerhalb von Onlinepublikationen wie eingebettet erscheinen können.[158] Hier fehlen allerdings im Bereich der digitalen Editionen sowohl die Absprachen als auch die entsprechenden technischen Voraussetzungen, so dass für dieses Szenario noch einige Herausforderungen offen sind.

Neben dem Urheberrecht gibt es noch andere verwandte Schutzrechte, welche im Umfeld der digitalen Editionen von Bedeutung sind. Diese Rechte schützen unter gewissen Voraussetzungen auch solche Leistungen, die keinen eigenschöpferischen Charakter haben. Exemplarisch seien hier das Leistungsschutzrecht für Lichtbilder[159], das Schutzrecht für nachgelassene Wer-

---

157 Robinson, »Electronic editions which we have made and which we want to make.« Seite 11. Peter Robinson spricht hier sowohl von Kosten als auch von generellen Schwierigkeiten bei der Erlangung von Nutzungsrechten für hochwertige digitale Faksimiles von Originalmaterialien.

158 Keil-Slawik, »Denkmedien – Mediendenken«. Seite 182 ff. Ähnliche Ansätze der Verknüpfung und Einbettung werden mit Verweis auf Nelson und sein Hypertextsystem Xanadu (siehe Fußnote 64 (Kapitel 2.1.3)) auch bereits von Reinhard Keil-Slawik thematisiert.

159 § 72 UrhG.

ke[160] und wissenschaftliche Ausgaben[161] sowie der sogenannte Sui-generis-Schutz für Datenbankersteller[162] genannt.

Im Fall der Lichtbilder kann ein Schutzrecht auf Fotografien oder Scans einer Originalquelle gelten, wenn diese mehr als eine reine Reproduktion sind und beispielsweise wissenschaftlichen Anforderungen genügen. Dieses Leistungsschutzrecht gilt 50 Jahre, kann aber in manchen Fällen auch sehr umstritten sein, weil damit das Auslaufen des Urheberrechts und des dann gemeinfreien Werks zum Teil umgangen werden kann.

Beim Schutzrecht für nachgelassene Werke geht es darum, dass man für die Herausgabe eines bislang unpublizierten Werks, für das kein Urheberschutz mehr besteht, ein Schutzrecht über die Dauer von 25 Jahren erhält, so dass in diesem Fall ein Leistungsschutzrecht das Urheberrecht ersetzt. Dies gilt auch für neu erstellte und wissenschaftlich fundierte und innovative Editionen gemeinfreier Werke.

Der Sui-generis-Schutz ist speziell für digitale Inhalte in Datenbanken von großer Bedeutung. Neben den Elementen einer Datenbank, die bereits einzeln für sich über die genannten Rechte geschützt sein können, kann auch die Datenbank selbst unter einen Leistungsschutz fallen. Dies ist der Fall, wenn die Erstellung der Datenbank für sich eine schutzwürdige Leistung darstellt und eine wesentliche Investition erfordert hat.

Problematisch wird es, wenn Forschungsdaten mangels Schöpfungshöhe keine Werke sind oder nicht ohne weiteres in die genannten Kategorien für Schutzrechte eingeordnet werden können. Hier kann gegebenenfalls nur eine Datenbank unter Sui-generis-Schutz Abhilfe leisten, in der diese Elemente zusammengefasst und abgelegt werden.

Die bis hierher genannten Rechte sagen allerdings noch nichts darüber aus, unter welchen Bedingungen in dieser Form geschützte Inhalte auch durch Dritte genutzt werden dürfen. Bei konkreten Gegenständen bildete bisher das Eigentumsrecht die entsprechende Grundlage für die Nutzung. Bei digitalen Inhalten lösen nun die Nutzungsrechte die Rechte am Eigentum ab. Diese werden jedoch für jeden Einzelfall vertraglich ausgehandelt oder aus gesetzlichen Bestimmungen (sogenannte Schrankenbestimmungen) abgeleitet, welche die Verwertungs- und Nutzungsrechte der Inhaber

160 § 71 UrhG.

161 § 70 UrhG.

162 §§ 87a ff. UrhG.

begrenzen können.[163] Die Arbeit an digitalen Editionen und vor allem mit digitalen Inhalten wie Quellen mit einer anschließenden Onlineveröffentlichung setzt also entweder weitreichende Nutzungsrechte oder aber einen durch Schrankenbestimmungen gesetzlich geregelten Gebrauch voraus. So tangieren beispielsweise die Übertragung und die Anzeige einer digitalen Edition auf den Endgeräten der Nutzer durch die dabei entstehenden Vervielfältigungsabläufe immer auch die Verwertungsrechte entsprechender Rechteinhaber. Insgesamt ist die Rechtesituation im Umfeld digitaler Editionen im Vergleich zu den gedruckten Ausgaben deutlich komplexer geworden und vor allem für die Editoren sowohl in der praktischen Arbeit als auch bei der Publikation eine enorme Herausforderung.[164]

Bei der Erstellung einer digitalen Edition werden nicht nur rechtlich geschützte Inhalte verwendet, sondern wiederum auch neue, mit bestimmten Schutzrechten ausgestattete Inhalte erzeugt. Betrachtet man den Wunsch der Editoren, möglichst viele Inhalte uneingeschränkt verwenden zu können, so liegt es nahe, auch die digitale Edition selbst mit einer möglichst großen Offenheit bezüglich der Nutzungsrechte auszustatten. Dies würde auch dem von fast allen Förderinstitutionen geforderten Open Access, also der kostenlosen und unbeschränkten Zugänglichkeit der Inhalte, gerecht werden. Dazu könnte man die digitalen Editionen mit entsprechenden Lizenzen (beispielsweise aus dem Umfeld der »Creative Commons«[165]) ausstatten, um die Nutzungsbedingungen (beispielsweise Namensnennungen oder eine nicht kommerzielle Nutzung) für die geschaffenen digitalen Inhalte zweifelsfrei festzu-

---

163 Die bekannteste Schrankenregelung ist vermutlich die der wörtlichen Zitate (§ 53 UrhG). Das Zitatrecht erlaubt die Übernahme von Teilen geschützter und veröffentlichter Werke, wenn ein Zitatzweck vorliegt, der den Umfang des Zitates rechtfertigt und die Anforderungen an eine Quellennennung erfüllt sind.

164 Veit, »Es bleibt nichts, wie es war – Wechselwirkungen zwischen digitalen und ›analogen‹ Editionen«. Seite 51. Veit merkt als Editor und Herausgeber mit Nachdruck an, »dass das Urheberrecht sich in einigen Punkten und gerade in Bezug auf die Wissenschaft von der Realität entfernt hat«. An die Bibliotheken als Rechteinhaber gewendet fordert er deshalb: »Beide Partner müssen sich als Gebende und Nehmende verstehen: Als Wissenschaftler nehme ich die Quellen der Bibliothek, sollte ihr aber dafür meine Informationen zurückgeben – und das gemeinsam angereicherte Ergebnis kommt dann der Öffentlichkeit zugute.«

165 Creative Commons (CC) ist eine gemeinnützige Organisation, welche sich der Herausgabe von frei nutzbaren Lizenzverträgen verpflichtet hat, um jedem Schöpfer eines unter das Urheberrecht fallenden Werks die Möglichkeit zu geben, auf einfache Weise Nutzungsrechte dafür zu vergeben.

legen und damit eventuell sogar großzügiger zu sein, als Erschöpfungsgrundsatz oder Schrankenbestimmungen vorgeben. Somit könnte man einer oft geforderten, möglichst offenen und vollständigen Nachnutzung, insbesondere im wissenschaftlichen Umfeld, einen großen Schritt entgegenkommen.

Prinzipiell unterscheidet das Urheberrecht nicht zwischen Autorschaft und Urheberschaft. Insbesondere bei gemeinfreien Werken gesteht das Gesetz dem Verfasser einer Ausgabe die gleichen Rechte wie zuvor auch dem Schöpfer als eigentlichem Autor zu.[166] Für eine Differenzierung oder gar eine trennscharfe Abgrenzung zwischen den ursprünglichen Autoren eines Werks, den Editoren oder den Herausgebern und dem damit jeweils verbundenen Rollenverständnis kann also nur schwer das Urheberrecht herangezogen werden, auch wenn die Begriffe in diesem Umfeld oft zusammen genannt werden.

Der heute verwendete Autorbegriff entstand erst im 18. Jahrhundert.[167] Institutionelle Erweiterungen im Bereich des Buchdrucks, aber vor allem die Aufklärungsbewegung sowie Säkularisierungstendenzen und nicht zuletzt die Emanzipation des Schriftstellers als mündiger Bürger mit dem Recht zur Selbstbestimmung erschufen nach und nach die Vorstellung eines freien Autors als Verfasser von Schriften.[168] Jeanine Tuschling rekapituliert dazu:

> »Die Schriftsteller hatten vorher noch keine Eigentumsrechte an ihren Werken, sie galten nur als Eigentümer des Manuskripts; sobald es an den Verleger ging, erlosch dieses Besitzverhältnis. Nachdrucke konnten ohne Einwilligung des Autors hergestellt und vermarktet werden.«[169]

---

166 Lediglich die Dauer von 70 Jahren nach dem Tod des Verfassers für ein Werk auf Schöpfungshöhe unterscheidet sich von den 25 Jahren für die Herausgabe eines gemeinfreien Werks, die garantierten Rechte sind aber die gleichen.

167 Ingold und Wunderlich, *Fragen nach dem Autor: Positionen und Perspektiven*. Seite 9. »»Autor« vom lateinischen Wort ›auctor‹ (Substantiv zu ›augere‹) stammend, ist erst seit dem 18. Jahrhundert im Sinne von Urheber und verbunden mit der Vorstellung des freien, d. h. bürgerlich emanzipierten Autors, die Sammelbezeichnung für Personen, die Texte verfassen. Dem Wortsinne nach bedeutet der Begriff ursprünglich soviel wie Förderer oder Anstifter, auch Gewährsmann einer Sache.«

168 Grimminger, *Deutsche Aufklärung bis zur Französischen Revolution 1680 - 1789*. Seite 133. Die genannten Aspekte und »das Aufkommen einer bürgerlichen Nationalliteratur schufen für Autor, Publikum und Buchhandel so prinzipiell neue Situationen, daß man von einem Strukturwandel des literarischen Lebens sprechen kann«.

169 Tuschling, *Autorschaft in der digitalen Literatur*. Seite 34.

Auch Patrick Sahle blickt entsprechend zurück und schreibt:

> »Es gab keine Rechte und keine Verantwortlichkeit aus dem privaten Erfinden des Textes heraus. Vor der persönlichen ökonomischen Verwertung von Texten brauchte die »Urheberschaft« nicht gesichert zu werden. Und an der Stelle des *Erfindens* stand noch das Konzept des *Auffindens*. Alle Wahrheit war, da bei Gott, schon vorhanden und konnte nicht durch den Einzelnen erschaffen, sondern nur aufgedeckt werden.«[170]

Die Anfänge einer schrittweisen Ablösung dieser Sichtweise thematisiert dann Rolf Grimminger:

> »Daher wurde der Begriff ›Eigentum des Autors‹ vom ›materiellen Schriftbesitzer‹ allmählich auf das ›geistige Substratum‹ des Werks übertragen [...]. Das geistige Eigentum durfte lediglich unter bestimmten Umständen [...] verwertet werden.«[171]

Neben dem Eigentumsanspruch durch Urheberschaft verbunden mit entsprechenden Verwertungsrechten entwickelte sich auch das Verständnis der Autorschaft als Kennzeichen stilistischer Individualität, Originalität oder Genialität sowie die Intentionalität oder Authentizität als biografische Setzung einer Werkeinheit.[172] In den 1960er Jahren begann allerdings, vor allem initiiert durch die Beiträge von Roland Barthes (»Der Tod des Autors«[173]) und Michel Foucault (»Was ist ein Autor?«[174]), wieder eine gewisse Dekonstruktion von Autor und Autorschaft.

Insbesondere auch die Ideen des Hypertexts (ausführlicher in Kapitel 2.1.3 Vom Hypertext zum WWW) sind maßgebliche Anstöße für eine solche Verständnisveränderung im Bezug auf diese Begriffe. Die Bezeichnungen Autor, Leser und Text werden dementsprechend heute wieder anders interpretiert. Vor allem im Hypertext scheint es möglich, dass der Leser seinen eigenen Text

---

170 Sahle, *Das typografische Erbe*. Seite 297.

171 Grimminger, *Deutsche Aufklärung bis zur Französischen Revolution 1680-1789*. Seite 163.

172 Wetzel, »Der Autor zwischen Hyperlinks und Copyrights«. Seite 287. »Spätestens im 18. Jahrhundert konsolidieren sich die [...] Hauptkriterien für Autorschaft [...].« Zu den genannten Punkten ergänzt Michael Wetzel noch »das juridisch-ökonomische als Markierung des Eigentumsanspruchs am Werk, der Urheberschaft, die durch Institutionen als Verwertungsrecht (*copyright*) gewahrt wird«.

173 Barthes, »La mort de l'auteur«.

174 Foucault, *Qu'est-ce qu'un auteur?*

konstruiert und damit auch zum Autor aufsteigt.[175] Dank der beiden technischen Hauptmerkmale eines solchen Systems

> »nämlich der Nicht-Linearität der Hypertexte und ihrer Vernetzung [...], springt der Text an den markierten Stellen auf andere Textebenen über bzw. wird er mit anderen Informationseinheiten verknüpft und wuchert jenseits von Stiftung und Intention [... des Autors] fort. Die *links* (als *hyperlinks*) erlauben es, die Sequenz der primären textuellen Verkettung zu verlassen und zumindest prinzipiell virtuellen Verknüpfungen einer disseminativen Struktur zu folgen. [...] Das Verfolgen der von den *links* eröffneten Pfade oder Verzweigungen, das Navigieren oder Surfen [...] erfordert neue Kompetenzen von Produzenten und Rezipienten: Arrangement, Montage, Programmieren, Design etc. gehören implizit natürlich in gewisser Weise auch zum Geschäft von Autoren; im Hypertext [aber] werden sie explizit [... und scheinen] damit eine schöne neue Welt eines unendlich freien Umgangs mit Autor-, Urheber-, Schöpferfunktionen zu öffnen, die beliebig von jederman [sic!] übernommen werden können.«[176]

Hier wird nun ein extrem offenes Rollenverständnis von Autor, Leser und Text gezeichnet, indem der Hypertext vor allem für eine Befreiung des Lesers von den Zwängen des linearen Textes und der Passivität der Rezeption sorgt. Diese Sichtweise bekommt allerdings bei genauerer Betrachtung schnell Risse, da sich neue Beschränkungen ergeben. Die genannten Freiheiten haben

> »natürlich auch im traditionellen Lektüreprozeß aufgrund der im Assoziationsfeld des Lesers zur Verfügung stehenden gelesenen Texte existiert, [... werden aber nun] durch Links vom Autor vorgegeben. Das Assoziationsvermögen der Leser wird durch die Notwendigkeit der Navigation nicht unbedingt erhöht, sondern zum Teil sogar verstellt. [... Deshalb] müßte man eher von Bevormundung als von Befreiung des Lesers sprechen«[177].

Im Gegensatz zu traditionellen Verweiskonzepten wie beispielsweise Fußnoten als Belege der Autorität fördern Links durch ein zentrifugales Lesen das

175 Bolter, *Writing Space: The Computer, Hypertext, and the History of Writing*. Seite 114 ff. und Seite 153 ff. Jay David Bolter spricht allgemein von Gestaltungsräumen (»writing space«), die auch dem Leser aktive Handlungsoptionen als Autor bieten.

176 Wetzel, »Der Autor zwischen Hyperlinks und Copyrights«. Seite 287 f.

177 Simanowski, »Literaturwissenschaft und neue Medien«. Seite 32.

Verlassen von Kontext und Kontrollbereich des Autors und enden in einem Taumel der Möglichkeiten.[178]

Angetrieben durch die vielen Widersprüche, dem Gefühl einer unabgeschlossenen Debatte und insbesondere durch die zunehmende Realisierbarkeit vormals oft nur hypothetisch und rein theoretisch betrachteter Szenarien ist seit Ende der 1990er Jahre der Autor trotz seiner vormals oft postulierten Ablösung unter dem Titel »Rückkehr des Autors«[179] wieder Gegenstand konstruktiver Forschung und das, obwohl über die gerade auch in dieser Zeit vermehrt aufkommende digitale Literatur analog zur Hypertextdebatte abermals behauptet wird, sie »sei die Einlösung der Forderung nach dem Tod des Autors«[180], weil der

> »Kommunikationsraum des Internet [...] eine erneute Aufweichung des Autor-Werk-Dogmas der Druckkultur beschreib[t]. Fortlaufend sich verändernde »Texte« ohne Dokumentation der Änderungen, Unsichtbarkeit von »Autoren« hinter den – teilweise durch Maschinen generierten »Seiten« – unmittelbare Kommunikation zwischen kollektiv schreibenden Beiträgern, Auflösung der Textgrenzen durch Verknüpfungsmechanismen«[181]

lassen die Zweifel am Überleben dieses Konzepts deutlich werden. Die Diskussion um die Rückkehr des Autors erhält dennoch Auftrieb, denn es stellt sich die latente Frage, ob die vorgebliche Rückkehr nicht vielmehr eine Wiederkehr oder bloß eine Wiederentdeckung darstellt, da der Autor dem Tod scheinbar gleich mehrfach entkommen ist und eigentlich auch nie einfach wegdiskutiert werden konnte.[182] Auch Florian Hartling bestreitet die Marginalisierung des Autors in vier Schritten:

---

178 Wirth, »Literatur im Internet. Oder: Wen kümmert's, wer liest?« Seite 319 f. Uwe Wirth ergänzt noch: »D[er] Link ist die hypertextuelle Aufforderung an den Leser, einen rezeptiven Sprung zwischen verschiedenen Fragmenten oder zwischen verschiedenen Ebenen zu vollziehen. Dabei läßt sich der Hypertext, der explizit als unabschließbarer »Text in Bewegung« konzipiert ist, nicht zu Ende lesen. Man hat einen Text vor sich, der im Grunde nur aus alternativen Textanfängen besteht.«

179 Jannidis, *Rückkehr des Autors.*

180 Tuschling, *Autorschaft in der digitalen Literatur.* Seite 31.

181 Sahle, *Das typografische Erbe.* Seite 298.

182 Wetzel, »Der Autor zwischen Hyperlinks und Copyrights«. Seite 286. Michael Wetzel spricht gar von einem »Meta-Autor [, der] nicht aufhört wiederzukehren, wobei hier keine Rückkehr, sondern eine Verschiebung, eine Übertragung auf andere, supplementäre Bestimmung von Autorschaft am Werk ist«.

»Erstens: Der Autor wird in den Neuen Medien wiedergeboren bzw. lebt in ihnen weiter fort. Dabei kann die Autorbedeutung sogar stärker und der ›Personenkult‹ größer sein als unter den Bedingungen der traditionellen Literatur. Zweitens: Im Gegensatz zur ausgedehnten ›autorlosen‹, kollektiven Textproduktion in onlinejournalistischen Zusammenhängen sind literarische, kollaborative Arbeiten derzeit kaum festzustellen. Erfolgreiche und ästhetisch ansprechende gemeinschaftliche Projekte scheinen notwendigerweise Herausgeber in Form von Initiatoren und Moderatoren vorauszusetzen. Damit bleiben aber auch hier Autorfunktionen erhalten. Drittens: Selbst bei kollektiven Projekten oder den scheinbar autorlosen ›Codeworks‹ ›stirbt‹ der Autor nicht, sondern seine Funktionen werden aufgespalten und auf verschiedene Personen verteilt. Dies kann – viertens – sogar zu einer maximal verteilten, zur ›dissoziierten‹ Autorschaft führen.«[183]

Die Diskussion rund um die Begriffe Autor und Autorschaft sowie deren Definition und Verständnis ist insgesamt sehr tiefgründig, oft philosophisch und vor allem sehr kontrovers, so dass bis heute teils immer noch widersprüchliche Ansichten ohne einen klaren Konsens existieren. Auf Grund von Umfang und Tiefe dieser Debatte sei an dieser Stelle auch auf die bereits genannten Grundlagentexte zum Thema und die sich darum gebildete, sehr breite Literaturbasis verwiesen,[184] die noch ein wesentlich differenzierteres Bild zeichnet, als es an dieser Stelle möglich und nötig ist. Für die Betrachtung der Autorschaft im Kontext digitaler Editionen sollen nun im Folgenden nur die dafür wichtigen Aspekte weiter ausgeführt werden.

Im Zeitalter des Internets flammt die Diskussion um die Rolle des Autors an vielen Stellen zwar immer wieder auf,[185] nimmt aber fast immer deutlich pragmatischere Züge an. Der Autor als Urheber wird heute nicht mehr abgeschrieben oder für abgelöst erklärt, sondern das sich im Zuge der Hypertextdebatte und durch die Erfindung des WWW zwangsläufig veränder-

---

183 Hartling, *Der digitale Autor: Autorschaft im Zeitalter des Internets*. Seite 10.

184 Detering, *Autorschaft: Positionen und Revisionen*; Hartling, *Der digitale Autor:Autorschaft im Zeitalter des Internets*. Beide Arbeiten betrachten das Thema sehr differenziert und geben auch für die einschlägige Literatur einen guten Überblick. Insbesondere Florian Hartling widmet der Literatur zur Autorschaft im Zeitalter des Internets das Kapitel 1.2.

185 Sowohl unter dem Titel »Rückkehr des Autors« als auch unter dem Titel »Autorschaft: Positionen und Revisionen« fanden um die Jahrtausendwende viel beachtete Symposien statt, die den Diskussionsbedarf zum Thema in dieser Zeit verdeutlichen.

te Rollenverständnis wird systematisch untersucht. Ursachen werden ebenso analysiert wie die daraus folgenden Auswirkungen auf den Autor bzw. den Begriff der Autorschaft. Auf Grund des schnellen Fortschreitens der technologischen Entwicklungen braucht der Autor über die Fähigkeiten des traditionellen Schreibens hinaus ein tiefgreifendes Verständnis der für das Verfassen, Publizieren, Präsentieren oder Rezipieren verwendeten Technologien. Multimedialität (Bild, Audio oder Video) oder auch ganz allgemein ein bildschirmtaugliches und benutzerfreundliches Design sind dabei weitere Aspekte, welche über ein streng in Buchform gedachtes Textverständnis hinausgehen. Gleiches gilt für Loslösung von Sequenzialität und Linearität hin zu den verknüpften Informationsnetzen der Hypertexttheorie mit ihrer Intertextualität und Multiperspektivität. Die Wahl der (technischen) Ausdrucksmöglichkeiten hängt nun zusätzlich stark von den Möglichkeiten der verwendeten Technologien und Werkzeuge sowie ihrer Fortentwicklung ab. Dies gilt nicht mehr nur auf Seiten des Autors, sondern insbesondere auch auf Seiten des Rezipienten und seinem Verständnis für diese Ausdrucksmittel samt der technischen Rahmenbedingungen genutzter Endgeräte, die eine Wiedergabe, Präsentation und Rezeption erst ermöglichen müssen.[186] Auch der nun über das Internet zur Verfügung stehende Rückkanal vom Leser zum Autor ist im Vergleich zum Buch ein neues Element der Interaktion und muss vom Autor, aber auch vom Leser verstanden werden, so dass er idealerweise mit beiderseitigem Mehrwert genutzt werden kann. Insgesamt entsteht so auf verschiedenen Ebenen die Möglichkeit oder gar der Zwang nach mehr Kollaboration. Die Ausweitung der potenziellen Ausdrucks- und Umsetzungsmittel fordert in ihrer Komplexität die kooperative Zusammenarbeit von Autoren mit Spezialwissen, da die Vereinigung der benötigten und immer umfangreicher werdenden Kenntnisse auf eine Person oder einen Personenkreis mit gleicher bzw. ähnlicher Ausbildung immer schwieriger erscheint. Oft werden für technische Lösungen außerhalb traditioneller Autorentätigkeiten Experten benötigt, deren Wirken am Gesamtprodukt ebenfalls im Kontext der Autorschaft bewertet werden muss. Auch der eigentliche Rezipient kann von der vormals passiv geprägten Rolle in einen aktiven Part wechseln, in dem

186 Baillot, »Formen der Kooperation. Vielfache Autorschaft und ihre digitale Abbildung«. Anne Baillot stellt in diesem Zusammenhang die passende, aber schwer zu beantwortende Frage: »Wie schaffen wir eine digitale Lesekompetenz, die es möglich macht, mehrschichtige Phänomene wie [die] vielfache Autorschaft zu vermitteln, und zwar allen NutzerInnen.«

sogar ein gewisses Mit- und Fortschreiben denkbar wird. Diese vielschichtigen Kollaborationsebenen erschweren aber die Feststellung von Autorschaft. Zum einen gibt es unter den eigentlichen Autoren solche mit Spezialwissen, aber auch Experten, die zwar aus der traditionellen Rolle des Autors fallen, deren Beiträge aber durchaus essentiell für das Gesamtvorhaben sein können. Zum anderen können auch Beiträge der Rezipienten in einen kontinuierlichen Fortschreibungsprozess einfließen. Insgesamt deutet sich hier der Bedarf einer Kategorisierung von Autorschaft an, die über eine traditionelle Rang- bzw. Reihenfolge hinausgeht und beispielsweise auch nach Tätigkeitsfeldern gruppiert sein kann. Idealerweise kann darüber hinaus eine feingranulare Zuordnung von Personen zu ihrer geleisteten Arbeit vorgenommen werden, die trotz einer gewissen Dynamik und Unabgeschlossenheit des Vorhabens durch eine Art Historie weiterhin nachvollziehbar bleibt. Außerdem ist der eindeutige Nachweis einer Mitarbeit und deren Umfang nicht nur urheberrechtlich relevant, sondern vor allem bei Projekten im akademischen Umfeld für die wissenschaftliche Reputation der Beteiligten von Bedeutung. In diesem Zusammenhang muss auch eine Zitierfähigkeit gewährleistet werden, welche eine solche Reputation erst manifestiert und ebenso trennscharf funktionieren muss wie die Festschreibung der Autorschaft.

Insgesamt ergeben sich also durch die Digitalisierung für alle beteiligten Akteure zusätzliche Herausforderungen. Diese rücken nun insbesondere den Begriff des Autors bzw. der Autorschaft und das Verständnis darüber in ein Spannungsfeld, dessen stark kontextabhängige Kräfte nicht immer eindeutig zu fassen, geschweige denn einfach gegeneinander auszuspielen bzw. auszutarieren sind. Hier müssen alte Denkmuster durchbrochen, neue Wege erschlossen und überdies konsequent beschritten werden. Speziell für das Umfeld digitaler Editionen fehlen dafür gerade im Bereich des Urheberrechts und der Autorschaft, oft gebremst durch Tradition, aber auch durch fehlende technische Mechanismen, noch die Akzeptanz, die notwendigen Umbrüche zu vollziehen.

2.2.3 Kollaboration und Kommunikation

In Kapitel 2.2.2 (Urheberrecht und Autorschaft) werden bereits die vielschichtigen Möglichkeiten oder gar impliziten Forderungen nach (mehr) Kollaboration im Umfeld digitaler Editionen angesprochen. In diesem Kaptitel soll nun die Kooperation verschiedener Akteure mit unterschiedlichen Tätigkeitsschwerpunkten innerhalb eines Editionsprojekts und darüber hinaus detaillierter untersucht werden, insbesondere um die sich daraus ergebenden Herausforderungen zu verdeutlichen.

Auch in der Zeit vor der Computernutzung arbeiteten oft mehrere Editoren gemeinsam an einer Ausgabe. Das lag auch damals schon an der schieren Menge der überlieferten Quellen und ihrer aufwendigen Sichtung und Analyse. Die Schwierigkeiten des Zusammenwirkens bestanden neben einer möglichst wenig überlappenden Aufteilung der Arbeit vor allem auch im zeitnahen Austausch der Ergebnisse, was insbesondere bei unterschiedlichen Aufenthaltsorten der Editoren ein großes Problem darstellte. Wichtige Resultate des einen Editors konnten trotz gut geplanter Arbeitsteilung darüber hinaus große Auswirkungen auf die Arbeit der anderen Editoren haben, wenn es sich beispielsweise um grundlegende Erkenntnisse zum ursprünglichen Autor und seiner Intention handelte oder Abstimmungen zu treffen waren, welche die gesamte Ausrichtung einer Edition betrafen. Die Kommunikation per Briefpost war inhärent asynchron, langwierig und vor allem aufwendig und anfällig für Interpretationsfehler.[187] Natürlich mussten auch Absprachen mit Personen aus anderen Tätigkeitsfeldern wie beispielsweise dem der Quelleninhaber, Textsetzer oder Verleger getroffen werden; diese fanden aber in der Hauptsache vor oder nach der eigentlichen Arbeit der Editoren statt, so dass eine wirkliche Kollaboration und die entsprechend notwendige, aber oft schwierige Kommunikation vorrangig im engeren Projektumfeld der Editoren existierte.

Durch die Unterstützung des Computers und der damit einhergehenden zunehmenden Digitalisierung der Editionsarbeit ändern sich heute viele Rahmenbedingungen stetig, die im Hinblick auf Kollaboration und Kommunikation von Bedeutung sind. Editoren müssen sich neue Kompetenzen aneignen, um computergestützte Werkzeuge und Analysemechanismen anwenden zu können. Dadurch bilden sich zwangsläufig Spezialisten unter den Editoren für unterschiedliche Bereiche heraus. Auch die Erweiterung der Tätigkeitsfelder von Editoren, wie beispielsweise durch die Übernahme vormals durch andere Akteure ausgeführter Arbeiten, wie der Textsatz oder gar die Publikation (ausführlicher in Kapitel 2.2.1 Akteure und Rollen), fördern neben der allgemeinen Ausweitung der Handlungsbereiche folglich eine Spezialisierung unter den Editoren. Diese Diversifikation der Kompetenzen ist aber gleichzeitig

187 Kepper, *Musikedition im Zeichen neuer Medien*. Seite 203. Johannes Kepper spricht hier exemplarisch von der Kooperation zweier Editoren und einer zeitlich problematischen Abstimmung ihrer Ergebnisse.

der Auslöser für einen verstärkten Kollaborationsbedarf einzelner Experten untereinander. Mit einer fast durchgängigen Digitalisierung auf allen Ebenen eines Editionsprojekts steigt der Umfang und die Komplexität des benötigten Wissens insbesondere jenseits der traditionellen Aufgabenbereiche der Editoren stark an.[188] Diese Kompetenzen sind schwer in Personalunion zu bringen und müssen auf mehrere Schultern verteilt und dann kooperativ ergänzt werden. Dabei scheint das Rollenverständnis des Editors in einigen Teilen neu definiert werden zu müssen. Wie erläutert, übernimmt dieser zum einen Aufgaben, die nicht dem traditionellen Profil entsprechen. Zum anderen sind weitere Akteure mit substanziellen Aufgaben eines digitalen Editionsvorhabens betraut, ohne über eine klassische, editorische Ausbildung zu verfügen. Ein Editor sollte also im besten Fall nicht versuchen, in vielen Bereichen zum Teil mit Halbwissen alle Aufgaben im Alleingang zu erledigen, sondern innerhalb eines Editionsteams mit Spezialisten in verschiedenen Feldern dafür sorgen, dass auf ein gemeinsames Ziel hingearbeitet wird und die verschiedenen, meist digitalen Ergebnisse so aufbereitet werden, dass sie zu einer Edition zusammengefügt werden können.[189] Wird nun der vormals passive Rezipient durch interaktive Beteiligungsmechanismen auch noch zum aktiv Beitragenden einer sich dynamisch fortschreibenden digitalen Edition,[190] so verschwimmen die Grenzen der Akteure noch mehr und es entsteht insgesamt ein Kollaborationsszenario, dessen unterschiedliche Teilnehmer und ihre heterogenen Aufgaben sowie deren Beziehungen und Kommunikationsbedarfe untereinander ein komplexes Geflecht ergeben, dessen adäquate Ab-

---

188 Sahle, »Vom editorischen Fachwissen zur digitalen Edition: Der Editionsprozeß zwischen Quellenbeschreibung und Benutzeroberfläche«. Seite 75. Für Patrick Sahle zwingt diese Komplexität »zu einer intensiveren theoretischen Auseinandersetzung, gewissermaßen als Verwissenschaftlichung, in der wir von einfacheren Methoden, die sich z.B. auf bestimmte Formen der Quellen- und Textkritik, sowie die Gestaltung von Transkriptionen beschränkten, zu einer Gesamtanalyse des ganzen vielfältigen Prozesses kommen«.

189 Crane, Bamman, und Jones, »ePhilology: When the Books Talk to Their Readers«. Insbesondere der Absatz zu »The role of the editor in a digital world« stellt eine Ambiguität für die Rolle des Editors und die entsprechend notwendige Zusammenarbeit heraus.

190 Robinson, »Where we are with electronic scholarly editions, and where we want to be«. Seite 139. »All readers may become editors too, and all editors are readers before they are editors. This does not propose that all readers should become editors all the time […]. We are all engaged in the business of understanding: distributed editions fashioned collaboratively may become the ground of our mutual enterprise.«

bildung und Unterstützung für jedes Editionsvorhaben eine große Herausforderung ist.

Natürlich stehen heute moderne Kommunikationsmittel zur Verfügung, die einen Informationsaustausch, auch in Form unterschiedlicher Medientypen (Text, Bild, Audio, Video), nahezu in Echtzeit ermöglichen und somit beispielsweise auch die räumlich getrennte Arbeit besser unterstützen. Diese Kanäle sind aber meist losgelöst vom Kontext der Edition und eine Verknüpfung der Diskussionsthemen mit den Datenobjekten, auf die sie sich beziehen, ist schwierig. Johannes Kepper fordert deshalb, dass

> »alle ›ortsfernen‹ Mitarbeiter auch mit den in Zettelkästen, Katalogen, Datenbanken und Dateien der jeweiligen Editionsinstitute hinterlegten Informationen versorgt werden«[191].

Dies löst aber das Problem noch nicht grundsätzlich, denn wenn die unterschiedlichen Akteure dadurch trotzdem auf lokalen Datenkopien und eigenen Repositorien arbeiten, müssen diese Bestände laufend synchronisiert werden oder zumindest ausschnitthaft den jeweiligen Diskussionen angehängt werden, bevor sie später dann zusammengeführt werden können. Dieses Vorgehen kann zu Redundanz, Mehrdeutigkeit, Obsoleszenz und Inkonsistenz auf Grund mehrfach vorhandener und nicht immer aktueller Datenbestände führen. Grundsätzlich und auch unabhängig von einem Szenario mit ortsverteilten Arbeitsplätzen ist die gleichzeitige und synchrone Arbeit auf einer gemeinsamen Datenbasis für alle beteiligten Akteure wünschenswert und durch die heutige Vernetzung auch realisierbar. Hier sollten aber Handlungs- und Wahrnehmungsraum für die Nutzer innerhalb solcher Plattformen enger miteinander verschmelzen.[192] Welche Konzepte und Unterstützungsfunktionen konkret die Kollaboration während der Erstellung einer Edition fördern können und welche Anforderungen sie implizieren, soll im Folgenden ausgeführt werden.

Der erste Schritt und eine ganz basale Herausforderung ist die Einrichtung eines gemeinsamen Handlungsraums, welcher als Arbeitsbereich für

---

191 Kepper, *Musikedition im Zeichen neuer Medien*. Seite 203.

192 Keil, »Das Differenztheater. Koaktive Wissensarbeit als soziale Selbstorganisation«. Seite 216. Reinhard Keil spricht hier unter anderem auch von neuen Möglichkeiten zur Differenzerfahrung durch eine bessere Verknüpfung von Handlungs- und Wahrnehmungsraum.

die kooperative Zusammenarbeit der Editoren dient. Medienobjekte verschiedenster Typen (Texte, Bilder, Audio, Video etc.) sollen dort arrangiert, annotiert, verknüpft und diskutiert werden können. Diese Daten können aber aus unterschiedlichen Repositorien und Datenbanken stammen und sollen unabhängig von ihren Speicherorten für den Benutzer transparent und synchron verwendbar sein, insbesondere auch, damit digitale Duplikate und somit Mehrdeutigkeiten und Inkonsistenzen vermieden werden und nicht auf veralteten Daten gearbeitet wird. Der gemeinsame Handlungsraum sollte dabei möglichst kongruent mit dem Wahrnehmungsraum sein, in dem die oben genannten Betrachtungs- und Bearbeitungsfunktionen stattfinden.[193] Objekte der Wahrnehmung werden damit zugleich zu Objekten der Manipulation. Zusätzlich sollten unterschiedlichste Objekte aggregiert bzw. Teilobjekte erzeugt werden können. Beispielsweise sollen Annotationen oder auch Diskussionen exakt mit dem Text oder Bild verknüpft werden können, auf das sie sich beziehen. Teilausschnitte von Texten oder Bildern können zu neuen eigenständigen Objekten weiterer Handlungen werden. Ereignisorientierte Hinweise sorgen dafür, dass jeder Nutzer auch über die Arbeiten und Änderungen anderer Nutzer konstant benachrichtigt wird und der Arbeitsstand sowie der Fortschrittsprozess der Edition immer aktuell verfolgt werden kann. Alle für einen Arbeitsprozess benötigten Operationen sollen also direkt an den Medienobjekten selbst durchgeführt werden können, um so etwaige Medienbrüche zu verhindern.[194] Diese Medienbrüche treten immer dann auf, wenn innerhalb der Übertragungskette ein erzwungener Wechsel des Mediums stattfindet. Sie lassen sich allerdings nicht immer auflösen, insbesondere dann, wenn ein Wechsel zwischen analogem und digitalem Medium erforderlich ist. Sie verursachen also oft unnötigen Mehraufwand und führen dazu, dass spezialisierte Arbeitsumgebungen häufig alleinstehende Insellösungen darstellen und nicht in bestehende Infrastrukturen integriert werden können.[195] Es gilt also Medienbrüche durch eine durchgehende Digitalisierung von Arbeitsprozessen und -material auf ein Minimum zu reduzieren. Teil eines kooperativen Diskurses sind immer auch unterschiedliche Kontexte, in denen gearbeitet wird. Aus diesem Grund

193 Schulte, Keil, und Oberhoff, »Unterstützung des ko-aktiven Forschungsdiskurses durch Synergien zwischen E-Learning und E-Science«. Seite 86.

194 Winkelnkemper und Oberhoff, »WebArena – Räumliche Strukturen für die Lernorte der Zukunft«. Seite 111 ff.

195 Keil-Slawik und Selke, »Mythen und Alltagspraxis von Technik und Lernen«. Seite 98 ff.

ist es neben einem gemeinsamen Handlungs- und Wahrnehmungsraum ebenfalls notwendig, dass unterschiedliche und individuelle Sichten auf die Arbeitsbereiche und deren Medieninhalte möglich sind. Diese Sichten müssen sowohl hinsichtlich der Darstellung von Objekten als auch der Funktionalität, mit denen sich diese bearbeiten lassen, anpassbar sein und sich am jeweiligen Kontext orientieren.[196] Ein Arbeitsbereich, in dem fremde und eigene Objekte gemeinsam betrachtet und modifiziert werden, braucht die Möglichkeit, differenzierte Berechtigungen objektbezogen zu vergeben, denn nur so kann ein kooperativer Umgang mit medialen Objekten auf allen Ebenen des Arbeitssprozesses sichergestellt und Kollisionen während der Bearbeitung oder Inkonsistenzen in den Datenbeständen vermieden werden. Ein flexibles und feingranulares Rollen- und Rechtemanagement darf hier nicht als Einschränkung einer offenen und demokratischen Kultur der Zusammenarbeit gesehen werden, sondern vielmehr als notwendige Maßnahme zur Koordinierung gemeinsamer und zum Teil gleichzeitiger Handlungen.[197]

Insgesamt zeigen diese Anforderungen den Bedarf entsprechender Arbeitsumgebungen und die Umsetzung der beschriebenen Kooperations- und Kommunikationsunterstützungsfunktionen auf Basis von vernetzten Infrastrukturen (ausführlicher in Kapitel 3 Editionsinfrastrukturen), um eine solche kooperative Zusammenarbeit durchgängig und auf allen Ebenen zu ermöglichen. Auf Grund der Vielzahl an Akteuren, ihrer unterschiedlichen Tätigkeitsschwer- und -zeitpunkte innerhalb des Editionsprozesses sowie den multimedialen Datenbeständen und den damit verbundenen vielschichtigen Be- und Verarbeitungsanforderungen entsteht ein äußerst komplexes Szenario, dessen angestrebte und durchgängige Lösung eine große Herausforderung darstellt. Auf Grund der Heterogenität der Editionsvorhaben in Bezug auf Quellenlage und Zielsetzung, aber auch eine technisch anspruchsvolle Implementierung lassen sich ganzheitliche Lösungen nur schwer projektübergreifend und allgemeingültig realisieren. Hier müssen zuerst einzelne Aspekte und Anforderungen isoliert betrachtet und umgesetzt werden, um sich so schrittweise einer umfassenderen und dann

196 Hartmann und Oberhoff, »Kulturerbe digital – Bewahrung und Erschließung im virtuellen ›Studiolo‹«. Seite 154.

197 Hartmann und Oberhoff, »Studiolo communis – Digitale Unterstützung des Forschungsdiskurses in der Kunst- und Architekturgeschichte«. Seite 101.

modularen Lösung zu nähern. Bevor diese Thematik in Kapitel 3 (Editionsinfrastrukturen) noch einmal detaillierter aufgegriffen wird, soll zunächst noch in Kapitel 2.2.4 (Annotieren, Referenzieren und Kontextualisieren) genauer auf den durch Annotationen angereicherten sowie von ein- und ausgehenden Verweisen kontextualisierten Kern einer Edition eingegangen werden.

2.2.4 Annotieren, Referenzieren und Kontextualisieren

Betrachtet man die Edition ganz allgemein als eine Sammlung von Quellen eines Werks und einer damit verknüpften Informationsanreicherung durch die Editoren, so besteht diese im Kern vor allem aus zahlreichen und vielfältigen Annotationen.[198] Bei der gedruckten Edition sind diese Annotationen beispielsweise in Fußnoten untergebracht oder in einem Apparat angehängt und stehen immer in engem Bezug zur Repräsentation der Überlieferung mit der sie über Verweissysteme verknüpft sind. Sie enthalten Informationen über die textkritische Auseinandersetzung des Editors mit dem Werk und die Ergebnisse und Begründungen seiner Interpretationen und Entscheidungen. Bei den digitalen Editionen sind diese Annotationen nun allerdings nicht mehr fest am Seiten- oder Buchende verhaftet, sondern können deutlich flexiblere und vielfältigere Nutzungs- und Darstellungsformen annehmen. Um die Bedeutung der Annotationen im Umfeld digitaler Editionen besser zu verstehen, müssen diese zuerst mit einem relativ weit gefassten Verständnis aus unterschiedlichen Blickwinkeln betrachtet sowie klassifiziert werden.

Aus der Sicht des Editors sind die oben genannten Annotationsformen die offensichtlichsten und wichtigsten. Sie sind für jede Edition substanziell und immanent. Betrachtet man aus der gleichen Perspektive den gesamten Prozess der Editionsarbeit, so gibt es auch Annotationen, die eher einen arbeitsunterstützenden Charakter einnehmen. Darunter fallen beispielsweise Kommentare, Notizen oder festgehaltene Zwischenergebnisse, aber auch ganze Diskussionen und Kommunikationsverläufe unter den Editoren oder Projektmitwirkenden. Diese Annotationen dienen meist als Gedächtnisstütze oder dem Erkenntnisaustausch während der Erarbeitung und verkörpern so

198 Unter dem Begriff der Annotation werden an dieser Stelle unterschiedliche editorische Informationen bzw. Informationsergänzungen zusammengefasst, zum Beispiel Kommentare, Sachanmerkungen, Korrekturen, Emendationen und Identifikationen (beispielsweise von Personen oder Orten).

prinzipiell den gesamten Diskurs und damit die Genese einer digitalen Edition. Aus ihnen entstehen erst in einem weiteren Schritt und als Ergebnis jene Annotationen, welche inhärent Teil der Edition und damit auch der Publikation werden. Die grundsätzliche Frage, ob und welche dieser Annotationen eher eine temporäre Verweildauer haben oder aber gar den Status von Forschungsdaten annehmen, um für die transparente Nachvollziehbarkeit und Überprüfbarkeit editorischer Entscheidungen herangezogen werden zu können, sei an dieser Stelle der Editionswissenschaft überlassen. Die Charaktereigenschaften einer dynamischen, dauerhaft fortgeschriebenen und unabgeschlossenen digitalen Edition sprechen zumindest eindeutig für die Speicherung und Veröffentlichung dieser prozesshaften Annotationen, sowohl als Bezugspunkte für Editoren und Leser, aber auch im Sinne eines durchgängigen Forschungsdatenmanagements und als Basis weiterer, darauf aufbauender Untersuchungen.

Eine weitere Perspektive ist die der Rezipienten. Für die Nutzer einer digitalen Edition ist es wünschenswert, dass auch sie die Möglichkeit zur Annotation erhalten. Annotationsfunktionalitäten können den Nutzer bei der Exploration einer digitalen Edition unterstützen, so dass dieser Anmerkungen und Kommentare mit Bezug zum Kontext anfertigen und speichern kann. Diese Annotationen können privater Natur sein oder aber mit einer Community interessierter Rezipienten geteilt werden. Qualifizierte Beiträge können sogar über die Editoren den Weg in die eigentliche Edition finden und somit vom Charakter des Anhängsels zum Bestandteil der Fortschreibung werden. Hier verschwimmen, wie bereits in vorherigen Kapiteln verdeutlicht, die Grenzen zwischen Editor und Rezipient bzw. zwischen Autor und Nutzer. Ein völlig gleichberechtigter Editionsprozess im Sinne des Web 2.0 und des Crowdsourcing ist an dieser Stelle zwar durchaus vorstellbar, aber aufgrund unterschiedlicher Rollenverständnisse der Akteure eher noch als Experiment oder Vision einzuordnen.

Annotationen können also sowohl durch verschiedene Akteure erstellt und gelesen werden als auch unterschiedliche Aufgaben innerhalb einer digitalen Edition einnehmen. Annotationstypen unterscheiden sich damit in Bezug auf Sichtbarkeit, Darstellungsform und Funktion. Eine Herausforderung ist demnach die Unterstützung vielfältiger Annotationen innerhalb der Arbeits-, aber auch der Publikations- und Explorationsumgebung. Moderne digitale Editionen werden heute im TEI- oder MEI-Standard codiert. Diese Standards bieten bereits Auszeichnungselemente für diverse editorische Annotationen an, beschränken sich aber dabei im Kern auf textkritische Anmerkungen. Damit decken diese Verfahren zwar die substanziellen Annotationen einer digitalen Edition ab, alles was darüber hinausgeht, ist allerdings nicht mehr standardisiert und muss durch die Editionsprojekte meist individuell implementiert werden. Bei TEI und MEI handelt es sich zwar grundsätzlich um offene Standards, welche sich durch entsprechende Mitarbeit in der Community oder durch individuelle Ergänzungen erweitern lassen, es stellt sich allerdings dennoch schnell die Frage, ob beispielsweise die Auszeichnung ganzer Diskussionsstränge innerhalb dieser Standards sinnvoll ist oder ob weitere Funktionalitäten jenseits der Textkritik nicht lediglich optional an einen solchen Editionskern angelagert werden sollten.

Hier müssen nun zwei Punkte differenzierter betrachtet werden. Zum einen muss unterschieden werden, was durch Auszeichnungselemente (egal ob als fester Bestandteil des Standards oder durch individuelle Erweiterungen dieses Standards unter dessen Rahmenbedingungen) beschrieben werden soll oder kann und was davon losgelöst und innerhalb entsprechender Arbeitsumgebungen proprietär abgebildet und verknüpft werden muss. Zum anderen bieten Auszeichnungsstandards wie TEI und MEI neben dem »Embedded markup« bzw. »Inline markup« auch die Möglichkeit des »Stand-off markup«, bei dem beispielsweise Annotationen unabhängig von den Primärdaten erstellt werden können, ohne diese zu beeinflussen oder zu verändern, aber dennoch in Beziehung mit diesen stehen zu können.

In der erstgenannten Variante können beispielsweise die bereits erwähnten Diskurse oder Kommunikationsverläufe zwischen Akteuren, welche auf sehr verschiedenen Kanälen stattfinden können, eine proprietäre Aufzeichnung außerhalb notwendig machen, aber dennoch eine Verknüpfung mit den in TEI oder MEI codierten Editionsdaten erlauben. In diesem Fall werden entsprechende Daten und Verknüpfungen von der Arbeitsumgebung selbst gespeichert und verwaltet. Bei der zweiten Variante bedeutet das »Embedded markup« bzw. »Inline markup« die klassische Auszeichnung eines Dokuments, bei dem die Annotationen durch geeignete Auszeichnungselemente direkt an die Elemente der entsprechenden Textstellen innerhalb desselben Dokuments geheftet werden. Beim »Stand-off markup« werden solche Annotationen losgelöst vom primären Dokument angelegt und mit diesem über entsprechende Verweismechanismen verknüpft. Neben der grundsätzlichen Berücksichtigung des Standards und seiner Rahmenbedingungen erweitert dieses Konzept vor allem die Möglichkeiten, ein Dokument auf verschiedenen und voneinander unabhängigen Ebenen zu annotieren, ohne die Primärdaten zu verändern oder durch zu viele Auszeichnungselemente unübersichtlich werden zu lassen. Darüber hinaus erlaubt diese Vorgehensweise im Gegensatz zur eingebetteten Variante die Annotation überlappender Hierarchien durch multiple Bezugnahme entsprechender Steller oder die Annotation nur lesbarer, aber nicht schreibbarer Dokumente.

Um grundsätzlich solche externen Informationen an TEI- bzw. MEI-codierte Editionen anlagern und dementsprechend mit den Editionsinhalten verknüpfen zu können, werden Techniken benötigt, die ein punkt- oder bereichsgenaues Referenzieren ermöglichen. Dazu können entsprechende Dokumente durch eine einfache und lineare Indexierung beispielsweise auf Wort- oder Zeichenebene referenzierbar gemacht werden. Ein solcher Index muss aber bei nahezu jeder Änderung erneuert und vor allem auch mit den extern verwalteten Referenzen synchronisiert werden, damit die Bezüge der Annotationen nicht verloren gehen bzw. auf falsche Stellen verweisen. Die genannten Auszeichnungssprachen erlauben es aber darüber hinaus bereits, jedem Auszeichnungselement einen eindeutigen Identifikator zuzuweisen, so dass darauf Bezug genommen werden kann. Diese Identifikatoren können sich in den hierarchisch strukturierten Dokumenten auf unterschiedliche Einheiten wie Kapitel, Abschnitte, Sätze und sogar Wörter oder einzelne Zeichen beziehen. Kompliziert wird es aber auch hier grundsätzlich dann, wenn die Edition und damit auch die Codierung dynamisch fortgeschrieben wird, so dass sich Inhalte innerhalb referenzierter Elemente oder ganzer Bereiche ändern. Insbesondere bei solchen Änderungen hilft auch keine Synchronisierung mit extern verwalteten Verweisen mehr, da sich nicht die referenzierten Verweismarken, sondern der Inhalt geändert hat. Hier müssen zusätzliche Mechanismen entwickelt werden, welche nicht nur die Identifikatoren, sondern ebenfalls eventuelle Versionsstände als Verweiskriterien zusätzlich berücksichtigen. Wie bei den Annotationen stellt sich auch hier die Frage, auf welcher Ebene (Auszeichnungs- oder Umgebungsebene) diese Funktionalitäten zur Referenzierung umgesetzt werden bzw. noch grundsätzlicher, wie eine solche referenzierbare Versionierung realisiert werden kann.

Auch bei der digitalen Veröffentlichung braucht es neue Formen und Konzepte der Zitation, da der Anspruch einer Edition als verlässliche Zitations- und Referenzbasis für aufbauende wissenschaftliche Forschung auch im Digitalen weiterhin besteht.[199] Gerade im akademischen Umfeld ist ein nach-

---

199 Steding, *Computer Based Scholarly Editions: Context, Concept, Creation, Clientele*. Seite 67. »The humanistic aim of editing and publishing primary sources is the permanence of

vollziehbarer, transparenter und vor allem eindeutiger Verweis auf eine Quelle unerlässlich.[200] Seiten, Absätze oder Zeilen fallen als Bezugsrahmen weg und es müssen inhaltliche Strukturen den Verweis auf eine von vielen möglichen Repräsentationsformen (beispielsweise das Buch) ablösen. Für das Zitieren braucht man wie beim Referenzieren nicht nur Verweismarken, sondern auch Mechanismen, welche die Unabgeschlossenheit und die Dynamik einer Fortschreibung berücksichtigen und zusätzlich dazu einen konkreten Zeitpunkt in der Versionshistorie adressieren können, um verlässliches Zitieren zu ermöglichen.[201]

Die Herausforderungen des Referenzierens (das Zitieren mit eingeschlossen) liegen aber nicht nur in der passenden Codierung mit TEI und MEI und einer versionierten Ablage in entsprechenden Datenbanken oder Repositorien und darauf basierenden Identifikationmechanismen. Digitale Editionen enthalten nicht mehr nur die eine kanonische Textfassung, sondern lassen sich oft anhand unterschiedlicher Parameter vom Rezipienten dynamisch generieren. Je nach Anzahl dieser Parameter entstehen so sehr viele verschiedene Ausgaben, die potentiell referenziert werden können. Vorstellbar ist, dass auch diese Parameter Teil des Referenzierungsmechanismus werden und so auch die entsprechend parametrisierte Ausgabe eindeutig adressiert werden kann. Noch einfacher als Bücher können digitale Editionen an unterschiedlichen Orten bzw. unter unterschiedlichen (Internet-)Adressen abgelegt werden. Reicht beim Buch noch Titel, Autor, Auflage und Verlag ganz unabhängig vom physischen Standort für eine eindeutige Referenzierung, so braucht man für eine digitale Edition eine genaue und über die Zeit konstante Adresse. Mechanismen wie der »Digital Object Identifier« (DOI)[202] sind erste Ansät-

---

truthful data to ensure access for the coming generations of researchers and thus securing the data as part of human intellectual creation. This aim is not changing in the digital age.«

200 Münzmay, »Lesen und Schreiben im digitalen Dickicht. Musikwissenschaft, Digital Humanities und die hybride Musikbibliothek«. Seite 16. »Die Sicherung der Diskursfähigkeit von Publikationen durch klare Referenzierbarkeit gehört seit jeher zu den wichtigsten durch Bibliotheken besorgten Wissenschaftsdienstleistungen überhaupt [...].«

201 Beim Referenzieren bzw. Zitieren eines Buchs muss ebenfalls die geänderte oder verbesserte Auflage zwangsläufig mit genannt werden, um die korrekte Stelle innerhalb der Quelle identifizieren und Inkonsistenzen vermeiden zu können.

202 Digital Object Identifier (DOI) – A generic framework for managing identification of content over digital networks (https://www.doi.org). Ein DOI ist nach »ISO 26324« ein eindeutiger und dauerhafter digitaler Identifikator für physische, digitale oder abstrakte Objekte.

ze, um die problematische Referenzierung im Internet zu lösen, indem sie wechselnde Verweise auf eine eindeutige und dauerhaft gültige Adresse abbilden. Eine grundsätzliche Kritik an diesem Standard ist allerdings, dass die Integrität des Verweisziels nicht gesichert ist. Der Integritätsschutz sowie eine dauerhafte Verfügbarkeit liegen allein in den Händen derer, die auch die Publikation verwalten, so dass eine nachträgliche Änderung der Inhalte nicht ausgeschlossen und auch nicht leicht festgestellt werden kann. Bücher dagegen sind alleine schon durch ihre physische Beschaffenheit und ihre verteilten Bestände gut gegen eine massenhafte Änderung oder gar Verfälschung geschützt. Inhalte digitaler Publikationen sind deutlich leichter veränderbar; hier muss sichergestellt werden, dass zum einen alle Änderungen nachweislich protokolliert werden und zum anderen, dass diese Änderungen, analog zur Versionierung, in einem Verweismechanismus berücksichtigt werden.[203]

Es haben sich bisher noch keine einheitlichen Verweissysteme etabliert,[204] die alle genannten Herausforderungen für eine eindeutige Referenzierung durchgängig lösen. Es existieren allenfalls Lösungsansätze für Teilprobleme. Neben den technischen Konzepten und ihrer Umsetzung braucht es hier aber insbesondere zuerst auch ein Problembewusstsein auf Seiten der Editoren. Sie müssen ihre Texte mit zusätzlichen Identifikatoren auszeichnen und legen damit vorab bereits selbst fest, was und in welcher Granularität referenziert werden kann. Solange kein standardisiertes und etabliertes Verweisverfahren vorliegt, können die Editoren zumindest für ihre Publikationen Vorgaben dazu machen. Grundsätzlich sollten diesbezüglich aber auch Absprachen mit Bibliotheken oder Archiven getroffen werden, da in diesen Bereichen oft schon entsprechende Untersuchungen, Erfahrungen oder sogar konkrete Lösungen im Umgang mit dem Verweisen auf digitale Veröffentlichung vorliegen und diese durch ihren institutionalisierten Charakter eine Vereinheitlichung eines solchen Systems für digitale Editionen fördern können.

---

203 Münzmay, »Lesen und Schreiben im digitalen Dickicht. Musikwissenschaft, Digital Humanities und die hybride Musikbibliothek«. Andreas Münzmay spricht treffend von einem digitalen Dickicht und fordert am Beispiel der digitalen Musikeditionen die Möglichkeit genetischer und relationaler Kataloge mit entsprechenden Ankerfunktionen für das Referenzieren.

204 Kamzelak, »Edition und EDV. Neue Editionspraxis durch Hypertext-Editionen«. Seite 79 f. Roland Kamzelak sieht ein solch komplexes System zur Referenzierung auch zukünftig noch als ein langfristig unlösbares Problem an.

Bis zu dieser Stelle wird das Referenzieren nahezu ausschließlich mit der Blick- bzw. der Verweisrichtung auf die digitale Edition hin betrachtet. Der umgekehrte Weg, also die Referenzierung aus der digitalen Edition heraus ist aber ebenso wichtig und birgt weitere Herausforderungen. Ausgangspunkt und strukturgebender Rahmen für eine digitale Edition sind immer die Überlieferungen des edierten Werks. Auf diese Quellen wird maßgeblich Bezug genommen. Wie bereits vorher erläutert, ist mit den digitalen Editionen ein deutlich quellennäheres Arbeiten möglich. Transkriptionen, aber vor allem auch Faksimiles der originalen Handschriften und Drucke werden ebenfalls digitalisiert in das Vorhaben eingebunden und dann an vielen Stellen, beispielsweise zum besseren Verständnis oder als Nachweis getroffener Entscheidungen, vom Editor referenziert. Diese Referenzen werden innerhalb der TEI- bzw. MEI-Codierung realisiert und sind somit impliziter und substanzieller Teil der Edition. Kopien dieser Quellen können zum einen direkter Bestandteil der Edition sein, zum anderen können diese aber auch durch externe Anbieter wie Bibliotheken oder Archive bereitgestellt werden. Zu den angesprochen Problemen bei der Adressierung von Texten kommen beim Beispiel der Faksimile, also grafischer Daten, weitere Herausforderungen hinzu. Hier muss auf Bilder oder Teilausschnitte davon verwiesen werden,[205] was auf Grund von unterschiedlichen Auflösungen, Seitenverhältnissen, Qualitäts- oder Zoomstufen nicht trivial ist. Werkzeuge wie das »International Image Interoperability Framework« (IIIF)[206] bieten bereits standardisierte Funktionalitäten, um Bilddaten zu beschreiben, zu adressieren, zu übertragen und entsprechend auch anzuzeigen. Hier bedarf es aber immer noch der Unterstützung auf Seiten der Anbieter von Bildrepositorien, die entsprechend kompatible Schnittstellen bereitstellen müssen. Ein weiteres Beispiel kommt aus dem Bereich der digitalen Musikeditionen. Neben den hier besonders stark ausgeprägten Verweisen auf Faksimiles wird außerdem auf in MEI codierte Musik referenziert. Oft reicht hier nicht der einfache

205 Ein solcher Verweis kann sogar zweistufig betrachtet werden. Man verweist auf ein Faksimile und das Faksimile verweist auf das Original. Behandelt und betrachtet werden solche Verweise aber, als wenn man sich direkt auf das Original bezieht.

206 International Image Interoperability Framework (IIIF) – Enabling Richer Access to the World's Images (https://iiif.io). Das IIIF bietet umfangreiche und einheitliche Möglichkeiten für die Beschreibung, den Zugang, die Adressierung, den Transport und die Anzeige von grafischen Ressourcen auf Basis von Web-Standards.

Verweis auf einen Takt, da für das Musikverständnis wichtige Kontextinformationen, welche außerhalb des Taktes liegen (beispielsweise Notenschlüssel oder Vorzeichen), nicht berücksichtigt werden können.[207] Es braucht also in diesem Fall auch spezialisierte Unterstützungsmöglichkeiten zur Referenzierung, wie beispielsweise durch die »Enhancing Music Notation Addressability« (EMA)[208], welche solch kontextsensitives Verweisen auf entsprechende Musikausschnitte ermöglicht.

In der Gesamtbetrachtung sorgen ein umfassendes Referenzieren und die damit verbundene Einbettung vielfältiger Materialien generell für eine erhöhte Kontextualisierung digitaler Editionen. Die dynamische Fortschreibung, das Aufzeichnen und Vorhalten einer Entstehungs- und Änderungshistorie, das stetige Verbessern und Ergänzen sowie vor allem das weitere Vernetzen durch Verweise auf externe Dokumente verstärken diesen Eindruck, da die Fülle an Materialien, Nachweisen und Bezugnahmen kontinuierlich steigt. Kathryn Sutherland sieht den Computer und seine Möglichkeiten im Umfeld digitaler Editionen dann auch als den aktuell besten »Kontextualisierer«[209], verschweigt aber gleichzeitig nicht die Gefahr eines unendlich ausufernden Kontextes.[210] »[D]er Anspruch auf Vollständigkeit bezüglich des ganzen Werkverlaufes [… und] die Vorstellung eines solchen Beizugs von Kontext«[211] macht auch Villö Huszai Angst, denn sie sieht »den Ruch des Raffgierigen bestätigt, der den Neuen Medien nicht nur zu Unrecht anhängt«[212]. Die bereits genannte Speicherung und Verfügbarmachung von allen, das Editionsprojekt betreffenden Erschließungsdaten, ein grundsätzlich breiterer Einbezug von sekundärer Literatur und die Verknüpfung mit Ressourcen aus

207 Hadjakos u. a., »Challenges for Annotation Concepts in Music«. Seite 262. »[…] the notes belonging to annotations […] can only be meaningfully evaluated by the user in the overall context of the encoding […].«

208 Viglianti, »The Music Addressability API: A Draft Specification for Addressing Portions of Music Notation on the Web«.

209 Sutherland, »Material text, immaterial text, and the electronic environment«. Seite 107. »[…] the computer represents the most powerful contextualizer we can presently imagine. […] computers can store and allow retrieval of multiple versions, as digitized facsimiles, as transcripts, as photographic images, as representations of diversely principled and historically situated editions, etc. […].«

210 Sutherland. Seite 107 f.

211 Huszai, »Digitalisierung und Utopie des Ganzen: Überlegungen zur digitalen Gesamtedition von Robert Musils Werk«. Seite 140.

212 Huszai. Seite 140.

unterschiedlichen Datenbanken und Repositorien sind die wesentlichen Faktoren für die zunehmende Kontextualisierung. Unklar ist allerdings, bis zu welchem Grad sich der Vorgang des Kontextualisierens noch ausweiten kann und wo hier aus Editoren-, Rezipienten- oder Urheberrechtssicht die Grenzen liegen, denn zumindest rein technisch scheinen die Möglichkeiten einer Vernetzung nahezu unbeschränkt zu sein.

Insgesamt wird rund um die vielfältigen Aspekte des Referenzierens und den in viele Richtungen wirkenden Bedingungen und Ausprägungen augenfällig, dass viele Probleme nicht allein innerhalb von TEI bzw. MEI oder durch flankierende Referenzierungsstandards gelöst werden können. Arbeits-, Publikations- und Explorationsplattformen sowie Datenbanken und Repositorien für unterschiedlichste Ressourcen übernehmen zahlreiche Funktionalitäten, die entweder konzeptionell nicht in eine Auszeichnungssprache gehören oder generell auf übergeordneten Ebenen angesiedelt sind. Deutlich werden hier nicht nur die immer vielfältigere Verknüpfung von Inhalten, sondern insbesondere auch die dafür notwendige Vernetzung der beteiligten, technischen Systeme und die dafür erforderliche Bereitstellung entsprechender Schnittstellen. Diese Aspekte sowie die Anforderungen an eine verteilte und vernetzte Systemlandschaft im Umfeld der digitalen Editionen werden in Kapitel 3 (Editionsinfrastrukturen) nun noch ausführlicher thematisiert.

3. Editionsinfrastrukturen

Vor allem Kapitel 2.2.4 (Annotieren, Referenzieren und Kontextualisieren) zeigt auf, dass moderne digitale Editionen aus hochgradig verknüpften Inhalten kumuliert sein können. Selbst der Nukleus einer jeden Edition, die Überlieferung, kann im Digitalen bereits aus miteinander verbundenen Quellenmaterialien unterschiedlichster Medienformate bestehen, die darüber hinaus an verteilten Orten abgelegt sind. An einen solchen Kern werden wiederum weitere, editorische oder kontextualisierende Informationen in Form unterschiedlichster Annotationstypen angelagert und miteinander in Bezug gestellt. Die digitale Edition ist also ein komplexes Geflecht, das ständig weitergeknüpft wird und dessen Grenzen nicht mehr trennscharf und abgeschlossen, sondern unbeschränkt und offen sind. Diese Eigenschaften korrelieren mit den charakteristischen Merkmalen des Hypertexts und des WWW (ausführlicher in Kapitel 2.1.3 Vom Hypertext zum WWW), dessen konzeptuelle Inspiration und Verwandtschaft hier wieder deutlich heraussticht. Diese Zusammenhänge beschreiben beispielsweise auch früh Jerome McGann und später in Bezug darauf auch Frans Wiering et al. und postulieren Modelle einer unter diesen Aspekten ihrer Meinung nach idealen und vernetzten digitalen Edition[1] bzw. digitalen Musikedition[2], die den Wegfall von Beschränkungen und vor allem die Erlangung der genannten neuen Freiheiten und Vorteile deutlich in den Vordergrund rücken. Sie bleiben mit ihren Konzepten aber fast ausschließlich auf der theoretischen Ebene. Viele der in den vorherigen Kapiteln so zahlreich aufgeworfenen Herausforderungen und damit verbundene Seiteneffekte bleiben in ihren Ausführungen unberücksichtigt oder werden absichtlich beiseite gestellt,

1 McGann, »The Rationale of Hypertext«.

2 Wiering, Crawford, und Lewis, »Digital Critical Editions of Music: a multidimensional model«.

um die Blaupause eines aus ihrer Sicht zukünftigen Editionsverständnisses befreit zeichnen zu können.

An dieser Stelle muss nun deutlich darauf hingewiesen werden, dass es, wie bereits bei den Hypertextsystemen und dem WWW zuvor, auch bei den Modellen von McGann und Wiering, so wie grundsätzlich bei jeder digitalen Edition, konkreter technischer Lösungen bedarf. Solche Lösungen dürfen aber nicht nur die neuen Möglichkeiten des Digitalen fokussieren, sondern müssen sich auch der damit einhergehenden Kehrseite in Form neuer Probleme und Herausforderungen stellen. Diese Konflikte benötigen über die rein theoretische Betrachtung hinaus konkrete und praxistaugliche Lösungen. Diese Handlungsweisungen sind natürlich logisch und folgerichtig, sollen aber hier noch einmal deutlich herausgestellt werden, um aufzuzeigen, welche weiteren Schritte sich insbesondere im Hinblick auf eine technische Gesamtlösung abzeichnen.

Moderne Editionsvorhaben greifen heute für die Codierung ihrer Editionsdaten, wie bereits mehrfach erwähnt, auf die Dokumentenformate der TEI bzw. der MEI zurück. Die Schaffung und konsequente Weiterentwicklung solcher Standards ist jenseits der gemeinsamen Theoriebildung ein grundlegender Baustein für die technische Vereinheitlichung der digitalen Auszeichnung editorischer Informationen, insbesondere über die Grenzen der Editionsprojekte und einzelner Insellösungen hinweg. Da die Standards einem offenen und gemeinschaftlichen Entwicklungsprozess folgen, können auch zukünftige Bedarfe berücksichtigt und entsprechende Vorschläge dazu eingebracht werden.[3] Da TEI und MEI auf XML basieren, gibt es eine breite, zwar zum Großteil nicht auf digitale Editionen spezialisierte, dafür aber ausgereifte Palette an Werkzeugen zur Erstellung, Speicherung und Abfrage auf diese Weise formatierter Daten, was für eine schnelle und einfache Adaption durchaus hilfreich ist. Darüber hinaus gibt es natürlich auch schon länger Anwendungen für editionsspezifischere Aufgaben und auch Anwendungsumgebungen, die gleich mehrere Anforderungen eines Editionsprozesses adressieren und auch entsprechend nutzerfreundlich ausgestalten. Basierend auf einer standardisierten Auszeichnungssprache sind entsprechende Werkzeuge in Bezug auf eine gemeinsame Datenbasis untereinander zu-

3 Die Diskussion, ob die TEI eine zu stark philologisch-linguistische Perspektive einnimmt, soll hier bewusst unberücksichtigt gelassen werden.

mindest grundsätzlich kompatibel.[4] Dies ermöglicht den Austausch solcher Werkzeuge zwischen verschiedenen Editionsprojekten und fördert auch die gemeinsame Weiterentwicklung solcher Anwendungen. Wie bereits in Kapitel 2.1.3 (Vom Hypertext zum WWW) und Kapitel 2.1.4 (Beschreibung durch Auszeichnung) als einen Erfolgsfaktor des WWW hervorgehoben, ist auch in der Editorik ein gemeinsamer Auszeichnungsstandard für die Kräftebündelung auf der Ebene einer einheitlichen Datenhaltung sowie bei der Entwicklung entsprechender Werkzeuge maßgeblich verantwortlich.

Blickt man genauer auf die Arbeitsumgebungen der Editoren, lassen sich weiterhin drei grundsätzliche Ausrichtungen ableiten. Erstens setzen sich solche Arbeitsumgebungen je nach Bedarf und Zielsetzung des Editionsvorhabens aus den genannten und geeigneten Werkzeugen zusammen und haben vermehrt den Charakter eines Editionsbaukastens, dessen passgenaue Bestückung und ein koordiniertes Zusammenspiel im Editionsprozess aber noch maßgeblich durch die Editoren und weniger durch hochintegrierte Plattformen assistiert wird. Zweitens bildet sich eine differenziertere Kompetenzverteilung unter den beteiligten Akteuren und sogar Editoren und damit einhergehend ein erhöhter Kooperations- und Kommunikationsbedarf heraus. Diesem Bedarf muss mit auf Kollaboration ausgelegten Plattformen und einer zugrunde liegenden modernen Softwarearchitektur begegnet werden. Drittens ist zu beobachten, dass die Trennung zwischen einer Arbeitsumgebung für die Editoren und der Publikations- und Rezeptionsumgebung immer weiter verschwindet. In Kapitel 2.2.3 (Kollaboration und Kommunikation) wird die vermehrte Kooperation und der aktive Einbezug des Nutzers als ein wesentlicher Faktor dieser Annäherung genannt, weitere Gründe sind aber immer öfter auch die Übernahme der Veröffentlichungsarbeit durch das Editionsprojekt und mögliche Synergieeffekte bei der Implementierung solcher multiperspektivischen Umgebungen.

Forschungsumgebungen, die über die kooperative Forschungs- bzw. Arbeitsunterstützung hinaus auch eine direkte Publikation ermöglichen bzw. selbst auch als Publikationsplattform dienen, entstehen auch in vielen weiteren Bereichen. Verfolgt man die allgemeineren Debatten zum Thema des Forschungsdatenmanagments bzw. der Forschungsdateninfrastrukturen, so

4 Nicht jede Anwendung versteht alle TEI- bzw. MEI-Elemente und entsprechende Dialekte aus Teilmengen davon (ausführlicher in Kapitel 2.1.4 Beschreibung durch Auszeichnung). Dies ist aber eher ein Problem bewusster Implementierungskonzepte und hier eher untergeordnet einzustufen.

zeichnet sich dort deutlich ein Trend in Richtung verteilter, vernetzter und kollaborativer Plattformen ab. Diese sind nicht mehr einzelne, monolithische Anwendungen, sondern zunehmend eine Bündelung und Integration verschiedener Werkzeuge und Dienste. Sie sind oft modular aufgebaut und interdisziplinär ausgerichtet, so dass ganze Prozessketten mit unterschiedlichen Akteuren und Arbeitsschritten und die Einbeziehung verschiedener Diensteanbieter abgebildet werden können. Wie angedeutet, ist diese Tendenz auch bei den digitalen Editionen zu erkennen. In diesem Umfeld ist aber festzustellen, dass eine Harmonisierung, geschweige denn Standardisierung solch umfassender Plattformen noch nicht weit fortgeschritten ist. Es kann sogar bezweifelt werden, ob, in Anbetracht unterschiedlicher Zielsetzungen oder Forschungsschwerpunkte, eine Konvergenz überhaupt stattfinden kann. Hier scheint sich, ähnlich wie bei den Werkzeugen, eher ein heterogener Lösungsraum anzudeuten, der zwar einen gewissen Rahmen für die Gestaltung vorgibt, aber immer noch flexible Möglichkeiten für eine den dynamischen Bedingungen angepasste Umsetzung bietet.

Um digitale Editionen erstellen, publizieren, betreiben, explorieren und nachnutzen zu können, werden über die integrierten Arbeits-, Publikations- und Exploratiosumgebungen hinaus weitere dedizierte Infrastrukturen benötigt. Bibliotheken und Archive als Bewahrer der überlieferten Quellen sind dafür der Ausgangspunkt und in vielen Bereichen bereits digitalisiert. Sie bieten Schnittstellen und Dienste an, die das einfache Referenzieren und das differenzierte Abfragen ihrer digitalisierten Bestände online ermöglichen können. Nutznießer sind hier natürlich nicht nur die digitalen Editionen, dementsprechend ist diese Entwicklung auf Seiten der Gedächtnisinstitutionen von vielen weiteren Interessen und Faktoren beeinflusst.[5] Aus der Perspektive der Editorik kann dadurch oft nur mehr reagiert als agiert werden, was aber nicht zwangsläufig ein Nachteil sein muss, wenn hier notwendige Arbeit auf breitere Schultern verteilt wird. Der Fortschritt und die Richtung müssen allerdings genau im Auge behalten und immer wieder mit den editorischen Anforderungen abgeglichen werden.

In Kapitel 2.2.1 (Akteure und Rollen) wird eine Übernahme von Verlagsaufgaben durch andere Akteure im Zusammenspiel mit Infrastrukturkompo-

5 Horstmann, »Zur Rolle von Bibliotheken in digitalen Forschungsinfrastrukturen«. Seite 93 ff. Wolfram Horstmann gibt einen ausführlichen Überblick vielschichtiger Einflussfaktoren im Umfeld von Bibliotheken auf dem Weg zu digitalen Forschungsdateninfrastrukturen.

nenten in Form spezieller Dienste, aber insbesondere auch eine zunehmende Annäherung von Editionsprojekten an Bibliotheken und Archive thematisiert. Durch die ausgeprägten Digitalisierungsbestrebungen der Gedächtnisinstitutionen sind diese auch über die Aufgaben der Bewahrung und als Lieferant historischer Überlieferungen hinaus interessant.[6] Ihre Kompetenzen zur langfristigen Speicherung und Bereitstellung digitaler Inhalte können auch für die Publikation digitaler Editionen genutzt werden. Hier würde sich der Kreis schließen, wenn mit der Publikation gleichzeitig und zusätzlich eine gesicherte Bewahrung aller editorischen Datenbestände ermöglicht werden könnte, die zudem auch eine Weiter- und Nachnutzung aller Ergebnisse im Sinne des Forschungsdatenmanagements erlaubt. Wissenschaftliche Ergebnisse können so verlässlicher validiert, reproduziert und übernommen werden und damit auch die Grundlage weiterer Forschungsvorhaben bilden.[7]

Insgesamt zeichnet sich hier ein grundsätzlicher Paradigmenwechsel vom relativ isolierten Editionsprojekt mit individuell implementierten Werkzeugen hin zu komplexeren, vernetzten, verteilten und gemeinsam genutzten Editionsinfrastrukturen ab. Standardisierungen, wie beispielsweise im Bereich der Auszeichnungssprachen, und die Ausbildung von Schnittstellen führen zu mehr Vielfalt, Innovation und Kompatibilität im Umfeld entsprechender Werkzeuge sowie zu modulareren und flexibleren Gestaltungsmöglichkeiten der technischen Editionsprozesse. Ein umfangreicherer Bedarf an Expertisen jenseits klassischer Editionstätigkeiten erfordert eine Diversifikation der Kompetenzen und damit einhergehend auch mehr Kollaboration und Kommunikation aller Akteure untereinander. Gemeinsam konzipierte und umgesetzte Arbeits-, Publikations- und Explorationsumgebungen erzeugen vielfältige Synergieeffekte. Das Einbinden externer Komponenten oder die Integration von Diensten verschiedener Anbieter vermeiden Redundanzen bei der Arbeit und in der Datenhaltung, können zudem Kompetenzgerangel

---

6 Nelle, »Die Verantwortung wissenschaftlicher Bibliotheken im Zeitalter der Digitalisierung«; Wettmann, »Die Archive und der ›Digital Turn‹. Eine Standortbestimmung«. Seite 70 ff. Dietrich Nelle thematisiert ausführlich die zukünftigen Herausforderungen der Bibliotheken durch die Digitalisierung. / Seite 361 ff. Andrea Wettmann beschreibt für den Auftrag der Archive detailliert die Veränderungen durch den sogenannten »Digital Turn«.

7 Ceynowa, »Was zählt und was stört – Zukunftsperspektiven der Bibliothek«. Seite 53 ff. Klaus Ceynowa stellt insbesondere auch den facettenreichen Aspekt der Nachhaltigkeit in den Mittelpunkt der Betrachtung von Bibliotheken und ihrem zukünftigen Wandel.

sowie Diskussionen über Verantwortlichkeiten verhindern und sogar Urheberrechtskonflikte oder Fragen der Autorschaft entschärfen (ausführlicher in Kapitel 2.2.2 Urheberrecht und Autorschaft). Es ist also eine deutliche Tendenz in Richtung komplexer Infrastrukturen für moderne digitale Editionen offensichtlich.

In den vorherigen Kapiteln werden sehr unterschiedliche und teilweise konträre oder sich untereinander bedingende Herausforderungen aus dem Bereich der digitalen Editionen benannt und erläutert. Diese Herausforderungen haben technische, kulturelle, traditionelle, institutionelle, rechtliche, soziale, kollaborative, kommunikative, kontextuelle oder sogar ganz persönliche Ursprünge. Unter diesen facettenreichen und komplexen Bedingungen sind vernetzte Infrastrukturen an vielen Stellen hilfreich oder sogar die einzigen Möglichkeiten, entsprechende Konflikte auszutarieren oder Lösungen anzubieten. Es wird aber auch deutlich, dass ein solches Austarieren immer auch viele Diskussionen notwendig machen wird und auf Grund der genannten, vielfältigen Bedingungen und Herausforderungen mit ziemlicher Wahrscheinlichkeit nicht immer für jeden Editor oder jedes Editionsprojekt zum selben Ergebnis führt. In vielen Bereichen können entsprechende Editionsinfrastrukturen und ihre zugrunde liegenden Standardisierungen zwar eine zweckmäßige Stringenz, Routine und Vereinheitlichung schaffen, je nach Ausrichtung und Zielsetzung der Editionsvorhaben sollen unterschiedliche Vorgehensweisen und Erscheinungsformen aber sinnvollerweise weiterhin individuelle und heterogene Editionsvariationen ermöglichen.

Um die vielschichtigen Herausforderungen an die hier beschriebenen Editionsinfrastrukturen und insbesondere ihre Ursachen und Auswirkungen noch besser verstehen zu können, wird die komplexe Thematik der digitalen Editionen unter den Bedingungen des Medienwechsels im Folgenden (Kapitel 4 Produkt-Prozess-Komplementarität, Kapitel 5 Abgeschlossenheit vs. Offenheit und Kapitel 6 Revisionssicherheit digitaler Editionen) auf Basis verschiedener Theorien, Thesen und Konzepte noch einmal sehr ausführlich und tiefgehend analysiert, bevor schließlich in Kapitel 7 (Technische Lösungsansätze zur Revisionssicherheit) konkrete, technische Vorschläge für innovative und problemlösende Komponenten einer solchen Editionsinfrastruktur vorgestellt werden.

4. Produkt-Prozess-Komplementarität

Um sich dem Konzept der Produkt-Prozess-Komplementarität am Beispiel der Editionen zu nähern, bedarf es zuerst einiger grundlegender Gedanken. Betrachtet man die Edition unter den Bedingungen des Buchdrucks, so manifestiert sich diese allein durch das physische Trägermedium schon als Produkt. Der Prozess der Erschließung und Entstehung wird dabei aber stark vernachlässigt und spielt ab dem Zeitpunkt der Produktion (Druck) nur noch eine sehr untergeordnete Rolle oder geht gar ganz verloren. Insbesondere durch das Zielmedium des Buchdrucks, seinem statischen und abgeschlossenen Charakter, fehlender zeitlicher Dimension und den grundsätzlichen Beschränkungen bezüglich Struktur, Platz und Ausdruck wird die gedruckte Edition als Produkt gedacht und diskutiert. Diese Sichtweise versperrt den Blick auf den inhärenten Prozesscharakter eines jeden Editionsvorhabens. Die Erschließung und Entstehung sind immer zeitlich gebundene und dynamische Prozesse, Fragestellungen oder Forschungsschwerpunkte ändern sich und Zielstellungen werden immer wieder nachjustiert. Viele Arbeitsschritte, Diskussionen und Entscheidungen sind notwendig, um eine Edition voranzutreiben. Dieser Prozess endet nicht mit einer Publikation als Druck, denn auch die Veröffentlichung als Buch ist letztendlich nur ein Schnappschuss eines auch zukünftig dynamischen Ablaufs, sie markiert nur einen weiteren Meilenstein auf dem Weg des Erkenntnisgewinns.

Prinzipiell schwinden bei einer prozessorientierten Betrachtungsweise die Vollständigkeit und Permanenz, wie sie dem Charakter der gedruckten Edition eigentlich zu eigen sind. Wirklich dauerhaft erscheinen nur noch die Quellen einer Überlieferung und auch hier fordern immer neue Untersuchungsmöglichkeiten und Betrachtungswinkel oder das Auftauchen neuer und bisher unbekannter Quellenfunde ein Umdenken zur Beständigkeit des Vermächtnisses. Dieser Teil der Dynamik verliert sich jedoch nahezu vollständig in der grundsätzlich sehr langwierigen Editionsarbeit und den großen Abständen der Publikationszyklen beim Buchdruck, so dass die Quellenlage prinzipiell ab dem Zeitpunkt der Drucklegung insbesondere auch auf Seiten der Rezipienten als stabil betrachtet wird und damit doch auch eher einen Produktcharakter annimmt.

Einen Sonderfall bei der Betrachtung von Produkt und Prozess stellt die textgenetische Edition dar. Hier wird der Prozesscharakter bereits in die Ebene der Überlieferung gelegt. Es wird nicht versucht, den einen Text (das Textprodukt) eines Werks zu rekonstruieren, sondern vielmehr den Schreibprozess des ursprünglichen Autors mit Bezug auf die zeitliche Abfolge zu ergründen. Besonders bei dieser Form der Edition stechen die implizite Prozesshaftigkeit und ihr Konflikt zu den Merkmalen des Buchdrucks und seiner Statik heraus. Die prozessuale Dynamik der Textentstehung kann nur durch eine Transformation in die Linearität des Geschriebenen und entsprechender Verweismechanismen nachgebildet werden, den räumlichen und zeitlichen Entwicklungsdimensionen der überlieferten Quellen kann sich dabei aber bestenfalls nur typografisch angenähert werden. Zu bedenken ist hierbei, dass die Entstehung eines Werks von vielen nicht zwangsläufig linearen Schreib-, aber auch Revisionsprozessen des Autors geprägt ist. Dieser kann an verschiedenen Stellen mehr oder weniger gleichzeitig oder gar erratisch gearbeitet und immer wieder Anmerkungen, Streichungen und Überschreibungen auf dem Weg zum fertigen Werk vorgenommen haben. Die Revisionsprozesse können darüber hinaus nicht nur vom eigentlichen Autor stammen, sondern beispielsweise auch durch ein Lektorat oder von Kopisten, Setzern und Kupferstechern durchgeführt worden sein. Um diesen Entstehungsprozess eines Werks nun so exakt wie möglich zu rekonstruieren, ist die gedruckte Edition auf Grund der genannten Produkteigenschaften denkbar ungeeignet. Im Fall der textgenetischen Edition ist also nicht nur die Abbildung der erwähnten Prozesseigenschaften einer jeden Edition auf das Medium des Buchdrucks eine Herausforderung, sondern auch die des Entstehungsprozesses eines Werks als Gegenstand der Forschung selbst, da dieser komplexe Prozess ebenfalls erst zu einem typografischen Produkt gemacht werden muss.

Bis hierher ist der immanente Prozesscharakter einer Edition offensichtlich, er wird aber durch das Medium Buch und seine Produktmerkmale fast vollständig verdeckt oder in seiner adäquaten Abbildung zumindest sehr stark beschränkt. Mit den digitalen Editionen und der Ablösung des Buchs als primäres Publikationsmedium fallen diese Schranken und viele Prozessmerkmale können vermehrt in den Vordergrund rücken. Das liegt vor allem an zwei Aspekten. Zum einen können mehr Daten insbesondere zu editorischen Vorarbeiten und damit zum Entstehungsprozess der Edition zugänglich gemacht werden, die mit einem Druck verloren gegangen oder zumindest in den Schubladen der Editoren verschwunden wären. Zum anderen befinden sich online veröffentlichte digitale Editionen in einem dauerhaften Entwicklungs-, Publikations- und Aktualisierungsprozess, dessen Dynamik somit auch vom Rezipienten bereits früh und detailliert verfolgt werden kann. Die digitale Edition und ihre Publikation wandeln sich zu einer Plattform, in der das fortschreitende Arbeiten gleichzeitig ein stetiges Veröffentlichen sein kann. Diese Form der Edition schafft eine deutlich erhöhte Transparenz gegenüber den Eingriffen und Entscheidungen eine Editors und ihrer Überprüfbarkeit. Der erhöhte Einbezug von Faksimiles und die Vernetzung mit weiteren kontextuellen Informationen sowie multimediale Darstellungsformen und der aktive Einbezug des Rezipienten verstärken die Wahrnehmung des Prozesscharakters. Auch die erwähnte textgenetische Edition und somit die Rekonstruktion des Entstehungsprozesses eines Werks lassen sich durch diese Funktionalitäten deutlich besser darstellen, da chronologische und räumliche Darstellungsmöglichkeiten im Digitalen viel weniger beschränkt sind.[1] Eine parametrisierte Generierung unterschiedlicher Publikationsvarianten bricht vollends mit der Produktsicht auf die Edition, die Daten werden dafür auf der Ebene der Algorithmen prozessiert und als responsive und variable Antwort einer Interaktion mit dem Nutzer auf dem Bildschirm verkörpert. Die Editionsdaten sind nicht mehr in ein und demselben Speicher- und Präsentationsmedium fest miteinander verschränkt, wie das beim Buch der Fall ist. Datenhaltung und vielfältige Darstellungsformen sind stattdessen getrennt voneinander, so dass überhaupt erst ein stetiger und kontinuierlicher Bearbeitungs- und Publikationsprozess möglich ist.

Betrachtet man genauer die Ebene der Datenhaltung und damit die Auszeichnungssprachen und ihre Rolle für die digitalen Editionen, so wird deutlich, dass diese streng und für sich genommen eigentlich ein Produkt codie-

1 Veit, »Es bleibt nichts, wie es war – Wechselwirkungen zwischen digitalen und ›analogen‹ Editionen«. Seite 49. »Mit dem grundsätzlichen Interesse an der Interpretation von Schriftlichkeit wächst im digitalen Medium auch das Interesse am Nicht-Statischen des schriftlichen Dokuments, d.h. an der Bewegtheit der Handschrift, die im Buch kaum noch vermittelbar ist; nur das digitale Medium vermag die im Schriftbild geronnene Zeitlichkeit kompositorischer Arbeitsprozesse in adäquater Weise aufgelöst darzustellen – freilich erst bei entsprechendem Aufwand.«

ren und im Hinblick auf die Prozesshaftigkeit der Edition einige Defizite aufweisen.[2] Sie können zwar eine Fülle an editorischen Daten aufnehmen und auszeichnen, bei der Abbildung des Editionsdiskurses sowie der kollaborativen, kommunikativen und kontextuellen Prozesse (ausführlicher in Kapitel 2.2.3 Kollaboration und Kommunikation und Kapitel 2.2.4 Annotieren, Referenzieren und Kontextualisieren) stoßen sie allerdings an ihre Grenzen. Sie blenden den kommunikativen, performativen und situativen Aspekt von Texten aus und begreifen Texte als Ding und nicht als Akt, als Endprodukt und nicht als Prozess.[3] Begründungen für bestimmte editorische Entscheidungen und Interpretationen können zwar ausgezeichnet, vorausgegangene Debatten aber in ihrer Komplexität nicht abgebildet werden, so dass viele wichtige Spuren der Genese verschwinden. Solch kooperative Prozesse manifestieren sich dann schlussendlich höchstens in der Zuordnung von Autorschaft zu einem Teilergebnis oder einer Interpretationsentscheidung (ausführlicher in Kapitel 2.2.2 Urheberrecht und Autorschaft), nicht aber in einem nachvollziehbaren Ablauf der einzelnen Prozess- bzw. Kommunikationsschritte bis dorthin. Hier fehlen zum einen übergeordnete, technische Unterstützungsfunktionen, zum anderen greift an dieser Stelle auch die bereits in Kapitel 2.1.4 (Beschreibung durch Auszeichnung) beschriebene Diskussion über das, was sinnvollerweise Bestandteil von Auszeichnungssprachen ist und was nicht. Auf der technischen Ebene kommt erschwerend hinzu, dass Aktualisierungen der ausgezeichneten editorischen Daten immer ein Überschreiben und somit ein Verlust vorheriger Informationen bedeuten, da die Auszeichnungssprachen für sich betrachtet keine implizite Form einer Historie oder einer Versionierung beinhalten. Außerdem fehlt oft auch noch die Bereitschaft der Editoren, ihre Prozesse aufzuzeichnen, transparent zu machen, sie als Teil wichtiger Forschungsdaten zu betrachten und offenen Zugang zu ermöglichen. Konstruktive Beiträge von Seiten der Rezipienten, die Eingang in die Edition finden, sind ein zusätzlicher Sonderfall, der ebenfalls berücksichtigt werden muss.

---

2 Zu berücksichtigen ist hier für die Standards der Auszeichnungssprachen, dass sie ebenfalls für sich genommen bereits implizit einem Prozess der ständigen Weiterentwicklung unterliegen und ihnen damit sehr wohl auch prozessorientierte Merkmale zugeordnet werden können.

3 Caton, »Markup's Current Imbalance«. Seite 9. »We see a written text as a thing, rather than an act, an end-product, rather than a process.«

Sowohl für die Bewahrung des gesamten Editionsdiskurses als auch für die Speicherung einer Versionshistorie zur Abbildung eines Änderungs- und Aktualisierungsverlaufs kommen letztendlich nur die bereits in Kapitel 3 geforderten Editionsinfrastrukturen in Betracht. Sie müssen über die Mittel der Auszeichnungssprachen hinaus eine weitere Ebene ermöglichen, die eine Aufnahme von Diskursinformationen sowie das Festhalten von Änderungsverläufen erlaubt. Dies gilt nicht nur für die Persistierung und entsprechende Verknüpfung solcher Daten, sondern insbesondere auch für die entsprechende Unterstützung des Nutzers zur kollaborativen Verwendung solcher Funktionalitäten. Verfolgt man den Gedanken solcher Editionsinfrastrukturen weiter, so lassen sich drei Konvergenzen erkennen. Erstens nähern sich die Publikation und das, was unter Forschungsdaten verstanden wird, deutlich an. Dadurch, dass eine Veröffentlichung immer mehr Informationen insbesondere der Prozessebene beinhaltet, kann sie stärker als Grundlage weiterer Forschungsfragen genutzt werden und gleichzeitig für die Verbesserung der so oft geforderten Nachnutzung sorgen. Mit der Publikation und damit einer offenen Zugänglichmachung möglichst aller Editionsdaten kann bei entsprechend nachhaltiger Pflege der Edition sogar bereits die Archivierung implizit sein. Zweitens nähern sich auch die Arbeits-, Publikations- und Explorationsumgebungen digitaler Editionen in ihrer Abhängigkeit stark den Komponenten einer Editionsinfrastruktur an. Solche Infrastrukturen werden bereits als Grundvoraussetzung zur Abbildung kollaborativer, kommunikativer und kontextueller Prozesse genannt, darüber hinaus sorgen sie für Vernetzungs-, Referenzierungs- und Persistierungsmöglichkeiten der Editionsdatenbestände über entsprechende Schnittstellen und bilden damit das Rückgrat moderner digitaler Editionen. Drittens rücken, unterstützt durch derartige Infrastrukturen, auch die Institutionen zusammen, die zum einen für die Bewahrung der Überlieferung und zum anderen für die Erstellung der Edition zuständig sind (ausführlicher in Kapitel 2.2.1 Akteure und Rollen). Bibliotheken und Archive als bewahrende Institutionen haben ebenfalls Kompetenzen in der Digitalisierung, Publikation und Präsentation ihrer Bestände aufgebaut und sind oft auch treibende Kräfte bei einer Standardisierung dieser Prozesse, so dass digitale Editionsvorhaben von dieser Expertise profitieren können. Statt sich hier einem zwar idealen, aber doch komplizierten Zusammenschluss der Institutionen annähern zu müssen (ebenfalls ausführlicher in Kapitel Akteure und Rollen), können Editionsinfrastrukturen dafür sorgen, dass zwischen diesen Hauptakteuren Synergien entstehen und Kompetenzen ergänzend genutzt werden können, um digitalen Editionen trotz ihrer verteilten Komponenten und Daten(-hoheiten) einen festen Raum für die Erstellung, Publikation, Exploration, Archivierung bei einem gleichzeitigen und kontinuierlichen Fortschreibungsprozess zu geben.

Betrachtet man eine moderne digitale Edition nun als ein komplexes, insbesondere technisches Gesamtsystem mit immanenten Bezügen zur Softwareentwicklung, so lässt sich auch auf dieser Ebene eine Verschiebung der Betrachtungsweise hin zu einer prozessorientierteren Sicht nachzeichnen. Bereits Anfang der 1980er Jahre untersucht Christiane Floyd den damals propagierten »Software Life Cycle« als phasenorientierten Ansatz der Softwareentwicklung[4] und plädiert auf Grund einiger Schwachstellen für eine stärkere Ausrichtung der Betrachtung am Prozesscharakter dieser Abläufe.[5] Zwar attestiert sie dem Phasenmodell zur Softwareentwicklung einige Vorteile, beispielsweise die detaillierten Spezifikationen und Zwischenergebnisse einzelner Phasen sowie die daraus folgenden klaren Handlungsanweisungen für ein weiteres Vorgehen, insbesondere aber das streng sequentielle Vorgehen und der sukzessive Aufbau der Phasen auf den jeweils im vorausgegangenen Schritt entstandenen Ergebnissen bilden ihrer Meinung nach jedoch die Entwicklungsprozesse nicht adäquat ab. Sie kritisiert vor allem, dass eine Kommunikation mit dem Nutzer nur in der initialen Phase stattfindet und das dieser bis zur Auslieferung bzw. Installation des Softwaresystems nicht weiter einbezogen wird. Außerdem müssen auch nach der Spezifizierung und während der Entwicklungsarbeit noch zahlreiche Entscheidungen getroffen oder auch revidiert werden, ohne ihre genauen Implikationen innerhalb zukünftiger, sich verändernder Anwendungskontexte zu kennen oder später flexibel auf diese reagieren zu können. Eine kontinuierliche Weiterentwicklung, vor allem während eine Software bereits im Einsatz ist, kann durch den phasenorientierten Ansatz nicht zufriedenstellend repräsentiert bzw. vermittelt werden.[6] Stattdessen schlägt Floyd einen prozessorientierten Ansatz vor, bei dem der spätere Anwender über den Gesamtprozess der Entwicklung stärker eingebunden wird und bei dem auch einzelne Phasen durch inkrementelle Änderungen unabhängig von vorgelagerten Schritten jederzeit individuell nachjustiert werden können, ohne den gesamten Zyklus wiederholen zu müssen. Alle Überarbeitungsschritte, sowohl der Software als auch der Dokumen-

4 Kimm u. a., *Einführung in Software Engineering*. Insbesondere Kapitel 1.3 (Die Phasen der Softwareentwicklung und -verwendung).

5 Floyd, »Process-Oriented Approach to Software Development«.

6 Floyd. Seite 287.

tation, sollen mittels Versionierung festgehalten werden, um den gesamten Prozess der Softwareentwicklung kontinuierlich transparent und nachvollziehbar zu machen sowie Erkenntnisse daraus zu nutzen, um das Konzept auch reflektierend zu verbessern.[7]

Floyd nimmt diese Gedanken Ende der 1980er Jahre noch einmal auf und schärft ihr Konzept, indem sie sich vom speziellen Phasenmodell als Ausgangspunkt für ihre Argumentation löst und für den Bereich der Softwareentwicklung auf der einen Seite eine grundsätzlichere produktorientierte und auf der anderen Seite wiederum die prozessorientierte Perspektive skizziert. Sie fordert dabei ebenfalls einen aus ihrer Sicht notwendigen Paradigmenwechsel, bei dem die Prozesssicht die Produktsicht zwar nicht gänzlich ablöst, aber eine deutlich bestimmendere Rolle einnimmt.[8] Sie beschreibt die beiden Perspektiven als weitgehend komplementär und gleichzeitig existent mit dem Hinweis, dass ihr niemand bekannt ist, der nur strikt aus einer dieser Perspektiven argumentiert. Ihr Ziel ist es, für Verständnis beider Seiten zu sorgen und aufzuzeigen, wie diese miteinander interagieren bzw. harmonieren können.[9] Floyd veranschaulicht also die Produkt-Prozess-Komplementarität und ihre Wechselwirkungen auf Ebene der Softwareentwicklung, blickt aber auch über die Grenzen dieses Feldes hinaus, indem sie die Einflüsse weiterer Akteure, insbesondere der Anwender mit einbezieht.

Aus Floyds produktorientierter Perspektive betrachtet, ist die Software ein für sich selbst stehendes Produkt aus einer Menge an Programmen, welche durch Text definiert sind. Der Kontext dieser Produkte wird als festgelegt und gut verstanden vorausgesetzt, so dass die Anforderungen an die Software im Voraus festgelegt werden können. Die prozessorientierte Perspektive hingegen betrachtet Software weniger isoliert und in enger Verbindung zum menschlichen Lernen, Arbeiten und zur Kommunikation in einer sich weiterentwickelnden Welt mit sich ändernden Anforderungen und Bedürfnissen. Lern-, Arbeits- und Kommunikationsprozesse sind für Floyd sehr zentrale Aspekte der Entwicklung von Software sowie insbesondere auch für deren Gebrauch. Sie betont, dass der Einsatz von Software zugleich Unterstützung als auch Beschränkung sein kann. Aus dieser Sichtweise betrachtet, geht ein Softwareprodukt aus den verschachtelten Prozessen von Analyse, Design, Implementierung, Bewertung und Feedback hervor, die von verschiedenen Per-

7 Floyd. Seite 289 ff.

8 Floyd, »Outline of a Paradigm Change in Software Engineering«. Seite 185.

9 Floyd. Seite 186.

sonen und Gruppen in unterschiedlichen Rollen durchgeführt werden. Sowohl die Funktionalität des Produkts als auch dessen Qualitäten, wie sie insbesondere auch von den Anwendern erlebt werden, sind also stark von der Art und Weise abhängig, wie diese Prozesse durchgeführt werden.[10]

Aus der Produktsicht von Floyd beginnt die Softwareentwicklung mit einer Anforderungsanalyse, aus der iterativ immer detailliertere Definitionen und Spezifikationen abgeleitet werden, die schließlich zu einer Software transformiert werden, die auf einem Computer ausgeführt wird. Für Floyd beinhalten aber beispielsweise Anforderungserhebung, Qualitätskontrolle, Nutzerakzeptanz oder kontinuierliche Weiterentwicklung bereits Prozessaspekte, die aus ihrer produktorientierten Perspektive nur optionale Bezüge außerhalb einer systematischen Behandlung sind. Diese Aspekte beeinflussen laut Floyd jedoch maßgeblich das Vorgehen in konkreten Softwareentwicklungsprojekten, während aus Produktsicht nur modelliert wird, was zum Erreichen einer entsprechenden Zieldefinition notwendig ist. Sie sieht hier einen offensichtlichen Zwiespalt in der Softwareentwicklung zwischen abstrakten Lehrbuchweisheiten und den komplexen Anforderungen, Bedürfnissen und Wechselwirkungen der realen Welt.[11]

Diese soziale Komponente vertieft Floyd in den 1990er Jahren, als sie die Modellierung von Software als einen Handgriff zur Wirklichkeit beschreibt.[12] In Bezug auf ihre Konzepte untersucht sie die soziale Konstruktion und Wirksamkeit von Informatik-Modellen.[13]

> »Obwohl Informatik-Modelle selbst formal und technisch zu realisieren sind, werden sie nur bedeutsam durch soziale Prozesse der Entwicklung und Aneignung, wobei die subjektiven Perspektiven der Beteiligten entscheidenden Einfluß haben. Entwicklung und Nutzung von Informatik-Modellen sollten daher ihre soziale Bedingtheit transparent machen und ihre sinnvolle Interpretation im Einsatzkontext gewährleisten.«[14]

---

10 Floyd. Seite 187.

11 Floyd. Seite 188.

12 Floyd und Klischewski, »Modellierung – ein Handgriff zur Wirklichkeit: Zur sozialen Konstruktion und Wirksamkeit von Informatik-Modellen«.

13 Unter Informatik-Modellen werden hier Anwendungsmodelle, formale Modelle und Berechnungsmodelle aggregiert betrachtet. Zur genaueren Erklärung sei hier auf den referenzierten Beitrag verwiesen.

14 Floyd und Klischewski, »Modellierung – ein Handgriff zur Wirklichkeit: Zur sozialen Konstruktion und Wirksamkeit von Informatik-Modellen«. Seite 21.

Laut Floyd werden die Informatik- Modelle mit der Intention entwickelt, in einem realen Umfeld wirksam zu werden, ohne eine Gewähr, dass diese dem Anwendungsbereich angemessen sind oder innerhalb der Einsatzszenarien so verstanden oder genutzt werden, wie es zum Zeitpunkt ihrer Entwicklung angenommen wird. Die Wirksamkeit wird auf zwei Ebenen unterschieden. Zum einen ist es die mentale Ebene, auf der die Modelle eine virtuelle Realität konstruieren und die Akteure sich damit auseinandersetzen müssen und sich die Modellierung aneignen sowie innerhalb ihres Handlungsfeldes interpretieren. Zum anderen ist es die autooperationale Ebene, in der die Modelle durch selbst ablaufende Programme direkte Auswirkungen auf die Realität haben, die Bedingungen des Handelns in sozialen Kontexten verändern und für die Akteure Handlungsräume und Wahlmöglichkeiten eröffnen, aber auch beschränken können.[15]

> »In der Praxis wird immer sichtbarer, daß insbesondere große Informatik-Systeme Strukturen in Organisationen verfestigen und daß die notwendige organisatorische Weiterentwicklung schon bei der Modellierung nicht beachtet wird bzw. werden kann. [... D]as grundsätzliche Dilemma bleibt: Soll ein Informatik-System als Infrastruktur einen Organsationszusammenhang [sic!] als Ganzes unterstützen, sind Annahmen über die Organisation – insbesondere hinsichtlich Eigenschaften, die als stabil angesehen werden – unverzichtbar. Unvermeidlich ist ferner, daß zwischen der Modellierungssituation und der Einsatzsituation eine unüberwindbare Kluft verbleibt: Zeit vergeht, der Gegenstandsbereich verändert sich, neue Bedingungen entstehen usw. Dies verweist auf fundamentale pragmatische Grenzen beim Einsatz von Informatik-Systemen, die [...] nicht nur aus den formalen Grundlagen der Berechenbarkeit sondern aus den verantwortbaren Bedingungen des Zusammenwirkens von Menschen und Informatik-Systemen im Einsatz resultieren.«[16]

Floyd kommt zu dem Schluss, dass die Konstruktion und Verwendung bisheriger Modelle für die Einbettung in dynamische und soziale Prozesse ungeeignet sind und Verlauf und Ergebnis der Modellbildung nicht vollständig vorgeplant werden können. Stattdessen muss sich dieser Prozess immer wieder für den Einfluss von Erfahrungen aus konkreten sozialen Situationen öffnen.

---

15 Floyd und Klischewski. Seite 24.

16 Floyd und Klischewski. Seite 25.

> »Informatik-Modelle stehen nicht als formale Gebilde für sich genommen, sondern werden in den von uns getragenen sozialen Prozessen konstituiert. Informatik-Modelle sind so zu gestalten, daß sie die sozialen Prozesse, in den [sic!] sie wirksam werden, als Werzeuge [sic!] (»Handgriffe«) unterstützen und nicht behindern.«[17]

Der prozesshafte Charakter digitaler Editionen wird eingangs dieses Kapitels deutlich herausgestellt. Bereits auf dieser, noch von der Softwareentwicklung weitgehend losgelösten Ebene der Betrachtung lassen sich aber schon Parallelen zur Sichtweise von Floyd ziehen. Der Einbezug verschiedener Akteure, insbesondere der Nutzer, mit teils heterogenen Interessen und Zielen, die erhöhte und notwendige Kooperation und Kommunikation untereinander, die Dynamik der Weiterentwicklung (insbesondere auch während der Nutzung/nach der Veröffentlichung), die inkrementelle Versionierung aller Fortschritte sowie die Einbettung in einen sozialen Kontext und damit einhergehenden Wechselwirkungen aus traditionellen, kulturellen, institutionellen, rechtlichen oder kollaborativen Bereichen jenseits der Technikzentriertheit sind wichtige Aspekte, welche bei der Betrachtung einer digitalen Edition ebenfalls bedeutende Kriterien der Prozesshaftigkeit sind.

Untersucht man das Gesamtsystem digitaler Editionen nun aus der technischen Perspektive, so sieht man natürlich zusätzlich auch deutlich die bereits erwähnten Bezüge zur Softwareentwicklung. Eine digitale Edition besteht im Kern aus einzelnen und verteilten Softwarekomponenten, die in eine Infrastruktur eingebettet und über entsprechende Schnittstellen vernetzt sind. Augenfällig wird hier, dass eine ohnehin schon komplexe technische Realisierung einzelner Komponenten und ihr Zusammenspiel nicht ohne Berücksichtigung der inhärenten Prozesseigenschaften möglich sind. Hier konvergiert die von Floyd allgemein propagierte prozessorientierte Perspektive der Softwareentwicklung mit den Prozessmerkmalen einer digitalen Edition und zwar mit starken Argumenten aus zwei unabhängigen Richtungen. Betrachtet man die digitale Edition als allgemeines Softwaresystem, so liefern Floyds Konzepte bereits generell einleuchtende Gründe für eine prozessorientierte Betrachtungsweise. Diese Ansicht bzw. dieser Bedarf werden im Fall der digitalen Edition nun auch von der anderen Seite untermauert, indem die inhärente Prozesshaftigkeit durch eine zweite unabhängige Betrachtungsweise abgeleitet und ebenfalls als bedeutend herausgestellt werden kann. Beide

17 Floyd und Klischewski. Seite 25 f.

Blickwinkel schließen aber gleichermaßen nicht die produktorientierte Perspektive explizit aus, stellen die Prozesssicht aber jeweils als dominierend heraus. Die Komplementarität von Produkt und Prozess ist hier bei beiden Betrachtungsweisen somit vor allem auch als eine wechselseitige Ergänzung zu verstehen, da bestimmte Produkteigenschaften durchaus weiterhin gewünscht sein können, sie aber im digitalen Medium einer technischen Unterstützung bzw. Adaption bedürfen, da diese durch den Medienwechsel sonst verloren gehen (ausführlicher in Kapitel 2.1.2 Datenträger statt Buchdruck und insbesondere Kapitel 5 Abgeschlossenheit vs. Offenheit).

Führt man nun die Ebenen der Softwareentwicklung und der modernen digitalen Edition zusammen, so ist deutlich eine wechselseitige Bedingung festzustellen: Das Konstrukt der offenen und dynamischen digitalen Edition ist gleichzeitig immer auch ein Softwaresystem der kontinuierlichen und flexiblen Weiterentwicklung. Beides lässt sich zwar isoliert betrachten, die existenzielle Abhängigkeit ist aber offensichtlich. Eine langfristige Publikation oder gar Fortschreibung einer digitalen Edition ist nur möglich, wenn sich gleichzeitig der technologische Unterbau bzw. die Komponenten einer Editionsinfrastruktur in entsprechendem Maße weiterentwickeln. Aus der Perspektive der Softwareentwicklung gilt es, sowohl dem technologischen Fortschritt zu folgen als auch verändernde editorische Ansprüche und Zielsetzungen umsetzen und integrieren zu können. Von Seiten der Editoren müssen diese essentiellen Wechselbeziehungen sowie ihre Dynamik und Offenheit verstanden und die daraus folgenden Auswirkungen auf beiden Ebenen entsprechend mitbedacht werden. Ideal scheinen hier eine beiderseitige Annäherung entsprechender Kompetenzen sowie eine konstruktive Akzeptanz der Abhängigkeit voneinander.

Reinhard Keil verallgemeinert die Komplementarität von Produkt und Prozess nach Floyd und betrachtet diese auf der Ebene der Wissensarbeit, welche durchaus auch für die Editorik zutreffend ist.

> »Ein Grund dafür liegt [...] in der starken Fokussierung auf eine Perspektive, in der Wissen als Produkt betrachtet und behandelt wird: Wissen kann weitergegeben und übertragen sowie z. B. durch das Drucken von Büchern vervielfältigt werden. [... Auch in] Publikationen dominiert die Produktperspektive. Dafür sind [...] viele Faktoren verantwortlich. Sowohl unsere Alltagssprache als auch unsere Alltagspsychologie folgen einer Transportmetapher. Wissen wird im Kopf erzeugt, dann in Form von Sprache, Gestik oder Schrift externalisiert, an andere physisch übermittelt und dort wieder auf-

> genommen.«[18] Dieser Ablauf entspricht aber, so Keil, einer medialen Einbahnstraße der Form »Produktion – Übertragung – Rezeption«[19]

oder auch dem »Einschreiben – Publizieren – Rezipieren«[20]. Diese Sichtweise wird somit prinzipiell auch im Buchdruck und damit auch in Bezug auf den Produktcharakter der gedruckten Edition offenbar, denn sie ist ebenfalls geprägt durch die »Erstellung, Distribuierung und Erschließung fertiger, möglichst hochwertiger Dokumente«[21] und auch die »Zwischenprodukte zur Unterstützung dieser Prozesse [sind dabei meist] anders gestaltet als das Endprodukt«[22] selbst.

Laut Keil betont der Begriff Wissensarbeit dabei zweierlei:

> »Zum einen die notwendige Nutzung physischer Medien, um Wissen erzeugen, kommunizieren und verarbeiten zu können, zum anderen die Tatsache, dass jedwede Form von Wissensarbeit davon ausgehen muss, dass ein wesentlicher Teil dieser Arbeit darin besteht, bedeutsame Zusammenhänge zwischen Medienobjekten herzustellen, die in dieser Form nicht explizit angelegt und physisch repräsentiert sind.«[23]

Der Terminus Wissensarbeit wird ursprünglich von Peter F. Drucker eingeführt, um hervorzuheben, dass viele Arbeitsprozesse zunehmend weniger konventionalisierbar und automatisierbar, sondern wissensbasiert sind.[24] In Bezug auf Drucker ergänzt Keil,

> »dass automatisierte Abläufe nur dann auch ökonomisch Sinn machen, wenn sie re-kontextualisiert werden. Insofern ist auch nicht verwunderlich, dass nach Drucker die wichtigsten Charakteristika von Wissensarbeitern Selbstständigkeit und Eigenverantwortlichkeit sind, denn hier geht es nicht um rein faktisches explizites Wissen, sondern darum zu wissen, wie die anstehenden Aufgaben unter Ausnutzung der vorhandenen Mittel optimal erledigt werden können«[25].

---

18 Keil, »Perspektiven der Wissensarbeit im digitalen Zeitalter«. Seite 9.

19 Keil, »Medienqualitäten beim eLearning: Vom Transport zur Transformation von Wissen«. Seite 47.

20 Keil. Seite 49.

21 Keil. Seite 43.

22 Keil. Seite 43.

23 Keil, »Perspektiven der Wissensarbeit im digitalen Zeitalter«. Seite 10.

24 Drucker, *The Age of Discontinuity Guidelines to our Changing Society.*

25 Keil, »Perspektiven der Wissensarbeit im digitalen Zeitalter«. Seite 18.

Als entscheidendes Merkmal von Wissensarbeit stellt Keil die Notwendigkeit heraus,

> »Wissen aus verschiedenen Quellen vor dem Hintergrund eigener Erfahrungen so miteinander in Beziehung zu setzen, dass damit die anstehenden Aufgaben gelöst werden können. [...] Wissen muss über Zeiträume hinweg erschlossen und tradiert und über verteilte Standorte hinweg zusammengeführt und wieder verteilt werden«[26].

Explizit nimmt Keil hier auch Bezug auf die Arbeitsprozesse der Philologie und schlägt damit die Brücke zur Editionsarbeit, da er hier deutliche Parallelen zu seinem Verständnis von Wissensarbeit erkennt:

> »In diesem Sinne ist auch die Philologie eine Form der Wissensarbeit, deren disparate Aufgabe in der Zusammenführung und Bewertung verschiedener Quellen und Interpretationen ebenfalls nur zu bewältigen ist, wenn es zeit- und ortsübergreifende Instanzen gibt, die es gestatten, dass sich z. B. eine Forschergemeinschaft ein externes Gedächtnis aufbaut, bei dem durch Ausnutzung [entsprechender] Medienfunktionen die dabei auftretenden Medienbrüche auf ein Minimum reduziert werden.«[27]

Er schränkt aber ein, dass Bibliotheken und Archive diese Funktion nur teilweise übernehmen können,

> »da sie lediglich Aggregationen von Wissensobjekten verkörpern, die durch die Nutzung nicht verändert werden sollen. Erst die Überlagerung von Handlungs- und Wahrnehmungsraum [(ausführlicher in Kapitel 2.2.3 Kollaboration und Kommunikation)] ermöglicht neue Formen der medialen Destillation, die über die bloße Aggregation von Wissensartefakten hinausgeht und persistente Transkriptionen ermöglicht«[28].

Indirekt impliziert er mit dieser Annahme und dem Verweis auf die Arbeit von Sabrina Geißler[29] auch, dass hier technische Maßnahmen notwendig sind, um die entsprechenden Akteure und ihre Wissensartefakte für eine adäquate

---

26 Keil. Seite 18.

27 Keil. Seite 18.

28 Keil. Seite 20.

29 Geißler, »Mediale Destillation als innovative Qualität sozialer Software: ein informationstechnischer und medientheoretischer Ansatz zur Erschließung softwarebasierter Medien«.

Wissens- bzw. Editionsarbeit näher zusammenzubringen, so dass hier auch die bereits weiter oben und ausführlich in Kapitel 2.2.1 (Akteure und Rollen) beschriebene Annäherung (insbesondere auch auf technischer Ebene) zwischen Gedächtnisinstitutionen und den Einrichtungen der Editionsprojekte sowie der Bedarf entsprechend ausgestatteter und möglichst durchgängig digitaler Editionsinfrastrukturen untermauert wird (ausführlicher in Kapitel 3 Editionsinfrastrukturen).

Keil benutzt das Konzept der Differenzerfahrung als Ansatz zur Schaffung einer Prozessperspektive sowie einer Betrachtungsmöglichkeit der damit verbundenen und notwendigen Unterstützungsfunktionen für die Wissensarbeit.[30] Für ihn ist zum Verständnis der Differenzerfahrung die folgende Aussage von zentraler Bedeutung:

> »Das Denken findet nicht im Kopf, sondern mit dem Kopf statt. Nur im Kopf, also ohne Bezug auf sinnlich wahrnehmbare Tatbestände, kann kein Wissen verarbeitet werden, weil es nicht möglich ist, Gedachtes und Tatsächliches gegeneinander [...] zu stellen. Jeder Versuch, durch eine rein gedankliche Aktivität etwas auf seinen Realitätsgehalt zu überprüfen, ist zum Scheitern verurteilt, weil ja die entsprechende Reaktion oder Konsequenz wiederum mental geschaffen wird und somit nur das ausdrücken kann, was der eigenen Vorstellung entspricht. Dadurch ist es nicht möglich, Differenzerfahrungen zu machen, also eine Diskrepanz zwischen Vorstellung und Realität festzustellen. Ohne Differenzerfahrung kann man aber Vorstellungen über die Welt weder bestätigen noch widerlegen [...].«[31]

Die Differenzerfahrung bildet demnach den Kern der Wissensarbeit. Die kognitiven Fähigkeiten des menschlichen Gedächtnisses sind allerdings begrenzt, entscheidend für die Weiterentwicklung ist die Externalisierung von Wissen beispielsweise als Bild oder Schrift. Dafür wird ein physischer Träger als Medium benötigt, welcher als ein externes Gedächtnis fungiert und damit auch als Transportmittel erlaubt, sich auf Wissen unabhängig vom Zeitpunkt und Ort seiner Erzeugung zu beziehen. Zusammen mit den Techniken zur Erzeugung, Speicherung, Übertragung, Vervielfältigung, Rezeption etc. von Wissen verkörpern sie technische Medien, welche als bereits erwähnte Unter-

---

30 Keil, »Perspektiven der Wissensarbeit im digitalen Zeitalter«. Seite 9 ff.

31 Keil, »Das Differenztheater. Koaktive Wissensarbeit als soziale Selbstorganisation«. Seite 211 f.

stützungsfunktionen die Möglichkeiten zur Differenzerfahrung substanziell erweitern.[32] Folglich postuliert Keil,

> »dass Informationsverarbeitung als Prozess der Sinnstiftung oder Bedeutungskonstitution nicht im Kopf stattfindet, sondern als Prozess der Auseinandersetzung des Menschen mit seiner physischen Umwelt, zu der andere Menschen ebenso gehören wie Medien und Formalismen«[33].

Hier wird nun deutlich, dass zwar die Produktebene des physischen Speichers unverzichtbar ist, »zugleich sich aber die Bedeutung der gespeicherten Inhalte nur über die Prozesse ihrer Erzeugung und ihres Gebrauchs erschließt«[34]. Diese Folgerung liefert damit einen weiteren Beleg für die weiter oben schon angeführte Sichtweise, dass bereits die gedruckte Edition eine Prozesshaftigkeit in sich birgt, ohne dabei die Produktaspekte gänzlich ausblenden zu müssen oder zu können. Für die digitale Edition bedeutet dies weiterhin, dass ihr Prozesscharakter erst durch die prozessuale Aufbereitung ihrer eigentlich produkthaften Codierung zum Zweck der Präsentation und Nutzung voll zur Geltung kommen kann. Keil stellt darüber hinaus für diese Prozesse fest:

> »Die Offenheit ist der zentrale Punkt, denn solange ein Problem noch nicht geistig abschließend durchdrungen ist, müssen durch immer wieder neue Differenzerfahrungen [...] Möglichkeiten für Erfahrungen geschaffen werden und zwar so lange, bis sich wiederholte Bestätigungen zur Gewissheit verdichten [...]. Dabei ist es insbesondere auch erforderlich, Fehler machen zu können und zumindest gedanklich Grenzen zu durchbrechen, um zu verstehen, was etwas ist und was es nicht ist.«[35]

Diese implizite Unabgeschlossenheit und auch Unvollständigkeit sowie die Offenheit gegenüber jeder Form eines weiteren Erkenntnisgewinns sind weitere wesentliche Merkmale für eine inhärente Prozesshaftigkeit sowohl von Wissens- als auch Editionsarbeit sowie des daraus ableitbaren Bedarfs an entsprechenden technisch-medialen Unterstützungsfunktionen.

Keil stellt ebenfalls fest, dass Wahrnehmungserweiterungen durch entsprechende Unterstützungsfunktionen

---

32 Keil. Seite 212 f.

33 Keil, »Perspektiven der Wissensarbeit im digitalen Zeitalter«. Seite 10.

34 Keil, »Das Differenztheater. Koaktive Wissensarbeit als soziale Selbstorganisation«. Seite 205.

35 Keil, »Perspektiven der Wissensarbeit im digitalen Zeitalter«. Seite 12.

> »erst vor dem Hintergrund sozialer Systeme als quasi eigenständige Erkenntnisprozesse [nachweisbar sind], da die Interpretation solcher Differenzen bereits komplexe Prozesse der Modellbildung voraussetzt«[36].

Daraus folgert er, dass es »[o]hne soziale Einbettung kein Verständnis und kein Wissen«[37] geben kann, da alle Formen von Wissensarbeit letztendlich soziale Prozesse sind, die eine entsprechende Interaktion zwischen Individuen erfordern.[38] Er verweist zur Erläuterung auf ein Zitat von Jürgen Habermas:

> »[Die] Analyse des Begriffs »einer Regel folgen« führt [...] den Nachweis, daß die Identität von Bedeutungen auf die Fähigkeit zurückgeht, intersubjektiv geltenden Regeln zusammen mit mindestens einem weiteren Subjekt zu folgen; dabei müssen beide über die Kompetenz sowohl zu regelgeleitetem Verhalten wie auch zur kritischen Beurteilung dieses Verhaltens verfügen. Ein vereinzeltes und einsames Subjekt, das zudem nur über eine der genannten Kompetenzen verfügt, kann das Konzept der Regel so wenig ausbilden wie Symbole bedeutungsidentisch verwenden.«[39]

Das Produkt ist also nur im Prozess bzw. aus der Prozessperspektive verständlich, denn

> »[e]gal aus welchem Blickwinkel oder mit welcher theoretischen Grundlegung man an das Phänomen geht, es bleibt festzuhalten, dass sich Bedeutung im Kontext menschlichen Handelns konstituiert und somit diesen Handlungen zugeschrieben werden muss und nicht den Zeichen selbst. Auch bei einem stark konventionalisierten Gebrauch von Zeichen geht diesem selbst ja wiederum ein sozialer Prozess der Konventionalisierung voraus«[40].

In diesen sozialen Prozessen sowie ihrer Kontextualisierung lassen sich ebenfalls wesentliche Parallelen zwischen der Wissensarbeit und dem komplexen System der Edition bzw. der Editionsarbeit und ihrer Rezeption ziehen. Insbesondere in den Kapiteln 2.2.1 (Akteure und Rollen), 2.2.2 (Urheberrecht und

---

36 Keil. Seite 12.

37 Keil. Seite 12.

38 Keil, »Medienqualitäten beim eLearning: Vom Transport zur Transformation von Wissen«. Seite 47.

39 Habermas, *Theorie des kommunikativen Handelns: Zur Kritik der funktionalistischen Vernunft*. Seite 34.

40 Keil, »Perspektiven der Wissensarbeit im digitalen Zeitalter«. Seite 12 f.

Autorschaft), 2.2.3 (Kollaboration und Kommunikation) und 2.2.4 (Annotieren, Referenzieren und Kontextualisieren) werden die sozialen Verflechtungen und eine wachsende kontextuelle Bezugnahme sowie deren Bedingungen, Auswirkungen und Herausforderungen im Bereich der Editionen ebenfalls als grundsätzlich bedeutend herausgestellt, denn vor allem ein »[a]rbeitsteiliges Handeln setzt [...] immer die Einbettung in einen sozialen Zusammenhang voraus, in dessen Rahmen die Relevanz des jeweils Repräsentierten bewertet und dadurch bedeutsam wird«[41].

> »Der Begriff der »Wissensarbeit« soll dabei einerseits den Blick auf die praktische Tätigkeit des Forschens als Umgang mit Wissensartefakten lenken, andererseits verdeutlichen, dass Wissen eigentlich nicht als statisches Produkt, sondern nur als dynamisches Ergebnis eines kontinuierlichen Prozesses der Bedeutungskonstitution bzw. Sinnstiftung betrachtet werden kann.«[42]

Insgesamt wird durch die verschiedenen Perspektiven und Ansätze deutlich, dass das Konzept der Produkt-Prozess-Komplementarität die Basis für ein besseres Verständnis des Editionswandels mit seinen zahlreichen Umbrüchen, Bedingungen und Anforderungen auf dem Weg zu einer modernen digitalen Edition bzw. Editionsinfrastruktur sein kann. Die Ambivalenz impliziter und expliziter, technischer und sozialer, tradierter und moderner, konträrer und gemeinsamer sowie nicht zuletzt produkt- und prozessorientierter Anforderungen lassen sich nur mit einem Ansatz begegnen, welcher diametrale Positionen und Konflikte nicht als ein »Entweder-Oder« betrachtet, sondern sich ihnen durch wechselseitiges Ergänzen, Austarieren und Kompromissfindung annähern kann, indem gegenläufige Kräfte sowie ihre Ursachen, Auswirkungen und Ziele weniger isoliert, sondern vor allem im Gesamtkontext analysiert werden.

---

41 Keil, »Das Differenztheater. Koaktive Wissensarbeit als soziale Selbstorganisation«. Seite 213.

42 Keil, »Perspektiven der Wissensarbeit im digitalen Zeitalter«. Seite 9.

5. Abgeschlossenheit vs. Offenheit

Der Medien- und Paradigmenwechsel von der gedruckten zur digitalen Edition impliziert zahlreiche Herausforderungen auf unterschiedlichsten Ebenen (ausführlicher dazu Kapitel 2 Herausforderungen digitaler Editionen). Die Betrachtung dieses Wandels mit dem Konzept der Produkt-Prozess-Komplementarität in Kapitel 4 weist darauf hin, dass die durch den Buchdruck beschränkte und versteckte, aber durch die Digitalisierung befreite und in den Vordergrund gehobene Prozesshaftigkeit der Edition im Wechselspiel mit ihren Komplementen aus der Produktperspektive wesentliche Aspekte sind, um die Auswirkungen dieses Umbruchs sowohl verstehen als auch steuern zu können. Dazu müssen aber zunächst die Kräfte noch genauer identifiziert und analysiert werden, welche die Komplementarität von Produkt und Prozess im Umfeld der Editionen im Kern beschreiben. Als wesentliches Instrument dieser Untersuchungen dienen das für diese Thematik adaptierte Konzept der Gestaltungskonflikte und die dabei implizite Analyse ihrer jeweils intrinsischen und kompetitiven Kräftevektoren.[1]

Die charakteristischste Produkteigenschaft der gedruckten Edition ist ihre Abgeschlossenheit. Sie beschreibt die wesentlichen Merkmale der Endgül-

---

1 Keil und Schild, »Gestaltungskonflikte in der Softwareergonomie«. Seite 68. »Das Konzept der Gestaltungskonflikte wurde ursprünglich entwickelt, um im Prozess der Gestaltung das Augenmerk der Entwickler auf die Fülle widersprüchlicher Anforderungen zu lenken, die zudem nicht als binäre Variablen (erfüllt, nicht erfüllt) betrachtet werden können. Wesentlich bei Gestaltungskonflikten ist, dass eine oder mehrere berechtigte Anforderungen nur auf Kosten anderer, gleichermaßen berechtigte [sic!] Anforderungen umgesetzt werden können. Solche Konflikte können grundsätzlich nur in Bezug auf den jeweiligen Kontext entschieden werden [...]. Dieser Ansatz ist verbunden mit der Einsicht, dass gute Gestaltung darin besteht, die Fülle der im Entwicklungsprozess auftretenden Gestaltungskonflikte möglichst situationsgerecht auszutarieren.«

tigkeit, der Dauerhaftigkeit und der Vollständigkeit eines Produkts, beinhaltet aber auch Aspekte von Präjudiz, Selektion und Intransparenz. Dagegen steht eindeutig die Offenheit einer digitalen Edition als Inbegriff der Prozesshaftigkeit mit den Attributen der Dynamik, der Varianz, der Volatilität, der Transparenz und der Unbegrenztheit, aber auch den Eigenschaften des Unfertigen sowie des Unvollständigen und dennoch gleichzeitig Ausufernden. Wie genau diese Kriterien hinter den zentralen Merkmalen von Abgeschlossenheit und Offenheit stehen, welche Kräfte dort wirken und ob eine konkurrierende Formulierung vom Typus »Abgeschlossenheit vs. Offenheit« (als Gestaltungskonflikt) grundsätzlich sinnvoll ist oder die Ambivalenz dieser beiden Eigenschaften, wie bereits die von Produkt und Prozess, auch in einigen Fällen komplementär betrachtet werden muss, soll in diesem Kapitel auf den Prüfstand gestellt und mit dem Konzept der Gestaltungskonflikte systematisch untersucht werden.

Patrick Sahle spricht in Bezug auf die Abgeschlossenheit bei der gedruckten Edition, stark durch seinen persönlichen Eindruck gefärbt, von einem

> »*Finalitätsdogma*. Eine Edition geht in den Druck, wenn die Erschließung vollständig abgeschlossen ist. Und umgekehrt: Wenn eine Edition gedruckt ist, kann die Erschließung eingestellt werden. Weitere Ergebnisse können nicht mehr in die Edition einfließen.«[2]

An anderer Stelle wählt er noch drastischere Worte, indem er die Edition als tot beschreibt, sobald sie gedruckt ist. Die Buchdeckel seien somit regelrechte Sargdeckel.[3] Er sieht die Drucklegung als Flaschenhals im Fluss der Erkenntnisgewinnung, da diese auf Perfektion und Vollständigkeit ausgelegt ist und Vorstudien, Zwischenergebnisse sowie vorläufige Textfassungen nicht aufgenommen werden. Auch spätere Korrekturen und neue Einsichten sind damit verloren, solange diese sich nicht insgesamt zu einem so großen Ärgernis summieren, dass eine Neuauflage oder -edition in Angriff genommen wird.[4] Aber selbst dann gilt laut Sahle:

> »Nur die letzte Fassung ist die gültige Fassung. […] Bücher enthalten die gültige Fassung eines Textes. Diese kann nur durch eine neue, veränderte Ausgabe ersetzt werden. Die jeweils neueste Fassung ist die richtige Fassung,

---

2 Sahle, *Das typografische Erbe*. Seite 303.

3 Sahle, *Befunde, Theorien und Methodik*. Seite 218.

4 Sahle, *Das typografische Erbe*. Seite 303 f.

> ist der allein gültige Referenzpunkt, weil sie – mit einem ausschließenden Charakter – an die Stelle der älteren Ausgaben tritt, diese ersetzt und für ungültig erklärt (makuliert).«[5]

Sahle vermischt an einigen Stellen zwar Produkt- und Nutzungseigenschaften, dennoch fallen die Erkenntnis- und Änderungsprozesse größtenteils dem Produktcharakter des Buchdrucks zum Opfer. Darüber hinaus supprimiert für ihn das Buch die Bedeutung der Zeit, da inkrementelle Veränderungen und Verbesserungen innerhalb dieses Mediums unmöglich sind.[6] Zum Beleg verweist Sahle auf Arno Mentzel-Reuters, der schreibt:

> »Die Stärke des Buchdrucks liegt [...] darin, dass er schnell und in großer Zahl vergleichsweise widerstandsfähige identische Kopien eines Textes herstellen kann. Die Schwäche des Buchdrucks aber ist, dass er genau deswegen die Dimension der Zeit verleugnen muss.«[7]

Insbesondere diese problematischen Aspekte bei der Abbildung einer zeitlichen Dynamik innerhalb des Buchdrucks widersprechen grundsätzlich dem Charakter eines Prozesses und fördern damit implizit die Abgeschlossenheit der gedruckten Edition.

Für Sahle wird der Editionsprozess insgesamt durch die genannten Publikationshürden verlangsamt, so dass oft mehrere Jahrzehnte bis zum tatsächlichen Druck der Edition vergehen. Dabei bleiben die in der Zwischenzeit gewonnenen Erkenntnisse so lange verborgen, bis alles auf den gleichen Erschließungsstand gebracht ist. Er attestiert der gedruckten Edition darüber hinaus ein unnatürliches Beharrungsvermögen, da Reaktionen auf Kritik und Änderungen ohne erneute Drucklegung nicht möglich sind. Ein Diskurs zu einer Editionsausgabe könne damit nicht im gleichen Medium stattfinden, so dass sich der Buchdruck als inhärent änderungsfeindlich erweise.[8] Für Sahle wird »[d]er Gedanke der Finalität [...] vom Publikationsmedium auf seine Inhalte übertragen«[9]. Im Blick auf die zu edierenden Materialien verleitet die

5 Sahle. Seite 302.

6 Sahle. Seite 304.

7 Mentzel-Reuters, »Der unendliche Plan: Der Mediävist und sein Handwerkszeug im frühen 21. Jahrhundert«. Seite 74.

8 Sahle, *Das typografische Erbe*. Seite 304 f.

9 Sahle. Seite 305.

Druckkultur dazu, die finale Intention zu vermuten und auch zu suchen, um sie mit der Edition weitertragen zu können.[10]

> »Dass der finale Anspruch der historisch-kritischen Edition den realen Wandlungen nicht standhalten konnte, zeigt schon der Befund, dass gleiche Texte und Dokumente immer wieder neu ediert werden mussten, ohne dass dies auf Neufunde von Textzeugen oder eine bloße Verbesserung der angewandten Verfahren zurückzuführen wäre.«[11]

Er sieht in der editorischen Finalität deshalb auch einen deutlichen Widerspruch:

> »Da alle Editionen nur auf einer ganz bestimmten historischen Erkenntnisstufe stehen können und auf ein ganz bestimmtes Erkenntnisinteresse ausgerichtet sind, können sie schon aus diesem Prinzip heraus nicht endgültig sein. [...] Dass viele Werke periodisch neu ediert und herausgegeben werden, tut der Grundhaltung der Editionen dabei keinen Abbruch: immer wieder aufs Neue erheben sie den Anspruch, ab jetzt auf unbestimmte Zeit gültig und verbindlich zu sein. Druckökonomie und Druckkultur verhindern eine Sicht auf aufwendige Publikationen als »temporäre Äußerungen« und fördern stattdessen ihre Einschätzung als finalisierte Ausgaben.«[12]

Als die ersten der zum Großteil bis in die Gegenwart getragenen wissenschaftlichen Konzepte der Edition entwickelt wurden, war der Buchdruck als Zielmedium der Ausgaben bereits fast vier Jahrhunderte alt. Das Medium und seine Beschränkungen wurden somit als selbstverständlich akzeptiert und eine Auseinandersetzung insbesondere im Hinblick auf eine offenere Gestaltung der Editionen fand während dieser Zeit mangels alternativer Publikationsmöglichkeiten so gut wie nicht statt.[13]

> »Wenn das hauptsächliche Ziel die »Veröffentlichung«, die Produktion eines Buchs war, dann konnte die Edition tatsächlich mehr aus der Praxis, aus den Vorgaben der typografischen Kultur entwickelt werden als aus den Bedin-

---

10 Ross, »A Future for Editing: Lawrence in Hypertext«. Patrick Sahle bezieht sich hier auf Charles L. Ross, der schreibt: »[...] print always reinforces the teleology implicit in a theory of ›final intentions‹ and ›organic‹ form.« Seite 145.

11 Sahle, *Das typografische Erbe*. Seite 259.

12 Sahle. Seite 305.

13 Sahle. Seite 266.

> gungen der Dokumente und ihrer Überlieferung einerseits und den Bedürfnissen der Leser bzw. den Nutzungssituationen andererseits.«[14]

»Die Technologie des Zielmediums dominiert [damit sogar] die Bedingungen des Ausgangsmaterials«[15] und auch das fest vorgegebene und damit rein passive Rezeptionsprinzip dieses Mediums auf Seiten der Leser vermindert etwaige Zweifel an der Vollkommenheit, Endgültigkeit und Korrektheit einer Edition. Für Sahle

> »ist die traditionelle Edition [sogar] der Ausdruck einer gestörten Kommunikation innerhalb der Fachgemeinschaft und zwischen den Editoren und den Editionsbenutzern«[16].

Darüber hinaus wird man

> »wohl konstatieren müssen, dass traditionelle Editoren, selbst wenn sie sich der fundamentalen methodischen Probleme ihres Anliegens bewusst waren, kaum eine Chance hatten, ihre Editionen zu denken, ohne dabei ständig ein gedrucktes Seitenlayout vor Augen zu haben. Immer wird ihnen schon der einzige mögliche Endpunkt (das gedruckte Buch) – vielleicht sogar noch stärker als der Ausgangspunkt (die Überlieferung) – bewusst gewesen sein«[17].

Bis hierher ist es vor allem die Druckkultur mit ihren immanenten Eigenschaften als analoges Medium, welche den Eindruck von vollständigen, endgültigen und dauerhaften Editionen zu fördern scheinen, aber eigentlich nur suggerieren. Die Unveränderbarkeit des Mediums in Kombination mit dem Vervielfältigungsmechanismus der Druckerpresse verlangen vom Editor implizit eine finale und perfekte Vorlage. Von diesem Gedanken getrieben ist die Editionsarbeit stets angehalten, ihren Prozess möglichst unbeobachtet bzw. wenig rechenschaftspflichtig in ein fertiges Produkt zu verwandeln, das in gleicher Form und großer Auflage verbreitet werden kann. Das Verbergen von Zwischenschritten und -ergebnissen sowie der zeitliche und arbeitsintensive Aufwand für eine erneute Produktion bzw. Publikation erzeugen den Status einer vollständigen und auf unbestimmte Zeit und damit dauerhaft gültigen Edition. Wie aufgezeigt, ist diese Vollkommenheit zwar ein Trugschluss, die

---

14 Sahle. Seite 267.

15 Sahle. Seite 270.

16 Sahle, *Befunde, Theorien und Methodik*. Seite 218 f.

17 Sahle, *Das typografische Erbe*. Seite 270.

genannten Merkmale des Mediums Buch und die davon entsprechend beeinflusste Editionsarbeit machen die gedruckte Edition aber relativ robust gegen Kritik und Änderungsvorschläge. Das Medium selbst mit seinen verteilten und stabilen Exemplaren kann einen solchen Diskurs nämlich nicht abbilden und selbst jede Neuauflage reklamiert den Status der letztendlich gültigen Fassung erneut für sich. Die Eigenschaften der Endgültigkeit, Dauerhaftigkeit und Vollständigkeit werden also vom Medium des Buchdrucks und seiner Kultur in weiten Teilen auf das Produkt der Edition vererbt und sind somit starke Kräfte, welche den Charakter der Abgeschlossenheit gedruckter Editionen eindeutig untermauern.

Über das von Sahle postulierte Finalitätsdogma hinaus gibt es für Editionen mit dem Zielmedium Buch noch weitere Merkmale, welche die Eigenschaft der Abgeschlossenheit verstärken. Betrachtet man die gedruckte Edition aus den Blickwinkeln von Transparenz und Nachprüfbarkeit, so sind schnell deutliche Defizite zu erkennen. Die Editionswissenschaft fußt ganz grundsätzlich auf den Quellen, die von ihr gesichtet und analysiert werden. Es liegt deshalb nahe, dass alle Überlieferungen und Dokumente mit maßgeblichem Einfluss auf das Editionsergebnis für jeden einsehbar vorliegen müssten.

> »Dass diese Idee nicht auch nur ansatzweise realisiert wurde, lag im Wesentlichen an den technisch-ökonomischen Restriktionen des Zielmediums ›Buch‹.« [18]

Technologische Bedingungen gehen immer auch mit ökonomischen Begrenzungen einher:

> »Wie eine Edition gestaltet wird, wie sie technisch realisiert wird, welche Methodologie sie sich *leisten* kann, das hängt zunächst von dem Rahmen der zur Verfügung stehenden Ressourcen ab. Dieser wird dann aber als relativ bestimmt von dem Preis, den die Technik für die Umsetzung bestimmter Praktiken verlangt. [...] Gemacht wird, was die Technologie im bestehenden ökonomischen Rahmen realisierbar macht.«[19]

Bei einer Mengenbegrenzung in der Drucktechnologie ergeben sich vor allem die Bedingungen, was und wie viel sinnvollerweise in ein Buch oder eine

---

18 Sahle, Seite 267.

19 Sahle, Seite 271.

mehrbändige Ausgabe passt. Diese Beschränkungen haben also zwangsläufig Auswirkungen auf die von den Editoren ausgewählten Inhalte und damit auch unterschwelligen Einfluss auf die Gesamtausrichtung einer Edition.

> »Der Inhalt folgt hier schlicht den technisch-ökonomischen Vorgaben und ist nicht die Realisierung von technikfreien sachlichen Überlegungen. Das aber ist ein allgemeines Phänomen: man selektiert die zu edierenden Dokumente unter dieser Vorgabe, man sperrt sich – aus Platzgründen – gegen den mehrfachen Druck varianter Texte und gegen Textsynopsen und strebt grundsätzlich den *einen* Editionstext an.«[20]

Der Apparat jeder gedruckten Edition ist ein auffallendes Beispiel für den Zwang zur Platzersparnis.

> »Weil man keine mehrfachen Texte drucken wollte oder konnte, zugleich aber nicht auf die Dokumentation der umfassenden Wahrnehmung der Textvarianz verzichten wollte, wurde diese Varianz ersatzweise zu einem textlichen Neben- bzw. Sub-System, dem Apparat, zusammengedrängt.«[21]

Aber auch dabei werden meist nur die wichtigsten Varianten ausgewählt und zusätzlich noch durch Abkürzungen und Auslassungen komprimiert. Von der Grundidee der Vollständigkeit und der Transparenz bleibt am Ende nicht mehr viel übrig,[22] so dass »[d]ie technologisch bedingten Inkonsequenzen [...] zu bewussten Selektionen umgedeutet«[23] werden. Ähnlich sieht es bei den Kommentaren und Sachanmerkungen aus. Auch hier beschränkt der Platz zusätzlich die Auswahl dessen, was die Editoren für interessant oder relevant halten. Insgesamt geht durch diese Selektion und Verdichtung viel wertvolles Erschließungswissen der Editoren verloren. Nicht zuletzt haben die technisch-ökonomischen Beschränkungen und die damit einhergehende Auswahl auch Wechselwirkungen mit der Seite der Rezipienten, denn

---

20 Sahle, Seite 272.

21 Sahle, Seite 272.

22 Sahle. Seite 273 f.

23 Dreyer, »Forum für Editionen der philosophischen und theologischen Mediävistik«. Seite 225. Patrick Sahle verweist auf Mechthild Dreyers Aussage: »Die Apparate sollten sich am Zweck der Edition orientieren [...]. Sie sollten das Ergebnis einer überlegten Selektion sein [...].«

> »[g]rundsätzlich ist kaum zu entscheiden, welche Anmerkungen »notwendig« oder »sinnvoll« sind, weil sich diese Kriterien aus dem Kenntnisstand der Leser ergeben«[24].

Durch inhaltliche Beschränkungen wird den Rezipienten zum einen eine bestimmte Leseweise vorgegeben, zum anderen können aber auch sperrige Variantenapparate entstehen, so dass eine gewisse Unübersichtlichkeit zur Desorientierung der Leser führt, wenn man nicht eine enge Vorselektion betreibt.[25]

Die Platzbeschränkung ist eine implizite Eigenschaft des Buchdrucks als Medium. Sie erzeugt für die gedruckten Editionen den Zwang zur Selektion und Kompression der Inhalte und beschränkt bzw. lenkt damit in gewisser Weise die möglichen Alternativen und Interpretationen.[26]

> »Das ursprüngliche editorische Ziel von Vollständigkeit, Ausführlichkeit und breiter transparenter Dokumentation des Erschließungsprozesses (und der getroffenen Auswahlen und Ausschlüsse!) wird so in sein Gegenteil verkehrt: nicht möglichst viel, sondern möglichst wenig zu drucken fordert die Technik.«[27]

Das Platzangebot des Buchs beherrscht somit die Zusammenstellung einer Edition und auch deren Rezeption deutlich und trägt durch Selektion und Präjudiz sowie durch die damit einhergehende Verminderung von Transparenz und Nachprüfbarkeit zur Förderung der Abgeschlossenheit einer gedruckten Edition bei.

Insgesamt wird deutlich gezeigt, dass die inhärenten Merkmale des Buchdrucks als analoges Medium stark mit den zugewiesenen Eigenschaften einer gedruckten Edition korrelieren. Qualitäten wie Endgültigkeit, Dauerhaftigkeit und Vollständigkeit werden vor allem vom Medium Buch, aber gegebenenfalls auch zusätzlich durch die Autorität der Editoren oder das Renommee

---

24 Sahle, *Das typografische Erbe*. Seite 274 f.

25 Sahle. Seite 275.

26 Brockbank, »Towards a Mobile Text«. Seite 103. Patrick Sahle verweist auf Philip Brockbanks Feststellung, welcher mit Bezug zur digitalen Edition schreibt: »The editorial service demanded by the disc differs in kind from that traditionally found appropriate in the book. Pressure on space compels the editor of the printed page to select, sample, exclude, and to decide (often silently) between alternatives.«

27 Sahle, *Das typografische Erbe*. Seite 276.

der Verlage auf die gedruckte Edition übertragen, können aber bei genauerer Betrachtung zum Großteil als Suggestionen entlarvt werden. Nichtsdestotrotz bleiben diese Eigenschaften durch die implizite Fixiertheit des Mediums und der Gleichartigkeit verteilter Exemplare deutliche Kriterien für den abgeschlossenen Charakter der gedruckten Edition. Dieser wird durch technisch-ökonomische Beschränkungen sowie des damit verbundenen Vorgreifens und Selektierens durch den Editor und insbesondere durch eine daraus resultierende Intransparenz auf der Rezipientenseite noch verstärkt.[28]

Der Buchdruck prägte also jahrhundertelang die Methodik des Editionswesen, so dass sogar zum Teil ungewünschte Eigenschaften und Einschränkungen der gedruckten Edition als selbstverständlich akzeptiert oder durch entsprechende Intentionen und Ausrichtungen zu vorteilhaften Bedingungen oder teilweise gar gewünschten Bestimmungen umgemünzt wurden. Insbesondere auch der Mangel an Alternativen zum Buchdruck bekräftigte diese Vorgehensweise und verhinderte eine kritischere Reflexion, da dieser

> »mit seinen spezifischen technischen und ökonomischen Bedingungen […] den Editoren schon in der Methodenentwicklung viele Fragen [abnahm], weil er sie gar nicht erst zugelassen hatte«[29].

Mit der Digitalisierung der Edition ändert sich diese Betrachtungsweise aber, so dass der abgeschlossene Charakter der gedruckten Edition durch Aspekte der Offenheit überstrahlt und in einzelnen Bereichen sogar ersetzt wird. Welche Auswirkungen dieser Transformationsprozess hat, welche Kräfte dabei eine Rolle spielen und ob durch den Medienwechsel einige der bereits genannten Beschränkungen abgebaut oder gar neue Restriktionen aufgebaut werden, soll im Folgenden erläutert werden.

Im Gegensatz zu der von direkten und indirekten medialen Beschränkungen geprägten gedruckten Edition eröffnen sich für die digitalen Edi-

---

28 Hoffmann, Jörgensen, und Foelsche, »Computer-Edition statt Buch-Edition. Notizen zu einer historisch-kritischen Edition – basierend auf dem Konzept von hypertext und hypermedia«. Seite 212 f. »Die Handlichkeit eines Buchs ist der in ihr enthaltenen Buchstabenzahl – und damit Informationsmenge – direkt proportional. Die Möglichkeiten, die inhärente Starre, die lineare Darbietung des Sprachmaterials, zu überwinden, sind sehr begrenzt. Hierzu gehören Fuß- und Endnoten, Verweise, Inhaltsübersichten und Indizes, die Verzweigungs- und Gelenkstellen des Informationsflusses sind. […] Die Folge dieser Limitierung ist Selektion und damit die Gefahr der – ungewollten – Verfälschung.«

29 Sahle, *Befunde, Theorien und Methodik*. Seite 107.

tionen deutlich offenere Rahmenbedingungen. Durch das digitale Medium bieten sich flexible Möglichkeiten, die in Kapitel 4 (Produkt-Prozess-Komplementarität) erläuterten und inhärenten Prozesseigenschaften einer jeden Edition von den genannten Beschränkungen zu befreien und sie in den Vordergrund und das Bewusstsein von Editoren und Rezipienten zu holen. Technische Unterstützungsfunktionen ermöglichen es digitalen Editionen, den Prozesscharakter adäquat im digitalen Medium abbilden zu können. Die Öffnungsprozesse einer digitalen Edition können dabei auf verschiedenen Ebenen gleichzeitig sowie zum Teil auch nicht ganz konfliktlos verlaufen und sollen im Folgenden somit auch aus ebenso unterschiedlichen Blickwinkeln betrachtet werden.

Festzuhalten ist an dieser Stelle, dass die Grenze zwischen der Abgeschlossenheit gedruckter Editionen und der Offenheit existierender digitaler Editionen zwar auffällig spürbar, aber nicht immer entsprechend akribisch strikt und scharf zu trennen ist. Vielmehr gibt es vereinzelte Merkmale, die jeweils auch für die eigentliche Gegenseite zutreffen können. So berichtet Norbert Oellers über frühe Ideen zu einer offeneren Edition durch die Realisierung als eine Art Loseblattsammlung, denn so

> »könnten dann nach Bedarf Blätter ausgetauscht und ergänzt werden. Der Zuwachs an Wissen, der sich auch im ganz und gar Sachlichen einstellt, könnte auf diese Weise schnell an die Interessenten weitergegeben werden«[30].

Patrick Sahle verweist mit Bezug zur Offenheit auf einen Sekretär der königlichen Bibliothek in Stuttgart und seiner bereits 1820 formulierten Anregung, bei Editionen einen möglichst breiten Rand zu lassen, um spätere Neufunde als Varianten beidrucken zu können. Sahle relativiert solche Gedankenspiele zur Öffnung der Edition ohne Verzicht auf die typografischen Prinzipien des Buchdrucks jedoch später durch die Aussage, dass zu jener Zeit eher der Griff zum abgeschlossenen Buch und damit zur suggestiven Finalität und weniger eine sachlich begründete Offenheit der Edition im Vordergrund stand.[31] Auch Johannes Kepper schreibt beispielhaft von einer bereits seit 1967 erscheinenden gedruckten Musikedition, die durch eine unübliche Beigabe und eine freizügigere Veröffentlichungsform umfangreicher Zusatzmaterialien und

30 Oellers, »Interpretierte Geschichte, Geschichtlichkeit der Interpretation. Probleme wissenschaftlicher Edition.« Seite 245.

31 Sahle, *Das typografische Erbe*. Seite 268.

entsprechend komplexer Verweismechanismen versucht, »dem Leser einen möglichst offenen Text zu vermitteln, so dass dieser aktiv(er) in den Editionsprozess eingebunden wird«[32]. Gleichzeitig aber »führen die Einschränkungen des Mediums Buch dazu, dass nicht das volle Potenzial dieser Ideen ausgeschöpft werden kann«[33]. Diese vor allem mediale Begrenzung erkannt, »erscheint es [ihm] sinnvoll, ihre Anwendbarkeit im Kontext digitaler Editionsformen zu überprüfen«[34]. Doch auch in eben diesem Kontext digitaler Editionen gibt es wiederum Ausgaben, die versuchen, den oftmals gewünschten Charakter der Abgeschlossenheit beizubehalten. Beispielhaft sind dazu die Editionspublikationen auf CD-ROM zu nennen (ausführlicher in Kapitel 2.1.2 Datenträger statt Buchdruck), die insbesondere die buchhaften Merkmale dieser Veröffentlichungsform als Vorteil sehen oder entsprechende Onlinepublikationen, welche beispielsweise auf die offene Verknüpfung mit zusätzlichen Ressourcen (ausführlicher in Kapitel 2.2.4 Annotieren, Referenzieren und Kontextualisieren) oder einer Interaktion mit den Nutzern (ausführlicher in Kapitel 2.2.3 Kollaboration und Kommunikation) bewusst verzichten.

Trotz dieser Unschärfe bleibt der Gestaltungskonflikt zwischen Abgeschlossenheit und Offenheit im Medienwechsel der Editionen doch sehr eindeutig sichtbar, darüber hinaus lassen sich sogar viele weitere Aspekte mittel- oder unmittelbar daraus ableiten. Im Folgenden sollen nun die impliziten Relationen, Ursachen und Wechselwirkungen dieses Konflikts herausgearbeitet werden, um seine Zentralität vor allem am Aspekt der Offenheit digitaler Editionen zu begründen.

Der auf den ersten Blick augenfälligste Faktor für die Offenheit der digitalen Edition ist in vielerlei Hinsicht der Wegfall einer medialen Beschränkung in Bezug auf den Umfang, die zuvor beim Buchdruck noch eine sehr prägende Rolle, insbesondere für die Abgeschlossenheit der gedruckten Edition, eingenommen hat. Bereits in Kapitel 2.1.2 (Datenträger statt Buchdruck) wird auf diese, vor allem aus technisch-ökonomischen Gesichtspunkten bestehenden, Mengenbeschränkungen der gedruckten Edition hingewiesen. Die Aufhebung dieser Begrenzung beim Übergang zu ersten digitalen Editionen, beispielsweise mit einer Publikation auf CD-ROM, ermöglichte erstmals den großzügigeren Umgang mit und die Beigabe von Quellenmaterial. Dies reduzierte zum einen die tendenzielle Bildfeindlichkeit der gedruckten Edition

32 Kepper, *Musikedition im Zeichen neuer Medien*. Seite 113.

33 Kepper. Seite 113.

34 Kepper. Seite 113.

und begünstigte durch den direkteren und umfangreicheren Einbezug digitalisierter Textzeugen eine deutlich quellennähere Editionsarbeit. Der stärkere Bezug zu den überlieferten Quellen und die Weitergabe dieser als Teil der Veröffentlichung an den Rezipienten waren somit erste Aspekte transparenter werdender und sich damit öffnender Editionsprozesse.

Zumindest aus der rein technischen Perspektive stellt sich im Digitalen also nicht mehr die Frage, was aus Platzgründen alles in die Edition aufgenommen werden soll oder darf und was dementsprechend nicht mehr berücksichtigt werden kann. Dieser Zwang einer Selektion löst sich zwar nicht gänzlich auf, entfernt sich aber deutlich von den medialen (Mengen-)Beschränkungen und verschiebt sich dadurch stärker auf andere Ebenen. Zum einen ist dies vor allem die Ebene der Editoren und ihres wissenschaftlichen Anspruchs sowie der methodischen Ausrichtung und Zielsetzung eines Editionsvorhabens unter den fortwährenden Bedingungen knapper menschlicher, zeitlicher und monetärer Ressourcen, die den Umfang einer digitalen Edition weiterhin mitbestimmen. Zum anderen spielt nun natürlich auch verstärkt die Rezipientensicht mit ihren deutlich veränderten und interaktiveren Nutzungsszenarien sowie urheberrechtliche Aspekte (ausführlicher in Kapitel 2.2.2 Urheberrecht und Autorschaft), welche beispielsweise durch eine umfangreichere Einbindung und Übernahme von Quellenmaterial vermehrt aufkommen, ebenfalls eine bedeutende Rolle bei der Festlegung des Editionsumfangs.

Mit dem Medienwechsel von der gedruckten zur digitalen Edition löst sich nicht nur die genannte Umfangsbeschränkung weitestgehend auf. Sie ist nur einer von vielen medialen Zwängen des Buchdrucks und damit nur ein erster Aspekt und der Einstieg in eine detailliertere Betrachtung dieses öffnenden Wandels. Insbesondere mit dem Aufkommen der Hypertextdebatte innerhalb der Editionswissenschaft (ausführlicher in Kapitel 2.1.3 Vom Hypertext zum WWW) fand ein wegweisendes Um- und Neudenken der Editionen statt, da man die Konvergenz dieses technischen Ansatzes mit den vormals oft nur theoretischen Überlegungen der Editorik erkannte.[35] Mit den Konzepten des Hypertexts schien man diese durch den Buchdruck beschränkten Potenziale

35 Kamzelak, »Edition und EDV. Neue Editionspraxis durch Hypertext-Editionen«. Kapitel 1.3 (Der Computer als Medium: Hypermedia) und Kapitel 2 (Perspektive: Hypermedia-Editionen). Roland S. Kamzelak beschreibt ausführlich die Gemeinsamkeiten zwischen der Hypertexttheorie und den Konzepten der Editionen und zeigt mögliche Potenziale auf.

nun endlich heben und auch technisch realisieren zu können. Viele Hypertextgedanken befruchteten aber in der anderen Richtung auch die Theoriedebatte der Editionswissenschaft und waren wichtige Impulse für ein modernisiertes und deutlich offeneres Text- und Editionsverständnis. Am Beispiel der sogenannten Hypertexteditionen sollen nun einige Öffnungsprozesse digitaler Editionen detaillierter nachgezeichnet werden.

Bei der Hypertextedition oder damit verwandten Editionstypen spielt also die Beschränkung des Umfangs ebenfalls keine große Rolle mehr, es steht in diesem Bereich sogar die Gewährleistung der Offenheit als Ziel der Editoren im Mittelpunkt. Die primäre Aufgabe der Editoren ist nun nicht mehr das Ausfiltern der Quellenmaterialien, sondern eher das Gewichten und die entsprechende Verknüpfung dieser Inhalte durch Verweise. Es geht um die parallele Verfügbarkeit und das Nebeneinanderstellen verschiedener Informationsquellen sowie die Einbindung jedes einzelnen Objekts in einen größeren Gesamtkontext.[36] Der Editor wird von der schwierigen Entscheidung befreit, was in welcher Tiefe und Ausführlichkeit geboten werden muss, denn eine entsprechende Flexibilität und Offenheit bedeutet idealerweise auch die Möglichkeit des direkten Zugriffs und die Verfügbarkeit aller relevanten Texte in ihrer Totalität statt der üblichen aus dem Kontext gelösten Auszüge und Zitate.[37] Ein vorgeschobener Hinweis, beispielsweise dass ein Kommentar »– wegen der sonst überbordenden Materialfülle – nur exemplarisch angelegt werden kann«[38], soll damit der Vergangenheit angehören. So kann die vom Buchdruck in vielen Bereichen der Edition geforderte Komprimierung und Vorauswahl zum Großteil aufgehoben werden. Aber auch eine vor allem im Umgang mit dem Quellenmaterial sehr offen gestaltete und den Hypertextgedanken folgende digitale Edition lässt sich, wie bereits angedeutet,

36 Hoffmann, Jörgensen, und Foelsche, »Computer-Edition statt Buch-Edition. Notizen zu einer historisch-kritischen Edition – basierend auf dem Konzept von hypertext und hypermedia«. Seite 214. »Die Gewährleistung der Offenheit der Ausgabe ist das Ziel der Editoren einer *hypertext*-Edition.«

37 Hoffmann, Jörgensen, und Foelsche. Seite 215. »Das elektronische Medium enthebt den Editor auch der oft schwierigen Entscheidung, [des] wo was wie [durch] Flexibilität und Offenheit [...] einer Computer-Edition [...].«

38 Frühwald, »Formen und Inhalte des Kommentars wissenschaftlicher Textausgaben«. Seite 26.

nicht gänzlich von der prägenden »Handschrift« ihrer Editoren befreien.[39] Zu den Aufgaben des Editors zählt natürlich weiterhin, den untersuchten Gegenstand genau zu definieren, ein Bewusstsein für die Inhalte zu schaffen und

> »eine Grenze zu ziehen, zwischen dem, was konzeptionell und von der Bearbeitungspraxis her innerhalb der Edition sein soll, und dem, was als außerhalb stehend betrachtet wird. Die Frage lautet jetzt nicht mehr unbedingt, was man alles in die Edition integrieren möchte, sondern vor allem, was angesichts der verfügbaren Zeit- und Arbeitsressourcen ausgespart werden soll«[40].

Der Hypertext bietet ein theoretisches Konzept, die Edition zu delinearisieren und unabhängig von Mengen-, aber auch Strukturbeschränkungen der Buchseiten und ihres ein- und aufteilenden Charakters neu zu denken und entsprechend offen zu gestalten. Was mit der Delinearisierung der Edition bereits angedeutet wird, setzt sich auch durch die allgemeine Befreiung von den typografischen Beschränkungen der Druckkultur fort. Vom Buchdruck geprägte und dementsprechend in ihrem Umfang und Nutzten beschnittene editorische Ausdrucksmöglichkeiten wie die Apparate als Paradebeispiel der Verweissysteme können vor dem Hintergrund der Hypertexttheorie und vor allem den fast universellen Präsentationsformen und -freiheiten des digitalen Mediums ganz neu gedacht werden. Digitale Editionen haben ihre Stärken in diesem Bereich vor allem in den direkteren und flexibleren Navigationsmöglichkeiten, beispielsweise durch Hyperlinks, die eine deutlich komfortablere Exploration auf mehrschichtigen Ebenen erlauben können und die Editionen sich damit nun auch auf Seiten der Rezipienten sehr viel offener präsentieren. Die Nutzer können bei entsprechender Ausgestaltung eigene Lesepfade beschreiten, darüber hinaus bestimmte Ansichten durch selbst definierte Parameter dynamisch generieren und Informationen oder ganze Fenster bequem ein-, aus- und überblenden, so dass sich die Erschließung durch den

---

39 Überspitzt formuliert wäre eine maximal offene Edition ja nur die Ansammlung von unedierten Quellenmaterialien und würde die Edition im eigentlichen Sinne ad absurdum führen.

40 Sahle, *Befunde, Theorien und Methodik*. Seite 220. Die hier genannten Aspekte können insbesondere auch unter dem Gesichtspunkt des Ausufernden betrachtet werden, was eingangs dieses Kapitels ebenfalls als ein mögliches Merkmal der Offenheit digitaler Editionen angeführt wird, aber logischerweise auch eine problematische Komponente in sich birgt.

Leser mittels Präsentation am Bildschirm deutlich intuitiver und übersichtlicher gestalten lässt, als es auf Buchseiten möglich ist. Darüber hinaus ergänzen zum Beispiel Methoden des Information Retrieval auf Basis benutzerdefinierter Kriterien oder die Möglichkeit einer einfachen Volltextsuche die Funktionalitäten im Umgang mit der digitalen Edition enorm.[41] Neben der bereits erwähnten und vereinfachten Einbindung von Faksimiles sind nun auch die Integration und das Abspielen von Audio- und Videodaten realisierbar. Ausgehend von den Gedanken des Hypertexts öffnet sich die Edition nun sowohl für Editoren, aber insbesondere auch für die Rezipienten durch neue Strukturierungs- und Ausdrucksformen sowie vor allem durch intuitivere, individuellere, aktivere, transparentere und damit auch offenere Rezeptionsmöglichkeiten im Vergleich zum passiv geprägten Konsum einer gedruckten und damit unveränderlichen Edition.

> »Mit dem Wegfall der Mengenbeschränkungen und den multimedialen Wiedergabemöglichkeiten hat die digitale Edition eine Tendenz zur Inklusion gewonnen. [...] Die gesamte Überlieferung kann – in mehrfachen Repräsentationsformen – in die Edition einbezogen werden, den ebenfalls unmittelbar in die Edition integrierbaren Kontexten kann immer weiter nachgegangen werden.«[42]

Eine Edition ist maßgeblich von Verweisen und Verknüpfungen geprägt. Wie bereits erwähnt, können diese internen Bezüge über entsprechende Navigationsmechanismen, beispielsweise in Form von Hyperlinks, zur schrittweisen Erschließung der Edition genutzt werden. Die digitale Edition ist darüber hinaus auch offener für den Einbezug externer Ressourcen.[43] Denkbar sind hier zum Beispiel Verweise auf externes Quellenmaterial, Sekundärliteratur, Normdatenbanken oder sogar andere digitale Editionen. Diese Bezüge sind im Idealfall nur einen Verweis oder eine Einbettung im selben Medium entfernt, so dass sie den Charakter eines Editionsbestandteils annehmen können. Der Bezug auf Inhalte jenseits der bereits angesprochenen und vom

41 Albrecht und Göttsche, »Vom Schicksal eines elektronischen Editionsvorhabens«. Seite 247 f. Monika Albrecht und Dirk Göttsche thematisieren insbesondere umfangreiche Such- und Kopierfunktionalitäten für eine vielfältige Volltextrecherche.

42 Sahle, *Befunde, Theorien und Methodik*. Seite 219 f.

43 Sutherland, »Material text, immaterial text, and the electronic environment«. Seite 107. Kathryn Sutherland nennt den Computer in Bezug auf digitale Editionen sogar den besten »Kontextualisierer«, den man sich aktuell vorstellen kann.

Wegfall der Mengenbeschränkung nicht gänzlich aufgelösten konzeptionellen und bearbeitungspraktischen Grenzen kann ebenfalls sinnvoll sein, um das volle Informationspotenzial auszuschöpfen. Diese gesamte Bezugnahme kann nun natürlich auch in die andere Richtung gedacht werden. Die digitale Edition selbst und ihre Inhalte können das Ziel von extern eingehenden Verweisen sein und damit prinzipiell sogar Teil fremder Ressourcen werden. Insgesamt sorgt hier also ein umfassendes Vernetzen durch das Verknüpfen und Referenzieren unterschiedlichster Inhalte auf verschiedenen Ebenen und in verschiedenen Richtungen zusätzlich zum schon erhöhten Einbezug des Quellenmaterials für eine deutliche Zunahme der Kontextualisierung innerhalb der digitalen Editionen (ausführlicher in Kapitel 2.2.4 Annotieren, Referenzieren und Kontextualisieren). Natürlich stellt sich auch hier die Frage nach einer Grenzziehung dieser Vernetzung und der Gefahr des unendlich ausufernden Kontextes,[44] die Möglichkeit und der damit einhergehende Ausbau der Kontextualisierung durch ein- und ausgehende Referenzen kann aber auf jeden Fall als eine weitere und neue Qualität der Offenheit digitaler Editionen betrachtet werden.

Bis hierher lässt sich nun schon festhalten, dass ausgehend vom Wegfall der medialen Mengenbeschränkungen und dem damit verbundenen großzügigeren Einbezug der Überlieferung sowie der daraus resultierenden quellennäheren Arbeit zunächst einmal für die Editoren zu einer offeneren, von einem präjudizierenden und selektiven Entscheidungsdruck befreiten Denkweise geführt hat. Gleichzeitig schafft die erhöhte Bezugnahme auf das Quellenmaterial bei den Entscheidungen, Interpretationen und Varianten einen Zuwachs an Transparenz und wissenschaftlicher Objektivität, da Begründungen über direkte und nicht nur ausschnitthafte Verweise auf die ursprünglichen Textstellen besser überprüft werden können. Neben den wegfallenden medialen Mengenbeschränkungen lösen sich gleichzeitig auch die ein- und aufteilenden Strukturvorgaben der Buchseiten auf, die Linearität des Buchdrucks wird aufgebrochen, neue Ausdrucksformen entstehen und innovative Präsentations- und Nutzungsmöglichkeiten können realisiert werden. Darüber hinaus rücken Multiperspektivität und eine zunehmende Kontextualisierung deutlich stärker in den Vordergrund. All diese Aspekte fördern maßgeblich die Offenheit der digitalen Edition.

---

44 Sahle, *Befunde, Theorien und Methodik*. Seite 219. Die Digitale Edition »ist von ihren konzeptionellen und technischen Bedingungen her »entgrenzt««.

»Der Computer vermag die Heterogenität des Adressatenkreises zu berücksichtigen […].«[45] Allein in dieser kurzen Aussage, bezogen auf die digitalen Editionen, stecken ebenfalls vielschichtige Aspekte ihrer Offenheit. Bereits kurz genannt wird in diesem Zusammenhang die Multiperspektivität, sie betrifft auf Seiten der Editoren die Abkehr von dem einen verfasserintendierten, fixierten Text, wie er üblicherweise bei einer gedruckten Edition im Mittelpunkt steht. Zwar können auch hier beispielsweise durch den Einbezug von Varianten alternative Wege aufgezeigt werden, aber allein die fixierenden Eigenschaften des Mediums Buch in Verbindung mit einem sperrigen Verweissystem sorgen dafür, dass immer genau eine Textvariante bevorzugt behandelt wird. Digitale Editionen ermöglichen hier aber theoretisch sogar jede beliebige und gleichgestellte Kombination von Textstellen, an denen die Angabe von Alternativen durch das Einbinden entsprechender Varianten editorisch sinnvoll erscheint.[46] Diese Möglichkeiten sorgen also auf Seiten der Editoren bereits für einen offeneren Umgang mit einer variablen Quellenlage, was ebenso auch auf uneindeutige editorische Interpretationen und Entscheidungen übertragen werden kann. Mit dem Adressatenkreis sind hier vor allem die Rezipienten gemeint. Bei der gedruckten Edition folgen beispielsweise alle Eingriffe der Editoren und dementsprechende Anmerkungen einer bestimmten Intention oder Sichtweise, die mit der Drucklegung fixiert wird. Welche Anmerkungen notwendig oder sinnvoll sind und wie detailliert sie ausgeführt werden müssen, ist ohne das Wissen um den Kenntnisstand des Lesers ein schwieriges Unterfangen und auf Grund der medialen Beschränkungen des Buchs zwangsläufig einseitig, voreingenommen und selektiv.[47] Bei der digitalen Edition können nun durch die Flexibilität des Mediums unterschiedliche Rezipientenkreise in abgestuften Detaillierungsgraden ohne Berücksichtigung von Platzrestriktionen angesprochen werden, so dass sich

---

45 Hoffmann, Jörgensen, und Foelsche, »Computer-Edition statt Buch-Edition. Notizen zu einer historisch-kritischen Edition – basierend auf dem Konzept von hypertext und hypermedia«. Seite 215.

46 Veit, »Musikedition 2.0«. Seite 81. »Dort, wo Befunde mehrere Deutungen zulassen, sollten auch mehrere Edierte [sic!] Texte angeboten werden können bzw. sollten die Interpretationsmöglichkeiten und -spielräume offengelegt und die Entscheidungen letztlich dem Nutzer überlassen werden […].«

47 Sahle, *Das typografische Erbe*. Seite 274 f. »Grundsätzlich ist kaum zu entscheiden, welche Anmerkungen »notwendig« oder »sinnvoll« sind […]. In der Praxis stellen die Sachanmerkungen aber auch im Verhältnis zu dem, was der Editor selbst für relevant oder interessant hielt, oft nur eine kleine Auswahl dar.«

für den Editionsbenutzer bei entsprechender Ausgestaltung und in Kombination mit den bereits beschriebenen variablen Navigations- und Explorationsmöglichkeiten eine weniger vorgegebene und damit deutlich offenere Rezeption ergeben kann.

Mit dem Einbezug weiterer Aspekte der Hypertexttheorie lässt sich die Öffnung digitaler Editionen auf Seiten der Rezipienten sogar als noch deutlich umfassender beschreiben. Durch den oben bereits beschriebenen aktiven, variablen und benutzerdefinierten Umgang mit der digitalen Edition scheint es nun möglich, dass der Leser während der Rezeption selbst einen individuellen Text entwickeln kann und damit streng genommen sogar Merkmale eines Autors für sich einnimmt (ausführlicher in Kapitel 2.2.2 Urheberrecht und Autorschaft). Das passive Rezeptionsschema des Buchs wird durch ein interaktives System ersetzt. In einem weiteren Schritt kann der Leser dann sogar zum Mitgestalter des Textes werden. Charles L. Ross sieht darin ein »talking back«[48] des Lesers, George P. Landow beschreibt es mit dem Wechsel vom »reader« zum »wreader« (»writer-reader«)[49] und Jay David Bolter spricht in diesem Zusammenhang vom einem »writing space«, welcher dem Rezipienten neben den variablen und individuellen Interpretationsmöglichkeiten auch eigene Gestaltungsräume eröffnet.[50] Die durch den Buchdruck noch strikt gezogenen Grenzen zwischen Autor, Editor und Leser werden damit immer weiter abgebaut, so dass letztendlich durch den Rückkanal des digitalen Mediums vom Leser zum Editor sogar eine Einflussnahme durch entsprechende Annotationen oder andere Beiträge der Rezipienten auf die dynamische Fortschreibung der Edition denkbar ist. Hier sind also insbesondere eine Erweiterung der Möglichkeiten auf Seiten der Editionsbenutzer, aber insgesamt auch deutlich durchlässigere Grenzen zwischen den verschiedenen Akteuren zu erkennen. Beides führt ebenfalls zu einer deutlichen Öffnung der digitalen Edition.

Es deuten sich hier also nun einige Veränderungen beim Rollenverständnis der Akteure im Umfeld digitaler Editionen an (ausführlicher in Kapitel 2.2.1 Akteure und Rollen). Wie zuvor erläutert, eröffnen sich durch die technisch-medialen Möglichkeiten völlig neue Rezeptionsszenarien, die inhalts- und zielgruppenorientiertere Editionsvorhaben deutlich begünstigen. Interaktiv und multimedial gestaltete digitale Editionen ändern also auf Seiten

---

48 Ross, »A Future for Editing: Lawrence in Hypertext«. Seite 148.

49 Landow, *Hyper/text/theory*. Seite 274.

50 Bolter, *Writing Space: The Computer, Hypertext, and the History of Writing*.

der Leser ganz grundsätzlich den Umgang mit der Edition und erweitern die Rezeptions- und Nutzungsfunktionen erheblich. Um diese offeneren Rezeptionserfahrungen aber überhaupt ermöglichen zu können, ist im Umfeld der Editionsprojekte ebenfalls eine Veränderung in der Auslegung der Rollen notwendig. Insbesondere der Editor sieht sich hier mit einer deutlichen Erweiterung seines Tätigkeitsfeldes und der Anpassung von grundlegenden Editionsprozessen konfrontiert. Neue Technologien erfordern für ihren Einsatz auch neue Kompetenzen auf Seiten der entsprechenden Akteure. Neben den traditionellen editorischen Fähigkeiten braucht insbesondere der Editor durch den kontinuierlichen technischen Fortschritt im Bereich der digitalen Editionen ein tiefgreifendes Verständnis für die zum Edieren, Publizieren, Präsentieren oder Rezipieren verwendeten Technologien, ihre Zusammenhänge sowie ihre impliziten Auswirkungen auf das Gesamtvorhaben. Typografisch geprägte Denkweisen werden durch Konzepte des Hypertexts und ein multimediales und interaktives Textverständnis abgelöst. Technologisches Spezialwissen, zum Beispiel aus den Bereichen der Softwareentwicklung, aber auch der Softwareergonomie muss innerhalb der Editionsprojekte aufgebaut oder entsprechend eingebunden werden. Hier müssen Editoren ihr Rollenverständnis also zwangsläufig in Richtung neuer Kompetenzbereiche öffnen. Die Komplexität und Heterogenität dieser Kompetenzfelder führt dann dementsprechend auch zu Spezialisierungen und einer Diversifikation einiger Rollen im Umfeld der Editoren. Die Anpassung von Tätigkeitsschwerpunkten und Aufgabenbereichen sorgt in der Folge für einen erhöhten Kollaborationsbedarf der entsprechenden Akteure untereinander (ausführlicher in Kapitel 2.2.2 Urheberrecht und Autorschaft und insbesondere in Kapitel 2.2.3 Kollaboration und Kommunikation), woraus weitere öffnende Impulse im Bereich der digitalen Edition abgeleitet werden können. Neben der offeneren Ausrichtung gegenüber neuen technisch-medialen Potenzialen sorgt ein deutlich heterogeneres Arbeitsumfeld auch für eine Öffnung der Editionsprojekte im Allgemeinen, da nicht nur Editoren neue Tätigkeiten jenseits des traditionellen Profils ausüben, sondern weitere Akteure mit substanziellen Aufgaben eines digitalen Editionsvorhabens betraut werden, ohne über eine klassische, editorische Ausbildung zu verfügen. Hier bedarf es der Etablierung öffnender Kooperationsprozesse, um die Editionsarbeit entsprechend zu koordinieren und die Editionsziele gemeinsam erreichen zu können. Auch die bereits beschriebenen interaktiven Beteiligungsmechanismen auf Rezipientenseite müssen dann Teil dieser offenen Kollaborationsszenarien sein und entsprechend mitbedacht und auch technisch unterstützt werden. Insgesamt ist also auch hier eine Öffnung der vormals recht abgeschotteten Editionsprojekte und des Umgangs der nun noch heterogeneren Akteure im Zusammenspiel untereinander sowie mit den technisch-medialen Möglichkeiten eindeutig erkennbar.

In Kapitel 2.2.1 (Akteure und Rollen) werden weitere Akteure aus dem Umfeld der Editionen genannt und auf Veränderungen ihres Rollenverständnisses durch die zunehmende Digitalisierung untersucht. Die Anpassung dieser Rollen, die Auswirkungen auf ihre Tätigkeitsfelder sowie der damit oft einhergehende Einfluss auf die Aufgabenfelder anderer Akteure sollen nun im Folgenden ebenfalls unter dem Gesichtspunkt der Offenheit untersucht werden.

Für gedruckte Editionen spielen die Verlage noch eine zentrale Rolle, da sie mehrheitlich Lektorat, Satz, Druck und Vertrieb übernehmen. Für digitale und ausschließlich online veröffentlichte Editionen verlieren sie signifikant an Bedeutung und müssen ihre Tätigkeitsbereiche und -schwerpunkte komplett reformieren und umstrukturieren, um letztendlich nicht überflüssig zu werden. Betrachtet man die gedruckten Editionen, so können dort von den Verlagen noch gewisse Beschränkungen und Zwänge für die Editionsvorhaben ausgehen, da sie vorgeben, was satz- und drucktechnisch mit vertretbarem Aufwand und abschätzbaren Kosten im Rahmen einer Veröffentlichung möglich ist. Wie die genannten medialen Beschränkungen des Buchs fallen aber auch diese ökonomischen Zwänge bei einer online veröffentlichten digitalen Edition weg, da sie zum einen offensichtlich ebenfalls ihren Ursprung in der Druckkultur haben, vor allem aber weil die Editionsprojekte die Publikation nun sogar viel leichter selbst übernehmen können. Mit dem Verlust von Lektorat, Veröffentlichung und Vermarktung der Edition fehlen den Verlagen aber dann die tragenden Säulen ihres Geschäftsmodells, so dass sie sich zwangsläufig neuen Rollen- und Geschäftsmodellen öffnen müssen. Denkbar sind hier die Bereitstellung und Wartung von Publikationsinfrastrukturen zur dauerhaften und dynamischen Veröffentlichung digitaler Editionen, denn mit entsprechendem Renommee und gut vernetzten Vermarktungswegen des Verlags könnten diese Angebote sogar noch aufgewertet und auch auf die Sichtbarkeit und Wertigkeit einer so veröffentlichten Edition übertragen werden. Trotz dieser möglichen Öffnungen mit ihren aufwertenden Faktoren ist aber vor allem durch wissenschaftspolitische Forderungen einer kostenlosen Erreichbarkeit (Open Access) digitaler Editionen eine für die Existenz der Verlage notwendige Kommerzialisierung fraglich. Wahrscheinlicher ist das Szenario des Self-Publishing, doch auch hier sind auf Seiten der Editionsprojekte vielfältige und teilweise konfligierende Öffnungsprozesse notwendig. In diesem Fall müssen sie sich von traditionellen Intermediären lösen und insbesondere die Onlinepublikation und damit auch den Betrieb und die Wartung entsprechender Plattformen selbst übernehmen. In diesem Szenario würden die Verlage ihre Bedeutung nahezu vollständig verlieren. Problematisch bleiben aber hier die begrenzten Laufzeiten und Mittel der Editionsprojekte, um eine langfristige Veröffentlichung und Pflege digitaler Editionen aufrecht erhalten zu können, denn

> »ist die Edition nicht an Institutionen gebunden, die sich dauerhaft für eine wenigstens technische Pflege zuständig fühlen, dann können z.B. Online-Editionen ganz untergehen und verschwinden«[51].

Insgesamt zeigen sich hier vielschichtige Interessenkonflikte zwischen Editionsprojekten und Verlagen, ausgelöst durch Diskrepanzen zwischen kostenloser, aber gleichzeitig dauerhafter Verfügbarkeit in entsprechend kontrollierter Qualität und Sichtbarkeit sowie den zusätzlichen kommerziellen Verwertungsinteressen der Verlage. Ebenso komplex wie diese Gemengelage sind die entsprechenden Öffnungsprozesse der einzelnen Akteure an dieser Stelle. Vermuten lässt sich aber, dass Editionen für private und wissenschaftliche Zwecke grundsätzlich frei verfügbar sind, so dass Verlage ihre Ansprüche im Bereich der Wertschöpfung zukünftig deutlich einschränken und sich Nischen im Dienstleistungssektor rund um die Editionen, beispielsweise beim Print-on-Demand einzelner Editionsvarianten, suchen müssen.[52] Für die Editionsprojekte bedeutet dies dementsprechend eine weitere und noch deutlichere Öffnung gegenüber neuen und notwendigen Kompetenzbereichen, sowohl auf der technischen, aber insbesondere auch auf der institutionellen oder gar förderpolitischen Ebene, um vor allem auch das »digitale Vergessen«[53] und damit das erwähnte vollständige Verschwinden dauerhaft zu verhindern.

Bei den gedruckten Editionen sorgen neben der materiellen Beständigkeit des Papiers vor allem Bibliotheken und später Archive für eine dauerhafte Bewahrung und langfristige Verfügbarkeit. Bei der digitalen und on-

---

51 Sahle, *Befunde, Theorien und Methodik*. Seite 226.

52 Kepper, *Musikedition im Zeichen neuer Medien*. Seite 220 ff. Johannes Kepper beschreibt ausführlich die Auswirkungen digitaler Editionen auf die Zusammenarbeit mit Verlagen.

53 Weber, »Archiv-Server/Server-Archive – Wie sehen die Kulturspeicher der Zukunft aus«. Seite 135.

line veröffentlichten Edition ist dieser Aufgabenbereich aber deutlich unklarer zu fassen und so zeichnet sich dementsprechend auch im Zusammenspiel mit diesen Institutionen eine Öffnung in der Rollenverteilung sowie im Rollenverständnis ab. In der traditionellen Editionsarbeit werden die Bestände von Bibliotheken und Archiven zuerst genutzt, um die für das Editionsvorhaben benötigten Quellen der Überlieferung zu recherchieren. Nach Abschluss eines Editionsprojekts wandern die fertigen und gedruckten Editionsexemplare dann entsprechend wieder an diese Institutionen zurück, um dauerhaft bewahrt und rezipiert werden zu können. Unabhängig von der Editorik und ihren Besonderheiten sind auch Bibliotheken und Archive ganz allgemein dem Wandel einer zunehmenden Digitalisierung unterworfen. Die Bestände dieser Institutionen werden zunehmend digitalisiert und oft sind Recherche und Zugriff auch online möglich. Digitalisierte Texte werden nicht selten bereits durch Transkriptionen und Annotationen angereichert, so dass sich diese Tätigkeiten sogar editorischen Vorarbeiten annähern. Darüber hinaus haben sich die Gedächtnisinstitutionen neben der Digitalisierung und der entsprechenden Aufbereitung auch bereits umfangreiche Kompetenzen im Bereich der Präsentation bzw. Publikation digitaler Inhalte angeeignet. Hier zeigen sich nun deutliche Überschneidungen mit den bereits angesprochenen Kompetenzbedarfen der Editionsprojekte, so dass eine öffnende Annäherung beider Seiten hier durchaus Synergien schaffen kann, indem beispielsweise Editionen direkter auf die Quellen in den Beständen von Bibliotheken und Archiven referenzieren oder die Gedächtnisinstitutionen sogar die dauerhafte Bereitstellung und nachhaltige Bewahrung einer digitalen Editionspublikation übernehmen können.

Um die angesprochenen Synergien auch nutzen zu können, müssen sowohl die Editionswissenschaft als auch die Bibliotheken und Archive offen für eine Annäherung insbesondere auf Basis gemeinsamer Standards bei den Speicher-, Austausch-, Präsentations- und Publikationsformaten sowie bei entsprechenden Schnittstellen untereinander sein. Vor allem von Seiten der Gedächtnisinstitutionen muss hier aber noch offener und nicht nur auf die Editorik zugeschnitten agiert werden, um über einzelne, spezielle Interessengemeinschaften (wie die Editorik) hinweg von diesen Entwicklungen möglichst umfangreich profitieren zu können. Im Bereich der Editionswissenschaft muss wiederum genau beobachtet werden, welche Kompetenzen insbesondere im Hinblick auf editorische Spezialanforderungen im eigenen Umfeld verbleiben und was dementsprechend von anderen Partnern oder allgemeineren Standards übernommen werden soll und kann. Bibliotheken und

Archive können aber durch ihre institutionelle Beständigkeit an dieser Stelle für die Editionsprojekte die richtigen Verbündeten sein, um insbesondere langfristige und dauerhafte Lösungen garantieren und übergreifende Standards etablieren zu können. Ein Bedarf der öffnenden Annäherung beider Seiten wird dadurch noch weiter bekräftigt.

Editionsprojekte nutzen für die Codierung ihrer Editionsdaten heute bereits fast ausnahmslos moderne Auszeichnungsstandards wie TEI oder MEI (ausführlicher in Kapitel 2.1.4 Beschreibung durch Auszeichnung). Die Etablierung dieser Standards kann neben der gemeinsamen Theoriebildung auf Seiten der Editionswissenschaft also als ein erster öffnender Schritt einer technischen Vereinheitlichung der Auszeichnung über die Grenzen verschiedener Editionsvorhaben hinweg betrachtet werden. Da diese Standards einem gemeinschaftlichen und offenen Entwicklungsprozess folgen, können jederzeit Bedarfe angemeldet und entsprechende Vorschläge eingebracht werden. Da TEI und MEI auf XML basieren, öffnet man sich ganz automatisch einer breiten Palette an Werkzeugen zur Erstellung, Speicherung und Abfrage in dieser Form codierter Daten. Der bereits genannte Austausch mit den Gedächtnisinstitutionen wird durch eine offene und gemeinsame Metasprache wie XML gefördert, da viele andere Standards abseits der Editorik diese ebenfalls als Basis nutzen und somit auf dieser Ebene eine gewisse übergreifende Homogenität der Codierung und des Gebrauchs gewährleistet ist. Auf der Anwendungsebene gibt es natürlich auch speziell auf bestimmte Editionsarbeiten abgestimmte Hilfsmittel, offene und gemeinsame Standards sorgen hier für die Kompatibilität dieser Tools, so dass in diesem Bereich ebenfalls ein offenerer Austausch erkennbar ist, in dessen Folge beispielsweise weniger Eigenentwicklungen notwendig sind, sondern stattdessen kompatible und frei verfügbare Werkzeuge in entsprechenden flexiblen Arbeitsumgebungen ergänzend integriert und eingesetzt werden können.

Aus diesem Grund sind für die Arbeitsumgebungen im Umfeld digitaler Editionen zukünftig weniger maßgeschneiderte Gesamtlösungen zu erwarten, sondern es werden stattdessen eher verschiedene und untereinander kompatible Instrumente in Abstimmung auf einzelne Schritte der Editionsprozesse bedarfsgenau ausgewählt und eingesetzt. Hier zeichnet sich also die Abkehr von monolithischen Einzellösungen und die Zuwendung in Richtung verteilter, vernetzter, kollaborativer und damit offenerer Arbeitsumgebungen ab, bei denen verschiedene Werkzeuge und Dienste gebündelt und integriert werden. Solch aggregierte Plattformen können sich vor allem flexibler den oft in Ausrichtung und Zielsetzung sehr heterogenen Editionsprojekten öffnen und anpassen. Im bereits erläuterten und engeren Zusammenspiel mit anderen Akteuren, insbesondere den Bibliotheken und Archiven, können sich auf Basis von offenen Standards, Anwendungen und Schnittstellen allmählich leistungsfähige Editionsinfrastrukturen entwickeln (ausführlicher in Kapitel 3 Editionsinfrastrukturen), die dann durchgängig die Prozesse der Erstellung, Veröffentlichung, Aktualisierung und Bewahrung digitaler Editionen insbesondere auf der technischen Seite unterstützen. Viele durch den Medienwechsel verursachte Probleme und Herausforderungen können durch Editionsinfrastrukturen aufgelöst werden. Bei der Annäherung von Editionsprojekten und den Gedächtnisinstitutionen können so zum Beispiel Konflikte auf der Ebene von Datenhoheiten oder Zuständigkeitsbereichen austariert werden. Durch die Nutzung gemeinsamer Ressourcen können Kompetenzen ergänzt, Arbeiten aufgeteilt, Redundanzen in der Entwicklung und Datenhaltung vermieden und dementsprechend bereits einige der genannten Synergien sinnvoll ausgenutzt werden. Darüber hinaus ermöglichen erst Editionsinfrastrukturen es, kollaborative, kommunikative und kontextuelle Prozesse der Editionsarbeit abzubilden bzw. aufzuzeichnen. Jenseits der technischen Möglichkeiten von Auszeichnungssprachen[54] können somit kollaborations- und kommunikationsunterstützende Funktionen realisiert (ausführlicher in Kapitel 2.2.3 Kollaboration und Kommunikation), Editionsdiskurse, dynamische Editionsprozesse und Zwischenergebnisse aufgezeichnet sowie eine erweiterte Kontextualisierung durch mehrdirektionale Referenzierung mit externen Inhalten sichergestellt werden (ausführlicher in Kapitel 2.2.4 Annotieren, Referenzieren und Kontextualisieren). Der im Digitalen sowieso schon zunehmende Editionsumfang wird somit durch weitere Informationen der Prozessebene angereichert. Im Zusammenspiel mit entsprechenden Schnittstellen auf diese Daten können sich die Editionen für deutlich komplexere Szenarien der Nachnutzung (auch im Sinne eines umfassenden Forschungsdatenmanagements) öffnen. Durch die Verfügbarkeit nahezu aller Editionsdaten (insbesondere auch der Editionsgenese) können die Transparenz und Nachprüfbarkeit weiter erhöht sowie ganz grundsätzlich die komplexe Dynamik der stetigen Fortschreibung auch mit Blick auf eine langfristige Bewahrung besser unterstützt werden. Editionsinfrastrukturen sind also im We-

---

54 Caton, »Markup's Current Imbalance«. Seite 10 ff. Paul Caton beschreibt die Grenzen der Auszeichnungssprachen und betont, dass sie beispielsweise den kommunikativen, performativen und situativen Aspekt von Texten ausblenden und Texte als Ding und nicht als Akt, als Endprodukt und nicht als Prozess begreifen.

sentlichen verbindende Bausteine für viele der in diesem Kapitel genannten Öffnungsprozesse digitaler Editionen, indem sie Grenzen abbauen, Annäherungen vorantreiben, Standards etablieren, Schnittstellen bereitstellen, Kompatibilität steigern, Editionsprozesse durchgängiger organisieren, Ergebnisse nachhaltiger gestalten, Transparenz erhöhen, Nachnutzungsmöglichkeiten erweitern, Bewahrung vereinfachen und insgesamt eine dynamischere, modularere, flexiblere, prozessorientiertere und damit offenere Gestaltung und Nutzung ermöglichen.

Diese sehr technische Betrachtungsweise kann mit Bezug auf die bereits in Kapitel 4 (Produkt-Prozess-Komplementarität) gezogenen Parallelen zur Softwareentwicklung nun um weitere Aspekte ergänzt werden, aus denen ebenfalls Impulse für die Offenheit digitaler Editionen abgeleitet werden können. So sind in Blickrichtung der Produkt-Prozess-Komplementarität auf verschiedenen Ebenen offenkundig viele Gemeinsamkeiten zwischen den Entwicklungen im Umfeld des Medienwechsels innerhalb der Editorik und der Neuausrichtungen vormals stark produktorientierter Softwareentwicklung erkennbar. Grundsätzlich kann für beide Bereiche eine zunehmend dominierendere Bedeutung der Prozessmerkmale attestiert werden. Insbesondere bei den digitalen Editionen und der prozessorientierten Softwareentwicklung nach Christiane Floyd[55] sind der engere Einbezug verschiedener Akteure mit heterogenen Interessen, Zielen und Fertigkeiten, ein erhöhter Kollaborations- und Kommunikationsbedarf untereinander, eine kontinuierliche und dynamische Fortschreibung/Weiterentwicklung nach der Veröffentlichung und während der Nutzung, eine versionierte Aufzeichnung aller Diskurse, Fortschritte und Änderungen, die Einbettung in einen sozialen Kontext sowie der Umgang mit teilweise problematischen Herausforderungen aus traditionellen, kulturellen, institutionellen oder rechtlichen Umfeldern gleichermaßen bedeutsame Aspekte, die eine Öffnung beider Seiten in vielfältige Richtungen implizieren. Dieser Folgerung besonderen Nachdruck verleiht die Betrachtungsweise, dass die dynamische und unabgeschlossene digitale Edition gleichzeitig untrennbar mit einer sich kontinuierlich weiterentwickelnden Editionsinfrastruktur als komplexes

55 Floyd, »Process-Oriented Approach to Software Development«; Floyd, »Outline of a Paradigm Change in Software Engineering«; Floyd und Klischewski, »Modellierung – ein Handgriff zur Wirklichkeit: Zur sozialen Konstruktion und Wirksamkeit von Informatik-Modellen«.

Softwaresystem verbunden ist. Die gewünschte dauerhafte und dynamische Fortschreibung einer digitalen Edition unter dem Gesichtspunkt sich verändernder editorischer Ansprüche und Zielsetzungen ist insofern nur realisierbar, wenn parallel das zugrunde liegende technische Gesamtsystem stetig und im Spannungsfeld neuer technologischer Fortschritte gleichermaßen und in enger Abstimmung miteinander weiterentwickelt wird. Diese existentielle Symbiose forciert vor allem auf Seiten der Editionsprojekte einen offenen Umgang mit den entsprechenden Wechselbeziehungen durch einen zusätzlichen, ebenfalls offenen Einbezug softwaretechnischer Prozesse bei der Planung und kontinuierlichen Ausgestaltung digitaler Editionen. Hier bedarf es grundsätzlich einer offenen Akzeptanz dieser Abhängigkeit voneinander und eines annähernden Kompetenzaufbaus auf beiden Seiten, bei einem gleichzeitig aber offenen Verständnis für eine dennoch in weiten Teilen erforderliche konstruktive und komplementäre Kompetenzaufteilung bzw. -ergänzung

Ebenfalls in Kapitel 4 (Produkt-Prozess-Komplementarität) wird mit der Betrachtung von Wissensarbeit unter dem Gesichtspunkt der Produkt-Prozess-Komplementarität ein Konzept vorgestellt, das die Transformationsprozesse im Rahmen des Medienwechsels der Editionen sehr grundlegend erklären kann, da deutliche Parallelen zwischen Wissens- und Editionsarbeit gezogen werden können. Diese Gemeinsamkeiten können auch genutzt werden, um die Öffnungsprozesse digitaler Editionen sowie ihre Ursprünge und Auswirkungen wesentlich besser zu verstehen, indem insbesondere auch das Konzept der Gestaltungskonflikte in die entsprechenden Betrachtungen grundlegend miteinbezogen wird.

Da die kognitiven Fähigkeiten des Menschen begrenzt sind, muss das Wissen für eine Weiterentwicklung auf einem Medium als Träger externalisiert werden. Ein solches Medium fungiert also als externes Gedächtnis, welches als Transportmittel den Bezug auf Wissen unabhängig vom Zeitpunkt und Ort der Erzeugung erlaubt. Ergänzt durch entsprechende Unterstützungsfunktionen (zur Erzeugung, Speicherung, Übertragung, Vervielfältigung, Rezeption etc.) ergeben sich technische Medien, welche die Möglichkeiten zur Differenzerfahrung substanziell erweitern.[56] Zum einen ist also für die Wissensarbeit eine Nutzung von Medien notwendig, um Wissen erzeugen, kommunizieren und verarbeiten zu können, zum anderen besteht

56 Keil, »Das Differenztheater. Koaktive Wissensarbeit als soziale Selbstorganisation«. Seite 212.

ein wesentlicher Teil dieser Arbeit darin, bedeutsame Zusammenhänge zwischen Medienobjekten aus verschiedenen Quellen und vor dem Hintergrund eigener Erfahrungen, aber auch im Austausch mit anderen Individuen herzustellen.[57] Das »Wissen kann weitergegeben und übertragen sowie z. B. durch das Drucken von Büchern vervielfältigt werden«[58]. Auch ein analoges Medium kann also diese Anforderungen leisten, handelt es sich doch um Einschreibtechniken, die den Prozess der Erzeugung und Rezeption überdauern (Persistenz) und als physische Artefakte auf einem analogen Träger ein externes Gedächtnis verkörpern.[59] »Es wird ein persistentes Medienobjekt erzeugt, das transportierbar und [...] insofern eigentlich ein Musterbeispiel für die [genannte] zeit- und ortsunabhängige Nutzung«[60] ist. Damit steht jedoch die Abgeschlossenheit dieses Mediums der Offenheit von Wissensarbeit bzw. Differenzerfahrung konträr gegenüber.

> »Analoge Aufzeichnungstechnologien haben allesamt den Nachteil, dass ein Zeichen, einmal eingeschrieben, nicht mehr manipulierbar ist. Mit technischen Mitteln ist immer nur der Träger bearbeitbar, nicht aber das Zeichen selbst, zumindest nicht als eigenständiges Objekt.«[61]
> »Autoren legen mit ihren Einschreibungen im Kontext des jeweiligen medialen Produkts die Wahrnehmungsstruktur fest. Was an verschiedenen Orten steht, kann u. U. nicht gleichzeitig ins Wahrnehmungsfeld gebracht«[62],

geschweige denn zur weiteren Differenzerfahrung beliebig arrangiert oder gar manipuliert werden. Keil erkennt hierin nun den grundsätzlichen Gestaltungskonflikt zwischen Persistenz und Arrangierbarkeit (Flexibilität[63]) und folgert für die analogen Medien, dass »Persistenz und Arrangierbarkeit [...]

57 Keil, »Perspektiven der Wissensarbeit im digitalen Zeitalter«. Seite 10.

58 Keil. Seite 9.

59 Keil, »Das Differenztheater. Koaktive Wissensarbeit als soziale Selbstorganisation«. Seite 212.

60 Keil, »Medienqualitäten beim eLearning: Vom Transport zur Transformation von Wissen«. Seite 44.

61 Keil, »Das Differenztheater. Koaktive Wissensarbeit als soziale Selbstorganisation«. Seite 212.

62 Keil. Seite 212.

63 Arrangierbarkeit, Flexibilität, aber auch dynamische Interaktion werden in den hier zitierten Beiträgen von Reinhard Keil synonym für die konträre Kraft zur Persistenz verwendet.

sich bei der Verwendung von Einschreibtechnologien aus[schließen]«[64]. Für die digitalen Medien gilt entsprechend, dass

> »[e]in dynamisches Arrangement […] zwar den Vorteil der schnellen und direkten Manipulierbarkeit, aber den Nachteil mangelnder Persistenz [hat]. So wird beispielsweise mit jeder Änderung das vorherige Arrangement »überschrieben« und ist damit der späteren Wahrnehmung nicht mehr zugänglich, es sei denn, man verwendet eine Aufzeichnungstechnik«[65].

An anderer Stelle verdeutlicht Keil diesen Widerspruch als Gestaltungskonflikt zwischen der Persistenz und der Flexibilität im manipulierenden Umgang mit analogen Aufzeichnungs- bzw. Einschreibtechniken.

> »Zwar kann man einzelne [, analoge] Wissensartefakte leicht mit sich nehmen, doch ist dies für ein Arrangement von Wissensartefakten sehr aufwendig oder gar unmöglich, weil das Arrangement entweder nicht stabil genug fixiert werden kann oder der Aufwand zum Zerlegen und Wiederaufbauen zu groß ist.«[66]
> »Damit sind [laut Keil aber dann] erhebliche Medienbrüche verbunden.«[67]

Er schließt daraus ebenfalls, dass

> »[d]er grundlegende Gestaltungskonflikt zwischen Persistenz und Flexibilität […] nicht auflösbar sein [wird. Dieser Konflikt] stellt, wie viele andere Gestaltungskonflikte, ein Designdilemma dar, wo man nur entscheiden kann, welche Anforderung man auf Kosten welcher anderen, gleichberechtigten Anforderung bevorzugt umsetzen will«[68].

In Bezug auf das digitale Medium sieht Keil aber hier jetzt den entscheidenden Vorteil, da die Menschheit

> »[z]um ersten Mal in der Kulturgeschichte medialer Ausdrucksmittel […] über technische Möglichkeiten [verfügt], Wissensartefakte nicht nur zeit-

64 Keil, »Medienqualitäten beim eLearning: Vom Transport zur Transformation von Wissen«. Seite 44.

65 Keil. Seite 44. Entsprechende Aufzeichnungstechniken werden insbesondere in Kapitel 4 (Produkt-Prozess-Komplementarität) für prozessorientierte digitale Editionen bereits als bedeutend herausgestellt.

66 Keil, »Perspektiven der Wissensarbeit im digitalen Zeitalter«. Seite 15.

67 Keil. Seite 15.

68 Keil. Seite 22.

und ortsunabhängig zu nutzen, sondern ihre Bearbeitung zeit- und ortsübergreifend zu integrieren«[69].

Es ist nun möglich, »ein persistentes, d. h. durch Einschreibung erzeugtes Objekt zugleich zum Objekt der Manipulation zu machen«[70], Handlungs- und Wahrnehmungsraum werden verschmolzen und Medienbrüche damit reduziert (ausführlicher in Kapitel 2.2.3 Kollaboration und Kommunikation).[71]

> »Computer bzw. digitale Medien stellen damit neben physischen Konstruktionen, sozialer Interaktion und dem externen Gedächtnis eine weitere Stufe dar, die neue Formen der Differenzerfahrung eröffnet.«[72]

Damit bietet sich erstmalig die Möglichkeit, den Gestaltungskonflikt zwischen Persistenz und Arrangierbarkeit bzw. Persistenz und Flexibilität durch das »innovative [...] Gestaltungspotenzial [...] digitaler Medien in der Wissensarbeit«[73] zumindest austarieren zu können. Die Kräfte dieses Gestaltungskonflikts entpuppen sich damit auch als ein inhärenter Teil der jeweiligen Kräfte des Gestaltungskonflikts »Abgeschlossenheit vs. Offenheit«, denn die Persistenz lässt sich auch auf die Endgültigkeit, die Dauerhaftigkeit, die Fixiertheit, die Finalität und damit die Abgeschlossenheit der gedruckten Edition überführen, die Arrangierbarkeit bzw. Flexibilität hingegen entspricht der Dynamik, der Varianz, der Volatilität, der Unbegrenztheit und damit der Offenheit digitaler Editionen. Diese Offenheit, das wird durch das Konzept der Wissensarbeit nochmals deutlich, liegt insbesondere in den genannten innovativen Gestaltungspotenzialen und flexiblen Eigenschaften des digitalen Mediums oder wird durch diese implizit gefördert. Die Betrachtungsweise der Wissensarbeit unter den Gesichtspunkten der Produkt-Prozess-Komplementarität zeigt aber auch, dass als Produkt betrachtetes Wissen nur im Prozess bzw. aus einer prozessorientierten Perspektive verständlich sein kann, da sich die Bedeutung erst im Kontext sozialer Interaktion konstituiert und nicht in den eingeschriebenen Zeichen selbst liegt.[74] Das Konzept der

69 Keil. Seite 20.

70 Keil, »Das Differenztheater. Koaktive Wissensarbeit als soziale Selbstorganisation«. Seite 215.

71 Keil. Seite 219.

72 Keil, »Perspektiven der Wissensarbeit im digitalen Zeitalter«. Seite 16.

73 Keil. Seite 22.

74 Keil. Seite 12 f.

Wissensarbeit legt also ebenso offen, dass sich die Bedeutung der Produktmerkmale eines externen Gedächtnisses nur komplementär »über die Prozesse ihrer Erzeugung und ihres Gebrauchs erschließt«[75]. Damit ist Wissen kein statisches Produkt, sondern grundsätzlich ein dynamisches Resultat eines stetigen Prozesses der Bedeutungskonstitution.[76] Mit dieser bereits in Kapitel 4 (Produkt-Prozess-Komplementarität) ausführlich untersuchten Reziprozität lässt sich der wechselseitig ergänzende, nicht alternativ ausschließende und nur durch Austarieren zu begegnende Charakter der Gestaltungskonflikte zwischen Persistenz und Arrangierbarkeit bzw. Persistenz und Flexibilität zusätzlich bekräftigen. Sie erklärt auch den inhärenten Prozesscharakter einer jeden Edition, da Editionsarbeit ganz grundsätzlich auch Wissensarbeit ist. Mit Blick auf die konkurrierende Formulierung von »Abgeschlossenheit vs. Offenheit« (als Gestaltungskonflikt) ist ebenfalls abzuleiten, dass, wie an vielen Stellen bereits vermutet, ein weniger gegensätzlich kompetitives, sondern teilweise ein entgegenkommend abhängiges Verhältnis zwischen beiden Seiten bestehen und sogar notwendig sein kann, um eine prozessorientierte und offene digitale Edition gänzlich begreifen zu können. Dagegen ist aber auch herauszustellen, dass diese Konflikte überhaupt erst durch den Medienwechsel ins Digitale umfassender aufgedeckt und ins Bewusstsein gehoben werden. Ihre »Gegensätze werden [zum Teil sogar erst] durch Technik verschärft«[77]. Die Gestaltungspotenziale digitaler Medien beinhalten aber nun gleichzeitig auch diejenigen Instrumente, um für eine Ausbalancierung der zum Großteil ja erst durch dieses Medium aufgeworfenen oder geförderten Konflikte sorgen zu können.[78]

Diese Ambivalenz der Gestaltungskonflikte durch ihre gleichzeitig kompetitiven, aber auch komplementären Kräfteverhältnisse soll hier nun noch deutlicher auf das Umfeld der Editionen übertragen werden. Der inhärente Prozesscharakter einer jeden Edition wird bereits in Kapitel 4 (Produkt-Prozess-Komplementarität) ausführlich herausgestellt. Insbesondere die di-

---

75 Keil, »Das Differenztheater. Koaktive Wissensarbeit als soziale Selbstorganisation«. Seite 205.

76 Keil, »Perspektiven der Wissensarbeit im digitalen Zeitalter«. Seite 9.

77 Keil, »Das Differenztheater. Koaktive Wissensarbeit als soziale Selbstorganisation«. Seite 213.

78 Solche Instrumente sind zum Beispiel die bereits erwähnten Aufzeichnungstechniken. Durch sie kann das im digitalen Medium mögliche freie Arrangieren mit all seinen Spuren (Zwischenergebnisse und sonstige Bearbeitungs- bzw. Revisionsprozesse) aufgezeichnet und damit persistiert werden, ohne an Flexibilität einzubüßen.

gitale Edition ermöglicht es, die zahlreichen Prozessmerkmale auch wirklich in den Vordergrund zu rücken, da es die Gestaltungspotenziale technischer Medien im Zusammenspiel mit entsprechenden Unterstützungsfunktionen erlauben, die Eigenschaften der Editionsprozesse erstmals adäquat abzubilden bzw. zu unterstützen. Das kontinuierliche und unbegrenzt dynamische Fortschreiben, Veröffentlichen und Aktualisieren, die multimediale, interaktive, kollaborative und kontextualisierte Ausgestaltung, der Abbau von Grenzen, die Annäherung der Akteure sowie die Aufzeichnung von Diskurs- bzw. Geneseinformationen sind die deutlichsten Merkmalsausprägungen einer prozessorientierten und offenen digitalen Edition. Damit zwangsläufig einhergehende oder durch Technikeinsatz sogar verschärfte und meist negativ interpretierte Prozessaspekte, wie die Instabilität, das Unfertige, das Unvollständige, aber auch die Entgrenzung einer digitalen Edition verlangen an vielen Stellen aber entweder eine positive Umdeutung und Akzeptanz dieser prozessbedingten Phänomene oder aber den komplementären Einbezug und die bewusste Übernahme bzw. Nachbildung eher produktorientierter Merkmale, welche diesen im Digitalen entfesselten Kräften beschränkend oder auflösend entgegenwirken können. So ist zwar grundsätzlich festzustellen, dass die Abschwächung oder Aufhebung beschränkender Produktaspekte durch die zunehmende Digitalisierung der Editionen in den allermeisten Fällen wohlwollend auf- oder zumindest akzeptierend angenommen wird, da dieser Wandel immerhin für die Befreiung von zahlreichen, bereits ausführlich beschriebenen, medialen Beschränkungen des Buchdrucks und dem Wegfall damit einhergehenden Restriktionen auf ganz verschiedenen Ebenen gesorgt hat. Es zeigt aber auch, dass viele der bis hierher beschriebenen Öffnungsprozesse auch implizite Nebenwirkungen bzw. Seiteneffekte haben können, welche vor allem durch die Abschwächung oder den Verlust von Produktmerkmalen des Buchdrucks durch den Medienwechsel ins Digitale zu erklären sind. Es wird nun noch offensichtlicher, dass dem Gestaltungskonflikt »Abgeschlossenheit vs. Offenheit« nicht mit einer strikten und separierenden Grenzziehung zwischen gedruckter und damit abgeschlossener Edition auf der einen sowie digitaler und damit offener Edition auf der anderen Seite begegnet werden kann. Eine Vielzahl der in diesem Kapitel unter dem Blickwinkel des Medienwechsels beschriebenen und die Edition öffnenden Kräfte müssen jede für sich betrachtet und auf damit konfligierende und eventuell unerwünschte Aspekte untersucht werden. Das Austarieren dieser zahlreichen Einzel- und Teilkonflikte kann dann beispielsweise von einer Akzeptanz der Abschwächung oder des Verlusts einer Produkteigenschaft bis hin zur technisch unterstützten Nachbildung dieser Produktmerkmale im Digitalen reichen. Wie bereits angedeutet, entstehen diese Probleme ja größtenteils erst durch den Medienwechsel selbst, das digitale Medium besitzt aber nun auch die Gestaltungspotenziale, diese Konflikte entsprechend auszubalancieren. So können technische Unterstützungs- bzw. im Umkehrschluss auch Beschränkungsfunktionen im Digitalen zum Beispiel ausgewählte Produktmerkmale bis zu einem gewissen bzw. gewünschten Grad erhalten bzw. adaptieren, welche sonst allein durch den Medienwechsel abgeschwächt werden oder ganz verloren gehen. Diese im digitalen Medium komplementär nutzbaren Eigenschaften erweitern somit die Gestaltungsmöglichkeiten digitaler Editionen und erhöhen die Flexibilität ihres Funktionsumfangs. Beim Buchdruck vormals implizite Beschränkungen können trotz des eigentlichen Wegfalls im Digitalen durch entsprechende Technikunterstützung optional, konstruktiv und steuernd eingesetzt werden.[79] Ein Einsatz solch fakultativer Möglichkeiten muss natürlich immer in Bezug auf die Ausrichtung und Zielsetzung einer digitalen Edition sowie in Abstimmung mit den Interessen aller Akteure diskutiert und abgewogen werden. Auch die technische Realisierung, meist im Rahmen umfangreicher Editionsinfrastrukturen, kann sehr komplex sein und jeweils neue Hürden aufstellen oder die gewünschte Umsetzung auch schlimmstenfalls durch mangelnde technische Unterstützung ganz verhindern. Grundsätzlich können diese flexiblen und die Produkt- und Prozessmerkmale komplementär ergänzenden Fähigkeiten des digitalen Mediums durch ihre für bestimmte Konflikte austarierende Wirkung dennoch weitere, wichtige Impulse für die Öffnung digitaler Editionen bedeuten, denn das Austarieren ist in diesem Fall nicht unbedingt ein Kompromiss, der die beiden konträren Seiten beschneidet, sondern eher der explizite und optionale Einbezug komplementärer Merkmale, denen man ganz bewusst entgegenkommt, um sich ihrer Eigenschaften zusätzlich bedienen zu können.

Mit dem Medienwechsel ins Digitale ändert sich die Wahrnehmung der Editionen mit ihren inhärenten und nun äußerst

79 Insbesondere die Ausführungen zu den Editionsinfrastrukturen zeigen an vielen Stellen deutlich die Notwendigkeit auf, durch technische Unterstützungsfunktionen bestimmte Rahmenbedingungen schaffen zu müssen, um Prozesse der Editionsarbeit überhaupt koordinieren oder gegebenenfalls auch beschränken zu können.

> »lebendige[n] Informationsressourcen [...], die in viele Richtungen offen gehalten werden können und in der Lage sind, Wissen als Prozess zu modellieren und nicht als Zustand einzufrieren«[80].

Gemäß der als dominierend herausgestellten Prozessperspektive befinden sich online veröffentlichte digitale Editionen idealerweise in einem kontinuierlichen und unbeschränkt dynamischen Entwicklungs-, Publikations- und Aktualisierungsprozess, bei dem jedes Fortschreiben gleichzeitig ein stetiges Veröffentlichen sein kann. Die Offenheit liegt hier vor allem in der Dynamik und der Volatilität einer im Sinne der genannten Informationsressourcen unbegrenzt lebendigen Edition.

Insgesamt werden die vielfältigen und facettenreichen Öffnungsprozesse der digitalen Editionen als Schlüssel einer Editionszukunft verstanden, in der bereits lange vermutete Potenziale erstmals ausgeschöpft werden können. Zahlreiche Aspekte dieser Offenheit scheinen ganz grundsätzlich mit den wesentlichen Merkmalen und Bedarfen der Edition bzw. der Editorik übereinzustimmen. Viele problematische Eigenschaften der gedruckten Edition lassen sich demnach mit einem Medienwechsel einfach abstreifen. Fest steht zwar unbestreitbar, dass das digitale Medium mit seinen Gestaltungspotenzialen und Öffnungsprozessen die Editionen auf vielen Ebenen geradezu beflügelt hat, aber wie zum Ende dieses Kapitels ebenfalls deutlich wird, kann der Schein der Offenheit an einigen wichtigen Stellen auch trügerisch sein. Der Medienwechsel, eine dominierende Prozessorientierung sowie ganz grundsätzlich die daraus abgeleitete Offenheit haben auch einige, als negativ betrachtete, Merkmale der digitalen Edition begünstigt. Die Instabilität, das Unfertige, das Unvollständige, das Flüchtige, das Uneindeutige, aber auch die Entgrenzung einer digitalen Edition sind ganz offensichtlich problematische Aspekte dieses Wandels.

Das Phänomen der Offenheit digitaler Editionen fordert also trotz der unbestrittenen Vorteile an vielen Stellen seinen Tribut. Der Medienwechsel verändert nämlich ganz grundlegend zahlreiche Eigenschaften einer Edition. An den meisten Stellen wird die Befreiung von medialen Restriktionen als Segen für die digitale Editorik gefeiert, an anderen Stellen werden die Abschwächung oder der Verlust bestimmter Eigenschaften aber auch als Fluch des digitalen Mediums verdammt. Hier aber ganz grundsätzlich zwischen einer der zwei Seiten einer Digitalisierungmedaille wählen zu müssen oder

80 Sahle, *Befunde, Theorien und Methodik*. Seite 219.

sich den Entscheidungen in der Form eines »Entweder-Oder« zu unterwerfen, greift an dieser Stelle deutlich zu kurz. Gemäß der komplementär ergänzenden Fähigkeiten des digitalen Mediums gilt es, durch den Medienwechsel abgeschwächte oder verloren gegangene Merkmale je nach Bedarf durch technische Unterstützungsfunktionen wiederherstellen zu können. Um aber den Kreis zu den bereits propagierten Editionsinfrastrukturen als zusammenfassendes und verbindendes Konstrukt dieser technischen Unterstützungsfunktionen weiter schließen zu können, muss die Identifikation entsprechender Merkmalseigenschaften bzw. Funktionalitäten für eine Rekonstruktion durch Technikeinsatz im digitalen Medium zunächst noch stringenter abgeleitet und anwendungsnäher konkretisiert werden.

Wesentlich expliziter und damit auch greifbarer ist beispielsweise die Problematik des Referenzierens. Eine digitale Edition steckt nicht nur voller interner Verweise, sondern kann auch Bezüge nach außen enthalten oder selbst das Ziel von eingehenden Verknüpfungen sein. Bei der Bezugnahme nach außen besteht das grundsätzliche Problem, dass weder die Stabilität und Dauerhaftigkeit der Verweise noch die Integrität und Konsistenz externer Ressourcen(-inhalte) unter der Kontrolle der Editionsprojekte stehen. Ist die Edition selbst das Verweisziel, so kommt neben der bereits schon problematischen Adressierung einer sich kontinuierlich und dynamisch weiterentwickelnden Edition hinzu, dass sich Rezipienten auf eine interaktiv und individuell generierte Textfassung und -darstellung beziehen können, deren entsprechende Parametrisierung dann ebenfalls Teil eines Referenzierungsmechanismus sein muss. Zusätzliches Gewicht erhält diese Problematik durch die implizit benötigte Zitierfähigkeit digitaler Editionen. Im akademisch-wissenschaftlichen Umfeld ist ein stabiles und eindeutiges Zitationsverfahren unerlässlich, insbesondere um ein gewisses Reputationssystem aufrechterhalten zu können. Eine Zuweisung von Reputation funktioniert aber nur, wenn die Autorschaft an entsprechenden Beiträgen zur Edition auch zweifelsfrei nachgewiesen werden kann. Das Problem liegt hier ebenfalls in der kontinuierlichen, dynamischen und zusätzlich kollaborativen Fortschreibung der digitalen Edition. Die inkrementelle Weiterentwicklung einer digitalen Edition und die damit einhergehenden Revisionsprozesse müssen ähnlich wie beim Referenzieren eine punkt-, bereichs- bzw. versionsgenaue Feststellung der Autorschaft ermöglichen, welche idealerweise zusätzlich auch über eine Zeitachse abgebildet wird. Erschwerend hinzu kommt an dieser Stelle, dass verschiedene Akteure, beispielsweise aus der Softwaretechnik, ebenfalls entscheidende Beiträge zu einer digitalen Edition liefern, die jenseits der klassischen Editionstätigkeiten liegen und damit schwieriger mit klassischen Maßstäben zu bewerten sind.

Ein weiteres Problem liegt im digitalen Medium selbst, da sich Daten dort leicht vervielfältigen, verändern und erneut veröffentlichen lassen. Auch wenn fehlende monetäre Anreize bei idealerweise frei verfügbaren digitalen Editionen dies wenig wahrscheinlich erscheinen lassen, so können unerlaubte Vervielfältigung, Verfälschung und Plagiate beispielsweise ein System der Autor- bzw. Urheberschaft und generell auch die Authentizität digitaler Editionen untergraben. Urheberrechtsrelevante Konflikte deuten sich auch bei einer umfangreichen Einbindung überlieferter Originalquellen in Form von digitalisierten Faksimiles an. Als einer der großen Vorteile digitaler Editionen beschrieben, kann das damit verbundene Einholen bestimmter Nutzungsrechte an entsprechenden Materialien für eine offen zugänglich publizierte digitale Edition scheitern, da Rechteinhaber eine solch freizügige und unkontrollierbare Verbreitung oft durch eine Erlaubnisverweigerung unterbinden. Auch die prozessorientierte Perspektive digitaler Editionen impliziert ein weiteres grundsätzliches Problem, denn vor allem das bereits mehrfach genannte kontinuierliche und dynamische Fortschreiben und Aktualisieren einer digitalen Edition benötigt entsprechende Aufzeichnungsmechanismen für die vielfältigen Prozesse der Editionsarbeit. Neben der Förderung von Transparenz, Nachprüfbarkeit, wissenschaftlicher Objektivität, Nachnutzbarkeit, Anschlussfähigkeit und Bewahrung ist eine solche Versionierung auch für die bereits erläuterten Aspekte der Referenzierung (Zitation) und der Bestimmung von Autor- und Urheberschaft zwingend erforderlich. Für ein Editionsvorhaben kann bereits jedes dieser Probleme für sich schon das Ausschlusskriterium für die Realisierung einer exklusiv online veröffentlichten und frei zugänglichen digitalen Edition bedeuten und damit den Rückgriff auf das gedruckte Pendant nach sich ziehen, bei dem diese Schwierigkeiten entweder nicht auftreten oder in ihrer Form traditionell und weitläufig akzeptiert sind. Zusammengenommen erschweren diese Probleme aber mindestens eine breite Akzeptanz digitaler Editionen, insbesondere auf Seiten der Editoren, da vor allem einheitliche Lösungswege für diese Probleme fehlen und deshalb immer wieder Insellösungen entstehen.

Prinzipiell sind diese problematischen Aspekte bereits ein Destillat von Ansprüchen an eine digitale Edition, die vormals im Medium des Buchdrucks entweder durch die inhärenten Produkteigenschaften gar nicht erst aufkommen bzw. bereits implizit gelöst sind oder mangels Alternativen einfach ignoriert bzw. akzeptiert und somit wenig diskutiert werden. Erst der Medienwechsel ins Digitale und die Abschwächung oder der Verlust entsprechender Produktmerkmale und eine dominierende Prozessperspektive rücken diese problematischen Aspekte nun deutlich präsenter in den Vordergrund. Zu wichtigen Bezugspunkten für die weiteren Untersuchungen verdichtet, ergeben sich daraus für die digitalen Editionen bzw. Editionsinfrastrukturen folgende, *konkrete Anforderungen*:

- *Das Referenzieren, Adressieren und Zitieren*:
  Stabilität und Dauerhaftigkeit mehrdirektionaler Verweise im Umfeld digitaler Editionen und die Konsistenz und Integrität der adressierten Ressourcen, welche kontinuierlich und dynamisch fortgeschrieben und in interaktiver Darstellung und individueller Form rezipiert und dementsprechend flexibel zitiert werden können.
- *Die Autorschaft, Urheberschaft und Authentizität*:
  Bestimmung von Autor- und Urheberschaft bei der kontinuierlichen, dynamischen und zusätzlich auch kollaborativen Fortschreibung digitaler Editionen, die Berücksichtigung substanzieller Beiträge jenseits klassischer Editorentätigkeiten, die Abmilderung urheberrechtsrelevanter Konflikte, der Schutz vor bzw. der eindeutige Nachweis von unerlaubten Vervielfältigungen und Plagiaten sowie die Feststellung von Verfälschungen bzw. die Sicherstellung von Authentizität digitaler Editionen.
- *Die Versionierung, Publizierung und Archivierung*:
  Aufzeichnung vielfältiger Editions- und Diskursprozesse zur Förderung von Transparenz, Nachprüfbarkeit, wissenschaftlicher Objektivität, Nachnutzbarkeit, Anschlussfähigkeit und Bewahrung, aber auch zur Unterstützung der versionsgenauen Referenzierung sowie der feingranularen Bestimmung von Autor- und Urheberschaft bei einer kontinuierlichen, dynamischen und kollaborativen Fortschreibung und einer gleichzeitig stetigen Veröffentlichung digitaler Editionen.

Um diesen konkreten und sehr zentralen Anforderungen der digitalen Editionen bzw. Editionsinfrastrukturen einen strukturierenden, systematisierenden und qualifizierenden Bezugsrahmen geben zu können, wird im folgenden Kapitel 6 (Revisionssicherheit digitaler Editionen) das Konzept der Revisionssicherheit eingeführt. Zum einen bieten die Revisionssicherheit und ihre Kriterien eine geeignete Methodik, die konkreten Anforderungen sowie ihre komplexen Ursprünge als Gestaltungskonflikte einer zunehmend dominierenden Prozessorientierung reflektierter verstehen und konsolidierter beschreiben zu können, zum anderen erlaubt dieser Ansatz eine klassifizierende und überprüfende Anwendung der einzelnen Kriterien auf die entsprechenden Eigenschaften und Merkmale der digitalen Editionen bzw. Editionsinfrastrukturen. Darüber hinaus ermöglicht die konzeptuelle Adaption der Revisionssicherheit und ihrer Kriterien eine praxisorientierte bzw. anwendungsnahe Einordnung und Bewertung der anschließend in Kapitel 7 (Technische Lösungsansätze zur Revisionssicherheit) vorgestellten konkreten, technischen Lösungsansätze.

6. Revisionssicherheit digitaler Editionen

Das Kapitel 5 (Abgeschlossenheit vs. Offenheit) zeigt deutlich die sehr vielschichtige Offenheit einer digitalen Edition. Insbesondere im Vergleich zur Abgeschlossenheit der gedruckten Edition stechen viele öffnende Merkmale dieses Editionstypus sehr offensichtlich heraus. Die Ursachen für diese Offenheit liegen vor allem im vielfach angesprochenen Medienwechsel ins Digitale und den damit einhergehenden innovativen und oftmals befreienden Gestaltungspotenzialen. Eine genauere Betrachtung hat jedoch auch gezeigt, dass diese öffnenden Prozesse an manchen Stellen gewisse Nebenwirkungen und Seiteneffekte erzeugen, indem gleichzeitig gewünschte bzw. nützliche Eigenschaften verringert werden oder ganz verloren gehen und folglich neues Konfliktpotenzial bei der Umsetzung digitaler Editionen entsteht. Insbesondere die Abschwächung oder der Wegfall einiger bereits in Kapitel 4 (Produkt-Prozess-Komplementarität) ausführlich betrachteter Produktmerkmale der gedruckten Edition können bei der digitalen Edition trotz ihres nun freigelegten Prozesscharakters neue Probleme aufwerfen. Aus diesen problematischen Konflikten werden schließlich konkrete und größtenteils technische Anforderungen an die digitalen Editionen bzw. Editionsinfrastrukturen abgeleitet. Neben dem *Referenzieren, Adressieren und Zitieren* sowie der *Autorschaft, Urheberschaft und Authentizität* sind vor allem die Aspekte der *Versionierung, Publizierung und Archivierung* ein zentrales Moment dieser Betrachtungen, da insbesondere die Aufzeichnung von Geneseinformationen digitaler Editionen auf Grund ihrer zunehmend dominierenden Prozesshaftigkeit für alle anderen konkreten Anforderungen eine implizite und notwendige Vorbedingung ist. Bisher fehlt allerdings der passende Ansatz, um dieses komplizierte und konfliktreiche Spannungsfeld insbesondere im Bereich der digitalen Editionen bzw. Editionsinfrastrukturen und ihrer konkreten Anforderungen reflektierter verstehen und konsolidierter beschreiben zu können. Als eine möglicherweise geeignete Methodik wird deshalb an dieser Stelle das

Konzept der Revisionssicherheit vorgeschlagen. Die bereits dem Namen nach inhärente Sicherstellung versionierter Geneseinformationen ist ein erster offensichtlicher Indikator für diese Hypothese und dient als leitendes Argument für die weiteren Untersuchungen. Dazu wird zunächst das Konzept der Revisionssicherheit eingeführt, detailliert erläutert und anhand verschiedener Blickwinkel in den Kontext der digitalen Editionen bzw. Editionsinfrastrukturen gesetzt, um weitere Parallelen bzw. Schnittmengen über diesen ersten Indikator hinaus aufzuzeigen. Im Anschluss wird das Konzept der Revisionssicherheit dann in eine enge Relation mit den konkreten Anforderungen an digitale Editionen gestellt, um die Tauglichkeit des Ansatzes weiter untermauern und die aufgestellte Hypothese entsprechend verifizieren zu können. Auf Basis des Konzepts soll schließlich ein strukturierender, systematisierender und qualifizierender Bezugsrahmen für die konkreten Anforderungen der digitalen Editionen bzw. Editionsinfrastrukturen entstehen. Zum einen soll ein solcher Ansatz das grundlegende Verständnis für die konkreten Anforderungen und ihre komplexen Ursprünge als Gestaltungskonflikte einer zunehmend dominierenden Prozessorientierung sowie eine einheitliche Betrachtungs- bzw. Sprechweise dieser komplizierten Sachverhalte fördern und festigen. Zum anderen soll der Ansatz auch als funktionale Methodik klassifizierend und überprüfend auf bestimmte Eigenschaften und Merkmale von digitalen Editionen bzw. Editionsinfrastrukturen angewendet werden können.Dementsprechend dient diese konzeptuelle Adaption der Revisionssicherheit später auch einer praxisorientierten bzw. anwendungsnahen Einordnung und Bewertung der in Kapitel 7 (Technische Lösungsansätze zur Revisionssicherheit) vorgestellten konkreten, technischen Lösungsansätze.

Der Begriff der Revisionssicherheit entstammt ursprünglich dem juristischen Umfeld, wo in diesem Zusammenhang neben dem Adjektiv »revisionssicher« vor allem auch »revisionsfest« verwendet wird, um auszudrücken, dass ein Urteil in einem Rechtsfall abschließend, rechtssicher und damit nicht mehr vor Gericht anfechtbar ist. Heute bezeichnet der Begriff aber meist einen Zustand innerhalb von Unternehmungen, deren Systeme und Prozesse im Rahmen gesetzlicher, aber auch sonstiger Vorschriften (etwa unternehmungsinterner Richtlinien) als ordnungsgemäß bzw. angemessen angesehen werden können. Die Revision als Überprüfung dieses Zustands und seiner Eigenschaften stellt genau dann die Revisionssicherheit fest, wenn gemäß der Vorschriften keine Beanstandungen gefunden werden.[1] Eine besondere Bedeutung und die heute verbreitetste Verwendung erlangt das Konzept der Revisionssicherheit unter dem Aspekt der »revisionssicheren Archivierung«. Dieses Begriffsverständnis wurde ursprünglich von Ulrich Kampffmeyer[2] 1992 eingeführt und 1997 als ein »Code of Practice« unter dem Titel »Grundsätze der elektronischen Archivierung in Deutschland« allgemein definiert und veröffentlicht.[3] Seine Ausführungen beschreiben die unveränderliche, nachvollziehbare und langfristige Aufbewahrung elektronischer Informationen. Wesentliche Aspekte sind später in Verwaltungsvorschriften durch den Gesetzgeber übernommen worden. Hier sind insbesondere das Handelsgesetzbuch (HGB)[4], die Abgabenordnung (AO)[5] und die »Grundsätze zur ordnungsmäßigen Führung und Aufbewahrung von Büchern, Aufzeichnungen und Unterlagen in elektronischer Form sowie zum Datenzugriff« (GoBD)[6] zu nennen. International ist die Organisation und Funktionalität von elektronischen Archiven in der Norm »ISO 14721 – Open Archival Information System«[7] und die von Aktenführung und Schriftgutverwaltung in der Norm »ISO 15489-1 – Records Management«[8] definiert.

1 Springer Fachmedien Wiesbaden, *Gabler Wirtschaftslexikon*. Stichwort Revisionssicherheit.

2 Ulrich Kampffmeyer ist ein deutscher Unternehmensberater, Autor, Publizist und 1991 Gründer des »Verband Optische Informationssysteme e.V. « (VOI), welcher 1999 in »Verband für Organisations- und Informationssysteme« unter Beibehaltung der Abkürzung umbenannt wurde. Der VOI ist der unabhängige Fachverband für Anbieter und Anwender im »Enterprise Information Management« (EIM) und hat als Herausgeber wichtiger Publikationen die Begriffsdefinition »Revisionssicherheit« sowie seine Ableitungen (auch in die Gesetzgebung) wesentlich mitgestaltet.

3 Kampffmeyer und Rogalla, *Grundsätze der elektronischen Archivierung: »code of practice« zum Einsatz von Dokumenten-Management- und elektronischen Archivsystemen*.

4 Handelsgesetzbuch (HGB), Stand: Art. 8 G vom 8. Juli 2019 (BGBl. I S. 1002, 1018).

5 Abgabenordnung (AO), Stand: Art. 10 G vom 11. Juli 2019 (BGBl. I S. 1066, 1076).

6 Grundsätze zur ordnungsmäßigen Führung und Aufbewahrung von Büchern, Aufzeichnungen und Unterlagen in elektronischer Form sowie zum Datenzugriff (GoBD), BMF V A 4 - S 0316/13/10003, Stand: 14. November 2014 (BStBl. I S. 1450). Die GoBD lösen die Grundsätze zum Datenzugriff und zur Prüfbarkeit digitaler Unterlagen (GDPdU) und die Grundsätze ordnungsmäßiger DV-gestützter Buchführungssysteme (GoBS) ab.

7 ISO 14721:2012, »Space data and information transfer systems – Open archival information system (OAIS) – Reference model«.

8 ISO 15489-1:2016, »Information and documentation – Records management – Part 1: Concepts and principles«.

Die letztgenannte Begriffsauslegung der Revisionssicherheit soll hier nun im Folgenden der Bezugspunkt sein. Sie adressiert also die elektronische Archivierung aufbewahrungspflichtiger oder -würdiger Informationen und Dokumente und bezieht sich auf die ordnungsgemäße Nutzung, den sicheren Betrieb und den Nachweis einer Verfahrensdokumentation im Umgang mit diesen Informationen und Dokumenten. Die Revisionssicherheit umfasst auch die Prüfbarkeit des eingesetzten Verfahrens zur Aufbewahrung der Informationen und Dokumente und schließt damit die verwendeten technischen Hilfsmittel (meist elektronische Archivsysteme) mit ein. Der Begriff der Revisionssicherheit in der hier gewählten Interpretation gilt also zusammenfassend für elektronische Archive, die den gesetzlichen Anforderungen für aufbewahrungspflichtige Dokumente entsprechen und diese sicher, unverändert, vollständig, ordnungsgemäß, verlustfrei reproduzierbar und datenbankgestützt recherchierbar verwalten.[9]

Der Begriff Revisionssicherheit wird vom Gesetzgeber nicht explizit verwendet[10] und taucht auch in der GoBD nicht als solcher namentlich auf. Vorhandene gesetzliche und regulatorische Vorgaben bzw. Anforderungen werden aber gemeinhin unter dem Begriff der Revisionssicherheit zusammengefasst. Insbesondere aus der GoBD in enger Verknüpfung mit HGB und AO werden zehn wesentliche *Kriterien für die Revisionssicherheit*[11] abgeleitet:

- *Ordnungsmäßigkeit*:
  Alle Informationen und Dokumente müssen nach Maßgabe der rechtlichen und organisationsinternen Anforderungen ordnungsgemäß aufbewahrt werden.
- *Vollständigkeit*:

9 Kampffmeyer, *Dokumenten-Technologien: Wohin geht die Reise?: Die Bedeutung von DRT Document Related Technologies für Wirtschaft und Gesellschaft*. Seite 27 ff. Ulrich Kampffmeyer ordnet wichtige Entwicklungen und Begriffe im Kontext der Revisionssicherheit ein.

10 Springer Fachmedien Wiesbaden, *Gabler Wirtschaftslexikon*. Stichwort Revisionssicherheit.

11 Kampffmeyer, *Dokumenten-Technologien: Wohin geht die Reise?: Die Bedeutung von DRT Document Related Technologies für Wirtschaft und Gesellschaft*. Seite 29 ff. Ulrich Kampffmeyer leitet die Kriterien und ihre Definitionen ab. »Das Handelsgesetzbuch §239 HGB gibt hier die Grundlagen für die Speicherung [...] vor«, zusätzlich enthalten insbesondere auch die Ausführungen der GoBD neben expliziten Verweisen auf HGB und AO die Grundlagen für eine Ableitung und Definition der Kriterien.

Es dürfen weder aufbewahrungspflichtige Informationen und Dokumente verloren gehen noch unvollständig archiviert werden.

- *Nachvollziehbarkeit:*
  Jede erstellende oder ändernde Aktion im elektronischen Archivsystem muss für Berechtigte nachvollziehbar protokolliert werden.
- *Prüfbarkeit:*
  Das gesamte organisatorische und technische Verfahren der Archivierung kann von einem sachverständigen Dritten jederzeit geprüft werden.
- *Schutz vor Veränderung und Verfälschung:*
  Alle Informationen oder Dokumente müssen mit ihren (evtl. vormals analogen) Originalen übereinstimmen und grundsätzlich unveränderlich archiviert werden.
- *Sicherung vor Verlust:*
  Jede Information und jedes Dokument muss in angemessener Zeit wiedergefunden und reproduziert werden können. Dies schließt auch eine entsprechend konsistente Bezugnahme in Form von Referenzen auf diese Inhalte ein.
- *Nutzung nur durch Berechtigte:*
  Jede Information und jedes Dokument dürfen nur von entsprechend berechtigten Benutzern eingestellt, eingesehen oder verändert werden.
- *Einhaltung von Aufbewahrungsfristen:*
  Die Aufbewahrung jeder Information und jedes Dokuments im Archiv muss bis zum Ende der gesetzlichen oder organisationsinternen Fristen sichergestellt werden.
- *Sicherheit des Gesamtverfahrens:*
  Jede Information und jedes Dokument ist zum organisatorisch frühestmöglichen Zeitpunkt zu archivieren.
- *Dokumentation des Verfahrens:*
  Bei allen Migrationen und Änderungen am Archivsystem muss die Einhaltung aller zuvor aufgeführten Grundsätze sichergestellt sein.

Die genannten Kriterien sind zwar in den entsprechenden Vorschriften fachlich definiert, bedürfen aber einer gewissen Interpretation, wenn es um die Umsetzung innerhalb technischer Systeme geht. Die gesetzlichen Regularien und selbst der »Code of Practice« nehmen nur eingeschränkt Rücksicht auf technische Entwicklungen. Die allgemeingültige Formulierung hat an dieser Stelle aber zum einen den Vorteil, nicht von technischen Entwicklungen überholt zu werden, zum anderen gibt es viele unterschiedliche Wege, sich der Revisionssicherheit eines Systems und seiner Prozesse anzunähern. Die Revisionssicherheit ist dabei aber ausdrücklich keine Produkteigenschaft, sie kann nicht einfach als eine Art Stempel für eine bestimmte Systemkategorie vergeben werden. Vielmehr braucht es für die Revisionssicherheit eine Abnahme des Gesamtsystems. Dies umfasst neben der technischen Lösung insbesondere alle Prozesse und Abläufe sowie die gesamte Organisation unter Einbezug der beteiligten Akteure und ihrer Tätigkeiten.[12]

Um nun die Brücke zwischen der Revisionssicherheit und den digitalen Editionen sowie ihren konkreten und vorrangig technischen Anforderungen zu schlagen, bietet es sich an, zuerst einmal ihre Parallelen bzw. Schnittmengen, aber auch ihre Unterschiede anhand der medialen Entwicklung zu betrachten. Viele Kriterien der Revisionssicherheit sind bereits vor der beginnenden und immer weiter zunehmenden Digitalisierung in vielen Bereichen für die sichere und nachvollziehbare Aufbewahrung von Informationen und Dokumenten implizit als Maßstab angelegt worden. In Unternehmen ist beispielsweise eine Archivierung von handels- und steuerrechtlich relevanten Unterlagen schon lange vorgeschrieben. Ohne entsprechend fortgeschrittene Digitalisierung zirkulieren diese Dokumente allerdings meist in Form von beschriebenem oder bedrucktem Papier. Folglich können alle aufbewahrungspflichtigen bzw. -würdigen Unterlagen durch Zuhilfenahme eines entsprechenden Katalogisierungs- und Verweissystems bis zu einer bestimmten Frist in ein klassisches Archiv eingelagert und bei Bedarf wieder recherchiert und hervorgeholt werden. Durch eine angemessene und sorgfältige Organisation sind somit Kriterien der Revisionssicherheit wie beispielsweise die Vollständigkeit, die Nachvollziehbarkeit, die Prüfbarkeit, der Schutz vor Veränderung und Verfälschung, die Sicherung vor Verlust, die Nutzung nur durch Berechtigte oder die Einhaltung von Aufbewahrungsfristen durch eine entsprechende Verwaltung und Verwahrung physischer Unterlagen bereits größtenteils abgedeckt. Wie angedeutet, werden diese Kriterien aber nur erfüllt, wenn die Abläufe entsprechend definiert, dokumentiert und eingehalten werden. Insbesondere der Umgang mit analogen Medienträgern erfordert hier einen entsprechend starken Einbezug des Menschen in die Organisation einer solchen Archivierung, da die Prozesse weniger technisiert und automatisiert werden können und stark von der ordnungsgemäßen Ausführung manueller Tätigkeiten abhängig sind.

---

12 Kampffmeyer. Seite 31 f. Ulrich Kampffmeyer betont ausdrücklich die Wichtigkeit des prozessorientierten Gesamtkontextes für das Konzept der Revisionssicherheit.

Auch bei den gedruckten Editionen sind es vor allem die medialen Eigenschaften sowie die materiell orientierten und mehrfach redundanten Aufbewahrungsstrategien von Bibliotheken und Archiven, die für eine Bewahrung mit gewissem Schutz vor Veränderung und Verfälschung sowie für die Sicherung vor Verlust sorgen. Die Kriterien der Vollständigkeit, der Nachvollziehbarkeit oder der Prüfbarkeit liegen aber im Fall der gedruckten Editionen weniger in den Abläufen der Archivierung selbst, sondern sind hauptsächlich von den Ausführungen der Editionsarbeit und damit vor allem von den Editoren und ihren implizit vorauswählenden und präjudizierenden Methoden und Zielsetzungen abhängig. Diese bereits mehrfach angesprochenen und vielfach kritisierten selektiven und intransparenten Charaktereigenschaften der gedruckten Edition machen eine unabhängige Überprüfung dieser Kriterien allerdings problematisch, da viele wichtige Informationen, beispielsweise zu Diskursen, Interpretationen, Entscheidungen und ihren sorgfältigen Begründungen, nicht mehr Bestandteil der Drucklegung und damit der Edition und ihrer Publikation sind. Legt man also bereits hier die Kriterien der Revisionssicherheit für die gedruckte Edition als Bewertungsschema an, so werden einige notwendige Bedingungen offensichtlich nicht zufriedenstellend erfüllt, da wichtige Informationen zur Untersuchung dieser Merkmale nicht in die Ausführungen einer Aufbewahrung eingebunden werden. Zwar sind viele Kriterien der Revisionssicherheit, insbesondere die Vollständigkeit, Nachvollziehbarkeit und Prüfbarkeit, immer auch schon Anforderungen an die Editionen bzw. die Editionsarbeit, sie werden jedoch, wie bereits an vielen Stellen erläutert, den Produktmerkmalen des Buchdrucks, seinen medialen Beschränkungen und auch der Autorität der Editoren untergeordnet, so dass dadurch der eigentlich inhärent prozessorientierte Charakter an vielen maßgeblichen Stellen unterdrückt wird. Folglich wird nun auch in diesem Zusammenhang offensichtlich, dass das Konzept der Revisionssicherheit grundsätzlich nur funktioniert, wenn insbesondere der Prozesscharakter entsprechend untersuchter Gesamtsysteme, in diesem Fall der Edition, vollständig in den Fokus genommen werden kann. Wie bereits in Kapitel 4 (Produkt-Prozess-Komplementarität) ausführlich herausgearbeitet, sorgt bei den Editionen vor allem erst der Medienwechsel ins Digitale und die damit einhergehenden Gestaltungspotenziale für einen stärkeren Einbezug bzw. die Hervorhebung ihrer Prozesseigenschaften. Durch die Aufnahme solcher Prozessinformationen kann nun dementsprechend auch die Erfüllung der genannten Kriterien, wie die Vollständigkeit, die Nachvollziehbarkeit und die Prüfbarkeit für die digitalen Editionen im Rahmen einer Untersuchung zur Revisionssicherheit in Reichweite rücken. Gleichzeitig entstehen aber mit einer dominierenderen Prozessorientierung und der damit einhergehenden Abschwächung oder dem kompletten Wegfall bestimmter Produkteigenschaften neue und oft auch problematische Aspekte (ausführlicher in Kapitel 5 Abgeschlossenheit vs. Offenheit). Dieses Spannungsfeld zwischen einer zunehmend prozessorientierten Betrachtungsweise und dem gleichzeitigen Verlust bestimmter Produktmerkmale durch den Medienwechsel ins Digitale kann damit im Umkehrschluss also auch für das Konzept der Revisionssicherheit festgestellt werden. Betrachtet man nämlich unter diesen Gesichtspunkten nun die Revisionssicherheit für die elektronische Archivierung von Dokumenten und Informationen, so wird schnell deutlich, dass durch den Wegfall bestimmter Produktmerkmale an einigen Stellen nun technische Unterstützungsfunktionen als Ausgleich notwendig werden. Ein Beispiel, welches im Zusammenhang der Revisionssicherheit oft genannt wird, ist eine im Nachhinein nicht mehr zu manipulierende elektronische Speicherung von Informationen und Dokumenten durch das sogenannte WORM-Verfahren (»Write Once, Read Many«). Diese Speicherweise kann entweder durch Hardware realisiert werden (beispielsweise durch Speicherung auf klassischen ROM-Medien (»Read Only Memory«)), so dass bereits durch das Medium selbst eine Veränderbarkeit gespeicherter Informationen ausgeschlossen wird oder aber durch den Einsatz entsprechender Software und der Speicherung auf wiederbeschreibbaren Medien emuliert werden, solange die eingesetzten Medienträger vor anderweitiger Manipulation als über diese kontrollierende Software geschützt sind.[13]

Technische Unterstützungsfunktionen ersetzen hier also teilweise Eigenschaften des Gesamtsystems, welche bei klassischen Archivierungstechniken in Verbindung mit analogen und fixierten Medienträgern immanent sind. Das Verfahren erinnert an dieser Stelle mit einigen Parallelen auch an die digitalen Editionen auf CD-ROM, deren buchhafte, fixierte und eigentlich beschränkende Eigenschaften des Medienträgers unter gewissen Umständen auch als vorteilhaft angesehen werden können (ausführlicher in Kapitel 2.1.2 Datenträger statt Buchdruck) und zeigt somit für diesen speziellen Bereich beispielhaft den oft grundsätzlichen Bedarf am Erhalt gewisser Produktmerkmale durch den Einsatz entsprechender Technikunterstützung, wie in diesem Fall ebenfalls durch die Verwendung eines Medienträgers mit entsprechend speziellen Eigenschaften.

---

13 Kampffmeyer. Seite 34 ff. Ulrich Kampffmeyer erläutert ausführlich die Besonderheiten einzelner Speicherverfahren.

Obwohl der hier verwendete Begriff der Revisionssicherheit seinen Ursprung erst im Umfeld der elektronischen Archivierung und damit in einer Zeit hat, in der auch in diesem Bereich ein Medienwechsel zumindest eingeleitet ist, so sind dennoch Parallelen mit der Editorik und ihren grundsätzlichen Herausforderungen offensichtlich. Es ist an dieser Stelle noch einmal zu betonen, dass das Konzept bzw. der Begriff der Revisionssicherheit zu keiner Zeit eine Produkteigenschaft ist, denn eine entsprechende Bewertung bzw. Einordnung kann sowohl im Analogen als auch im Digitalen und damit unabhängig vom Medienwechsel immer nur unter Einbezug einer prozessorientierten Perspektive durchgeführt werden. Dies wird deutlich, wenn man als Beispiel wieder die handels- und steuerrechtlich relevanten Unterlagen von Unternehmen heranzieht. Die Revisionssicherheit kann in diesem Fall nur garantiert werden, wenn alle Unterlagen (egal ob analog oder digital) und damit auch ihre Entstehungs- und Bearbeitungsprozesse über einen definierten Zeitraum hinweg chronologisch, sicher und vor allem nachvollziehbar archiviert werden. In Kapitel 4 (Produkt-Prozess-Komplementarität) wird diese prozessorientierte Perspektive grundsätzlich auch für alle Editionsformen attestiert, bis zum Medienwechsel wird dieser inhärente Prozesscharakter aber durch den Buchdruck und seinen medialen Eigenschaften verdeckt. Dass der Prozesscharakter im Umfeld der Revisionssicherheit und bereits vor einem Medienwechsel nicht auch auf ähnliche Weise stärker verborgen wird, liegt grundsätzlich am bereits erläuterten und notwendigen Einbezug von Entstehungs- und Bearbeitungsprozessen und ihrer chronologischen Aufzeichnung bzw. Aufbewahrung in Form multipler, kumulativer Dokumente und ihrer Korrespondenz. Gedruckte Editionen manifestieren sich hingegen deutlicher als ein singuläres, in sich abgeschlossenes und endgültiges Produkt, das nur passiv rezipiert, deshalb oft einfach akzeptiert und damit grundsätzlich weniger hinterfragt oder überprüft wird. Digitale Editionen hingegen erlauben nun, stärker die Edition als Prozess zu denken und abzubilden, indem deutlich mehr Prozessinformationen zum Beispiel in Form von Diskursen, Interpretationen, Entscheidungen und ihren Begründungen zusammen mit dem engeren Einbezug der Originalquellen Berücksichtigung finden. Insbesondere nach dem Medienwechsel ins Digitale ist eine dominierende Rolle der Prozesse nicht mehr nur im Bewertungshorizont der Revisionssicherheit, sondern auch bei den digitalen Editionen deutlich ausgeprägter, so dass die Betrachtung des Systems einer digitalen Edition und seiner Umsetzung mit dem Konzept der Revisionssicherheit nahe liegt. Untersucht man eine solche Umsetzung nun sowohl für die digitalen Editionen als auch für andere Systeme, die eine gewisse Revisionssicherheit gewährleisten sollen, so ist für beide Seiten erkennbar, dass der Erhalt vormals medial vorgegebener Produkteigenschaften durch technische Unterstützungsfunktionen eine offensichtliche Gemeinsamkeit beider Betrachtungsweisen ist. Eine weitere Parallele, insbesondere ab dem Zeitpunkt des Medienwechsels, ist, dass sowohl revisionssichere Systeme als auch digitale Editionen neben der technischen Lösung bestimmter Anforderungen auch den stärkeren Einbezug von sozialen, rechtlichen und institutionellen (bzw. organisatorischen) Aspekten erfordern, um Zusammenhänge und Abhängigkeiten besser verstehen und entsprechend begegnen zu können. Darüber hinaus ist auf beiden Seiten eine deutliche Tendenz zu einer verteilten Systemlandschaft auf Basis von vernetzten Infrastrukturen zu beobachten, in denen fachlich sehr heterogene Akteure deutlich kollaborativer zusammenarbeiten (ausführlicher in Kapitel 3 Editionsinfrastrukturen).

Festzuhalten sind bis hierher also einige Gemeinsamkeiten zwischen den digitalen Editionen und den Systemen, die für ihre Daten und Prozesse eine gewisse Revisionssicherheit anstreben, insbesondere auch mit einer Fokussierung auf den Medienwechsel ins Digitale und den damit einhergehenden Entwicklungen und Umbrüchen. Auf beiden Seiten ist ein ausgeprägter Einbezug der Prozessebene deutlich feststellbar, der aber gleichzeitig an einigen Stellen abgeschwächte oder verlorengegangene Merkmale einer nun weniger sichtbaren Produktebene durch technische Unterstützungsfunktionen erhalten muss, um bestimmten, konkreten Anforderungen weiterhin gerecht zu werden. Es wird bereits angedeutet, dass viele Kriterien der Revisionssicherheit auch auf digitale Editionen und ihre Eigenschaften klassifizierend und überprüfend angewendet werden können. Zusammen mit den zahlreich aufgezeigten Parallelen zwischen beiden Seiten liegt es deshalb nun nahe, auch die konkreten Anforderungen an digitale Editionen bzw. Editionsinfrastrukturen einzeln mit diesen Kriterien in Relation zu setzen, um die Hypothese der Revisionssicherheit als strukturierenden, systematisierenden und qualifizierenden Bezugsrahmen noch deutlicher untermauern zu können.

Im Folgenden sollen dafür die in drei Bereiche gruppierten, konkreten Anforderungen aus Kapitel 5 (Abgeschlossenheit vs. Offenheit) jeweils mit den Kriterien der Revisionssicherheit aus diesem Kapitel in Beziehung gesetzt und abgeglichen werden, um zu überprüfen, ob und in welcher Form diese Kriterien schlussendlich auch zur entsprechenden Klassifikation und Überprüfung von Eigenschaften digitaler Editionen oder Editionsinfrastrukturen herangezogen werden können.

Die Anforderungen an das *Referenzieren, Adressieren und Zitieren* werden bei einer Übersicht der Kriterien zur Revisionssicherheit zuerst durch das Kriterium der *Sicherung vor Verlust* bestimmt. Auf den ersten Blick scheint dieser Zusammenhang wenig offensichtlich, doch beinhaltet das Kriterium explizit auch das Wiederauffinden von Informationen oder Dokumenten. Dazu bedarf es eines entsprechend eindeutigen Verweissystems, das chronologisch versionierte Ressourcen adressieren kann. Dieses Vorgehen berührt ebenfalls das Kriterium der *Nachvollziehbarkeit*, da eine solche versionsgenaue Referenzierung nur sichergestellt werden kann, wenn alle Aktualisierungsprozesse nachvollziehbar aufgezeichnet werden. Für die Konsistenz und Integrität dieser Daten sorgen darüber hinaus die Kriterien der *Vollständigkeit*, des *Schutzes vor Veränderung und Verfälschung* und der *Sicherung vor Verlust*.

Bei den Anforderungen von *Autorschaft, Urheberschaft und Authentizität* spielt das Kriterium der *Nachvollziehbarkeit* eine wichtige Rolle, da alle Aktualisierungsprozesse protokolliert und damit den erstellenden oder bearbeitenden Akteuren im Sinne der Autor- bzw. Urheberschaft zugeordnet werden können. Die Kriterien einer *Nutzung nur durch Berechtigte* und dem *Schutz vor Veränderung und Verfälschung* stellen zusätzlich sicher, dass nur autorisierte Akteure Informationen und Dokumente erstellen und bearbeiten können und diese entsprechend original und unverändert sind und bleiben, so dass darüber hinaus auch eine gewisse Authentizität gewährleistet wird. Diese Authentizität, aber auch die Autor- und Urheberschaft wird zusätzlich durch die Kriterien der *Sicherheit des Gesamtverfahrens*, der *Vollständigkeit* und der *Prüfbarkeit* gestärkt, die unter anderem dafür sorgen, dass Informationen vollständig, organisatorisch möglichst früh und mit Zeitstempel und Autorenkennzeichnung im System hinterlegt und auch durch Dritte in dieser Hinsicht oder auf Verfälschung bzw. Plagiatsverdacht zweifelsfrei überprüft werden können.

Die Anforderungen an eine *Versionierung, Publizierung und Archivierung* sind, wie eingangs angedeutet, bereits implizite und notwendige Kriterien der Revisionssicherheit, insbesondere auf Grund der damit einhergehenden, bereits herausgestellten und dominierenden Prozessorientierung. Eine Versionierung korreliert aber zusätzlich auch mit den Kriterien der *Nachvollziehbarkeit*, der *Vollständigkeit*, der *Prüfbarkeit*, der *Sicherheit des Gesamtverfahrens* und der *Sicherung vor Verlust*. Transparenz, Nachprüfbarkeit und wissenschaftliche Objektivität als Kernanforderungen der digitalen Editionen gelten im Prinzip ebenso für jene als revisionssicher zu erklärende Archivierungssysteme. Digitale Editionen werden allerdings nicht nur archiviert, sondern auch publiziert, was für revisionssichere Systeme in dem Umfang eher ungewöhnlich ist. Betrachtet man das ganze aber unter dem Gesichtspunkt einer vollständigen Aufzeichnung aller Prozesse und einem generell offeneren Zugriff, so kann die stetige Archivierung in diesem Fall auch gleichzeitig als eine kontinuierliche Veröffentlichung verstanden werden, so dass damit auch Aspekte einer Nachnutzbarkeit oder Anschlussfähigkeit stärker ins Blickfeld genommen werden können.

Kriterien wie die Ordnungsmäßigkeit, die Einhaltung von Aufbewahrungsfristen und die Dokumentation des Verfahrens können als relativ allgemeingültig betrachtet werden. Rechtliche und organisationsinterne Anforderungen, Absprachen für eine ordnungsgemäße Aufbewahrung unter Einhaltung von Zeitpunkten und Fristen sowie die Sicherheit aller dazu benötigten Verfahren sind Kriterien einer Revisionssicherheit, die ebenfalls gleichermaßen auf die Prozesse der digitalen Editionen bzw. die internen Editionsrichtlinien und Zielsetzungen angewendet werden können.

Damit bestätigt sich schließlich auch die zu Beginn des Kapitels aufgestellte Hypothese. Es wird deutlich aufgezeigt, dass die einzelnen Kriterien zur Bestimmung und Überprüfung der Revisionssicherheit auf Grund der gemeinsamen Wirkrichtung mit den Vorgaben und Zielsetzungen der konkreten Anforderungen in Einklang gebracht werden können. Die Revisionssicherheit ist demnach ein geeignetes Konzept, um die konkreten Anforderungen digitaler Editionen bzw. Editionsinfrastrukturen strukturierend, systematisierend und qualifizierend zu betrachten und damit reflektierter verstehen und konsolidierter beschreiben zu können. Die Kriterien dieses Konzepts können auf Grund der beschriebenen Korrelation darüber hinaus nun klassifizierend und überprüfend auf die entsprechenden Eigenschaften und Merkmale digitaler Editionen bzw. Editionsinfrastrukturen angewendet werden. Über den ersten Indikator einer inhärenten Sicherstellung versionierter Geneseinformationen hinaus sind insbesondere die Fokussierung auf die Prozessebene der zu untersuchenden Gesamtsysteme, der bewusst komplementäre Einbezug von Produktmerkmalen und der dafür generell erforderliche Einsatz technischer Unterstützungsfunktionen deutliche Parallelen, die für das vollständige Verstehen, Beschreiben und Realisieren digitaler Editionen und dem dafür notwendigen Austarieren entsprechender Gestaltungskonflikte durch Technikeinsatz auf Basis entsprechender Editionsinfrastrukturen ebenfalls von notwendiger Bedeutung sind.

Natürlich gibt es für die Editorik und damit folglich auch für die Umsetzung digitaler Editionen bzw. Editionsinfrastrukturen (außer vielleicht im

Umfeld des Urheberrechts) keine rechtsverbindlichen Vorgaben durch den Gesetzgeber, wie es zum Teil bei der Revisionssicherheit der Fall ist. Die Ausgestaltung digitaler Editionen hängt stattdessen von vielen anderen und bis hierher immer wieder erwähnten und vielschichtigen Faktoren ab. Die Quellenlage als Ausgangspunkt und die Zielsetzungen der Editoren als Endpunkt bilden zwar einen entsprechenden Rahmen und können aus Sicht der Revisionssicherheit mit einem organisationsinternen Regelwerk verglichen werden. Derartige Vorgaben sind allerdings nicht allgemeingültig und können von Editionsprojekt zu Editionsprojekt sehr heterogen sein.[14] Dennoch müssen sich die Editoren einer jeden digitalen Edition fragen und letztendlich auch entscheiden, ob und wie sie den konkreten Anforderungen begegnen wollen. In Kapitel 5 (Abgeschlossenheit vs. Offenheit) wird bereits deutlich darauf hingewiesen, dass diese Sachverhalte ihren Ursprung im Medienwechsel und der damit einhergehenden Abschwächung oder dem Verlust von Produktmerkmalen haben. Ein entsprechender Umgang damit liegt demnach in einem sehr breiten Spektrum von einer Akzeptanz des Fehlens bis hin zu einer technischen Unterstützung zum Erhalt bestimmter Eigenschaften. Das adaptierte Konzept der Revisionssicherheit bietet an dieser Stelle nun einen innovativen Ansatz in Form eines strukturierenden, systematisierenden und qualifizierenden Bezugsrahmens für die konkreten Anforderungen digitaler Editionen bzw. Editionsinfrastrukturen. Auf Basis dieses adaptierten Konzepts und dessen Kriterien kann ein zwingend erforderliches Austarieren dieser Gestaltungskonflikte (bzw. eine Erfüllung der konkreten Anforderungen) innerhalb des genannten Spektrums konkreter beschrieben, stringenter diskutiert und entsprechende Entscheidungen schlussendlich auch fundierter begründet werden.

Eine Besonderheit des Konzepts der Revisionssicherheit ist es, keine konkreten technischen Vorgaben oder Lösungsvorschläge zu machen, wie man die Kriterien und damit letztendlich auch die Anforderungen technisch erfüllen bzw. die dementsprechenden Gestaltungskonflikte durch Technikeinsatz austarieren kann. Für das Umfeld der digitalen Editionen und ihrer Infrastrukturen sollen deshalb nun in Kapitel 7 (Technische Lösungsansätze zur Revisionssicherheit) konkrete Lösungsansätze vorgestellt und im Kontext der in diesem Kapitel adaptierten Revisionssicherheit diskutiert werden, um den

14 Die Heterogenität in der Umsetzung ist auch ein wesentliches Argument für die Notwendigkeit von entsprechend flexiblen Editionsinfrastrukturen (ausführlicher in Kapitel 3 Editionsinfrastrukturen).

konkreten Anforderungen nicht nur wie bis hierher auf der theoretischen, sondern vor allem auf der praktischen bzw. anwendungsnahen Ebene vorrangig technisch, aber auch entsprechend einordnend und bewertend begegnen zu können.

7. Technische Lösungsansätze zur Revisionssicherheit

In Kapitel 6 (Revisionssicherheit digitaler Editionen) werden die konkreten Anforderungen an digitale Editionen bzw. Editionsinfrastrukturen und ihre komplexen Ursprünge als Gestaltungskonflikte einer zunehmend dominierenden Prozessorientierung mit dem Konzept der Revisionssicherheit und ihrer Kriterien in Relation gesetzt, um einen strukturierenden, systematisierenden und qualifizierenden Bezugsrahmen für dieses komplizierte und konfligierende Spannungsfeld abzuleiten. Bereits in den Kapiteln davor hat sich angedeutet, dass der Medienwechsel ins Digitale zwar deutliche Gestaltungspotenziale eröffnet und mediale Beschränkungen aufhebt, die dort ausführlich abgeleiteten, konkreten Anforderungen aber auch erst durch eine Abschwächung oder den Wegfall von Produktmerkmalen und eine dominierende Prozessperspektive erzeugt werden. Bereits die Herleitung dieser konkreten Anforderungen, aber insbesondere auch ihre Betrachtung, Beschreibung, Einordnung und Bewertung mit dem Konzept der Revisionssicherheit und ihrer Kriterien belegt ausführlich, dass verlorengegangene Produktmerkmale an vielen Stellen durch den Einsatz technischer Unterstützungsfunktionen komplementär ergänzt bzw. erhalten werden müssen. Die Adaption dieses Konzepts zeigt außerdem auf, dass die einzelnen Kriterien zur Bestimmung und Überprüfung der Revisionssicherheit auf Grund der gemeinsamen Wirkrichtung mit den Vorgaben und Zielsetzungen der konkreten Anforderungen korrelieren. Da das Konzept der Revisionssicherheit aber keine konkreten, praktischen bzw. technischen Vorgaben zur Erfüllung ihrer Kriterien vorgibt, bedarf es nun innovativer Lösungsansätze, welche die konkreten Anforderungen der digitalen Editionen bzw. Editionsinfrastrukturen technisch erfüllen bzw. ihre impliziten Gestaltungskonflikte austarieren, um diese Systeme somit gleichzeitig an den gewünschten Stellen entsprechend revisionssicher auszugestalten.

Im Folgenden werden nun einige innovative Lösungsansätze vorgestellt, um die konkreten Anforderungen an digitale Editionen bzw. Editionsinfrastrukturen technisch realisieren und entsprechende Konflikte adäquat ausbalancieren zu können. Gleichzeitig werden die vorgeschlagenen Ansätze in Form technischer Editions- bzw. Infrastrukturkomponenten sowie insbesondere ihre charakterisierenden Eigenschaften und Funktionen gemäß des adaptierten Konzepts der Revisionssicherheit und ihrer Kriterien klassifizierend eingeordnet und entsprechend überprüfend bewertet. Dabei liegt der Untersuchungsschwerpunkt im Wesentlichen auf den grundlegenden Konzepten zur Erstellung, Verwaltung und (Nach-)Nutzung von Editionsdaten sowie den damit zusammenhängenden Aspekten der Editionsinfrastrukturen und beispielsweise weniger auf den softwareergonomischen Konzepten von Oberflächendarstellungen und Benutzungsschnittstellen.

7.1 Versionsverwaltungssysteme

Digitale Editionen bestehen, insbesondere unter dem technischen Gesichtspunkt von Editionsinfrastrukturen betrachtet (ausführlicher in Kapitel 3 Editionsinfrastrukturen), aus verschiedensten Komponenten in Form von Werkzeugen und Diensten zur Erstellung, Persistierung, Aktualisierung, Publikation, Exploration, Archivierung und (Nach-)Nutzung. Legt man den Fokus nun zuerst einmal nur auf die Editionsdaten selbst, so ist festzustellen, dass moderne Editionsvorhaben für die Codierung dieser Informationen so gut wie immer auf die Dokumentenformate der TEI bzw. der MEI zurückgreifen, um diese entsprechend textuell auszeichnen zu können (ausführlicher in Kapitel 2.1.4 Beschreibung durch Auszeichnung). Damit besteht das Herzstück einer jeden Edition im Grunde aus schematisierten Textbausteinen im XML-Format, die als einfache Dateien oder in speziellen Datenbanken persistiert und weiterverarbeitet werden. In Analogie dazu besteht auch jede »Software [...] aus [diesem] einheitlichen [...] Baustoff: Text. Es handelt sich um ein typografisches Produkt, Schriftzeichen (Typen), die nach bestimmten Regeln zusammengesetzt werden«[1]. Betrachtet man nun diese textuellen Gemeinsamkeiten unabhängig von einer späteren, oft transformierten Veröffentlichungsform genauer, so ist festzustellen, dass in beiden Fällen zuerst eimal an

1 Keil, »Das Differenztheater. Koaktive Wissensarbeit als soziale Selbstorganisation«. Seite 206.

digitalen Daten in Textform gearbeitet wird, um sich von bestimmten Codierungsregeln, aber auch anderen, projektinternen Richtlinien oder Vorgaben geleitet, einem gewünschten Gesamtergebnis anzunähern. Im Bereich der Softwaretechnik bilden dabei heute vor allem Versionsverwaltungssysteme zur Abbildung dieser komplexen und meist kollaborativen Schreib- bzw. Entwicklungsprozesse die Grundlage. Insbesondere die Aufzeichnung von Geneseinformationen ist in diesem Zusammenhang ein wesentlicher Punkt der Betrachtung und darüber hinaus ebenfalls eine entscheidende Vorbedingung der konkreten Anforderungen und ein leitendes Argument für die Einführung und Adaption des Konzepts der Revisionssicherheit (ausführlicher in Kapitel 6 Revisionssicherheit digitaler Editionen). Dementsprechend liegt also eine Untersuchung nahe, ob und inwieweit auch die Editionsdaten mit Hilfe solcher Systeme verwaltet und dadurch gleichzeitig sowohl die Abbildung wichtiger Editionsprozesse als auch die Vorgaben und Zielsetzungen der konkreten Anforderungen in entsprechender Korrelation mit den Kriterien zur Bestimmung und Überprüfung der Revisionssicherheit erfüllt werden können.

Allgemein beschrieben werden Versionsverwaltungssysteme eingesetzt, um alle Änderungen an vorher zu bestimmenden Dateien zu protokollieren, indem für Veränderungen an einer solchen Datei in definierten Abständen eine neue Version erzeugt und entsprechend mit einem Zeitstempel und dem Namen des für die Veränderung zuständigen Benutzers versehen in einem sogenannten »Repository« gespeichert wird. Durch eine solche Versionierung entsteht in diesen Repositories eine Historie zu jeder Datei, mit deren Hilfe alle Veränderungsvorgänge chronologisch nachvollzogen sowie alte Stände jederzeit miteinander verglichen oder wiederhergestellt werden können. Solche Systeme werden in drei Kategorien eingeteilt, die lokalen, die zentralen und die verteilten Versionsverwaltungssysteme. Arbeitet man alleine am eigenen Rechner an einer oder mehreren Dateien, ist eine lokale Versionierung, bei der für jede Veränderung eine neue Kopie der Datei bzw. ihre Differenz zum vorhergehenden Stand gespeichert wird, oft ausreichend. Eine zentrale Versionsverwaltung arbeitet dagegen mit einer Client-Server-Architektur und erlaubt es somit, auch gemeinsam an Dateien zu arbeiten, indem die Dateien und ihre Historie von einem zentralen Repository auf einem Server durch die Clients abgeholt und die lokalen Veränderungen in Form neuer Versionen dorthin zurückgespielt und entsprechend für andere Benutzer zur Verfügung gestellt werden. Bei den verteilten Versionsverwaltungssystemen muss nicht mehr zwangsläufig ein zentrales Repository existieren. Jeder Teilnehmer arbeitet auf einer eigenen lokalen Kopie des Repositorys, die aber jederzeit mit allen anderen Kopien des Repositorys abgeglichen werden kann, so dass dadurch eine verteilte Versionshistorie entsteht. Üblicherweise existiert in solchen verteilten Szenarien (obwohl konzeptionell nicht zwingend erforderlich) meist dennoch ein als übergreifend oder offiziell betrachtetes Repository, das initial von jedem Teilnehmer geklont, also auf sein lokales System kopiert wird und in das später die verteilt getätigten Veränderungen entsprechend zurückfließen können, um für alle als eine Art »Status quo« zu dienen. Im Folgenden soll nun diese Variante der verteilten Versionsverwaltungssysteme als Bezugspunkt dienen, da sie fast alle Eigenschaften der anderen Konzepte impliziert oder abbilden kann und heute mit Abstand die größte Verbreitung besitzt.

Verteilte Versionsverwaltungssysteme eignen sich also, um kollaborativ auf einer gemeinsamen, dateiorientierten und ordnerstrukturierten Datenbasis zusammenzuarbeiten. Im Gegensatz zu Systemen, die durch das Sperren von aktuell in Bearbeitung befindlicher Dateien mögliche Konflikte durch gleichzeitigen Zugriff verschiedener Benutzer verhindern, verlangt das Konzept der verteilten Repositories zwangsläufig eine andere Strategie. Ein solches System erlaubt grundsätzlich gleichzeitige Änderungen durch mehrere Benutzer an einer Datei, da jeder erstmal auf seiner eigenen Kopie des Repositorys arbeitet. Diese Änderungen können dann später durch einen sogenannten »Merge« zusammengeführt werden. Diese Strategie eignet sich insbesondere gut für die gemeinsame Arbeit an Textdokumenten, wie sie in der Softwareentwicklung und damit dem Schreiben und Bearbeiten von Quelltexten hauptsächlich vorkommt. Eine solche Zusammenführung von Änderungen erfolgt in einfachen Fällen automatisch, bedarf aber bei komplexeren Konflikten oft auch einer manuellen Auflösung. Da Texte durch den Benutzer lesbar und meist auch in seiner Semantik verständlich oder überprüfbar sind, ist die Auflösung eines solchen Konflikts von Hand eine praktikable Routine,[2]

2 Binäre Dateien sind für solche Zusammenführungsstrategien deutlich problematischer, da sie nicht automatisch zusammengeführt werden können und auch eine manuelle Auflösung des Konflikts nahezu unmöglich ist, da eine Betrachtung der inhaltlichen Veränderungen weder semantische Rückschlüsse erlaubt noch eine sinnvolle Vereinigung beider Stände ohne weiteres realisierbar ist. Mögliche Lösungen dieser Problematik kann die erwähnte Strategie der Dateisperrung sein, um den Konflikt grundsätzlich zu vermeiden (was bei verteilten Versionsverwaltungssystemen aber dem konzeptionellen Ansatz widerspricht) oder es muss einer veränderten Datei der Vorrang gegeben werden.

so dass die Zusammenführung der Änderungen in eine neue Version der Datei mündet. Die meisten verteilten Versionsverwaltungssysteme bieten darüber hinaus die Möglichkeit, in Form sogenannter »Branches« auf einem bestimmten Versionsstand des gesamten Repositorys aufsetzend in einem zusätzlichen Zweig parallel weiterzuarbeiten, um später alle Änderungen durch einen Merge zweier Branches, ähnlich wie zuvor für einzelne Dateien, wieder zusammenzuführen. Dadurch ist für ein Repository eine parallele und nicht lineare Entwicklung in Form von gerichteten und nicht zyklischen Graphen möglich. Ein sogenannter »Fork« ist in diesem Zusammenhang die Abspaltung eines Repositorys auf Basis der alten Daten, aber in Form eines neuen und unabhängig weitergeführten Projekts. Da grundsätzlich alle Informationen lokal verfügbar gemacht werden können, sind viele Operationen schnell und ohne Netzwerklatenzen durchführbar, was bis auf den Abgleich zwischen verteilten Repositories auch positive Auswirkungen auf die Offlinearbeit hat. Grundsätzlich müssen aber schließlich alle Änderungen, egal ob lokal oder im Abgleich mit anderen Repositories, egal ob mit einem vorausgegangenen Merge bei Konflikten oder ohne, durch einen sogenannten »Commit« bestätigt werden, um jeweils einen neuen Versionsstand zu erzeugen.

Nach dem grundlegenden Überblick zu den insbesondere verteilten Versionsverwaltungssystemen und ihren generellen Abläufen und Strategien soll nun eine konkrete Umsetzung dieses Konzepts mit dem Namen Git[3] herangezogen werden, um einige technische Implementierungsdetails genauer erläutern zu können, auf deren Eigenschaften dann im weiteren Verlauf dieses Kapitels noch Bezug genommen wird. Für einen vollständigen Überblick und ein besseres Verständnis aller Eigenschaften und Funktionalitäten von Git und ihr Zusammenspiel in Theorie und Praxis sei ausdrücklich auf die im Folgenden referenzierte Literatur zum Thema verwiesen.

Eine wichtige Eigenschaft von Git und damit ein großer Unterschied zu vielen anderen Versionsverwaltungssystemen ist der Umgang mit den zu versionierenden Daten. Andere Systeme speichern oft nur die tatsächlichen Differenzen als sogenanntes »Delta« (Δ) zwischen den einzelnen Versionen einer Datei über die Zeit (vgl. Abbildung 1).[4]

3 Git ist eine freie Software zur verteilten Versionsverwaltung von Dateien und im Bereich der Softwareentwicklung die am weitesten verbreitete Implementierung dieses Konzepts (https://git-scm.com).

4 Chacon und Straub, *Pro Git – Everything to know about Git*. Seite 6.

Abbildung 1: Versionsverwaltung auf Basis von Deltas (Δ) (nach Chacon und Straub, Pro Git – Everything to know about Git. Seite 6).

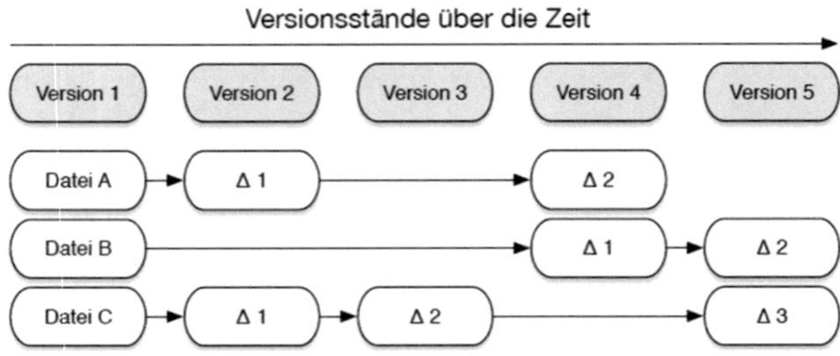

Git hingegen arbeitet mit einer Folge von sogenannten »Snapshots« und speichert bei jedem Commit von Änderungen an einer oder mehreren Dateien, also bei jedem Erzeugen eines neuen Versionsstandes, den vorherigen Gesamtzustand aller Dateien und eine entsprechende Referenz darauf im Repository. Dabei werden unveränderte Dateien nicht erneut abgespeichert, sondern es wird nur ein Verweis (gestrichelte Linie) auf die entsprechend bereits vorher gespeicherten Dateien gesetzt. Es entsteht somit also eine Folge von Snapshots über die Zeit (vgl. Abbildung 2).[5]

Abbildung 2: Versionsverwaltung auf Basis von Snapshots (nach Chacon und Straub. Seite 6).

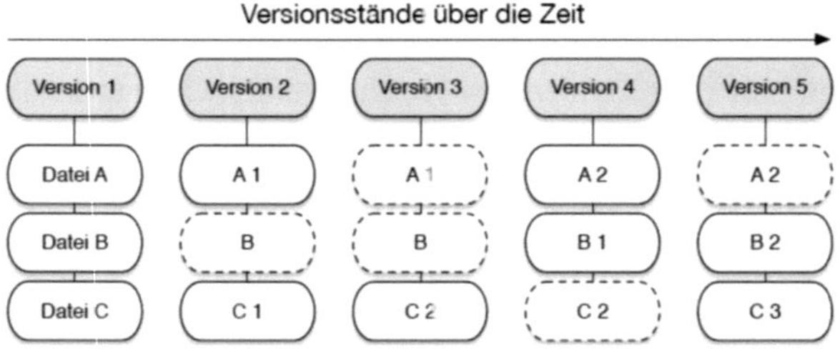

5 Chacon und Straub. Seite 6.

Dieses Vorgehen hat zwar einen etwas höheren Speicherverbrauch zur Folge, als wenn nur die Differenzen der Veränderungen gespeichert werden, dafür hat es aber deutliche Vorteile bei der Performanz und insbesondere auch beim Branching, da einfacher auf einen gesamten Snapshot als Ausgangspunkt referenziert werden kann.

Eine weitere wichtige Eigenschaft von Git ist der Integritätsschutz. Alle Inhalte (auch Commits bzw. Snapshots) werden vor der Speicherung im Repository mit einer Prüfsumme mittels einer Hashfunktion[6] versehen. Dadurch kann Git jederzeit und zuverlässig Änderungen an Dateien oder Verzeichnisstrukturen detektieren und es können keine Informationen innerhalb eines Repositorys verloren gehen oder korrumpiert werden, ohne dass Git es zweifelsfrei bemerkt.[7]

Sobald also Änderungen per Commit in ein Repository geschrieben werden, erstellt Git einen Snapshot und speichert den Versionsstand aller Dateien zusammen mit einer Prüfsumme in einer Baumstruktur als Referenz innerhalb des Commits. Intern bildet Git diese Baumstruktur und die entsprechenden Prüfsummen in einer Variante des sogenannten »Merkle Trees«[8] ab. Ein solcher Baum repräsentiert zunächst vereinfacht dargestellt eine Datei- und

---

6 Bei einer Hashfunktion wird in der Regel eine beliebig große Eingabemenge auf eine kleinere, meist konstant große Zielmenge, den Hashwert, abgebildet. Ideale kryptografische Hashfunktionen sind performante Einwegfunktionen (einfach zu berechnen, aber nicht umzukehren), welche kollisionssicher (unterschiedliche Eingaben erzeugen nie zwei gleiche Hashwerte), deterministisch (gleiche Eingaben erzeugen immer gleiche Hashwerte) und pseudozufällig (minimale Änderungen an den Eingaben führen zu deutlichen Veränderungen der Hashwerte) sind. Git verwendet als Hashfunktion eine Variante des »Secure Hash Algorithm« (SHA).

7 Chacon und Straub, *Pro Git – Everything to know about Git*. Seite 7.

8 Merkle, »Secrecy, Authentication, and Public Key Systems«. Ein Merkle Tree ist eine Datenstruktur in Form eines Baums, bei der die Blätter Hashwerte von bestimmten Daten enthalten und die inneren Knoten wiederum einen Hashwert über die Hashwerte ihrer Kinder beinhalten. Dieser Vorgang führt dann zu einem einzigen Hashwert in der Wurzel des Baums und ermöglicht somit eine einfache und zuverlässige Integritäts- und Konsistenzprüfung einer solchen Datenstruktur oder entsprechender Teilbäume davon, da Veränderungen oder Inkonsistenzen in bestimmten Ästen durch Überprüfungen der Hashwerte schnell und einfach detektiert werden können. Merkle Trees gibt es in verschiedenen Abwandlungen bis hin zum sogenannten »Merkle Directed Acyclic Graph« (Merkle DAG), der nicht ausbalanciert werden muss und dessen innere Knoten ebenfalls Daten enthalten können.

Ordnerstruktur, bei der jeder Knoten den Namen der Datei oder des Ordners trägt (vgl. Abbildung 3).

Abbildung 3: Baumstruktur in Git zur Verwaltung einer Datei- und Ordnerstruktur.

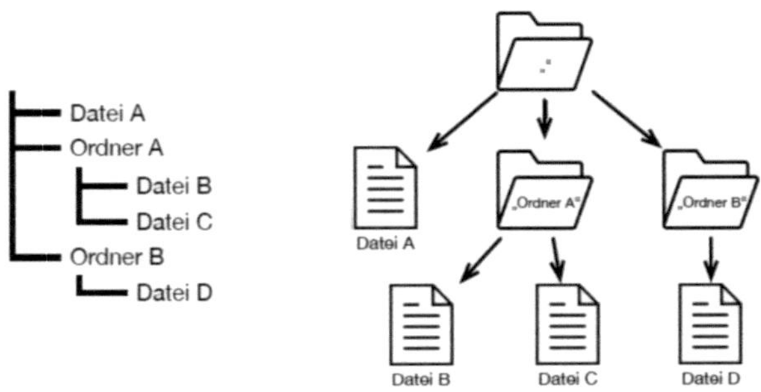

In einer solchen Baumstruktur ist der Name des Wurzelknotens leer (»«), Knoten für Ordner enthalten darüber hinaus nicht den vollen Pfad, sondern nur den Namen. Pfade für jeden Knoten setzen sich dementsprechend über die jeweiligen Elternknoten bis zur Wurzel zusammen. Kindknoten werden in lexikografischer Reihenfolge sortiert. Um aus dieser Baumstruktur nun einen Merkle Tree zu machen, wird für jeden Knoten ein entsprechender Hashwert berechnet. Für Dateien dienen dazu als Eingabemenge der Inhalt und die Größe der Datei. Der Hashwert für einen Ordner wird aus dem sogenannten »Mode«[9], den Namen und den Hashwerten der jeweiligen Kindknoten in lexikografischer Reihenfolge berechnet (vgl. Abbildung 4).

Eine Abbildung der Datei- und Ordnerstruktur in Form eines Merkle Trees hat nun einige praktische Vorteile. Dateien mit unterschiedlichen Inhalten haben unterschiedliche Hashwerte, dadurch können Änderungen effizient durch den Vergleich der Hashwerte erkannt werden, ohne jedes Mal die Inhalte vollständig überprüfen zu müssen. Dateien mit dem gleichen Inhalt haben immer den gleichen Hashwert, egal welchen Namen sie haben. Speichert man die Inhalte über einen Index dieser Hashwerte, so reicht die einmalige Speicherung gleicher Inhalte aus. Wenn zwei Ordner den

9 Mit dem Mode eines Ordners sind hier die entsprechend gesetzten Berechtigungen innerhalb des zugrunde liegenden Date systems gemeint.

Abbildung 4: Baumstruktur in Git mit Hashwerten für Dateien und Ordner.

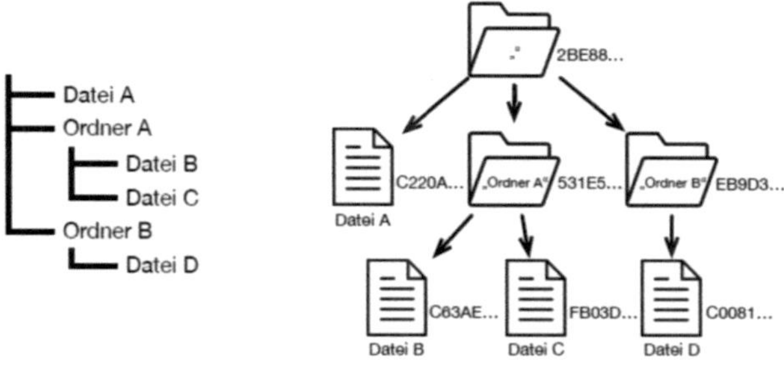

gleichen Hashwert haben, dann beinhalten sie exakt die gleichen Dateien und Ordner mit den gleichen Namen und Inhalten. Dadurch ist in Git der Vergleich zweier Ordner (beispielsweise zwischen zwei Versionsständen) auf sehr effiziente Weise[10] möglich, da nur die Hashwerte der Ordner als Wurzel zweier Teilbäume und nicht alle enthaltenen Kindknoten rekursiv überprüft werden müssen. Ändert sich also beispielsweise nach einem Commit der Inhalt einer Datei, so ändern sich nicht nur der Hashwert der Datei, sondern entsprechend alle Hashwerte der Vorgängerknoten bis zur Wurzel (vgl. Abbildung 5).

Wird eine Datei nur umbenannt, ändert sich der Hashwert dieser Datei zwar nicht, aber dennoch alle Hashwerte der Vorgängerknoten bis zur Wurzel. Ähnliches passiert auch, wenn eine Datei neu erstellt bzw. gelöscht wird. Gleiches gilt natürlich entsprechend auch für Ordner.

Die Abbildung einer Datei- und Ordnerstrukur in Git als Merkle Tree hat also den grundsätzlichen Vorteil, jede Änderung an Dateien und Ordnern zweifelsfrei und effizient detektieren zu können. Dieses Vorgehen als eine Verkettung von Hashwerten zusammen mit der Speicherung von Snapshots nach jedem Commit bzw. für jeden Versionsstand erzeugt insgesamt ein sehr integritätssicheres Repository. Im Umkehrschluss bedeutet dies aber auch,

10 Die Komplexität eines solchen Ordnervergleichs kann somit von O(n) auf O(1) reduziert werden, wenn n die Anzahl aller nachfolgenden Knoten (für den eventuell kleineren Teilbaum von beiden) ist.

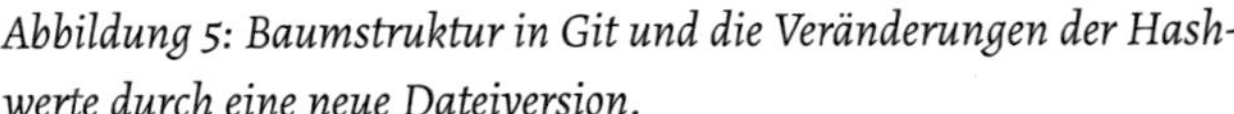
Abbildung 5: Baumstruktur in Git und die Veränderungen der Hashwerte durch eine neue Dateiversion.

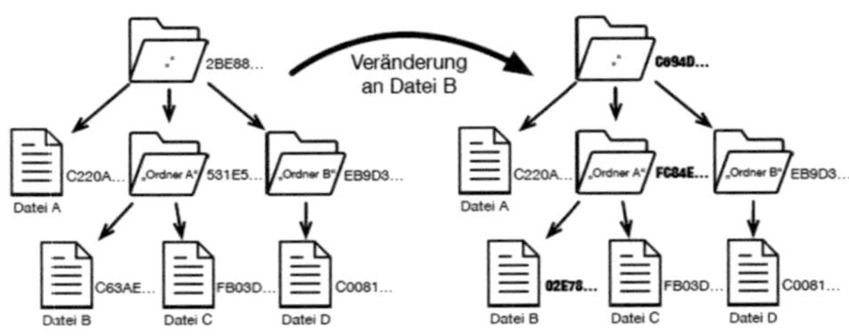

dass es nicht mehr ohne weiteres möglich ist, Inhalte komplett aus dem Repository (und damit aus allen Snapshots bzw. Versionsständen) zu löschen, da die Verkettungen sehr vieler Hashwerte von Grund auf neu berechnet werden müssten und der Abgleich mit verteilten Kopien des Repositorys zu erheblichen Problemen führen würde. Neben einer hohen Integritätssicherheit hat dieses Konzept aber dennoch den Vorteil, nahezu jede Änderung (sofern sie per Commit gespeichert wird) nachverfolgen oder auch wieder rückgängig machen zu können. Git ist also grundsätzlich so entworfen worden, dass alle Vorgänge immer aufgezeichnet und eigentlich niemals vergessen werden.

Das sogenannte »Tagging« ist eine weitere Eigenschaft, die ebenfalls als späterer Bezugspunkt von Bedeutung ist. Wie bereits erwähnt, wird für jeden Commit und damit für jeden Versionsstand eine Referenz gespeichert. Diese Referenz ist ebenfalls ein Hashwert, der sicherstellt, dass eine solche Referenz zweifelsfrei auf einen unveränderten und damit konsistenten Versionsstand verweist. Derartige Verweispunkte können nun in Git dazu verwendet werden, um einen bestimmten Versionsstand mit einem Tag zu versehen und damit eindeutig zu kennzeichnen und mit einer zusätzlichen Beschreibung zu versehen. In der Softwareentwicklung kann dies beispielsweise ein bestimmter Arbeitsstand oder die Freigabeversion einer Software sein. Der Vorteil einer solchen Referenz ist, dass mit dem Hashwert als Teil dieses Verweises die Integrität des Versionsstandes jederzeit überprüft und eine Veränderung bzw. auch eine Verfälschung sofort bemerkt werden kann.[11]

11 Chacon und Straub, *Pro Git – Everything to know about Git*. Seite 37 f.

Eine weitere von Git realisierte Eigenschaft beruht auf dem allgemeinen Konzept des sogenannten »Signing« mit Hilfe eines asymmetrischen Verschlüsselungsverfahrens.[12] Allgemein betrachtet dient die digitale Signatur dazu, die Integrität von unverschlüsselten Daten sicherzustellen. Dazu berechnet der Autor dieser Daten zunächst einen Hashwert über die zugehörigen Inhalte. Dieser Hashwert wird dann vom Autor mit seinem privaten Schlüssel chiffriert und somit die entsprechende digitale Signatur erzeugt. Diese Signatur kann nun mit den Daten verknüpft zur Verfügung gestellt werden. Jeder Teilnehmer kann mit derselben Hashfunktion einen Hashwert über diese Daten berechnen und mit dem durch den öffentlichen Schlüssel des Autors entschlüsselten Hashwert der Signatur vergleichen. Stimmen beide Werte überein, sind die Integrität der Daten und auch die Autorschaft gesichert. Wie bereits erwähnt, existieren in Git bereits an vielen Stellen entsprechende Hashwerte, so dass beispielsweise ein Commit oder auch ein Tag mit einer digitalen Signatur versehen werden können. Mit dem Konzept des Signing kann also der Integritätsschutz in Git auf einer zweiten unabhängigen Ebene noch einmal deutlich erhöht werden.[13]

Auch in Editionsprojekten werden immer öfter Versionsverwaltungssysteme eingesetzt, um die im TEI- bzw. MEI-Format codierten Editionsdaten (aber auch Binärdaten beispielsweise von Faksimiles etc.) mit einer entsprechenden Historie versioniert in einem Repository zu speichern, so dass die

---

12 Bei einem asymmetrischen Verschlüsselungsverfahren wird nicht mit einem einzigen Schlüssel gearbeitet, sondern mit einem Schlüsselpaar für jeden Teilnehmer, welches aus einem öffentlichen und einem geheimen, privaten Schlüssel besteht. Teilnehmer müssen sich nicht auf einen gemeinsamen Schlüssel einigen und umgehen somit das Problem des geheimen Schlüsselaustauschs. Ein Schlüsselpaar ist mathematisch so gewählt, dass Nachrichten vom Sender mit dem öffentlichen Schlüssel des Empfängers verschlüsselt und vom Empfänger mit seinem dazu passenden privaten Schlüssel entschlüsselt werden können. Wichtig bei diesem Verfahren ist, dass vom öffentlichen Schlüssel nicht auf den privaten Schlüssen geschlossen werden kann und der private Schlüssel vom Schlüsselbesitzer absolut geheim gehalten wird. Für eine digitale Signatur wird ganz prinzipiell mit einer einheitlichen und bekannten Hashfunktion ein entsprechender Hashwert über die zu signierenden Daten berechnet und mit einem privaten Schlüssel chiffriert. Mit dem passenden öffentlichen Schlüssel können nun sowohl die Urheberschaft als auch die Integrität der Daten zweifelsfrei überprüft werden.

13 Chacon und Straub, *Pro Git – Everything to know about Git*. Seite 235 ff.

entsprechenden »Forschungsdaten sukzessive und kumulativ aufgebaut«[14] werden können. Editoren arbeiten dabei ähnlich wie Softwareentwickler und fassen ihre Änderungen in Commits zusammen, um entsprechend neue Versionsstände zu erzeugen und für alle Teilnehmer zur Verfügung zu stellen. Für die Editoren, aber auch andere Teilnehmer mit Einsicht bedeutet dies

> »einen in dieser Form bislang nicht möglichen Einblick in die tatsächliche Arbeit eines Projekts: In welcher Reihenfolge und zeitlichen Abfolge wurden die Daten aufgebaut? An welchen Stellen wurden Änderungen oder Umarbeitungen nötig? Wer verantwortete welche Bereiche der Ausgabe? All diese Fragen lassen sich grundsätzlich anhand einer Versionsverwaltung [...] beantworten«[15].

Dabei ähneln diese Fragestellungen auch denen der textgenetischen Edition (ausführlicher in Kapitel 4 Produkt-Prozess-Komplementarität) und übertragen somit sogar eine entsprechende Betrachtungsweise bzw. den Untersuchungsgegenstand als solchen von den ursprünglichen Quellenmaterialien auf dessen digitale Edition selbst. Grundsätzlich ist aber festzuhalten, dass auch beim Einsatz von Versionsverwaltungssystemen nur die Entstehungs- bzw. Änderungsprozesse nachverfolgbar bleiben, die bewusst durch Commits als Versionsstände zusammengefasst werden. Zwischenzeitliche analoge Arbeitsweisen, aber auch nicht durch einen Commit gespeicherte, temporäre Zwischenstände werden nicht aufgezeichnet. Zeiträume und Granularität der durch einen Commit gespeicherten Revisionen liegen also in den Händen eines jeden Teilnehmers. Erfahrungsgemäß kann dies aber sogar die Akzeptanz für den Einsatz solcher Systeme bei den Teilnehmern erhöhen, da nicht jeder Arbeitsschritt zwangsläufig mitverfolgt bzw. überwacht wird, sondern die Änderungsprozessschritte in Zeit und Umfang individuell beeinflussbar bleiben. Jeder Commit kann durch zusätzliche Metadaten in Form sogenannter »Commit Messages« mit weiteren Prozessinformationen angereichert werden, indem beispielsweise die getätigten Änderungen beschreibend zusammengefasst und erläutert werden.

---

14 Hartwig und Kepper, »Die Spuren des Digitalen – Über die Nachnutzbarkeit digitaler Inhalte«. Seite 322.

15 Hartwig und Kepper. Seite 323.

»Durch eine solche Nachricht lässt sich, verbunden mit dem Wissen, an welchen Dateien gearbeitet wurde, schon recht genau nachvollziehen, welcher Art die vorgenommenen Änderungen sind. Gleichzeitig wird aber deutlich, dass es sich bei Commit Messages um sehr kontextbezogene Informationen handelt, die nicht dazu geeignet sind, den grundsätzlichen Aufbau der Daten zu erläutern. Stattdessen begleiten sie die Entstehung der Daten in ihrer Bewegung vom Unfertigen zum Fertigen; sie sind ein technisches Protokoll einzelner Arbeitsschritte und ihre Funktion entspricht eher der eines Bautagebuchs als dem Bauplan der behandelten Artefakte.«[16]

Aus Kombination von Versionsverwaltung und entsprechenden Commit Messages kann sich also auch für digitale Editionen ein relativ detailliertes und nachvollziehbares Protokoll ihrer Genese ergeben, so dass generell die Transparenz erhöht, die Nachnutzbarkeit gefördert und die Bewahrung vereinfacht werden.

An dieser Stelle lassen sich nun auch gewisse Übereinstimmungen zum Konzept der Revisionssicherheit und ihren Kriterien erkennen. Auch die in diesem Zusammenhang betrachteten, konkreten Anforderungen an digitale Editionen bzw. Editionsinfrastrukturen scheinen mit den technischen Möglichkeiten eines verteilten Versionsverwaltungssystems wie Git in vielen Bereichen adäquat erfüllt werden zu können. Wie gerade erwähnt, werden Versionsverwaltungsysteme auch bereits in einigen Editionsprojekten eingesetzt, um vornehmlich TEI- oder MEI-codierte Daten zu versionieren und damit auch ihre Entstehungs- und Änderungsprozesse über die Zeit zu protokollieren. Die bereits beschriebenen Eigenschaften, Funktionen und Strategien eines Versionsverwaltungssystems wie Git bieten darüber hinaus aber noch weitere Möglichkeiten, um die Vorgaben und Zielsetzungen der konkreten Anforderungen und somit gleichzeitig auch die korrelierenden Kriterien zur Bestimmung und Überprüfung der Revisionssicherheit erfüllen zu können. Im Folgenden sollen diese Zusammenhänge systematisch am Beispiel von Git betrachtet werden.

Die Anforderungen für das *Referenzieren, Adressieren und Zitieren* digitaler Editionen werden durch ein Versionsverwaltungssystem wie Git vor allem durch das bereits inhärent hohe Maß an Integrität und Konsistenz der gespeicherten Daten erfüllt. Beide Eigenschaften sind für diese Anforderungen obligatorisch und werden insbesondere durch die beschriebene Verkettung

16 Hartwig und Kepper. Seite 223.

von Hashwerten bzw. die Abbildung der Datenstrukturen als Merkle Tree erreicht, da eine Adressierung von Versionsständen, aber auch einzelnen Dateien insbesondere über eindeutige Hashwerte realisiert werden kann. Damit ist zum einen die stabile und versionsgenaue Adressierung und damit das Referenzieren bzw. Zitieren einer kontinuierlich und dynamisch fortgeschriebenen digitalen Edition möglich, zum anderen lässt sich sogar durch den Hashwert der Adresse jederzeit die Konsistenz der referenzierten Inhalte sicherstellen. Zusätzlich lassen sich besondere Freigaben, beispielsweise zu bestimmten Meilensteinen des Editionsprojekts, mit den erwähnten Tags markieren und beschreiben, um bestimmte und wichtige Publikationsstände aus dem Prozessfluss der kontinuierlichen Fortschreibung hervorzuheben. Da mit der Verwaltung von Editionsdaten in Git noch nicht das Augenmerk auf die benutzerdefinierte bzw. -generierte und entsprechend visualisierte Aufbereitung für die Rezeption gerichtet ist, bleibt eine Betrachtung solcher Zitationsmechanismen an dieser Stelle unberücksichtigt; diese ließen sich aber problemlos als zusätzliche Komponente ergänzend anbinden, da im Normalfall alle Daten dafür im Repository vorhanden sind. Die Dauerhaftigkeit aller Verweise hängt schlussendlich davon ab, wie lange die letzte verteilte Kopie eines solchen Repositorys existiert und auch entsprechend erreichbar bleibt.

Der Anforderungsblock zur Sicherstellung von *Autorschaft, Urheberschaft und Authentizität* wird in Git zuerst einmal durch die grundlegenden Eigenschaften eines Versionsverwaltungssystems adressiert. Zu jeder Änderung bzw. zu jedem neuen Versionsstand wird immer auch die Benutzerkennung des verantwortlichen Bearbeiters gespeichert. Dadurch ist zu jeder Zeit und relativ feingranular nachvollziehbar, wer innerhalb des kollaborativen Schreibprozesses die Autorschaft an bestimmten Dateien oder Teilen davon besitzt bzw. ursprünglich innehatte. Git kann an dieser Stelle logischerweise aber nicht automatisch überprüfen, ob solche Inhalte aus fremder Quelle kopiert und nur unter eigenem Namen ins Repository eingepflegt werden und damit gegen etwaiges Urheberrecht verstoßen könnten. Git bietet aber durch den erwähnten Integritäts- und Konsistenzschutz Maßnahmen zur Verhinderung von Verlust und insbesondere Verfälschung bereits gespeicherter Daten, was für eine gewisse Authentizität der digitalen Edition förderlich sein kann. Entsprechend eingesetzte Administratoren können über Berechtigungsmechanismen den Zugriff und die damit verbundenen Rechte auf das Repository kontrollieren und damit nicht nur die Authentizität weiter fördern, sondern auch die Autorschaft bzw. die Urheberschaft zusätzlich schützen. Nicht zuletzt kann die Integrität der Daten und damit auch die Feststellung von Autorschaft durch die Verwendung digitaler Signaturen besonders abgesichert werden. Für die Autorschaft an Arbeiten, die nicht direkt in der editorischen Auszeichnung der Editionsdaten liegen und damit nicht versioniert werden, aber dennoch einen substanziellen Beitrag des Gesamtwerks einer digitalen Edition ausmachen, ist ein Nachweis innerhalb eines Versionsverwaltungssystems nur schwer umzusetzen, es sei denn, der Anspruch wird textuell niedergeschrieben oder auf andere Weise digital abgebildet und durch eine Speicherung im Repository dauerhaft vermerkt. Grundsätzlich fußt auch hier die Dauerhaftigkeit aller Nachweise von Autorschaften auf der Existenz und Erreichbarkeit des Repositorys. Die Authentizität hängt darüber hinaus zusätzlich und maßgeblich vom Initiator bzw. Betreiber als Vertrauensinstanz eines solchen Repositorys ab, auch wenn verteilte Kopien existieren können.

Die Anforderungen der *Versionierung, Publizierung und Archivierung* sind ebenfalls Bedarfe, die bereits prinzipiell und grundsätzlich an ein Versionsverwaltungssystem gestellt werden. Insbesondere die Versionierung ist dabei die Kernaufgabe eines solchen Systems. Im konkreten Fall sorgt Git für die Protokollierung der Entstehungs- bzw. Änderungsprozesse bei der Auszeichnung von Editionsdaten. Diese Aufzeichnungen sind damit zuerst einmal für alle Editoren des Projekts einsehbar und erleichtern die interne Arbeit, indem die Genese dieser Daten und die Verantwortlichkeiten von jedem Projektbeteiligten nachvollzogen werden können. Werden nun diese Editionsdaten inklusive ihrer Prozessinformationen publiziert, so kann die Editionsarbeit der Auszeichnung auch von Dritten nachverfolgt werden. Damit werden die Transparenz, die Nachprüfbarkeit und die wissenschaftliche Objektivität gefördert. Auch die Nachnutzbarkeit bzw. die Anschlussfähigkeit wird gesteigert, da die Editionsdaten prinzipiell in digitaler Rohform vorliegen und mit entsprechender Erlaubnis flexibel weiterverwendet werden können. Durch die Verwendung von Branches können verschiedene Zielsetzungen innerhalb eines Editionsprojekts parallel verfolgt und gegebenenfalls später wieder zusammengeführt werden. Mit entsprechender Erlaubnis und der Abspaltung eines Forks von einem Repository kann ein neues Editionsprojekt auf bereits vorhandenen Daten eigenständig aufgebaut und weiterentwickelt werden. Durch Commit Messages oder anderweitige Kommentare innerhalb der Daten können einzelne Versionsstände zusätzlich detaillierter erläutert und in einen verständnisbildenden Kontext gesetzt werden, denn grundsätzlich muss die Bedeutung der Daten und ihrer Veränderungsprozesse von jedem Nutzer individuell nachvollzogen werden. Die Speicherung der Editionsdaten in einem Repository ermöglicht darüber hinaus eine einfache Archivierung, um diese angemessen bewahren zu können, denn auch eine eventuelle Transformierung in andere Daten- und Speicherformate ist durch die Rohform der Daten und eine klare Strukturierung nicht übermäßig kompliziert. Diskursinformationen, wie beispielsweise Diskussionen über Interpretationsentscheidungen unter den Editoren werden nur in sofern aufgezeichnet, als dass diese entweder Teil der Auszeichnungen sind oder in einer transkribierten Form und Struktur zusätzlich mit ins Repository aufgenommen werden, um die bereits erwähnte Kontextualisierung zu erhöhen. Dies geschieht aber entweder nur manuell oder muss durch andere Komponenten einer Editionsinfrastruktur technisch integriert und unterstützt werden.

Auch für die Kriterien der Revisionssicherheit lässt sich ein klassifizierender und überprüfender Bezug zu den Eigenschaften und Funktionen verteilter Versionsverwaltungssysteme herstellen, um diese gemäß des adaptierten Konzepts einordnen und bewerten zu können. Insbesondere das Kriterium der *Nachvollziehbarkeit* ist bereits ganz konzeptuell eine wesentliche und immanente Eigenschaft einer jeden Versionsverwaltung. Sowohl die Erstellung als auch Änderungen an Daten oder Dokumenten sowie die dafür verantwortlichen Nutzer werden zuverlässig protokolliert. Die kryptografische Verknüpfung der Daten über Hashwerte in Form von Merkle Trees sorgt für den *Schutz vor Veränderung und Verfälschung*. Beide Aspekte adressieren gemeinsam auch das Kriterium der *Sicherung vor Verlust*, da jedes einzelne Dokument und seine Historie jederzeit zweifelsfrei identifiziert und nicht ohne weiteres absichtlich oder unabsichtlich aus der Versionierung gelöscht werden kann, was gleichzeitig auch die *Vollständigkeit* absichert. Da Git als hier verwendetes Beispiel eines verteilten Versionsverwaltungssystems als Open Source verfügbar und die Datenstruktur selbst sehr integritätssicher gestaltet ist, kann auch die *Prüfbarkeit* insbesondere des technischen Verfahrens jederzeit gewährleistet werden. Durch die Vergabe von Rollen und Rechten für die Versionsverwaltung kann darüber hinaus eine Nutzung nur durch Berechtigte ebenfalls sichergestellt werden. Kriterien der Ordnungsmäßigkeit, die Sicherheit des Gesamtverfahrens sowie die Dokumentation des Verfahrens obliegen im Wesentlichen den Nutzern bzw. vor allem dem Betreiber des verteilten Versionsverwaltungssystems und den organisatorischen Vorgaben und Richtlinien für die ordnungsgemäße Verwendung sowie der dauerhaften Pflege und Wartung der technischen Komponenten.

Insgesamt ist die Verwendung von verteilten Versionsverwaltungssystemen im Umfeld der digitalen Editionen ein probates Mittel für die Speicherung und kollaborative Organisation digitaler Editionsdaten. Solche Systeme können somit einen bedeutenden und grundlegenden Baustein entsprechender Editionsinfrastrukturen bilden. Es hat sich gezeigt, dass sowohl die Vorgaben und Zielsetzungen der konkreten Anforderungen als auch die damit korrelierenden Kriterien zur Bestimmung und Überprüfung der Revisionssicherheit mit den wesentlichen Eigenschaften und Funktionen eines Versionsverwaltungssystems in Einklang gebracht werden können. Einzig auffällig ist bei dieser Betrachtung, dass alle Eigenschaften schlussendlich vom Betreiber eines solchen Systems als zentrale Vertrauensinstanz abhängig sind. Wie diesen als problematisch betrachteten Aspekten einer solchen Intermediation in einigen wichtigen Bereichen insbesondere auf technischer Ebene begegnet werden kann, soll nun im folgenden Kapitel näher betrachtet werden.

7.2 Blockchain-Technologien

Kapitel 7.1 (Versionsverwaltungssysteme) zeigt auf, dass Git als konkrete Implementierung eines verteilten Versionsverwaltungssystems insbesondere durch den Einsatz von verketteten Hashwerten in Form von Merkle Trees ganz implizit auch zahlreiche, konkrete Anforderungen an eine digitale Edition bzw. Editionsinfrastrukturen und den Umgang mit entsprechenden Editionsdaten adressiert, die bis hierher an vielen Stellen als bedeutend herausgestellt werden. Bei der Speicherung von Editionsdaten in solchen Repositories werden somit neben der inhärenten Versionierung aller Entstehungs- und Änderungsprozesse ein hohes Maß an Integritäts- und Konsistenzsicherheit erzeugt, ein versionsgenaues, inhaltsadressierbares und damit eindeutiges Referenzieren ermöglicht sowie die Autor- und Urheberschaft protokolliert und geschützt. Es wird aber auch aufgezeigt, dass in Bezug auf die Vorgaben und Zielsetzungen der konkreten Anforderungen sowie einer entsprechenden Untersuchung mit den Kriterien zur Bestimmung und Überprüfung der Revisionssicherheit auch einige Defizite im Einsatz solcher Systeme zur versionierten Speicherung von Editionsdaten auszumachen sind. Die Versionierung der Bearbeitungsprozesse, die Sicherheit von Integrität und Konsistenz, das damit eng verbundene eindeutige Adressieren und Referenzieren und die Protokollierung von Autor- und Urheberschaft hängen schlussendlich vor allem von der Dauerhaftigkeit und

Authentizität des Repositorys ab. Gerade die Authentizität ist neben der technisch fehlerfreien Umsetzung der genannten Funktionalitäten vor allem vom Betreiber eines solchen Repositorys abhängig. Ohne eine solche intermediäre Vertrauensinstanz wird eine langfristige Akzeptanz aller Akteure für den Einsatz eines Versionsverwaltungssystems als dauerhafter Ort der Fortschreibung und Aufbewahrung von Editionsdaten an vielen Stellen in Frage gestellt werden können. Obwohl ein Versionsverwaltungssystem wie Git zwar verteilt existieren kann, bedarf es meist doch eines übergreifenden und offiziellen Repositorys als zentralem Bezugspunkt. Damit unterstützt eine solche Distribution zwar deutlich das verteilte, kollaborative Arbeiten, grundsätzlich müssen aber diese Teilarbeiten irgendwann manuell zusammengeführt werden, um kontinuierlich auf ein gemeinschaftliches Ziel hinarbeiten und als einheitlicher Bezugspunkt dienen zu können. Hier zeigt sich deutlich, dass auch Betreiber von Repositorys für die Daten digitaler Editionen viele Aufgaben übernehmen (müssen), die sonst in Teilen von Verlagen, Bibliotheken und Archiven erfüllt werden. Insbesondere das Renommee von Verlagen oder der institutionelle und oft auch autoritäre Charakter von Bibliotheken und Archiven fördern die generell wenig hinterfragte Authentizität einer eben diese Stationen durchlaufenden gedruckten Edition. Die digitale Edition bzw. die Speicherung und Zurverfügungstellung der Editionsdaten durch ein Versionsverwaltungssystem als basale Komponente einer entsprechenden Editionsinfrastruktur hingegen muss sich entweder dieses Vertrauen als Institution und Intermediär erarbeiten oder ebenfalls versuchen, durch technische Unterstützungsfunktionen die Authentizität insbesondere im Sinne einer Vertrauensinstanz oder aber durch bewussten Verzicht darauf anderweitig zu stärken. Im Folgenden sollen nun Technologien vorgestellt werden, die sich den Aspekten von Authentizität bzw. Vertrauen und damit einhergehend gleichzeitig auch einiger anderer bereits diskutierter Anforderungsmerkmale annehmen. Dabei soll auch hier der Fokus schwerpunktmäßig auf der Verwaltung von Editionsdaten unter den Gesichtspunkten der konkreten Anforderungen stehen und weniger die einzelnen Werkzeuge der Edition bzw. Rezeption.

Bei Git als verteiltem Versionsverwaltungssystem steht neben der immanenten Versionierung vor allem die ausgeklügelte Datenstruktur in Form von Merkle Trees (ausführlicher in Kapitel 7.1 Versionsverwaltungssysteme) und deren besondere Eigenschaften im Fokus der Anforderungsbetrachtung. Eine solche Verkettung von Hashwerten spielt auch bei den nun zu betrachtenden »Blockchain«-Technologien (auch »Distributed Ledger«-Technologien genannt) an vielen Stellen ebenfalls eine ganz wesentliche Rolle. Gemessen am Publikationsdatum ab 1979[17] sind die Idee und das Konzept der Merkle Trees eines der ältesten Bestandteile dieser Technologie, aber bei weitem nicht der einzige. Der Begriff der Blockchain, wie er heute an vielen Stellen Verwendung findet, ist erst nach der Veröffentlichung eines entsprechenden Beitrags durch einen oder mehrere Autoren unter dem Pseudonym Satoshi Nakamoto[18] mit dem Titel »Bitcoin: A Peer-to-Peer Electronic Cash System«[19] im Jahr 2008 geprägt worden. Diese Publikation gilt heute sowohl als Geburtsstunde der Kryptowährung Bitcoin[20], als vor allem auch der ihr zugrunde liegenden Blockchain-Technologien selbst.[21] Wie bereits angeführt, basieren Blockchains auf zahlreichen älteren Konzepten, die in der Publikation von Nakamoto erstmals auf eine sehr innovative Art und Weise miteinander verknüpft werden, so dass mit dieser reinen Kumulation bereits vorhandener Ideen dennoch ein zusätzlicher und bedeutender Innovationssprung kreiert wird. Im Folgenden sollen die wichtigsten dieser grundlegenden Konzepte unter anderem auch am Beispiel von Bitcoin erläutert werden, um die generellen Charakteristiken der Blockchain-Technologien besser verstehen zu können.

Als Ausgangspunkt für die Überlegungen zu Bitcoin nennt Nakamoto die Idee einer elektronischen Währung, deren Geldtransfers unter Teilnehmern ohne die Hilfe einer dritten Vertrauensinstanz (beispielsweise eines Geldinstituts) auskommen.[22] Die traditionelle Konstellation mit einem zwischen

---

17 Merkle, »Secrecy, Authentication, and Public Key Systems«; Merkle, »A Digital Signature Based on a Conventional Encryption Function«.

18 Bis heute ist trotz vieler Spekulationen nicht bekannt, welche Person oder Personengruppe sich hinter dem Pseudonym Satoshi Nakamoto verbirgt.

19 Nakamoto, »Bitcoin: A Peer-to-Peer Electronic Cash System«.

20 Die erste fertige Implementierung des Konzepts und die anschließende Betriebsaufnahme der Bitcoin-Blockchain erfolgte Anfang 2009. Eine Kryptowährung ist demnach ein digitales Zahlungsmittel, das auf dem Zusammenspiel vieler kryptografischer Werkzeuge basiert, dezentral und ohne Intermediär funktioniert und damit im Wesentlichen dem Konzept einer Blockchain entspricht.

21 Die Bezeichnung bzw. der Ausdruck Blockchain als solcher findet zwar in der Veröffentlichung von Nakamoto keine Erwähnung, ist aber heute der etablierte Sammelbegriff für das Konzept hinter Bitcoin und auch für vergleichbare Konzepte.

22 Chaum, »Security Without Identification: Transaction Systems to Make Big Brother Obsolete«; Chaum, Fiat, und Naor, »Untraceable Electronic Cash«; Dai, »b-money«; Szabo, »Bit gold«. Konzepte für eine digitale Währung ohne Intermediäre hat es bis dahin be-

den Teilnehmern vermittelnden und das Hauptbuch (den sogenannten »Ledger«) aller Transaktionen kontrollierenden Intermediär hat den Nachteil, dass der gewünschten Irreversibilität bereits getätigter Transaktionen von keinem der Teilnehmer in vollem Umfang vertraut werden kann. Darüber hinaus erhöhen die Kosten einer Vermittlerrolle zusätzlich die Transaktionsgebühren und limitieren damit gleichzeitig das Minimum kleiner Transaktionsbeträge. Vor allem mit der inhärenten Möglichkeit Dritter, Transaktionen manipulieren bzw. rückgängig machen zu können, sinkt das Vertrauen der Teilnehmer in ein solches Bezahlverfahren. Bis zum Konzept der Bitcoin-Blockchain existierte außer der persönlichen Übergabe von ungefälschtem Bargeld kein Mechanismus, der eine elektronische Bezahlung ohne zusätzliche Vertrauensinstanz vollständig zu realisieren vermochte.[23]

Das bereits eingangs dieses Kapitels erwähnte und fehlende Vertrauen in einen vermittelnden Intermediär ist also bis heute die treibende Kraft hinter Bitcoin und der (Weiter-)Entwicklung eines sicheren Protokolls zur Transaktion von Werten, welches explizit ohne eine solche Vertrauensinstanz und implizit auch ohne das Vertrauen der Teilnehmer untereinander auskommt. Dazu bedarf es einer Datenstruktur für die protokollierenden Funktionalitäten eines Hauptbuchs bzw. eines Ledgers, die nun bestimmte Eigenschaften inhärent und rein technisch erfüllen muss, um auf einen Intermediär komplett verzichten zu können. Die wichtigsten Merkmale einer solchen Datenstruktur sind dementsprechend die Irreversibilität und die Fälschungssicherheit jeder einzelnen Transaktion sowie die Dezentralisierung und Transparenz des gesamten Ledgers bei gleichzeitiger Anonymität bzw. Pseudonymität.

Die Datenstruktur der Bitcoin-Blockchain basiert vor allem auf Konzepten, die von Stuart Haber und W. Scott Stornetta (in Teilen auch durch Zusammenarbeit mit Dave Bayer) zwischen 1991 und 1997 entwickelt worden sind.[24] Diese adressieren im Wesentlichen eine Methodik, mit der es möglich ist, Dokumente jeglicher Art mit einem Zeitstempel zu versehen, um deren Echtheit

---

reits einige gegeben, Satoshi Nakamoto verweist aber explizit nur auf »b- money« von Wei Dai.

23 Nakamoto, »Bitcoin: A Peer-to-Peer Electronic Cash System«. Seite 1.

24 Haber und Stornetta, »How to Time-Stamp a Digital Document«; Bayer, Haber, und Stornetta, »Improving the Efficiency and Reliability of Digital Time-Stamping«; Haber und Stornetta, »Secure Names for Bit-Strings«. Alle drei Publikationen werden auch von Satoshi Nakamoto in seinem Beitrag referenziert, was für ihre grundlegende Bedeutung beim Entwurf der Bitcoin-Blockchain spricht.

und Existenz zu einem bestimmten Zeitpunkt in der Vergangenheit zweifelsfrei beweisen zu können (was auch zwei wesentliche Aspekte zum Nachweis von Autor- bzw. Urheberschaft sind). Frei übersetzt heißt es im Abstract eines ihrer Beiträge:

> »Die Aussicht auf eine Welt, in der alle Text-, Audio-, Bild- und Videodokumente in digitaler Form auf leicht veränderbaren Medien vorliegen, wirft die Frage auf, wie beglaubigt werden kann, wann ein Dokument erstellt oder zuletzt geändert wurde. Das Problem ist, dass die Daten und nicht das Medium mit einem Zeitstempel versehen werden müssen.«[25]

An anderer Stelle schreiben sie zur gleichen Thematik ebenfalls frei übersetzt:

> »Kausalität fixiert Ereignisse in der Zeit. Wenn sich ein Ereignis durch bestimmte frühere Ereignisse ergibt und sich bestimmte nachfolgende Ereignisse anschließen, dann wird das Ereignis sicher an seinem Platz in der Historie eingerahmt. Grundsätzlich haben Papierdokumente daher forensische Qualitäten, die es ermöglichen, sie zu datieren und auf Anzeichen von nachträglichen Manipulationen zu untersuchen. In digitaler Form aufbewahrte Dokumente müssen jedoch nicht eng mit einem physischen Medium verbunden sein und Manipulationen werden keine solch offensichtlichen und verräterischen Beweise auf dem Medium hinterlassen. Könnte also ein analoger Begriff der Kausalität auf digitale Dokumente angewendet werden, um sie korrekt zu datieren und unentdeckte Manipulationen unmöglich zu machen? Jede Lösung müsste die Daten selbst mit einem Zeitstempel versehen, ohne sich auf die Eigenschaften eines physikalischen Mediums zu verlassen. Dies wäre aber nur dann besonders nützlich und vertrauenswürdig, wenn Datum und Uhrzeit des Zeitstempels ebenfalls nicht gefälscht werden könnten.«[26]

Ihre Ausführungen verdeutlichen die Erkenntnis, dass ein digitales Dokument unabhängig vom Medium, auf dem es gespeichert ist, mit einem Datum verknüpft werden muss, so dass zum einen dieses Datum dem aktuellen und korrekten Zeitpunkt entspricht und zum anderen jede noch so kleine Änderung am Dokument zuverlässig festgestellt werden kann. Auffällig ist in ihren

---

25 Haber und Stornetta, »How to Time-Stamp a Digital Document«. Seite 437.

26 Bayer, Haber, und Stornetta, »Improving the Efficiency and Reliability of Digital Time-Stamping«. Seite 330.

Ausführungen aber auch, dass hier ausgelöst durch den Wegfall von Produktmerkmalen der Papierdokumente ebenfalls nach einer nun technischen Lösung gesucht wird, diese Eigenschaften im Digitalen adäquat nachbilden zu können. Dies ist an dieser Stelle ein beiläufiger, aber weiterer Beleg für die in Kapitel 4 (Produkt-Prozess-Komplementarität) und insbesondere in Kapitel 5 (Abgeschlossenheit vs. Offenheit) aufgestellte These, dass der Medienwechsel zwar eine dominierende Prozessperspektive fördert, die Verdrängung von vielen Produkteigenschaften aber zu Problemen führt, die nun rein technisch gelöst werden müssen.

Um ein solches Verfahren der zeitlichen Stempelung zu realisieren, müssen zum einen die Autoren ihre Dokumente mit einem Zeitstempel versehen und den Erfolg dieser Prozedur im Anschluss verifizieren können, ohne den Inhalt des Dokuments dabei preisgeben zu müssen. Zum anderen müssen Dritte die Validität dieses Zeitstempels und die Echtheit des Dokuments im Streitfall ebenfalls zweifelsfrei überprüfen können.[27] Ausgehend von dieser Problematik und den daraus abgeleiteten Anforderungen beschreiben Haber und Stornetta ein Konzept, bei dem ein verteiltes Netzwerk von unabhängigen Benutzern ihre Dokumente von einem zentralen Zeitstempeldienst mit einem aktuellen und entsprechend überprüfbaren Zeitstempel versehen lassen kann. Dazu wird im ersten Schritt auf Seiten des Benutzers ein zum Dokument passender Hashwert über dessen Inhalt mit einer bestimmten Hashfunktion erzeugt. Dieser Hashwert wird nun an den Zeitstempeldienst übertragen, wo zunächst ein aktueller Zeitstempel in Form eines Datums erstellt wird. Dann werden Hashwert und Zeitstempel konkateniert, mit dem privaten Schlüssel des Zeitstempeldienstes signiert und anschließend zurück an den Benutzer gesendet, so dass dieser die Signatur zusammen mit dem entsprechenden Dokument aufbewahren und im Streitfall als Beweismittel nutzen kann (vgl. Abbildung 6).[28]

Der Benutzer kann nun die Signatur jederzeit mit dem öffentlichen Schlüssel des Zeitstempeldienstes dechiffrieren und überprüfen, ob der Hashwert mit dem selbst berechneten Ergebnis vom ersten Schritt übereinstimmt und dass ebenfalls ein aktueller und korrekter Zeitstempel enthalten ist (vgl. Abbildung 7).[29]

---

27 Haber und Stornetta, »How to Time-Stamp a Digital Document«. Seite 439.

28 Haber und Stornetta. Seite 441 f.

29 Haber und Stornetta. Seite 442f.

Abbildung 6: Erstellung eines signierten Zeitstempels für ein Dokument.

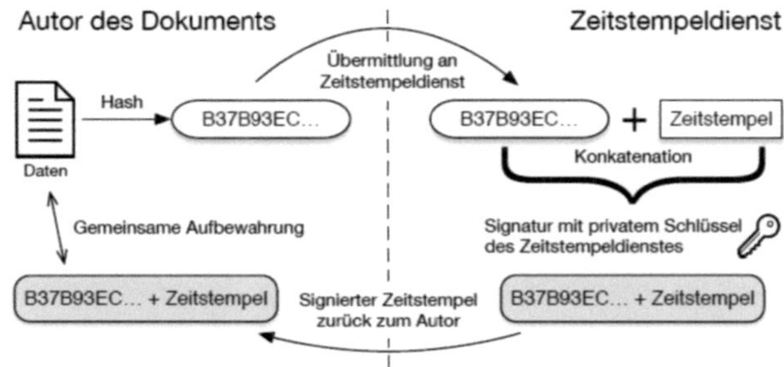

Abbildung 7: Überprüfung eines signierten Zeitstempels für ein Dokument.

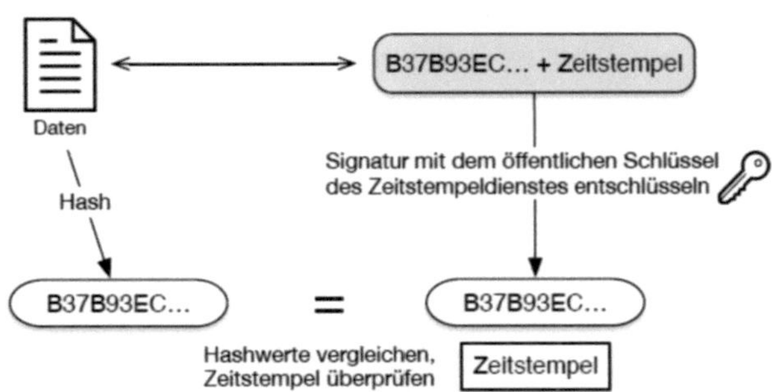

Durch dieses Verfahren können digitale Dokumente beliebiger Größe und beliebigen Formats mit einem entsprechenden Zeitstempel versehen werden, ohne die Inhalte der Dokumente offenlegen zu müssen. Auch Dritte können im Streitfall mit Hilfe des originalen Dokuments und der Signatur die Korrektheit des Zeitstempels überprüfen. In beiden Fällen muss aber dem Zeitstempeldienst vertraut werden, da weder die Hashfunktion noch die Signatur garantieren können, dass der Dienst das aktuelle und korrekte Datum benutzt hat.[30]

30 Haber und Stornetta. Seite 443.

Aus diesem Grund beschreiben Haber und Stornetta in einem weiteren Schritt die Möglichkeit, den zentralisierten und möglicherweise unzuverlässigen Zeitstempeldienst zu zwingen, korrekte Zeitstempel zu produzieren, indem insbesondere das Fälschen von Zeitstempeln maßgeblich erschwert wird. Die Überlegungen sind nun, dass der zentrale Zeitstempeldienst nicht im Voraus wissen kann, welcher Nutzer welchen Hashwert für die nächste Anforderung eines Zeitstempels überträgt. Werden also entsprechend ausgewählte Teile der vorherigen Anforderung in die Signatur der aktuellen Anforderung eingebettet, so kann bereits sicher überprüft werden, dass die aktuelle Anforderung zweifelsfrei nach der vorherigen stattgefunden hat. Der Zeitstempeldienst erzeugt also in der Reihenfolge der eingehenden Anforderungen entsprechende Signaturen, die neben dem Hashwert des Dokuments und dem vergebenen Zeitstempel zusätzliche Informationen zur vorherigen Anforderung enthalten. Diese zusätzlichen Informationen beinhalten insbesondere den Hashwert über die gesamte Vorgängersignatur. Auf diese Weise erzeugt und speichert der Zeitstempeldienst eine fortlaufende Kette von Signaturen, deren Glieder über den jeweiligen Hashwert der Vorgängersignatur miteinander verknüpft sind (ähnlich wie bei einem »Merkle Tree« mit nur einem, sich nicht auffächernden Ast von der Wurzel bis zum Blatt) (vgl. Abbildung 8).[31]

Abbildung 8: Verkettung von signierten Zeitstempeln über den Hashwert der Vorgängersignatur

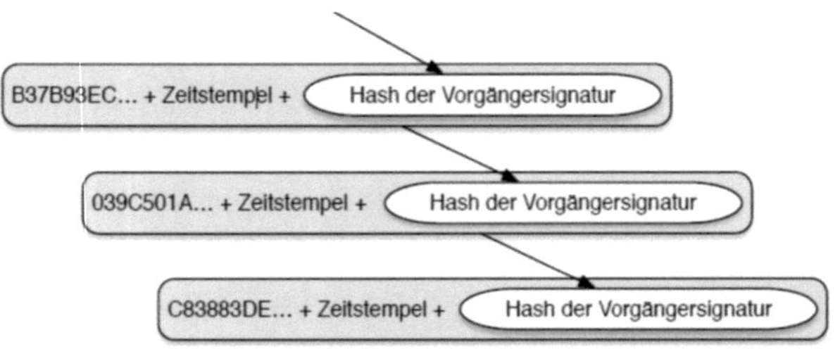

Bei Streitigkeiten zum Zeitstempel eines Dokuments können Dritte nun zur Überprüfung zunächst die entsprechend nachfolgende Signatur beim Zeitstempeldienst anfordern, um mit deren Inhalt zu überprüfen, ob diese

31 Haber und Stornetta. Seite 442 f.

einen entsprechend späteren Zeitstempel hat und korrekt auf den Hashwert der zu überprüfenden Signatur zurückverweist. Auf diese Weise können Dritte auch weitere Glieder der Kette in diese, aber auch in die andere Richtung Schritt für Schritt überprüfen, um so die Integrität der gesamten Datenstruktur validieren und damit letztendlich auch den zu überprüfenden Zeitstempel innerhalb eines zeitlichen Rahmens zu verifizieren. Durch die Verkettung der Signaturen kann nun auch ein nicht vertrauenswürdiger Zeitstempeldienst bestimmte Dokumente nicht beliebig rückdatieren, da die Signatur auch einen eindeutigen Verweis auf die Signatur eines im Idealfall kurz vorher verarbeiteten Dokuments enthalten muss. Ebenso lassen sich Dokumente auch nicht vordatieren, da ein Zeitstempel in der Zukunft sofort von jedem Benutzer durch eine weitere Zeitstempelanforderung vor diesem Datum aufgedeckt werden kann. Um ein manipuliertes Dokument mit entsprechendem Zeitstempel in eine solche Kette von validen Signaturen einzuschleusen, muss eine passende Kollision der entsprechenden Hashwerte erzeugt werden, was aber durch die Wahl einer idealen Hashfunktion so gut wie ausgeschlossen werden kann.[32] Die einzige Möglichkeit für einen Vertrauensbruch durch den Zeitstempeldienst besteht also darin, für eine solche Kette alle Glieder in Form von Signaturen neu zu berechnen, so dass diese einer Überprüfung für ein ausgewähltes Dokument standhält. Im Umkehrschluss können aber alle anderen Benutzer bei der Überprüfung ihrer bereits gespeicherten Signaturen eine solche Verfälschung sehr einfach feststellen und anzeigen, da diese nun nicht mehr exakt als Glieder der Kette vorkommen.[33] Haber und Stornetta beschreiben sogar mit einem Blick in die Zukunft in einem zweiten Konzept, wie die Zentralität des Zeitstempeldienstes als offensichtlicher Schwachpunkt des ersten Konzepts umgangen werden kann. Bei einer solchen Lösung versehen zufällig ausgewählte Teilnehmer aus dem verteilten Netzwerk aller Benutzer ein Dokument mit einem signierten Zeitstempel, diese werden dann zu einer Art Zertifikat zusammengefasst und beglaubigen somit gemeinsam die Korrektheit des Zeitstempels. Die Auswahl wird mit einem pseudozufälligen Generator auf Basis des Hashwerts des Dokuments berechnet, dies macht eine Vorhersage

32 Ein Dokument kann nicht beliebig auf eine Hashwertkollision hin manipuliert werden, da es ja noch sinnvolle, möglichst bedeutungsähnliche Informationen enthalten muss, was die Fälschung einzelner Signaturen zusätzlich erschwert.

33 Haber und Stornetta, »How to Time-Stamp a Digital Document«. Seite 444 ff.

der signierenden Teilnehmer unmöglich. Auf eine zentrale Vertrauensinstanz kann also bei dieser Lösung vollständig verzichtet werden.[34]

In einem späteren Beitrag zur zeitlichen Stempelung von Dokumenten erweitern Haber, Stornetta und Bayer die vorgestellten Konzepte, indem sie ihre Datenstrukturen durch die Verwendung klassischer Merkle Trees (nicht nur als Kette, sondern in bestimmten Teilen auch als Baum) an einigen wichtigen Stellen entscheidend verbessern.[35] Um mit einer Flut an gleichzeitigen Zeitstempelanfragen besser umgehen zu können, werden die entsprechenden Dokumente bzw. ihre Hashwerte mit Hilfe eines Merkle Trees zu einer Art Block verbunden und gemeinsam über den Hashwert der Wurzel mit nur einem signierten Zeitstempel versehen. Sowohl die Erstellung der Signaturen für viele gleichzeitige Anfragen als auch eine etwaige Überprüfung können dadurch beschleunigt werden, ohne an Zuverlässigkeit einzubüßen. Darüber hinaus beschreiben sie die Idee, solche Bäume bzw. Teilbäume nach festgeschriebenen Konsensverfahren durch die einzelnen und unabhängigen Benutzer verteilt berechnen zu lassen, um dann nur den Hashwert der Wurzel zu einem bestimmten Zeitpunkt signieren bzw. entsprechend überprüfbar publizieren zu müssen. Für die Veröffentlichung schlagen sie als eine weitere vertrauensbildende Maßnahme einen Abdruck in einer auflagenstarken Zeitung vor, da diese entsprechend periodisch erscheinen, öffentlich einsehbar sind und oft sogar auch noch langzeitarchiviert werden.[36]

Abseits vom konkreten Anwendungsfall der Zeitstempel haben Haber, Stornetta und Bayer durch ihre Konzepte und Ideen für Datenstrukturen und Protokolle die Grundlagen für die späteren Blockchain-Technologien gelegt.[37] Insbesondere die lineare und integritätsgeschützte Verkettung,

---

34 Haber und Stornetta. Seite 446 f.

35 Bayer, Haber, und Stornetta, »Improving the Efficiency and Reliability of Digital Time-Stamping«.

36 Bayer, Haber, und Stornetta. Seite 332. Stuart Haber, W. Scott Stornetta und andere gründeten 1994 den heute noch existierenden Zeitstempeldienst »Surety« (http://surety.com), der basierend auf ihren Konzepten und der Verkettung von Signaturen beliebige Dokumente mit einem Zeitstempel versehen kann. In wöchentlichen Abständen werden zwei Hashwerte in einer kleinen Anzeige der »New York Times« abgedruckt, welche jeweils das aktuelle Ende der Kette sowie das Ende von vor einer Woche repräsentieren. Auf diese Weise wird die Fortschreibung der Kette in Teilen öffentlich publiziert und archiviert. Diese Hashwerte können im Streitfall dann zum Vergleich mit der von Surety als Vertrauensinstanz gespeicherten Kette herangezogen werden.

37 Benaloh und de Mare, »Efficient Broadcast Time-Stamping«. Relativ unbeachtet bleibt in der entsprechenden Literatur eine Publikation von Josh Benaloh und Michael de

die Verwendung asymmetrischer Verschlüsselung für die Signaturen, das Zusammenfassen von Daten durch Merkle Trees in Blöcken, verteilt auszuhandelnde Konsensmechanismen und die vollständige, aber dennoch anonyme bzw. pseudonyme Transparenz zur lückenlosen Nachverfolgung sind wesentliche Eigenschaften, die im Zusammenspiel den Kern der Blockchain-Technologien ausmachen.

Das Konzept hinter Bitcoin setzt also auf diese Ideen auf, justiert und ergänzt sie aber noch durch weitere Aspekte und Konzepte, um die erwähnten Anforderungen an ein digitales Währungssystem zu erfüllen. Insbesondere der eingangs erwähnte Verzicht auf eine zentrale Vertrauensinstanz steht für die Bitcoin-Blockchain bei allen Überlegungen immer im Mittelpunkt. Auch Haber, Stornetta und Bayer zeigen zwar theoretische Ideen auf, wie auf einen zentralen Zeitstempeldienst als Intermediär verzichtet werden kann, ein ausreichend detailliertes Konzept oder gar eine praktische Umsetzung wird von ihnen dazu aber nicht ausgearbeitet. Die Bitcoin-Blockchain hingegen ist von Anfang an dezentral, transparent und als für jeden Teilnehmer frei zugänglich ausgelegt.

Wie der Name Blockchain schon vermuten lässt, baut auch das Konzept von Bitcoin auf einer linear verketteten Liste von Blöcken auf.[38] Diese Kette wird aber nicht zentral gespeichert, sondern gleichzeitig und dezentral von jedem Teilnehmer auf seinem Rechner vorgehalten. Wie bei der Kette eines Zeitstempeldienstes enthält jeder Block ganz grundsätzlich einen Zeitstempel sowie einen entsprechenden Verweis in Form eines Hashwerts über den gesamten Inhalt des Vorgängerblocks, um die Integrität der gesamten Struktur auf die bereits beschriebene Weise sicherzustellen. Zusätzlich enthalten diese Blöcke aber statt eines Hashwerts zu einem Dokument nun eine gewisse Anzahl an Transaktionen, um den Charakter einer Währung abbilden zu können. Diese Transaktionen sind in Form eines Merkle Trees zusammengefasst,[39] was unter anderem eine spätere Überprüfung der Transaktionen

---

Mare, die bereits kurz nach der ersten Veröffentlichung von W. Scott Stornetta und Stuart Haber 1991 die erst 1993 von diesen vorgeschlagenen Verbesserungen bereits in ähnlichen Zügen zum Thema hat.

38 Nakamoto, »Bitcoin: A Peer-to-Peer Electronic Cash System«. Seite 2.

39 Der Aufbau ähnelt also tatsächlich der von Stuart Haber, W. Scott Stronetta und Dave Bayer beschriebenen Datenstruktur in Form einer linearen Verkettung von Blöcken, die unter Verwendung von Merkle Trees bestimmte Daten aggregieren.

vereinfacht, Speicherplatz spart und eine bessere Skalierung des gesamten Bitcoin-Protokolls ermöglicht (vgl. Abbildung 9).[40]

Abbildung 9: Datenstruktur von Bitcoin als Verkettung von Hashwerten und Aggregation der Transaktionen als Merkle Tree.

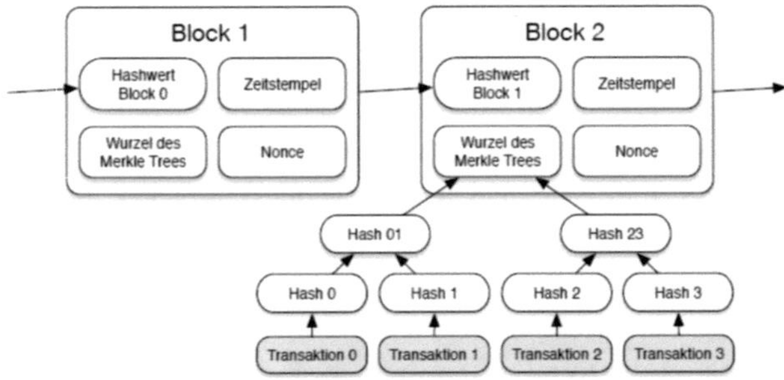

Vereinfacht beschrieben sind Transaktionen Überweisungen von Bitcoins als Währungseinheiten von einer sogenannten »Wallet« zur nächsten. Wallets (ähnlich eines Kontos) bestehen dabei einfach nur aus dem Hashwert des öffentlichen Schlüssels eines für die asymmetrische Verschlüsselung verwendeten Schlüsselpaars als Adresse (ähnlich einer Kontonummer) und können von jedem Teilnehmer in unbegrenzter Anzahl generiert werden. Dementsprechend gibt es keinen nur an einer Stelle verwalteten und gespeicherten Kontostand für einen jeden Teilnehmer, sondern nur eingehende und ausgehende Transaktionen für einzelne Adressen, so dass aus diesen Transaktionen eine Bilanz für eine jede Wallet berechnet werden kann, die allerdings niemals negativ sein kann. Transaktionen bestehen ebenfalls aus einer Verkettung, bei der bestimmte Signaturen miteinander verknüpft werden, um den Transfer einzelner Bitcoins von einer Wallet zur nächsten zu beschreiben. Dazu signiert der Besitzer als Sender den Hashwert einer vorherigen Transaktion zusammen mit der Adresse des Empfängers mit seinem privaten Schlüssel und sendet diese Transaktion an das Netzwerk der Blockchain, so dass die Signaturen und damit der rechtmäßige Transfer überprüft werden können (vgl. Abbildung 10).[41]

40 Nakamoto, »Bitcoin: A Peer-to-Peer Electronic Cash System«. Seite 4 f.

41 Nakamoto. Seite 2.

Abbildung 10: Transaktionen in Bitcoin als Verkettung von Hashwerten inklusive entsprechender Signatur- und Verifikationsmöglichkeit (nach Nakamoto, »Bitcoin: A Peer-to-Peer Electronic Cash System«. Seite 2).

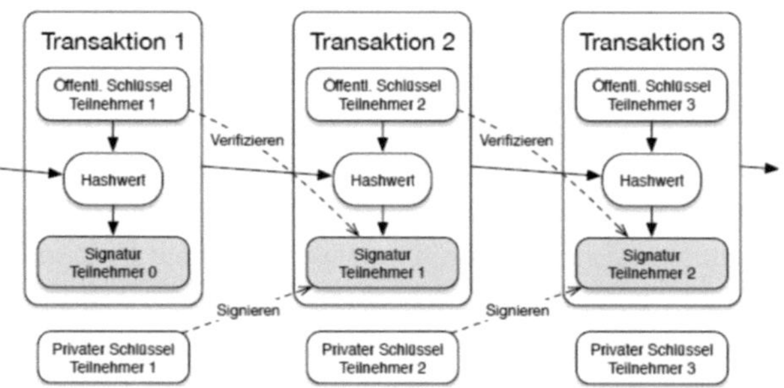

Durch diese Art der Verkettung von Signaturen ist es entsprechend wichtig, dass der private Schlüssel zu einer Wallet geheim bleibt, da der Besitz des privaten Schlüssels gleichzeitig auch den Besitz aller Bitcoins der damit verknüpften Wallet bedeutet. Die Bitcoin-Blockchain enthält also in Blöcken unterteilt und durch Hashwerte und Signaturen verknüpft alle Transaktionen, die jemals von einer Wallet zu einer anderen Adresse transferiert worden sind. Diese Kette wird von allen Teilnehmern komplett vorgehalten und kann damit auch jederzeit in vollem Umfang eingesehen werden.

Bis hierher wird beschrieben, dass die gesamte Bitcoin-Blockchain dezentral und damit redundant bei jedem Teilnehmer gespeichert wird und somit insbesondere durch ihre inhärent integritätsschützende Datenstruktur auch von jedem Teilnehmer überprüft werden kann. Dies impliziert vor allem auch, dass Daten aus diesen Strukturen nicht mehr verändert, verschoben oder gelöscht, sondern immer nur angehängt werden können. Was aber die Dezentralisierung betrifft und noch nicht ausreichend betrachtet wird, ist das Problem des sogenannten »Double Spending«, die Möglichkeit, bei der zum Beispiel ein Bitcoin zweimal transferiert werden könnte.[42] Beim klassischen

42 Lamport, Shostak, und Pease, »The Byzantine Generals Problem«. Dieser Aspekt kann grundsätzlich auf das Problem der byzantinischen Generäle bzw. den byzantinischen Fehler zurückgeführt werden. Es beschreibt im Wesentlichen die Problematik der Kon-

und zentralisierten Ansatz wird dieses Problem recht einfach von einem Geldinstitut verhindert, bei dem das zur Überweisung benutzte Geld auf einem einzigen Konto verwaltet und die Transaktionen entsprechend in nur einem Hauptbuch vermerkt werden. Bei einem dezentralen Ansatz wie der Bitcoin-Blockchain ist dieses Hauptbuch aber verteilt gespeichert und es muss sichergestellt werden, dass alle Transaktionen entsprechend synchronisiert werden, um zu verhindern, dass Bitcoins mehrfach ausgegeben werden können. Dazu wird beim Bitcoin-Protokoll zunächst einfach angenommen, dass die erste Transaktion die jeweils gültige ist und spätere Versuche des Double Spending einfach ignoriert werden können. Wie bereits erwähnt, wird jede gewünschte Transaktion an das Netzwerk aller Blockchain-Teilnehmer gesendet. Alle Teilnehmer müssen sich dann aber ohne Intermediär auf eine eindeutige und einheitliche Reihenfolge dieser Transaktionen einigen.[43] Auch der Empfänger muss darüber hinaus nun sicherstellen können, dass eine Mehrheit des Netzwerks seinen Empfang entsprechend sicher bestätigt hat.[44] Der Konsensmechanismus der Bitcoin-Blockchain besteht darin, dass zuerst eine gewisse Anzahl an ausgesendeten Transaktionen von jedem Teilnehmer des Netzwerks eingesammelt und zu einem Block zusammengefasst wird. Dabei konkurrieren alle Teilnehmer, indem sie für die Bildung eines jeden Blocks einen sogenannten »Proof of Work« leisten müssen.[45] Dabei müssen sie für die sogenannte »Nonce« (siehe auch Abbildung 9) eines Blocks einen arbiträren Wert finden, so dass der Hashwert des gesamten Blocks mit einer gewissen und im Schwierigkeitsgrad anpassbaren Anzahl führender Nullen beginnt.[46] Ist

---

sensfindung in Systemen mit nicht vertrauenswürdigen Kommunikationskanälen bzw. nicht verlässlichen Teilnehmern.

43 Just, »Some Timestamping Protocol Failures«. Mike Just zeigt, dass nur das Vertrauen auf die Reihenfolge der Zeitstempel hier nicht ausreichend ist.

44 Nakamoto, »Bitcoin: A Peer-to-Peer Electronic Cash System«. Seite 2.

45 Dwork und Naor, »Pricing via Processing or Combatting Junk Mail«; Jakobsson und Juels, »Proofs of Work and Bread Pudding Protocols«. Cynthia Dwork und Moni Naor sind die ersten, die das grundlegende Konzept des Proof of Work formulieren, um es zur Bekämpfung von Spam einzusetzen. Den Begriff Proof of Work prägen allerdings etwas später erst Markus Jakobsson und Ari Juels, sie geben auch einen guten Rückblick auf die bis dahin zum Thema veröffentlichte Literatur. Auf Grund einiger Defizite solcher rechenintensiven Verfahren (Stromverbrauch etc.) werden auch alternative Konzepte diskutiert, wie beispielsweise der »Proof of Stake«.

46 Back, »Hashcash – A Denial of Service Counter-Measure«. Satoshi Nakamoto verweist hier auf ein Verfahren von Adam Back, dass dieser als eine Art Proof of Work zur Verhinderung von sogenannten »Denial of Service«-Attacken definiert.

diese Rechenaufgabe für einen Block gelöst, so wird auch dieser an alle Teilnehmer des Netzwerks geschickt. Diese akzeptieren den Block nur, wenn die Nonce korrekt ist, alle Transaktionen valide sind und nicht bereits im vorherigen Teil der Blockchain als transferiert vermerkt sind. Ihre Akzeptanz für einen Block zeigen die Teilnehmer, indem sie am nächsten Block weiterrechnen und den Hash des akzeptierten Blocks als jeweilige Rückwärtsreferenz benutzen. Zusätzlich wird das Leisten eines Proof of Work und das dementsprechende Finden eines passenden Blocks durch die Ausschüttung neuer Bitcoins incentiviert und auch mit variabel gestalteten Transaktionsgebühren belohnt,[47] gleichzeitig beschränkt dieses Verfahren aber den Durchsatz an Transaktionen und damit die Geschwindigkeit des gesamten Systems. Werden darüber hinaus solche Nachfolgerblöcke nahezu gleichzeitig gefunden, so kann es passieren, dass verschiedene Teile des Netzwerks den einen oder anderen Block zuerst empfangen und dann ab dieser Stelle an unterschiedlichen Blockchains weiterrechnen. Diese Aufspaltung der Blockchain wird durch das Bitcoin-Protokoll aufgelöst, wenn der nächste Block berechnet ist und eine Blockchain somit länger als die andere ist. Alle Teilnehmer wechseln dann zu der längeren und damit in Zukunft gültigen Blockchain, valide Transaktionen aus dem abgelehnten Zweig der Blockchain werden zur erneuten Blockaufnahme freigestellt.[48] Diese Konsensfindung durch das Lösen von Rechenaufgaben und der damit einhergehenden Einigung auf eine einheitliche und immer korrekte Blockchain löst auf sehr ausgeklügelte Weise das Problem des Double Spending, so dass nun auf eine zentrale Vertrauensinstanz erstmals und kryptografisch abgesichert verzichtet werden kann. Nur wenn eine Gruppe von konspirierenden Teilnehmern über mehr als die Hälfte der Rechenkraft aller Teilnehmer verfügt,[49] kann theoretisch ein Angriff auf die Blockchain möglich sein, indem diese eine manipulierte Kette als die längere und damit richtige über eine längere Zeit vorantreiben, was

---

47 Nakamoto, »Bitcoin: A Peer-to-Peer Electronic Cash System«. Seite 4.

48 Lamport, »The part-time parliament«. Der Abgleich unterschiedlicher Zustände in verteilten Systemen mit unverlässlichen Teilnehmern wird in der Literatur auch unter dem Begriff »State Replication« diskutiert. Auf das konkrete Beispiel der Bitcoin-Blockchain übertragen, sind der Zustand (state) alle Kontostände der Wallets und die Transaktionen die entsprechenden Zustandsübergänge. Leslie Lamport beschreibt für diese Problematik als erster einige Lösungsansätze.

49 Douceur, »The Sybil Attack«. John R. Douceur formalisiert erstmals ein solch distribuiertes Angriffsszenario und nennt es »Sybil Attack«. Er schlägt bereits als Lösungsansatz die Verwendung einer Art Proof of Work vor.

allerdings extreme Ressourcen voraussetzt und sich wahrscheinlich auf Dauer kaum rentiert.[50]

Das traditionelle Modell eines Geldinstituts als Vertrauensinstanz erzeugt einen gewissen Datenschutz, indem alle zu einer Transaktion notwendigen Informationen nur unter den beteiligten Parteien geteilt werden. Dieses Vorgehen ist bei der Bitcoin-Blockchain konzeptbedingt nun nicht mehr möglich, da alle Transaktionsdaten für jeden Teilnehmer offen einsehbar sind und für die beschriebenen Mechanismen der Überprüfung und Konsensfindung auch sein müssen. Die Privatsphäre der Teilnehmer kann jedoch gewahrt werden, da die Adressen der Wallets zwar öffentlich, aber pseudonymisiert sind. Jeder kann zwar sehen, dass ein Betrag von einer Wallet gesendet oder empfangen wird, solange diese aber nicht mit einer realen Identität in Verbindung gebracht werden können, bleibt die Pseudonymität bewahrt. Als zusätzlicher Schutz können für jede Transaktion auch ein neues Schlüsselpaar und damit auch eine neue Wallet samt entsprechender Adresse verwendet werden.[51]

Das Beispiel der Bitcoin-Blockchain zeigt erstmals sowohl als Konzept, als Implementierung und auch als ein bis heute aktiv in Betrieb befindliches System, dass insbesondere für den sensiblen Anwendungsfall einer rein digitalen Währung ein grundsätzlicher Verzicht auf eine zentrale Vertrauensinstanz durch Technikeinsatz möglich ist. Nakamoto hat für den Bitcoin auf eine sehr ausgeklügelte Art und Weise bereits bekannte Konzepte und Ideen zu einer neuen und innovativen Technologie passgenau zusammengesteckt. Viele der dafür grundlegenden Konzepte stammen aus bis dahin an vielen Stellen wenig zusammenhängenden Forschungsfeldern. Nakamoto referenziert auch bei weitem nicht alle dieser Ansätze in seinem Beitrag, der in Form eines nicht begutachteten, sogenannten »White Papers« geschrieben ist. Dennoch gelingt es ihm, diese komplexen Konzepte so zu durchdringen und zu verknüpfen, dass die darauf basierende Implementierung der Bitcoin-Blockchain tatsächlich auf stabilen und bis heute beständigen Grundfesten steht. Der Begriff Blockchain wird aber nicht von Nakamoto selbst eingeführt, sondern erst im Nachhinein geprägt, um diese neue Form einer verteilten, integritätssicheren Datenstruktur mit kryptografisch verketteten Datenblöcken und entsprechenden Konsensmechanismen unter Verzicht auf Intermediäre annähernd definieren oder klassifizieren zu können.

---

50 Nakamoto, »Bitcoin: A Peer-to-Peer Electronic Cash System«. Seite 3 f.

51 Nakamoto. Seite 6.

Blockchain-Technologien sind nicht nur auf die Abbildung von digitalen Währungen beschränkt. Am Beispiel eines Zeitstempeldienstes wird bereits ein Einsatzbereich erläutert, der durch seine konzeptuelle Nähe nun ohne größere Anpassungen auch unter Verwendung von Blockchain-Technologien realisiert werden kann. Grundsätzlich können mit Blockchain-Technologien viele weitere Einsatzbereiche abgedeckt werden, bei denen chronologisch, nachprüfbar, manipulationssicher und ohne Bedarf an einer zusätzlichen Vertrauensinstanz gespeicherte Daten von inhärenter Bedeutung sind. Oft genannte Anwendungsbeispiele dafür sind das sogenannte »Auditing«[52] in der elektronischen Datenverarbeitung (adressiert auch Aspekte der Revisionssicherheit), die Verwaltung von Grundbucheinträgen oder die Abbildung von Liefer- und Logistikketten.

Im Gegensatz zur Bitcoin-Blockchain als offenes, transparentes und globales digitales Währungssystem kann das Spannungsverhältnis zwischen Vertraulichkeit, Sicherheit, Transparenz und Geschwindigkeit in anderen Einsatzszenarien dieser Technologie zur Unterscheidung von öffentlichen und geschlossenen (public/private) oder auch genehmigungsfreien und genehmigungspflichtigen (permissionless/permissioned) Blockchains führen. Die Kriterien für diese Unterscheidungen sind fließend und müssen für jeden Anwendungsfall sorgfältig abgewogen werden, um je nach Zielstellung und Einsatzzweck die Vorteile der Blockchain nutzen, aber diese gleichzeitig gegenüber den eventuell als nachteilig interpretierten Eigenschaften austarieren zu können. An öffentlichen Blockchains kann jeder teilnehmen und diese gemäß ihrer Möglichkeiten vollständig nutzen. Alle Daten solcher Blockchains sind für jeden einsehbar und auch die Software ist als Open Source verfügbar. Bei geschlossenen Blockchains sind die Anzahl und Auswahl der Teilnehmer durch den Betreiber anhand bestimmter Kriterien beschränkt. Die Teilnehmer sind bekannt und entsprechend identifizierbar, so dass unter Umständen auf komplexe Konsensmechanismen und aufwendiges Proof of Work verzichtet und damit auch die Geschwindigkeit gesteigert werden kann. Der Sinn solcher restriktiven Einsatzszenarien ist allerdings insofern fraglich, als dass die grundsätzliche Zielstellung der Blockchain-Technologien, nämlich der vollständige Verzicht auf eine Vertrauensinstanz, nicht mehr gegeben ist und entsprechende Anforderungen

52 Detailliertes Protokollieren von sicherheitsrelevanten Informationen und Vorgängen, um beispielsweise die Datensicherheit oder die Datenintegrität, aber auch diverse andere Vereinbarungen und Vorgaben überprüfend feststellen zu können.

auch durch andere Konzepte bzw. Systeme erfüllt werden könnten. Die Aspekte der Integritätssicherheit und damit der transparenten Nachprüfbarkeit können allerdings auch erhalten bleiben, sind dann aber stärker von der Verlässlichkeit der Teilnehmer abhängig. Neben den öffentlichen und geschlossenen Blockchains wird des Weiteren auch noch zwischen genehmigungsfreien und genehmigungspflichtigen Blockchains unterschieden. Bei genehmigungspflichtigen Blockchains kann beispielsweise gesteuert werden, ob ein Teilnehmer Daten in die Blockchain schreiben darf und ob er alle oder nur bestimmte Daten auf der Blockchain lesen kann. Gibt es solche Beschränkungen nicht, so ist die Blockchain genehmigungsfrei (vgl. Abbildung 11).

Abbildung 11: Einordnung unterschiedlicher Varianten von Blockchains durch orthogonal verlaufende Kriterien.

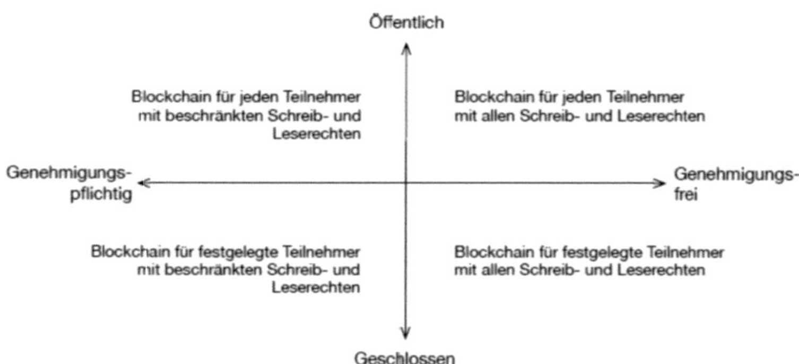

Geschlossene Blockchains werden oft von Konsortien betrieben, bei denen der Teilnehmerkreis entsprechend definiert ist, aber auch gleichzeitig zur gemeinsamen Konsensfindung dient. Damit können der Charakter einer Blockchain ohne zentrale Vertrauensinstanz und zum Großteil auch die Eigenschaften von Transparenz und Nachprüfbarkeit erhalten bleiben. Solche Blockchains werden darüber hinaus auch kommerziell eingesetzt und je nach Einsatzbereich oft mit zusätzlichen Aspekten einer Genehmigungspflicht ausgestattet. Für die Umsetzung eigener Blockchains zur integritätssicheren Verwaltung von selbst definierbaren Daten gibt es beispielsweise »Hyperledger«[53], eine branchenübergreifende Open Source-Initiative zur Förderung von Blockchain-Technologien. Unter dem Dach des Hyperledger-Projekts werden dazu unterschiedliche Tools und Frameworks eingebracht und weiterentwickelt, um auf dieser Basis je nach Anwendungsgebiet eigene Blockchains mit entsprechend definierbaren Eigenschaften implementieren zu können.

Blockchain-Technologien und damit insbesondere die Unabhängigkeit von vertrauenswürdigen Instanzen ermöglichen es nun erstmals, Verträge zu definieren, die ohne menschliche Überwachung automatisch bei festgelegten Ereignissen auf der Blockchain in Kraft treten.[54] Sogenannte »Smart Contracts«[55] können mit bestimmten Vertragsbedingungen verknüpft werden, so dass deren Erfüllung ein Auslöser für weitere Aktionen sein kann.[56] Smart Contracts werden von einigen Blockchain-Lösungen unterstützt und unter Verwendung einer entsprechenden Programmiersprache direkt als Code spezifiziert. Einmal in die Blockchain geladen, werden diese Verträge gemäß ihrer Bedingungen autonom und dezentral ausgeführt und alle betreffenden Parteien über Statusänderungen informiert. Beim oben erwähnten Beispiel der Verwaltung von Grundbucheinträgen könnte ein entsprechender Smart Contract dafür sorgen, dass, sobald das Geld beim Verkäufer eines Grundstücks (über die Blockchain) vollständig eingegangen ist, der Eintrag im Grundbuch automatisch auf den Namen des Käufers geändert wird und zwar ohne dass ein Notar oder eine sonstige dritte Instanz eingeschaltet werden muss. Das Konzept der Smart Contracts bietet also theoretisch unendliche Möglichkeiten, über Bedingungen und entsprechend ausgeführte Aktionen definierte Vertragsabläufe beliebig zu kaskadieren und sicher, autonom, effektiv und transparent durchzuführen.[57] Die Chancen von Smart Contracts liegen vor allem in der autonomen und manipulationsicheren Ausführung des Vertrags bei voller Transparenz für die beteiligten Parteien ohne zusätzliche Intermediäre. Vertragsausführungen geschehen nahezu in Echtzeit, verursachen nur geringe Vertrags- bzw. Durchsetzungskosten

---

53 Hyperledger – Open Source Blockchain Technologies (https://www.hyperledger.org).

54 Wright und De Filippi, »Decentralized blockchain technology and the rise of lex cryptographia«. Seite 10 ff.

55 Szabo, »Smart contracts«; Szabo, »The idea of smart contracts«; Szabo, »A Formal Language for Analyzing Contracts«. Nick Szabo prägt den Begriff der Smart Contracts erstmals um 1994 und schreibt einige bedeutende Veröffentlichungen zu dieser Thematik.

56 Kõlvart, Poola, und Rull, »Smart Contracts«. Seite 134 f.

57 Foroglou und Tsilidou, »Further applications of the blockchain«. Seite 4 ff.

und minimieren den Austausch bzw. die Interaktion zwischen den Vertragsparteien. Smart Contracts bestehen aus Bedingungen und entsprechenden Aktionen, so dass durch eine Verknüpfung untereinander auch komplexe Vertragswerke abgebildet werden können.[58] Da aber nicht alle Beteiligten solcher Verträge in der Praxis entsprechend digitalisiert sind, um als eine Partei an solchen Smart Contracts teilnehmen zu können, sind komplexe reale Einsatzszenarien dieser Technologien noch eher selten anzutreffen. Ein grundsätzliches Problem beim Einsatz von Smart Contracts ist auch, dass diese im Nachhinein nicht mehr verändert werden können. Fehler in der Kodierung des Vertrags, sobald dieser einmal in die Blockchain geladen ist, sind dementsprechend nicht mehr zu beheben. Auch die Rechtssicherheit solcher Verträge ist bis heute keineswegs abschließend durch den Gesetzgeber geklärt.[59] Smart Contracts stellen allerdings eine innovative und logische Ergänzung zur Entwicklung von Blockchain-Technologien dar und werden bei der allgemein fortschreitenden Digitalisierung in Zukunft sicherlich eine zunehmende Rolle spielen. Ergänzt man nun Smart Contracts noch um ein entsprechendes »Front-end« für die Nutzer (idealerweise durch Web-Technologien), dann können Smart Contracts eine Form der Businesslogik abbilden und die Blockchain kann als ein »Back-end« für die Datenhaltung bezeichnet werden. Eine solche Anwendung nennt man »Decentralized Application« oder abgekürzt »dApp«, da sie vollständig dezentral abläuft und dadurch weder einfach gestoppt noch zensiert werden kann. Diese Anwendungen können ihre eigene Blockchain verwenden oder aber auch auf anderen Blockchains aufsetzen, wenn diese die entsprechenden Möglichkeiten dazu bieten. Prinzipiell ist auch Bitcoin bereits eine dApp, beschränkt sich aber konzeptuell auf die Abbildung einer digitalen Währung. Andere Typen von dApps können aber auch Währungseinheiten mit Informationen von außerhalb der Blockchain verknüpfen (ein Beispiel ist hier wieder die erwähnte Verwaltung von Grundbucheinträgen) oder auch grundsätzlich auf die Verknüpfung mit Währungseinheiten verzichten (beispielsweise dApps zur Durchführung von Wahlen). Denkt man das Konzept der Smart Contracts nun noch ein Stück weiter, so lässt sich feststellen, dass reguläre Organisationen im Wesentlichen auf Geschäftsbedingungen und Besitzverhältnisse aufbauen und dementsprechend auch auf Basis dieser Technologien

58 Juels, Kosba, und Shi, »The ring of gyges: Using smart contracts for crime«. Seite 2.

59 Voshmgir, »Blockchains, Smart Contracts und das Dezentrale Web«. Seite 26 f. und Seite 31.

umgesetzt werden können. Eine solch neuartige Organisationsform wird als »Decentralized Autonomous Organization« oder abgekürzt »DAO« bezeichnet. Bei einer DAO sind die Geschäftsregeln durch Smart Contracts festgelegt und auch die Anteile und ihre Verteilung sind durch entsprechende Einheiten, auch »Tokens« genannt, auf der Blockchain registriert.[60] Anteilseigner können durch Abstimmung je nach Token-Mehrheit entscheiden, ob und wofür Mittel der DAO verwendet sowie deren Geschäftsbedingungen grundsätzlich ausgestaltet werden. Dabei kann jede Entscheidung transparent nachvollzogen werden, da alle zugrunde liegenden Verträge bzw. Vertragsabläufe von jedem Beteiligten einsehbar sind. Auf Grund der dezentralen und autonomen Struktur gibt es aber auch bei den DAOs ähnlich wie bei den Smart Contracts noch ungeklärte Aspekte, beispielsweise im Umgang mit Verantwortlichkeit oder Haftung.[61] Insgesamt werden die Begriffe Smart Contracts, dApps und DAOs in einigen Bereichen auch noch sehr unterschiedlich ausgelegt, da solche Definitionen insbesondere im Umfeld von Blockchains einem raschen Wandel der zugrunde liegenden Technologien und ihren Funktionalitäten unterworfen sind. Deutlich wird aber an dieser Stelle dennoch, dass Blockchain-Technologien für sich, aber insbesondere auch zusammen mit den Möglichkeiten von Smart Contracts, dApps und DAOs das disruptive Potenzial haben, viele zentralisierte und durch Intermediäre ausgeführte Prozesse aufzubrechen und entsprechend zu dezentralisieren, so dass auf Vertrauensinstanzen weitgehend verzichtet werden kann.

Die Disintermediation ist offensichtlich die hervorstechendste Charaktereigenschaft der Blockchain-Technologien und weiterer darauf aufbauender Konzepte. Das ist nicht weiter verwunderlich, denn der grundsätzliche Verzicht auf Intermediäre als Ausganspunkt und wesentliche Zielsetzung ist immer noch die treibende Kraft für die (Weiter-)Entwicklung dieser Technologien. Eingangs dieses Kapitels wird hinsichtlich der konkreten Anforderungen an digitale Editionen und der Verwaltung von Editionsdaten sowie auch unter dem Gesichtspunkt der Editionsinfrastrukturen reflektiert, dass die in Kapitel 7.1 (Versionsverwaltungssysteme) genannten Lösungsansätze am konkreten Beispiel von Git als verteiltes Versionsverwaltungssystem durchaus

60 Romano und Schmid, »Beyond Bitcoin: A Critical Look at Blockchain-Based Systems«. Seite 2 ff.

61 Mainelli und von Gunten, »Chain of a lifetime: How blockchain technology might transform personal insurance«. Seite 16.

tragfähig sind, diese allerdings bei der Dauerhaftigkeit und Authentizität der Daten bzw. dem Vertrauen gegenüber den Betreibern solcher Systeme durchaus noch Schwachpunkte haben. Mit den Blockchain-Technologien und ihren technischen Fähigkeiten stehen nun Möglichkeiten zur Verfügung, eine gewisse Dauerhaftigkeit und insbesondere Authentizität ohne den Bedarf einer zusätzlichen Vertrauensinstanz sicherstellen zu können, was im Folgenden nun durch die Vorstellung einiger Lösungsvorschläge in einen konkreteren Kontext gestellt werden soll.

Betrachtet man zuerst die Anforderungen in Bezug auf *Autorschaft, Urheberschaft und Authentizität*, so scheint der hier anfangs beschriebene Zeitstempeldienst (nach Stuart Haber und W. Scott Stornetta) ein probates Mittel zu sein, um diese Aspekte adressieren zu können. Ein solcher Zeitstempeldienst ermöglicht für beliebige Dokumente den Nachweis von Autor- bzw. Urheberschaft und stärkt gleichzeitig die Authentizität, indem auch die Echtheit fälschungssicher gewährleistet wird. Die Schwachstelle eines zentralen Zeitstempeldienstes ist aber ebenso (wie auch beim Versionsverwaltungssystem) der Betreiber als vertrauenswürdige Instanz. Autorschaft, Urheberschaft und Authentizität hängen also maßgeblich von der Verlässlichkeit eines Intermediärs ab. Konzepte für einen dezentralen Zeitstempeldienst, aber vor allem die daran anknüpfenden Blockchain-Technologien ermöglichen nun erstmals den Verzicht auf solche Vertrauensinstanzen. Die Funktionsweise des Zeitstempeldienstes kann hier auf die konzeptuell stark verwandten Blockchain-Technologien übertragen werden. Dazu errechnet der Autor zunächst den Hashwert eines Dokuments (der Inhalt muss dazu nicht offengelegt werden) und speichert diesen am Beispiel von Bitcoin als Nachricht in einer von ihm signierten Transaktion. Diese Transaktion und damit auch der Hashwert in der Nachricht wird nun auf die bereits beschriebene Weise integritäts- und fälschungssicher in einem Block aufgenommen, mit einem ebenfalls sicheren und korrekten Zeitstempel (siehe auch Abbildung 9) versehen und in der Blockchain persistiert. Im Streitfall kann der Autor die von ihm signierte und mit einem Zeitstempel verknüpfte Transaktion heranziehen, um über den dort in einer Nachricht gespeicherten Hashwert seine Autor- bzw. Urheberschaft an einem Dokument und auch dessen Authentizität zum vermerkten Zeitpunkt eindeutig zu beweisen. Betrachtet man nun die Verwendung des Versionsverwaltungssystems Git und damit die kollaborative Arbeit an einer Vielzahl von Dokumenten einer digitalen Edition, so kann man beispielsweise auch den Hashwert eines entsprechenden Snapshots manipulationssicher auf der Blockchain verewigen. Durch die Integritätssicherheit der

Datenstruktur in Git inklusive der damit ebenfalls einhergehenden Versionshistorie sowie dedizierten Benutzerkennungen und Zeitstempel lässt sich auf diese Weise ein ganzer Versionsstand fälschungssicher mit einem Zeitstempel versehen.[62] Damit lassen sich die Autorschaft, Urheberschaft und Authentizität nicht mehr nur für einzelne Dokumente beweisen, sondern sogar für eine zusammengehörige Menge von Dokumenten (beispielsweise ein wichtiger Publikationsstand einer digitalen Edition) inklusive ihrer kompletten Entstehungs- und Bearbeitungshistorie. Für die Anforderungen an Autorschaft, Urheberschaft und Authentizität im Rahmen der Verwendung eines Versionsverwaltungssystems war der Betreiber als Vertrauensinstanz die Schwachstelle eines solchen Systems. Durch die beschriebene Einbindung von Blockchain-Technologien können diese Anforderungen nun deutlich besser erfüllt werden, indem entsprechende Nachweise nun ganz ohne Intermediäre auskommen können. Darüber hinaus muss nicht einmal die kollaborative Zusammenarbeit auf Basis eines Versionsverwaltungssystems einschneidend umgestellt werden. Exemplarisch wird für das beschriebene Vorgehen die Bitcoin-Blockchain herangezogen, es können aber auch andere, möglichst verbreitete Blockchains verwendet werden, die eine Speicherung entsprechender Hashwerte erlauben. Denkbar sind im Umfeld von digitalen Editionen aber auch von einem Konsortium betriebene Blockchains, beispielsweise durch den nationalen oder internationalen Zusammenschluss von Bibliotheken und Archiven. Dadurch entfernt man sich zwar etwas von der maximalen Dezentralisierung, stellt aber im Gegenzug geordneter eine ausreichende Partizipation an einem solchen System sicher, was zum Beispiel beim Bitcoin implizit monetär incentiviert werden muss.

Bis hierher wird das Speichern eines Hashwerts in einer allgemein spezifizierten Blockchain zum Nachweis von Autor- bzw. Urheberschaft erläutert und damit gezeigt, dass diese Anforderungen an digitale Editionen bzw. die Editionsdaten durch den Einsatz solcher Technologien besser erfüllt werden können, indem nun das Risiko nicht vertrauenswürdiger Intermediäre eliminiert werden kann. Spezialisierte Blockchains können in diesem Zusammenhang durch bereits beschriebene konzeptuelle Erweiterungen noch

62 Auch Commits und damit Versionsstände können in Git mit einer Signatur versehen werden, um das Sicherheits- und Vertraulichkeitsniveau zusätzlich zu erhöhen (ausführlicher in Kapitel 7.1 Versionsverwaltungssysteme). Es können theoretisch sogar die gleichen Schlüssel wie für die Signierung auf der Blockchain verwendet werden, was zum Beispiel eine spätere Beweisführung stringenter machen kann.

wesentlich mehr leisten. Denkbar ist zunächst einmal, dass nicht nur die Hashwerte digitaler Dokumente in der Blockchain gespeichert werden, sondern auch die Inhalte selbst. Für frei verfügbare Dokumente kann dies entsprechend offen und unverschlüsselt passieren, so dass ein bewusst unbeschränkter Zugang für jeden Teilnehmer sichergestellt ist. Dokumente können aber auch verschlüsselt gespeichert werden, so dass die Inhalte entsprechend geschützt und nur für definierbare Nutzerkreise zugänglich sind. In beiden Fällen sind die oben beschriebenen Eigenschaften der Blockchain für die Aspekte von Autorschaft, Urheberschaft und Authentizität ebenfalls weiterhin gegeben, darüber hinaus werden aber nun auch Aspekte der *Versionierung, Publizierung und Archivierung* sowie des *Referenzierens, Adressierens und Zitierens* bedient. Die Blockchain kann also genutzt werden, um zum einen Editionsdaten bzw. ganze digitale Editionen zu veröffentlichen, zum anderen aber durch die besonderen Eigenschaften der Dauerhaftigkeit dort vermerkter Daten für die Zwecke einer Archivierung genutzt werden. Regelmäßige oder inkrementelle Speicherungen auf der Blockchain können darüber hinaus auch für eine implizite Versionierung von Editionsdokumenten sorgen. Dabei ist allerdings zu beachten, dass Informationen zur Historie, die beispielsweise durch eine Verwendung von Versionsverwaltungssystemen aufgezeichnet werden, nicht durch das Herauslösen und separate Speichern einzelner Dokumente verloren gehen. Auf diese Weise können Merkmale von Transparenz, Nachprüfbarkeit, wissenschaftliche Objektivität, Anschlussfähigkeit und Bewahrung wesentlich gefördert werden, indem dabei vor allem auch wieder auf einen Intermediär verzichtet werden kann. Dabei muss aber ebenfalls abgewogen werden, ob eine offene und genehmigungsfreie Blockchain mit maximaler Disintermediation zum Einsatz kommen soll oder ob geschlossene und gegebenenfalls genehmigungspflichtige Varianten mit stärkerer Zentralität, aber dafür institutionellerem Charakter das richtige Mittel sind. Insbesondere die Dauerhaftigkeit einer Speicherung von Dokumenten mittels Blockchain-Technologien hat auch Auswirkungen auf das Referenzieren, Adressieren und Zitieren. Entsprechende Inhalte haben auf der Blockchain eindeutige Adressen und können somit einfach und konkret referenziert oder zitiert werden, ohne Manipulationen oder andere Konsistenz- und Integritätsverletzungen befürchten und berücksichtigen zu müssen. Dies kann vor allem auch für dynamisch fortgeschriebene und dann regelmäßig auf der Blockchain veröffentlichte Editionsdaten bzw. digitale Editionen gelten.

Auch die Eigenschaften und Funktionen der Blockchain-Technologien im engen Bezug auf die klassifizierenden und überprüfenden Kriterien der Revisionssicherheit legen eine entsprechende Einordnung und Bewertung gemäß des adaptierten Konzepts nahe. Vor allem der *Schutz vor Veränderung und Verfälschung*, die *Sicherung vor Verlust*, die *Nachvollziehbarkeit*, die *Prüfbarkeit* sowie auch die *Vollständigkeit* sind wesentliche und grundlegende Aspekte des Blockchain-Konzepts und der implizit integritäts- und manipulationssicheren, aber gleichzeitig für jeden einsehbaren Verwaltung der gespeicherten Daten. Zwar kann bei einer öffentlichen Blockchain jeder teilnehmen, doch ist eine *Nutzung nur durch Berechtigte* sichergestellt, da für wichtige Operationen die entsprechenden Schlüssel benötigt werden. Durch die inhärente Disintermediation der Blockchain sind darüber hinaus die Kriterien der *Ordnungsmäßigkeit*, die *Sicherheit des Gesamtverfahrens* sowie die *Dokumentation des Verfahrens* nicht mehr von organisatorischen Vorgaben und Richtlinien sowie einem ordnungsgemäßen Einsatz und der Pflege und Wartung technischer Systeme abhängig, sondern werden insbesondere auf Basis einer dezentralen Datenhaltung im Zusammenspiel mit ausgeklügelten Konsensmechanismen und kryptografischen Verfahren unabhängig sichergestellt.

Spezialisiert man eine Blockchain bzw. ihren Einsatzzweck weiter auf den Bereich der digitalen Editionen und der Speicherung von Editionsdaten, so ist es denkbar, neben den Hinweisen auf das Urheberrecht auch gleich die entsprechenden Nutzungsbedingungen mit auf der Blockchain zu hinterlegen. Editionsprojekte können in diesem Fall verschiedene Lizensierungsformen bzw. Nutzungsbedingungen für ihre Daten in Form von Smart Contracts hinterlegen. So kann ohne eine vermittelnde Instanz dafür gesorgt werden, dass beispielsweise bei entsprechender Bezahlung (ebenfalls über die Blockchain) oder der Erfüllung anderer Kriterien (Forschungspartnerschaften etc.) die digitale Edition bzw. ihre Daten unter den im Vertrag vereinbarten Bedingungen für die Nutzung freigegeben werden. Dies kann zum einen der reine Erwerb von Nutzungsrechten an einer auch vorher schon für das Lesen frei zugänglichen Edition sein. Vorstellbar ist zum anderen aber auch, dass der Smart Contract einen entsprechenden Zugang für die Edition schafft, sie gegebenenfalls entschlüsselt oder sogar eine personalisierte, den Nutzungsrechten angepasste Version erstellt und freigibt. Alle Vertragsbedingungen und -abläufe sind dann für jeden Teilnehmer transparent nachvollziehbar. Noch einen Schritt weiter gedacht, könnten diese Ausprägung einer Blockchain und ihre Mechanismen auch von Quelleninhabern genutzt werden, die ihre urheberrechtlichen Ansprüche ebenso geltend machen können und die entsprechende Verwendung ihrer Materialien über die gleiche Blockchain mit den Editionsprojekten aushandeln, um eine direkte Verknüpfung bzw. Integration zu realisieren sowie eventuell über Provisionen unmittelbar mitzuverdienen. Mit Hilfe der dApps und auf Basis von Smart Contracts besteht die Möglichkeit, auch das Front-end einer digitalen Edition über die Blockchain dezentral an den Nutzer auszuliefern. Damit wäre nicht nur der einfache Zugang zu den manipulationssicheren und authentischen Editionsdaten gewährleistet, sondern eine nicht weniger wichtige Explorationsumgebung für den Nutzer könnte ebenso bereitgestellt werden. Solche Szenarien können ebenfalls maximal offen und dezentral gestaltet werden, ein Betrieb einer solchen Infrastruktur durch ein entsprechendes Konsortium scheint aber der wahrscheinlichere Lösungsweg, da dann die Komplexität an einigen Stellen durch zentralere Architekturen reduziert und bestimmte Konflikte entschärft werden können, was im Folgenden näher erläutert werden soll.

Blockchain-Technologien haben durch den bewussten Verzicht auf Intermediäre konzeptuell bedingt einige inhärente Nachteile. Damit die Konsensfindung zur Sicherung der Datenintegrität dezentral und ohne vertrauenswürdige Instanz funktioniert, werden neu zu speichernde Daten kryptografisch mit bereits persistierten Daten fest verkettet. Die maximale Dezentralisierung und eine extrem redundante Datenhaltung hat zur Folge, dass die Skalierbarkeit bei der Fortschreibung der Blockchain und damit die gesamte Performanz gegenüber anderen technischen Lösungen deutlich zurückbleiben und gleichzeitig den Bedarf an Speicherplatz, den Bandbreitenverbrauch und je nach Konsensfindungsverfahren auch den Rechenaufwand und damit letztendlich auch den Stromverbrauch in die Höhe treiben. Vor allem aber die Eigenschaft, dass Daten, einmal auf der Blockchain gespeichert, nicht mehr ohne weiteres verändert oder gelöscht, sondern nur ergänzt werden können, birgt enormes Konfliktpotenzial in sich. Auf Grund dieser nicht umkehrbaren Datenaggregation besteht beispielsweise das Risiko, dass digitale Inhalte, deren Besitz gesetzlich verboten ist, auf der Blockchain gespeichert werden und damit durch das dezentrale Prinzip des Datenaustauschs und der Datenhaltung auf die Rechner aller Teilnehmer gelangen. Eine Löschung dieser Daten auf Seiten der Teilnehmer bedeutet gleichzeitig auch, nicht mehr an dieser Blockchain teilnehmen zu können, da es nicht ohne weiteres möglich ist, nur die illegalen Inhalte zu entfernen, ohne die Integrität der verketteten Daten zu verletzen. Die unveränderbare Speicherung von Daten ist auch aus der Perspektive des Datenschutzes ein großes Problem. Im Rahmen der Datenschutzgrundverordnung (DSGVO)[63] wird jeder Person insbesondere das Recht auf Löschung (bzw. das Recht auf Vergessenwerden)[64] personenbezogener Daten aus dort genannten Gründen gegenüber dem für die Speicherung Verantwortlichen zugestanden. Dieses Recht ist konzeptuell bedingt für Blockchain-Technologien gleich in mehrfacher Hinsicht äußerst problematisch. Betrachtet man eine öffentliche und genehmigungsfreie Blockchain (wie beispielsweise die von Bitcoin), so ist es zuerst einmal schwierig, überhaupt den Verantwortlichen im Sinne der DSGVO für ein solches dezentrales System mit theoretisch jederzeit beliebig wechselnden Teilnehmern ausfindig zu machen. Die Dezentralisierung und vor allem die explizit gewünschte Disintermediation

> »errichte[n ...] ein System »organisierter Verantwortungslosigkeit«, das die herkömmlichen datenschutzrechtlichen Kategorien an ihre Grenzen bringt«[65].

Als Verantwortliche kommen deshalb zahlreiche Akteure in Betracht: Die Entwickler der Blockchain; die Stelle, die den Blockchain-Betrieb initiiert hat; Teilnehmer, die Daten an das Netzwerk übermitteln; Teilnehmer, die diese Daten empfangen und speichern; Teilnehmer, welche die Daten zu Blöcken zusammenfassen. Es ist sogar die gemeinsame Verantwortlichkeit mehrerer Akteure gleichzeitig denkbar. Da die entwickelnde bzw. initiierende Stelle mit einer Veröffentlichung des Quellcodes die Kontrolle über die Mittel und den Zweck der Verarbeitung aus der Hand gibt, stellt sie, wie andere Softwareentwickler auch, nur ein Datenverarbeitungsprogramm zur Verfügung und hat somit mit den einzelnen Verarbeitungsvorgängen nichts mehr zu tun. Auch Teilnehmer, welche die Daten zu einem Block zusammenfassen, profitieren zwar von der Teilnahme am Netzwerk, ihr Einfluss besteht aber lediglich in der Berechnung neuer Blöcke, ohne den konkreten Inhalt der verarbeiteten Daten zu beeinflussen. Im Sinne der DSGVO bleiben also nur die Teilnehmer, die Daten zur Aufnahme in die Blockchain an das Netzwerk senden,

---

63 Datenschutzgrundverordnung (DSGVO), ABl. L119 vom 4.5.2016, S. 1-88 (Stand: 25. Mai 2018).

64 DSGVO, Kapitel III, Abschnitt 3, Artikel 17.

65 Martini und Weinzierl, »Die Blockchain-Technologie und das Recht auf Vergessenwerden: zum Dilemma zwischen Nicht-Vergessen-Können und Vergessen- Müssen«. Seite 1255.

und/oder jene, welche die Daten in ihre Kopie der Blockchain eintragen. Damit werden gegebenenfalls personenbezogene Daten erhoben, erfasst, verarbeitet und gespeichert. Über die bei diesen Teilnehmern gespeicherten Daten kann dementsprechend frei verfügt werden.[66] Bei geschlossenen bzw. genehmigungspflichtigen Blockchains ist der Fall der Verantwortlichkeit etwas anders gelagert. Wenn nämlich der Zugang und die Rechte für die Teilnahme an einer Blockchain von einer zentralen Stelle gesteuert werden, dann obliegt dieser Stelle auch die Entscheidung, personenbezogene Daten für ihre Zwecke zu verarbeiten, so dass diese im Sinne der DSGVO grundsätzlich in der Verantwortung steht. Teilnehmer im Netzwerk der Blockchain handeln somit nur noch als entsprechende Auftragsverarbeiter im Interesse des Verantwortlichen.[67] Damit ist die Feststellung einer Verantwortlichkeit für letztere Ausprägungen des Blockchain-Konzepts wesentlich einfacher als für die offenen und genehmigungsfreien Blockchains im ursprünglichen Sinne. Die höhere Zentralität bei geschlossenen bzw. genehmigungspflichtigen Blockchains führt dann aber die ursprüngliche Idee der Disintermediation und damit die eigentlichen Vorteile der Technologie bis zu einem gewissen Grad ad absurdum. Betrachtet man nun das Recht auf Löschung (bzw. das Recht auf Vergessenwerden), dann muss zum einen das Löschen der personenbezogenen Daten selbst, zum anderen aber auch die Pflicht, Dritte über das Löschungsverlangen zu informieren, betrachtet werden. Letzteres gilt für den Verantwortlichen dann, wenn er personenbezogene Daten öffentlich gemacht hat und Dritte diese Daten auf Grund einer solchen Bereitstellung verarbeiten.[68] Wie bereits angedeutet, widerstrebt die Umsetzbarkeit einer Löschung den konzeptionell bedingten und gewünschten Merkmalen der Blockchain-Technologien.

Betrachtet man als Beispiel die Bitcoin-Blockchain, so ist allerdings festzustellen, dass bestimmte Transaktionen unter entsprechenden Bedingungen aus der Kette entfernt werden können. Beim sogenannten »Pruning« werden obsolete Transaktionen aus älteren Blöcken entfernt, wenn deren Ergebnis bereits der Ausgangspunkt einer neuen Transaktion ist.[69] Nach diesen Kriterien optimierte Datenstrukturen können also durchaus auch Möglichkeiten zur Lösung dieses datenschutzrechtlichen Konflikts bieten, beim Bitcoin

66 Martini und Weinzierl. Seite 1255 ff.

67 Martini und Weinzierl. Seite 1257.

68 DSGVO, Kapitel III, Abschnitt 3, Artikel 17 und 19.

69 Nakamoto, »Bitcoin: A Peer-to-Peer Electronic Cash System«. Seite 4.

stand aber bei diesem Vorgehen eher das Sparen von Speicherplatz als der Schutz personenbezogener Daten im Vordergrund. Auch die Vorgabe, Dritte auf ein Löschungsverlangen personenbezogener Daten hinzuweisen, steht konträr zu den Blockchain-Mechanismen der dezentralen Datenhaltung und Konsensfindung. Löscht ein Teilnehmer personenbezogene Daten von seiner Kopie der Blockchain, so bewirkt das nicht automatisch die Löschung dieser Daten auf den Kopien anderer Teilnehmer. Grundsätzliches Konzept ist nämlich, dass sich die Ketten bei jedem Teilnehmer möglichst autonom fortschreiben können und sich Manipulationen jeglicher Art eben nicht zwangsweise auf alle anderen auswirken. Ein Löschen im Sinne der DSGVO würde aber streng genommen genauso ein Entfernen der personenbezogenen Daten bei jedem einzelnen Teilnehmer bedeuten. Wie sich also ein Löschungshinweis an alle Teilnehmer einer Blockchain technisch gewährleisten lässt, ist dementsprechend unklar. Die Bitcoin-Blockchain als Beispiel besitzt eine solche Möglichkeit logischerweise nicht. Dies ist aber auch kein singuläres Problem der Blockchain-Technologien, auch das Internet bzw. das WWW kennt keine adäquate Lösung, alle von einem Löschungsverlangen betroffenen Teilnehmer zuverlässig zu informieren oder gar die Löschung entsprechend sicherzustellen. Beim Einsatz einer offenen und genehmigungsfreien Blockchain ist sowohl für Betroffene als auch für entsprechende Aufsichtsbehörden der Durchsetzungsversuch eines Löschungsanspruchs auf Grund der (auch territoriale Grenzen überschreitenden und) dynamisch wechselnden Dezentralisierung der Verantwortlichen ein nahezu unlösbares Unterfangen. Bei der Nutzung einer geschlossenen und genehmigungspflichtigen Blockchain kann ein zentral Verantwortlicher schneller ausfindig gemacht werden, um das Recht auf Löschung entsprechend durchzusetzen. Je nach Erhaltungsgrad dezentraler Eigenschaften der Blockchain kann es aber auch hier für den Verantwortlichen schwierig sein, die Löschung zu beeinflussen, wenn nicht gewisse Möglichkeiten für den manipulierenden Eingriff in die integritätsgeschützte Datenstruktur bereits konzeptuell vorhanden sind. Die Möglichkeit des Pruning ist bereits erwähnt worden, grundsätzlich muss dazu aber in Betracht gezogen werden, dass jeder entfernende Eingriff die Nachvollziehbarkeit und Transparenz sowie die Fälschungssicherheit als wesentliche Charakteristiken der Blockchain-Technologien gravierend einschränken können.[70] Hier

70 Martini und Weinzierl, »Die Blockchain-Technologie und das Recht auf Vergessenwerden: zum Dilemma zwischen Nicht-Vergessen-Können und Vergessen- Müssen«. Seite 1259 ff.

bedarf es einer sogenannten »Privacy by Design«, was in der DSGVO auch unter der Prämisse Datenschutz durch Technikgestaltung und durch datenschutzfreundliche Voreinstellungen adressiert wird.[71] Konkret heißt das für die Konzepte und Datenstrukturen der Blockchain, dass datenschutzrechtliche Aspekte von Anfang an Berücksichtigung finden sollen bzw. müssen. Stringent technisch definierte Eigenschaften müssen sich hier wie so oft einer aus dieser Perspektive unvollkommenen und chaotischen Welt anpassen.[72] Eine Form solch angepasster Blockchains ergänzen die üblichen Konzepte um Mechanismen des sogenannten »Zero Knowledge Proofs«.[73] Wieder auf das Beispiel der Bitcoin-Blockchain bezogen, ist durch die Ergänzung eines solchen Ansatzes weiterhin der Nachweis möglich, dass eine Transaktion stattgefunden hat, nicht aber, wer die Sender und Empfänger sind, und auch nicht, um welchen Betrag es sich handelt. Die Integrität der Blockchain und auch die Lösung des Double Spending-Problems können aber weiterhin garantiert werden.[74] Solche Lösungen erreichen zwar ein Maximum an Privatsphäre, eignen sich aber bei weitem nicht für alle Anwendungsfälle. Oft müssen beim Transfer einer Leistung oder eines Gutes Sender und Empfänger bekannt sein, da sich eventuell nachgelagerte Prozesse in der realen Welt nicht ausschließlich auf der Blockchain abbilden lassen. Auf ein anderes Verfahren setzen sogenannte »Redactable Blockchains«[75], damit ist die Veränderung von Blöcken innerhalb der Blockchain möglich, ohne dass nachfolgende Blöcke durch Integritätsverletzungen ungültig werden. Im Kern werden dazu sogenannte »Chameleon Hash Functions«[76] verwendet, um die Blöcke einer Blockchain auf die bekannte Weise miteinander zu verketten. Eine solche Verbindung lässt sich durch eine Art geheimen Schlüssel auftrennen, so dass der Inhalt eines Blocks durch andere Daten ersetzt werden kann, ohne die Hashwerte der nachfolgenden Blöcke erneut berechnen zu müssen. Die nachträgliche Veränderung eines Blocks bleibt allerdings für alle Teilnehmer der Blockchain sichtbar und die alten und neuen Inhalte können während des Änderungsvorgangs verglichen und überprüft werden. Um den geheimen

---

71 DSGVO, Kapitel IV, Abschnitt 1, Artikel 25.

72 Lumb, Treat, und Jelf, »Editing the uneditable blockchain – Why distributed ledger technology must adapt to an imperfect world«.

73 Goldwasser, Micali, und Rackoff, »The Knowledge Complexity of Interactive Proof- systems«.

74 Sasson u. a., »Zerocash: Decentralized Anonymous Payments from Bitcoin«.

75 Ateniese u. a., »Redactable Blockchain – or – Rewriting History in Bitcoin and Friends«.

76 Krawczyk und Rabin, »Chameleon Hashing and Signatures.«

Schlüssel für solche Eingriffe nicht bei einer zentralen Instanz hinterlegen zu müssen, kann dieser über mehrere Teilnehmer verteilt und bei entsprechend gefundenem Konsens eingesetzt werden. Eine Reduzierung der Dezentralisierung und der Integritätssicherheit geht mit Verwendung eines solchen Verfahrens aber dennoch einher.

Der Einsatz in einer geschlossenen bzw. genehmigungspflichtigen Blockchain kann durchaus sinnvoll sein, um überhaupt die Möglichkeit eines Eingriffs zu besitzen.[77] Ein Kompromiss im Hinblick auf die Löschungspflicht kann darin bestehen, dass statt personenbezogener Daten an entsprechenden Stellen lediglich Platzhalter auf der Blockchain gespeichert werden, welche auf Daten verweisen, die bei zentralen, aber durchaus unabhängigen Institutionen gespeichert werden (ähnlich wie der Hashwert eines Dokuments für einen Zeitstempel ohne Preisgabe des Inhalts). Die Löschung der Daten an den zentralen Stellen hinterlässt dann lediglich eine verwaiste Referenz auf der Blockchain, eine nachträgliche Anonymisierung scheint also auf diese Weise möglich. Aber auch hier besteht der Einwand, dass es nicht möglich ist, alle Identifizierungswege aufzuheben.[78]

> »Dass sich mit dem Aufkommen neuer Möglichkeiten zur Verknüpfung von Daten zur Re-Identifizierung, insbesondere im Zuge von Big Data, überhaupt noch absolute Anonymität [und damit ein vollständiges Vergessen] herstellen lässt, wird häufig bezweifelt.«[79]
> »Die in der Blockchain hinterlegten öffentlichen Schlüssel [bzw. Adressen] bleiben vielmehr regelmäßig weiterhin lediglich Pseudonyme identifizierbarer Personen.«[80]

Egal ob Zero Knowledge Proof, Redactable Blockchains, Chameleon Hash Functions, geschlossene bzw. genehmigungspflichtige Blockchains oder

---

77 Marnau, »Die Blockchain im Spannungsfeld der Grundsätze der Datenschutzgrundverordnung«. Seite 1030 f.

78 Martini und Weinzierl, »Die Blockchain-Technologie und das Recht auf Vergessenwerden: zum Dilemma zwischen Nicht-Vergessen-Können und Vergessen- Müssen«. Seite 1262 f.

79 Hofmann und Johannes, »DS-GVO: Anleitung zur autonomen Auslegung des Personenbezugs: Begriffsklärung der entscheidenden Frage des sachlichen Anwendungsbereichs«. Seite 225.

80 Martini und Weinzierl, »Die Blockchain-Technologie und das Recht auf Vergessenwerden: zum Dilemma zwischen Nicht-Vergessen-Können und Vergessen- Müssen«. Seite 1263.

die Auslagerung personenbezogener Daten über Referenzen an zentrale Instanzen, alle Lösungsansätze sorgen auf ihre Weise wieder für eine gewisse Reintermediation. Die innovativen Vorteile und Kerneigenschaften der Blockchain-Technologien wie Dezentralisierung, Integritätssicherheit, Nachprüfbarkeit und Transparenz werden dadurch in weiten Teilen unterminiert, so dass »[d]ie in der Dezentralität wurzelnde Angriffsresilienz [...] in ihren Grundfesten bedroht«[81] ist. Es zeigt sich hier also ein ganz grundlegender Konflikt: Bei jeder Form eines modifizierenden Eingriffs in die Blockchain bleibt vom innovativen Mehrwert einer solchen Technologie immer weniger übrig, insbesondere weil dadurch den eigentlich eliminierten zentralen Vertrauensinstanzen wieder zu einem Comeback verholfen wird.

> »Auf das Dilemma zwischen Vergessen-Müssen und Nicht-Vergessen-Können müssen Einsatzszenarien eine Antwort finden – reibungslos auflösen lassen wird es sich wohl nicht.«[82]

Wie bei jedem der bis hierher genannten Gestaltungskonflikte müssen auch in diesem Fall die einzelnen Kräfte und ihre Auswirkungen abgewogen und nach individuellen, institutionellen und rechtlichen Interessen austariert werden, um die Vorteile von Blockchain-Technologien dennoch möglichst umfangreich und zielgerichtet einsetzen zu können.

Für das Umfeld digitaler Editionen bedeutet der Einsatz von Blockchain-Technologien ebenfalls ein genaues Abwägen. Es muss je nach Aufgabenstellung und Zielsetzung zwischen unterschiedlichen Typen von Blockchains (offen oder geschlossen, genehmigungsfrei oder genehmigungspflichtig), ihren entsprechenden Funktionalitäten und Fähigkeiten sowie ihren teilweise nachteiligen Implikationen entschieden werden, ob und wie die Vorteile solcher Technologien genutzt werden können. Insbesondere die oben ausgeführten datenschutzrechtlichen Bedenken in Bezug auf die Löschung personenbezogener Daten erfordern bei der Verwendung von Blockchain-Technologien eine gewisse Voraussicht. Natürlich muss für digitale Editionsdaten generell untersucht werden, ob und in welchem Umfang überhaupt personenbezogene Daten veröffentlicht werden müssen und ob diese Daten nicht auch pseudonymisiert oder sogar anonymisiert werden können, aber bereits die gewünschte Aufzeichnung von Erstellungs- und Änderungsprozessen unter

81 Martini und Weinzierl. Seite 1264.

82 Martini und Weinzierl. Seite 1267.

Einbezug der jeweiligen Autoren bzw. Bearbeiter kann eine Verarbeitung personenbezogene Daten und damit einen Datenschutzkonflikt bedeuten. Hier bieten sich nun für den Bereich Editorik zunächst einmal zwei gangbare Wege an. Zum einen können für die Speicherung und eventuell auch die Weiterverarbeitung von Editionsdaten geschlossene, konsortialgeführte Blockchains (zum Beispiel in Form einer Redactable Blockchain, die ein nachträgliches Eingreifen ermöglichen) zum Einsatz kommen, um datenschutzrelevanten Aspekten durch ein Konsortium als vorgeschaltete und zentrale Instanz entsprechend begegnen zu können. Zum anderen können auch offene und maximal dezentrale Blockchains genutzt werden, um beispielsweise nicht rückverfolgbare Referenzen wie Hashwerte zum Beweis von Autor- und Urheberschaft und zur Steigerung der Authentizität manipulationssicher abzulegen. Insbesondere als Ergänzung zur Verwendung eines Versionsverwaltungssystems ist dieses Vorgehen eine einfache und praktikable Lösung. So kann der Einfluss von zentralen Intermediären deutlich verringert werden, was in Bezug auf die konkreten Anforderungen bei der Nutzung eines Versionsverwaltungssystems noch als ein ungelöstes Defizit identifiziert wird (ausführlicher in Kapitel 7.1 Versionsverwaltungssysteme). In Bezug auf die Revisionssicherheit scheinen Blockchain-Technologien und ihre Funktionen insbesondere in der ursprünglichen Form durch die Manipulationssicherheit und dem nur ergänzend möglichen Fortschreiben die entsprechenden Kriterien zur Bestimmung und Überprüfung revisionssicherer Merkmale und Eigenschaften weitgehend zu erfüllen. Anwendungsnahe Parallelen sind hier vor allem auch im Zusammenhang mit dem WORM-Speicherverfahren (Write Only, Read Many, ausführlicher in Kapitel 6 Revisionssicherheit digitaler Editionen) zu erkennen, das die Verhinderung nachträglicher Änderungen an digitalen Daten durch die Eigenschaften des Medienträgers oder geeigneter Emulationen zu lösen versucht. Aber auch das Konzept der Revisionssicherheit und insbesondere ihre technische Umsetzung stoßen hier genau wie die Blockchain-Technologien bei einer fehlenden Unterstützung zur Löschung personenbezogener Daten gesetzlich ebenfalls an ihre Grenzen, wenn andere rechtliche Vorgaben wie beispielsweise Aufbewahrungsfristen nicht als vorrangig bewertet werden.

Insgesamt sind Blockchain-Technologien und ihre am Einsatzbereich ausgerichteten Ausprägungen wichtige technische Werkzeuge, um digitale Editionen, die Verwaltung von Editionsdaten und nicht zuletzt auch die Ausgestaltung von Editionsinfrastrukturen im Sinne einer Disintermediation entscheidend zu verbessern und damit auch einen deutlichen Beitrag für die

Erfüllung der in dieser Arbeit aufgestellten, konkreten Anforderungen im engen Zusammenspiel mit den klassifizierenden und überprüfenden Kriterien zur Bestimmung und Überprüfung der Revisionssicherheit zu leisten. Festzustellen ist aber auch, dass es sich hier noch um einen Blick in die Zukunft handelt. Es ist beispielsweise noch nicht klar, ob und in welchem Rahmen und auf welcher Ebene sich Konsortien zur Ausgestaltung und für den Betrieb von entsprechenden Blockchains bilden werden. Auf die Editorik und ihre konkreten Anforderungen zugeschnittene Blockchains sind ebenso denkbar wie eine Vielzahl heterogener Blockchains, die sich jeweils nur bestimmten Aspekten und Problemlösungen widmen, aber dann sogar bereichsübergreifend funktionieren (zum Beispiel der Beweis von Autor- und Urheberschaft). Grundsätzlich befinden sich die hier genannten Technologien auch heute noch in einer sehr dynamischen Entwicklungsphase und die Abbildung umfangreicher Systeme auf Basis dieser Konzepte ist äußerst komplex. Nichtsdestotrotz bieten Blockchain-Technologien wesentliche Innovationsmöglichkeiten im Bereich der digitalen Editionen, dem Umgang mit Editionsdaten und insbesondere auch der Entwicklung entsprechender Editionsinfrastrukturen, so dass die technischen Fortschritte in diesem Bereich auch in Zukunft genau beobachtet werden müssen.

7.3 Weitere Technologien und Konzepte

Durch die Innovation der Blockchain-Technologien existiert ein technisches Verfahren, digitale oder digitalisierbare Prozesse von der Abhängigkeit vertrauenswürdiger Intermediäre zu befreien. Angestoßen durch diese neuartige Möglichkeit der Disintermediation entwickeln sich fortlaufend unterschiedliche Ausprägungen solcher Blockchains mit differenzierten Fähigkeiten. Je nach Aufgabenstellung und Zielsetzung können Blockchains entsprechend angepasste Eigenschaften und Funktionalitäten besitzen. Oft sind es aber auch konzeptuell bedingte Merkmale der Blockchain-Technologien, die neben den unbestrittenen Vorteilen in einigen Bereichen als nachteilig oder konfligierend betrachtet werden und dementsprechend kontextsensitiv austariert werden müssen. In Kapitel 7.2 (Blockchain-Technologien) werden Performanz (Transaktionsgeschwindigkeit), Speicherverbauch, Bandbreitenverbrauch, Rechenaufwand (Stromverbrauch) und vor allem datenschutzrechtliche Konflikte als wesentliche Nachteile solch offener, dezentraler, manipulationssicherer und transparenter Konzepte genannt. Für den Bereich des Datenschutzes werden dementsprechend auch Lösungsansätze, meist in Form von Kompromissen, beispielsweise als geschlossene, genehmigungspflichtige oder Redactable Blockchains vorgestellt. Im Folgenden sollen nun weitere Technologien und Konzepte vorgestellt werden, die entweder direkt aus dem Umfeld der Blockchain-Technologien stammen und sich auf bestimmte Einsatzszenarien spezialisiert haben oder durch gemeinsame Merkmale wie Disintermediation und Dezentralisierung zu den verwandten Konzepten gezählt werden können. Dabei kann an dieser Stelle auf Grund der sehr dynamischen Entwicklung und der Vielzahl an unterschiedlichen Konzepten in diesem Umfeld nicht auf alle Varianten eingegangen werden. Stattdessen werden einige Technologien und Konzepte insbesondere mit Bezug auf die digitalen Editionen und ihrer Infrastrukturen ausgewählt und beispielhaft vorgestellt, um den Ein- und Überblick technischer Lösungsansätze im engen Bezug auf das adaptierte Konzept der Revisionssicherheit und vor allem im Hinblick auf eine entsprechende Erfüllung der konkreten Anforderungen abzurunden.

7.3.1 Peer-to-Peer Dateisysteme

Die Speicherung umfangreicher Daten auf der Blockchain ist auf Grund der dezentralen und extrem redundanten Datenhaltung auf Seiten eines jeden Teilnehmers keine besonders effiziente Lösung. Stattdessen lautet die Prämisse, nur gerade soviel Informationen dort zu speichern, wie für die Nutzung der jeweiligen Blockchain-Fähigkeiten bzw. -Vorteile notwendig sind (beispielsweise nur die Hashwerte von Dokumenten und keine Inhalte, ähnlich wie bei der Vergabe von Zeitstempeln, ausführlicher in Kapitel 7.2 Blockchain-Technologien). Um bei der Speicherung größerer Datenmengen dennoch von einer Dezentralisierung und damit schlussendlich auch von einer Disintermediation profitieren zu können, gibt es darauf spezialisierte, verteilte Dateisysteme.

Eine Implementierung eines solchen Konzepts ist beispielsweise das »InterPlanetary File System« (IPFS)[83]. Im Grunde ist das IPFS ein Protokoll für ein »Peer-to-Peer«-Netzwerk[84] zur Speicherung und zum Austausch von

83 InterPlanetary File System (IPFS) – A File System for the Distributed Web (https://ipfs.io).

84 Ein Peer-to-Peer-Netzwerk (P2P) ist eine verteilte Systemarchitektur und besteht aus gleichberechtigten Rechnern als Knoten, die bestimmte Dienste zur Verfügung stellen, aber auch gleichzeitig in Anspruch nehmen können. Alle Teilnehmer koordinieren ihre Dienste untereinander, ohne zentrale Instanzen zu verwenden. Es gibt keinen

Daten. Jeder an diesem Netzwerk beteiligte Rechner kann Daten speichern und für andere freigeben, aber auch Daten von anderen anfordern, empfangen und ebenfalls speichern. Im Gegensatz zum Hypertext Transfer Protocol (HTTP) mit einem zentralisieren und ortsbasierten Adressierungsverfahren (meist in Form eines Uniform Resource Locator (URL)) nutzt das IPFS einen dezentralen und inhaltsbasierten Adressierungsmechanismus. Juan Bernet, der Erfinder des IPFS, beschreibt in seinem White Paper dazu, dass HTTP zwar die bis dato erfolgreichste Technologie ist, um Dateien über das Internet zu transferieren, erkennt aber auch die Nachteile der zentralisierten Architektur und die insbesondere durch Bedingungen der Rückwärtskompatibilität und durch einflussreiche, in die vorhandene Technologie investierte Akteure gehemmten bzw. gebremsten Innovationsmöglichkeiten dieses Systems.[85] Benet sieht das IPFS deshalb als Teil einer neuen und dezentralisierten Infrastruktur für das Internet, als ein globales, versioniertes und verteiltes Dateisystem, auf dessen Basis andere Anwendungen aufsetzen können.[86]

Technisch betrachtet funktioniert das IPFS zunächst ähnlich wie Git (ausführlicher in Kapitel 7.1 Versionsverwaltungssysteme), Datei- und Ordnerstrukturen werden durch Hashwerte über ihre Inhalte strukturiert und auch eindeutig identifiziert. Zusätzlich werden große Dateien in kleinere Blöcke unterteilt, die ebenfalls mit Hashwerten versehen in Datenstrukturen auf Basis von Merkle Trees organisiert und gespeichert werden, so dass große Dateien bzw. ihre Blöcke oder Teilbäume auch dezentral von verschiedenen Teilnehmern gleichzeitig und damit effizienter transferiert und auch Versatzstücke bereits auf Konsistenz überprüft werden können. Eigenschaften, wie die inhaltsbasierte Adressierung, aber auch die Integritätssicherheit und die Deduplikation von Daten oder Datenbestandteilen sind durch diese Mechanismen implizit sichergestellt.[87] Damit veröffentlichte Datenobjekte eine weite Verbreitung im Netzwerk finden können, kann jeder Teilnehmer durch sogenanntes »Pinning« anzeigen, dass auch er eine Datei nach dem Empfang für längere Zeit lokal speichern will und entsprechend für alle anderen zur Verfügung stellen kann, statt sie nach gewisser Zeit (ähnlich wie ein »Cache«)

»Single Point of Failure« und Teilnehmer müssen sich nicht zwangsläufig untereinander vertrauen.

85 Benet, »IPFS – Content Addressed, Versioned, P2P File System«. Seite 1.

86 Benet. Seite 11.

87 Benet. Seite 6.

wieder zu vergessen. So kann die Permanenz wichtiger Daten in einem dezentralen Netzwerk durch eine flexibel einstellbare Redundanz sichergestellt werden.[88] Durch die Nähe vieler Konzepte zu Git erlaubt das IPFS darüber hinaus auch die Versionierung der gespeicherten Daten und ist sogar unter bestimmten Umständen mit Git kompatibel.[89] In der Gesamtbetrachtung können alle Daten innerhalb des IPFS als Bestandteile einer einzigen großen Datenstruktur in Form eines Merkle DAG[90] betrachtet werden.[91]

Alle Hashwerte im IPFS werden im sogenannten »Multihash«-Format gespeichert, ein solcher Wert enthält neben dem eigentlichen Hashwert auch Informationen über die zur Berechnung verwendete Hashfunktion, so dass beispielsweise der Einsatz unterschiedlicher Hashfunktionen in Abwägung von Performanz und Sicherheit flexibel umsetzbar ist sowie die Möglichkeit besteht, eventuell in Zukunft kompromittierte Hashfunktionen ohne Kompatibilitätsprobleme für das Gesamtsystem einfach auszutauschen.[92] Um im IPFS nun Daten zu adressieren, werden sogenannte »Content IDs« (CID) verwendet. Vormals bestanden diese CIDs nur aus einem Multihash, sind aber später um einen »Multibase«-Prefix ergänzt worden, der das Codierungsformat der gesamten CID beschreibt, welche neben dem Multihash über den Inhalt nun noch einen Versionszähler und eine sogenannte »Multicodec«-Kennung für die Identifikation des Datenformats enthält. Auch für die Identifizierung aller Teilnehmer des P2P-Netzwerks werden Adressen im sogenannten »Multiaddr«-Format verwendet, so dass unterschiedliche Transportprotokolle mit unterschiedlichen Adresskonventionen im IPFS parallel existieren können, was darüber hinaus sogenannte »Overlay«-Netzwerke ermöglicht, welche die Datenübertragung optimieren und vor allem die Resilienz des Systems zusätzlich fördern können.[93] Durch die durchgängige Verwendung sogenannter »Multiformats«[94] können zukunftssicherere Systeme gestaltet werden, da die Formate selbst beschreibend, interoperabel und fle-

88 Benet. Seite 7.

89 Benet. Seite 9.

90 Zum Merkle DAG siehe auch Fußnote 8 (Kapitel 7.1).

91 Benet, »IPFS – Content Addressed, Versioned, P2P File System«. Seite 1.

92 Git beispielsweise bietet diese Funktionalität bzw. Flexibilität nicht, was beim Austausch der Hashfunktion zu massiven Inkompatibilitäten oder auch Inkonsistenzen führen kann, da an den Hashwerten selbst nicht festgestellt werden kann, welches Verfahren zur Berechnung jeweils verwendet worden ist.

93 Benet, »IPFS – Content Addressed, Versioned, P2P File System«. Seite 3 f.

94 Multiformats – Self-describing values for Future-proofing (https://multiformats.io).

xibler austauschbar sind sowie die Kompatibilität dezentral verteilter, nicht immer auf dem gleichen Versionsstand arbeitender Softwarekomponenten besser sicherstellen können.

Eine weitere wesentliche Eigenschaft des IPFS ist, dass es sich um ein sogenanntes »Self-certifying File System« (SFS)[95] handelt. Für ein solches verteiltes Dateisystem müssen keine besonderen Berechtigungen für den Datenaustausch vergeben werden, sondern die Authentizität der Daten kann über den Dateinamen und zusätzliche Signaturen sichergestellt werden. Durch die Verwendung von asymmetrischen Verschlüsselungsverfahren kann jeder Teilnehmer im Netzwerk die von ihm bereitgestellten Daten mit seinem privaten Schlüssel signieren, was dann vom Empfänger mit dem öffentlichen Schlüssel entsprechend überprüft werden kann. Zusätzlich können untereinander verschlüsselte Übertragungen ausgehandelt werden, ohne auf eine zentrale Zertifizierungsinstanz vertrauen zu müssen. Der Zugriff auf entfernte Daten ist damit so sicher und transparent, als wären diese lokal gespeichert. Die dezentral gespeicherten Daten werden aber selbst nicht implizit verschlüsselt, eine solche Vorgehensweise kann aber leicht integriert werden, da jeder Teilnehmer bereits über private und öffentliche Schlüssel verfügt. Die bereits bei der Blockchain angesprochene Problematik einer späteren Löschung von Daten ist in ähnlicher Form auch beim IPFS vorhanden, da ein lokales Löschen nicht automatisch das Löschen an dezentralen Speicherorten garantieren kann und die Daten somit prinzipiell weiterhin erreichbar bleiben. Im Sinne der DSGVO und der Löschung personenbezogener Daten ist diese Problematik aber längst nicht so akut wie bei der Blockchain, da das Vergessen von Daten grundsätzlich möglich ist und nicht bereits durch die Konzepte der Datenstruktur selbst verhindert wird. Vergleichbar ist dies auch mit dem WWW, wo einmal abgerufene und gespeicherte Daten nach dem Löschen an anderer Stelle wieder unkontrolliert hochgeladen und veröffentlicht werden können. Beim IPFS geschieht dies aber konzeptuell bedingt automatisch, transparent und unter der gleichen Adresse ohne eventuelle Ausfallzeiten.

Jegliche Objekte im IPFS können also über ihren Inhalt adressiert, sicher übermittelt, die Integrität und Authentizität überprüft, die Daten entsprechend einfach zwischengespeichert (Cache), dauerhaft persistiert (Pinning) und bei Bedarf zusätzlich verschlüsselt werden. Da sich aber nun bei jeder Änderung eines Dokuments gleichzeitig auch die Adresse in Form des Hashwerts über den Inhalt ändert, wird eine Funktionalität benötigt, die eine sta-

95 Mazières, »Self-certifying File System«.

bilere Verknüpfung ermöglicht. Dazu dient im IPFS das sogenannte »InterPlanetary Name System« (IPNS), es erzeugt einen festen Link auf die letzte Version eines Dokuments. Dazu wird der Hashwert des öffentlichen Schlüssels verwendet, dieser zeigt auf einen mit dem privaten Schlüssel signierten Eintrag mit Informationen über die mit dieser Adresse verlinkten Daten, welche bei Änderungen an gleicher Stelle jederzeit neu signiert und veröffentlicht werden können. Das IPNS kann also einen stabilen Adressraum erzeugen, der ähnlich wie die bekannten URLs funktioniert und sogar per »DNSLink« mit dem im Internet verbreiteten »Domain Name System« (DNS) verbunden werden kann, so dass Dateien beispielsweise ganz einfach auch über HTTP im Browser aufgerufen werden können.[96]

Um den Konzepten des IPFS neben den vielen doch sehr statischen Merkmalen zusätzliche Dynamik zu verleihen, gibt es das sogenannte »Publish-Subscribe«-Modell (PubSub). Durch einen solchen Mechanismus können in großen, dezentralen Netzwerken effiziente Routinen auf Basis von Ereignissen umgesetzt bzw. ausgelöst werden. Vereinfacht gesprochen sendet der »Publisher« bei einem Ereignis, das durch ein Thema oder einen Inhalt klassifiziert ist, eine Nachricht an einen »Subscriber«, der entsprechend für ihn interessante Themen abonniert hat, ohne dass beide Parteien direkt verbunden sein müssen, um auch auf dieser Ebene eine bessere Skalierbarkeit und Flexibilität des gesamten Netzwerks zu erlauben. Mit Hilfe von PubSub können im IPFS beispielsweise die kollaborative Arbeit an Dokumenten, Anwendungen zu Kommunikation unter den Akteuren, automatische Dienste zur Verarbeitung von Daten oder sogar funktionsreiche Datenbanken realisiert werden.[97]

Ähnlich wie bei den Blockchains als vollständig dezentrale Systeme kann je nach Einsatzszenario ein gewisses Maß Zentralisierung dennoch gewünscht sein. Aus diesem Grund ist es auch im IPFS möglich, entsprechend private Netzwerke aufzubauen, bei denen nur ein geschlossener Teilnehmerkreis Daten untereinander austauschen kann. Mit Hilfe von »IPFS Cluster« ist es darüber hinaus möglich, einen Cluster von Teilnehmern und Daten zu administrieren. Speicherallokation, die Orchestrierung einzelner Knoten, die Verwaltung ganzer Sätze von Pinnings sowie die Festlegung von

96 Benet, »IPFS – Content Addressed, Versioned, P2P File System«. Seite 9 f.

97 OrbitDB – A serverless, distributed, peer-to-peer database (https://github.com/orbitdb).

Replikations- bzw. Redundanzgraden sind damit auf einfache und zentral gesteuerte Weise möglich.

Das IPFS setzt sowohl für die internen Datenstrukturen als auch für die Adressierung von Inhalten in besonderem Maße auf die Fähigkeiten und Eigenschaften von Hashfunktionen und den damit berechneten Hashwerten als Referenzen. Diese Konzepte werden in ähnlicher Form und auch als grundlegende Bausteine sowohl bei den verteilten Versionsverwaltungssystemen als auch bei den Blockchain-Technologien verwendet. Generell ist eine solche Form der Verknüpfung von Daten das fundamentale Konzept eines jeden dezentralen Systems. Trotz dieser offensichtlichen Gemeinsamkeiten sind die meisten zugrunde liegenden Datenstrukturen solcher Systeme aber nicht interoperabel. Als ein Teil des IPFS und als sehr grundlegendes Konzept dieser dezentralen Infrastruktur, aber auch als ein davon losgelöst verwendbares und eigenständiges Projekt wird deshalb zusätzlich ein Datenmodell namens »InterPlanetary Linked Data« (IPLD)[98] aus der Taufe gehoben. Zum einen, um innerhalb des IPFS an vielen Stellen Verwendung zu finden, aber vor allem auch, um das Problem der Interoperabilität zwischen verschiedenen, auf Hashwerten basierenden Protokollen, Datenstrukturen und Systemen aufzulösen. In Anlehnung an die Konzepte des »Semantic Web«[99] und der daraus abgeleiteten Modelle zu »Linked (Open) Data«[100] soll IPLD einen einheitlichen Namensraum für das Traversieren von Verknüpfungen zur Untersuchung von Daten bieten. IPLD definiert ein in sich geschlossenes deskriptives Modell, das jede Hash-basierte Datenstruktur eindeutig identifiziert und sicherstellt, dass dasselbe logische Objekt immer exakt der gleichen Bitfolge zugeordnet ist. Es ermöglicht, alle Hash-verknüpften Datenstrukturen als Teilmengen eines einheitlichen Informationsraums zu behandeln und alle Datenmodelle, die Daten mit Hashes verknüpfen, als Instanzen von IPLD zu vereinheitlichen. Bei der Konzeption von IPLD wird also Wert darauf gelegt, interoperabel, selbst beschreibend, formatunabhängig, rückwärtskompatibel und gleichzeitig zukunftssicher zu sein. Beispielsweise können so die Datenstrukturen von Bitcoin und dem IPFS miteinander verbunden werden, um das eingangs erwähnte Speicherplatzproblem auf der Blockchain zu

98 InterPlanetary Linked Data (IPLD) – The data model of the content-addressable web (https://ipld.io).

99 Berners-Lee, Hendler, und Lassila, »The Semantic Web. A new form of Web content that is meaningful to computers will unleash a revolution of new possibilities«.

100 Linked Data – Connect Distributed Data across the Web (http://linkeddata.org).

umgehen und Daten entsprechend verknüpft in ein dezentrales Dateisystem auszulagern. Auch die Verknüpfung von Zeitstempeln auf einer Blockchain mit einem bestimmten Versionsstand in Git ist durch die Unabhängigkeit von IPLD auch ohne die Verwendung des IPFS auf eine standardisierte Weise möglich.

Hier zeigt sich zum einen noch einmal deutlich die konzeptuelle Verwandtschaft vieler dezentral ausgerichteter und durch Hash-basierte Verknüpfungen geprägter Systeme. Darüber hinaus kann die gemeinsame Verwendung unterschiedlicher Ansätze, beispielsweise durch eine ausgeklügelte Verknüpfung dieser Systeme offensichtlich durchaus Synergien erzeugen. Insbesondere die unabhängige Entwicklung von IPLD und die inhärenten Fähigkeiten und Vorteile eines solchen Modells zeigen die wechselseitig möglichen Ergänzungen von Systemen und das Potenzial bei einer entsprechenden Verflechtung zusätzlich sehr deutlich auf.

Im Rahmen des IPFS werden vor allem die Chancen im Zusammenspiel mit Blockchains gesehen, um das Konzept des verteilten Dateisystems um einige interessante Aspekte erweitern zu können. Aus diesem Grund wird sogar eine eigene Blockchain namens »Filecoin«[101] entwickelt, um auf Basis des IPFS ein dezentrales Speichernetzwerk aufzubauen sowie für die Teilnehmer eine Form der Incentivierung zur Speicherung von Daten zu schaffen. Über eine Art Marktplatz können Teilnehmer für die Speicherung ihrer Daten Aufträge platzieren, die in Filecoins bezahlt werden.[102] Solche Aufträge können darüber hinaus bestimmte Bedingungen an die gewünschte Verfügbarkeit und Redundanz der Datenhaltung enthalten. Andere Teilnehmer können diese Angebote annehmen, um durch eine entsprechende Speicherung die offerierte Summe an Filecoins zu kassieren. Solche Vertragsabläufe werden bei Filecoin durch Smart Contracts abgewickelt, so dass erbrachte Leistungen, wie die entsprechende Verfügbarkeit (mittels »Proof of Spacetime«) oder eine entsprechende Replikation der Daten (mittels »Proof of Replication«), sichergestellt werden können und eine Bezahlung dementsprechend erst bei korrekter Auftragserfüllung stattfindet.[103] Werden entsprechende Bedingungen nicht eingehalten (beispielsweise, wenn die Daten nicht erreichbar oder entsprechend repliziert sind), werden die Aufträge neu im Netzwerk ausgeschrieben. Filecoin ermöglicht also eine Möglichkeit der dezentralen und

101 Filecoin – A Decentralized Storage Network (https://filecoin.io).

102 Benet und Greco, »Filecoin: A Decentralized Storage Network«. Seite 24 ff.

103 Benet und Greco. Seite 10 ff.

verteilten Speicherung von Daten ohne zentralen Intermediär und mit der Sicherheit von Blockchain-Technologien. Da jeder Teilnehmer ungenutzten Speicherplatz flexibel in ein solches System einspeisen und monetarisieren oder auch wieder zurückziehen kann, dabei aber auch in Konkurrenz zu anderen Teilnehmern steht, sind die Preise in Form von Filecoins deutlich günstiger als Speicherlösungen anderer Anbieter. Mit der Funktionalität einer sogenannten »Bridge« bietet Filecoin auch für andere Blockchains wie Bitcoin die Möglichkeit, große Datenmengen viel effizienter, aber immer noch sicher zu speichern und entsprechend zu verknüpfen, ohne die Fähigkeiten und Vorteile der Blockchain einbüßen zu müssen. [104] Filecoin ist also ein gutes und auch praktisch relevantes Beispiel für die synergetische bzw. problemlösende Verknüpfung zweier dezentraler Konzepte bzw. Systeme.

Im Umfeld der digitalen Editionen, zur Verwaltung von Editionsdaten und als grundlegender Baustein für Editionsinfrastrukturen kann das IPFS zuerst einmal als ein dezentraler, verteilter Datenspeicher dienen. So können Editionsdateien freigegeben, über ihre Inhalte adressiert, empfangen und somit ohne eine zentrale Instanz ausgetauscht werden. Die Integrität der Daten kann dabei bereits über den Hashwert in der Adresse überprüft werden. Durch die zusätzlichen Funktionalitäten einer verteilten Versionsverwaltung und einer gewissen Kompatibilität zu Git besteht die Option, dass IPFS auch die Aufgaben eines solchen Systems übernimmt. Durch die Transitivität dieser Eigenschaften kann das IPFS somit an dieser Stelle den konkreten Anforderungen im Umgang mit digitalen Editionsdaten und den entsprechenden Kriterien zur Bestimmung und Überprüfung der Revisionssicherheit auf ähnliche Weise begegnen, wie ein Versionsverwaltungssystem im Allgemeinen und Git im Speziellen. Darüber hinaus löst das IPFS durch seine verteilte und dezentrale Architektur das in diesem Zusammenhang ohne weitere Hilfsmittel (beispielsweise durch Blockchain-Technologien) als ungelöst angesprochene Problem der Abhängigkeit von einer zentralen Vertrauensinstanz. Durch die durchgängige Verwendung von Multiformats ist das IPFS sogar interoperabler, flexibler und zukunftssicherer aufgestellt als beispielsweise Git oder andere Versionsverwaltungssysteme. Die hohe Dezentralisierung und Offenheit des IPFS kann aber auch nachteilig ausgelegt werden. In der normalen Konfiguration ist jeder Teilnehmer des Netzwerks gleichberechtigt, das heißt jeder, der die Adresse einer Datei, egal ob als Hashwert über den Inhalt oder als aussagekräftigerer Name mittels des IPNS kennt,

---

104 Benet und Greco. Seite 33.

diese Datei aufrufen und selbst speichern kann. Abhilfe schafft hier eine Verschlüsselung, aber insbesondere auch der Aufbau eines geschlossenen IPFS-Netzwerks bzw. -Clusters für einen definierten Teilnehmerkreis. Dieses etwas zentralisiertere Management ermöglicht zusätzlich auch einen deutlich einfacheren Umgang mit den zuvor als problematisch eingeschätzten Löschungen innerhalb des IPFS. Der Betrieb eines solchen IPFS-Clusters als Bestandteil einer Editionsinfrastruktur könnte dementsprechend von einem Konsortium aus Bibliotheken und Archiven realisiert werden. Denkbar ist ferner, dass diese Institutionen ein solches dezentrales und einfach aufzusetzendes Speichernetzwerk auch grundsätzlich für nahezu alle digitalisierten Bestände nutzen. Eine solche Vorgehensweise eignet sich vor allem, um frei verfügbare Inhalte redundant, integritätsgeschützt und eindeutig adressierbar zu publiziern. So können sowohl Editionsdaten als auch verknüpfte Faksimiles und sonstige Quellenmaterialien innerhalb eines einzigen Systems langfristig und zukunftssicher gespeichert werden. Durch den Einbezug von PubSub-Mechanismen und ihren technischen Möglichkeiten besteht darüber hinaus die Möglichkeit, auch Arbeitsumgebungen für die Editoren und Explorationsumgebungen für die Editionsnutzer innerhalb bzw. auf Basis des IPFS zu realisieren. Durch die Verwendung von IPLD ist sowohl das Speichern von als auch das Verknüpfen mit jeder Form von Metadaten innerhalb des IPFS auf transparente und interoperable Weise möglich. Ein solches Modell könnte den Konzepten des Linked (Open) Data neuen Schwung verleihen oder ihnen möglicherweise sogar endlich zum Durchbruch verhelfen. Der einfache Einbezug von Blockchain-Technologien ermöglicht darüber hinaus zusätzliche Funktionalitäten, wie beispielsweise die integrierte Vergabe von Zeitstempeln. Sogar eigenständig publizierende Editionsprojekte können mittels Filecoins kostengünstig eine langfristige Speicherung und Verfügbarkeit über die Projektlaufzeit hinaus und ohne den Betrieb eigener Infrastrukturen realisieren.

Insgesamt sind das IPFS und seine grundlegenden Konzepte neben oder auch zusammen mit den Blockchain-Technologien ein weiterer innovativer Ansatz, das Internet bzw. WWW und seine Grundbausteine (wieder) dezentraler und unabhängiger von Intermediären zu machen. Für die Editorik im Allgemeinen, für den Bereich der digitalen Editionen im Speziellen sowie für die generelle Verwaltung von Editionsdaten kann das IPFS eine solide und zukunftssichere Basis einer Editionsinfrastrukur bilden und viele wichtige Aspekte aus diesem Umfeld abbilden. Die Dezentralisierung, die Disintermediation, die konzeptuelle und funktionale Nähe zu Git sowie die hohe

Integrationsfähigkeit im Hinblick auf Blockchain-Technologien erfüllen die aufgestellten, konkreten Anforderungen aus diesem Bereich sowie die entsprechend damit korrelierenden Kriterien zur Bestimmung und Überprüfung der Revisionssicherheit in nahezu vollumfänglichem Maße. Darüber hinaus kann das IPFS auch für Bibliotheken und Archive der Lösungsweg zu einer einheitlicheren, interoperableren, transparenteren und zukunftssichereren Zusammenarbeit im Bereich der Bereitstellung und Bewahrung digitaler Überlieferungen auf der technischen Infrastrukturebene sein. Ebenso wie die Blockchain-Technologien befindet sich auch das IPFS noch in einer sehr dynamischen Entwicklungsphase. Die Potenziale sind zwar zweifelsfrei erkennbar, aber auch hier muss der Fortschritt dieser Technologien vor dem Hintergrund der editorischen, bibliothekarischen oder archivarischen Anforderungen weiterhin beobachtet werden und insbesondere die Verwendung in praxisnahen Einsatzszenarien auf Alltagstauglichkeit überprüft werden.

7.3.2 Blockchain-Datenbanken

Die Kombination von Speicherverbrauch und Performanz (bzw. Transaktionsgeschwindigkeit) als Schwachstellen der Blockchain-Technologien, aber insbesondere die eingeschränkten Möglichkeiten, beliebig strukturierbare Daten speichern und effizient abfragen zu können, sind die ausschlaggebenden Faktoren bei der Entwicklung sogenannter »Blockchain-Datenbanken«. Natürlich adressieren auch viele Blockchain-Projekte die Performanzverbesserung und erhöhen die Transaktionsgeschwindigkeit beispielsweise durch verbesserte Konsensfindungsverfahren. Mit Hilfe von Smart Contracts oder dApps können gar beliebige Anwendungen (also auch Datenbanken) auf der Blockchain realisiert werden. Die Performanz, ein erhöhter Speicherverbrauch und vor allem die Einschränkungen bei der Strukturierung und der effizienten Abfrage von Daten bleiben aber oft Restriktionen solcher Ansätze. Das IPFS als externer und dezentraler Speicher in Verbindung mit einer Blockchain löst das Problem der Performanz ebenfalls nicht in allen Bereichen. Zwar lassen sich auch auf Basis des IPFS in Verbindung mit PubSub einfache Datenbanken realisieren (ausführlicher in Kapitel 7.3.1 Peer-to-Peer Dateisysteme), die durchaus ihre Einsatzszenarien haben. Dennoch sind auch bei einem solchen Ansatz die Performanz, aber auch der eingeschränkte, konzeptuell bedingte Funktionsumfang im Vergleich zu klassischen Datenbanken immer noch Schwachpunkte, so dass solche Ansätze eher als Ergänzung zur Verwendung mit einer Blockchain und im

Umfeld von Smart Contracts oder dApps Verwendung finden. Grundsätzlich kann natürlich jede Blockchain für sich als eine spezielle Datenbank mit besonderen Eigenschaften gesehen werden. Im Folgenden werden unter dem Begriff Blockchain-Datenbanken Systeme verstanden, die von ihrer Funktionalität mit klassischen relationalen bzw. nicht relationalen Datenbanken vergleichbar sind, aber gleichzeitig auch charakteristische Merkmale der Blockchain-Technologien auf sich vereinen.

Ein konkretes Beispiel für eine solche Datenbank ist die »InterPlanetary Database« (IPDB)[105], deren Name in enger Anlehnung an das IPFS gewählt ist. Die IPDB basiert auf der neuesten Generation einer Blockchain-Datenbank namens »BigchainDB«[106], die wiederum im Wesentlichen auf der weit verbreiteten und dokumentenorientierten NoSQL-Datenbank MongoDB[107] basiert. Zwar gibt es auch bei MongoDB bereits die Möglichkeit, Instanzen der Datenbank über mehrere Server zu verteilen, um eine höhere Replikation bzw. Ausfallsicherheit zu erreichen, die Dezentralisierung und vor allem auch Disintermediation einer Blockchain wird mit diesem Vorgehen aber konzeptuell bedingt nicht erreicht. Aus diesem Grund werden für das Konzept der IPDB (bzw. BigchainDB) verteilte und unabhängige Instanzen von MongoDB um Blockchain-Funktionalität mittels eines gegen den byzantinischen Fehler[108] toleranten Konsensverfahrens zur Zustandsreplikation namens »Tendermint«[109] ergänzt, was prinzipiell den wesentlichen Funktionalitäten einer Blockchain entspricht. Die Architektur von Tendermint ist dabei explizit für die Integration beliebiger deterministischer Zustandsmaschinen ausgelegt. Im Fall der IPDB werden also alle Zustände und damit alle Daten in den verteilten und unabhängigen MongoDB-Instanzen gespeichert. Die komplette Kommunikation und insbesondere die Konsensfindung zwischen diesen Datenbankknoten laufen dabei aber ausschließlich über das Tendermint-Protokoll, so dass die Integrität und Manipulationssicherheit der Daten auch innerhalb des Netzwerks verteilter MongoDB-Instanzen garantiert werden können.[110] Dabei verzichtet Tendermint beim Konsens-

---

105 InterPlanetary Database (IPFS) – A Database for the Distributed Web (https://ipdb.io).

106 McConaghy u. a., »BigchainDB: A Scalable Blockchain Database«; BigchainDB GmbH, »BigchainDB 2.0 – The Blockchain Database«.

107 MongoDB – The database for modern applications (https://www.mongodb.com).

108 Zum byzantinischen Fehler siehe auch Fußnote 42 (Kapitel 7.2).

109 Tendermint – Byzantine-fault tolerant state machine replication (https://tendermint.com).

110 BigchainDB GmbH, »BigchainDB 2.0 – The Blockchain Database«. Seite 2 f.

verfahren auf das geschwindigkeitsreduzierende und ressourcenintensive Konzept des Proof of Work (welches Bitcoin verwendet), um die Performanz bzw. die Transaktionsgeschwindigkeit des gesamten Protokolls deutlich zu erhöhen.[111]

In der IPDB werden Daten als sogenannte »Assets« verwaltet. Im Umfeld der Blockchain-Technologien können Assets vielfältige Repräsentationen annehmen. Am Beispiel der Bitcoin-Blockchain sind die Bitcoins selbst als Einheiten einer digitalen Kryptowährung die Assets. Assets können aber auch den Besitz einer Immobilie, den Anteil an einem Unternehmen, das Eigentum an einem Gegenstand oder die Rechte an digitalen Dokumenten abbilden. Ein solches Asset wird innerhalb der IPDB von einem oder sogar mehreren Eigentümern selbst kontrolliert (»Owner-Controlled Asset«, per asymmetrischer Verschlüsselung bzw. privatem und öffentlichem Schlüsselpaar), so dass es ohne vermittelnde Instanz auf einen neuen Besitzer transferiert werden kann.[112] Trotz der ungewöhnlichen Verwendung einer Datenbank für die Speicherung von Daten verhält sich die IPDB bis hierher prinzipiell und konzeptuell wie eine Blockchain. Die eigentliche Innovation liegt dabei in der Organisation der Assets und den Möglichkeiten ihrer Verwendung. Es gibt dazu zwei grundsätzliche Operationen, die auf Assets ausgeführt werden können. Die erste Operation ist die Erstellung eines Assets, bei der neben den identifizierenden, unveränderlichen Daten auch später veränderbare, beschreibende Metadaten gespeichert werden können. Die identifizierenden Daten eines Assets enthalten in Anlehnung an obige Beispiele die genaue Bezeichnung einer Immobilie, den eindeutigen Namen eines Unternehmens, die Seriennummer eines Gegenstands oder ein digitales Dokument bzw. nur den Hashwert über dessen Inhalt. Die Metadaten können zusätzliche, sich eventuell über die Zeit verändernde Informationen in Bezug zum eigentlichen Asset enthalten. Das wären beispielsweise die Mietverhältnisse der Immobilie, die Geschäftsführer des Unternehmens, der Zustand eines Gegenstands oder ergänzende Hinweise zum digitalen Dokument bzw. das Dokument selbst. Alle Daten eines Assets werden dabei in der sogenannten »JavaScript Object Notation« (JSON)[113] gespeichert, was die Flexibilität bei der Speicherung, aber insbesondere auch

111 Kwon, »Tendermint: Consensus without mining«. Seite 1 ff.

112 BigchainDB GmbH, »BigchainDB 2.0 – The Blockchain Database«. Seite 3

113 JavaScript Object Notation« (JSON) – A lightweight data-interchange format (https://json.org).

die Effizienz späterer Abfragen dieser Daten deutlich erhöht. Die zweite Operation ist der Transfer eines solchen Assets, bei dem die durch entsprechende Schlüssel sichergestellte Inhaberschaft an einen oder mehrere (nicht zwangsläufig andere) Teilnehmer übergeht. Nur bei einem solchen Transfer können die Metadaten eines Assets geändert werden, so dass auch diese Änderungen in einer Art Historie nachvollziehbar bleiben. Einmal erstellte Assets können also eindeutig identifiziert, an andere Teilnehmer transferiert, in ihren Metadaten angepasst und ihre Historie nachvollzogen werden. Da diese Assets nun durch Blockchain-Technologien manipulations- und integritätsgeschützt in jeder der dezentral verteilen MongoDB-Instanzen im JSON-Format vorliegen, können auch die Stärken dieser Datenbanken entsprechend ausgespielt werden. Jeder Betreiber einer solchen Instanz kann je nach Einsatzszenario den Zugriff auf die Datenbank definieren und in entsprechendem Umfang freigeben. Grundsätzlich stehen damit alle Funktionalitäten der Datenbank zur Verfügung. Manipulierende Schreibzugriffe sind auf Grund der verteilten und redundanten Datenhaltung gemäß der Blockchain-Prinzipien nicht sinnvoll und können von anderen Teilnehmern festgestellt und im Zweifel überstimmt werden. Der große Vorteil liegt an dieser Stelle vor allem in den effizienten Abfrage- und Indexierungsmechanismen der Datenbank. Neben den in Umfang und Struktur flexiblen Speichermöglichkeiten können diese Daten für viele weitere Anwendungsfälle effizient abgefragt und aufbereitet werden. Auf diese Weise werden die Vorteile der Blockchain-Technologien um die Stärken der Datenbanken ergänzt. Neben dem konkreten Beispiel der IPDB und den zugrunde liegenden dokumentenorientierten Datenbankkonzepten von MongoDB gibt es viele ähnliche Ansätze, unter anderem auch aus dem Bereich der relationalen Datenbanken.[114] Zu erwähnen sind an dieser Stelle natürlich auch die konzeptuell bedingten Nachteile solcher Hybridsysteme, wie beispielsweise die der Integritätssicherheit und Nachvollziehbarkeit grundsätzlich entgegenstehenden Problematiken zur nachträglichen Löschung von Assets bzw. ihrer Änderungsverläufe oder die für die Konsensverfahren notwendige und hohe Redundanz der Datenhaltung. Auch hier müssen je nach Blockchain-Datenbank die entsprechenden Eigenschaften und Funktionalitäten solcher Datenbanken sowie ihre grundsätzlichen Implikationen verstanden werden, um für ein spezielles Einsatzszenario die richtigen Komponenten auswählen und die Vorteile nutzen zu können.

---

114 Nathan u. a., »Blockchain Meets Database: Design and Implementation of a Blockchain Relational Database«.

Für das Umfeld der digitalen Editionen ist der Einsatz der IPDB als konkrete Implementierung einer Blockchain-Datenbank zunächst einmal für die Speicherung von Editionsdaten denkbar. Insbesondere im TEI- bzw. MEI-Format codierte Daten können leicht von XML zu JSON konvertiert und in einem Asset abgelegt werden. Dazu kann beispielsweise ein Asset mit entsprechenden Zugriffsrechten erstellt werden, das in den unveränderlichen Daten zur Identifizierung den Namen des Editionsprojekts enthält und in den veränderlichen Metadaten die Editionsdaten selbst speichert. Um die Edition fortzuschreiben, kann mit jeder neuen Transaktion ein neuer Versionsstand in den Metadaten gespeichert werden. Zusätzlich lassen sich über die Zeit auch die Schlüssel und damit die Berechtigungen solcher Zugriffe anpassen. Das Potenzial eines solchen Anwendungsfalls liegt aber eindeutig im Bereich der (Nach-)Nutzung von in dieser Form strukturiert gespeicherten Daten, da sie komplexe Indexierungs- und Abfragemechanismen erlauben. Vorstellbar ist die Verwendung der IPDB als Back-end, insbesondere für lesende, aber in Abhängigkeit von nutzerdefinierten Parametern dynamisch generierte Publikationsformen oder Explorationsumgebungen, die beispielsweise als Cloud-Anwendung (und nicht zwingend dezentral) konzipiert sein können. Sofern Blockchain-Datenbanken die Verwendung von Smart Contracts bzw. die Implementierung von dApps ermöglichen, können solche Plattformen aber auch innerhalb des gleichen Systems definiert und realisiert werden. Solche Szenarien besitzen dann eine maximale Dezentralisierung und Disintermediation. Es ist aber in Analogie zur Einsatzszenariobeschreibung des IPFS auch der Betrieb eines IPDB-Netzwerks durch ein Konsortium ein möglicher Ansatz. Als Konsortialpartner kommen auch hier wieder Bibliotheken und Archive in Betracht, die solche verteilten und dezentralen Datenbanken als Teil einer Editionsinfrastruktur gemeinsam betreiben können. Innerhalb solcher Infrastrukturen kann die IPDB beispielsweise die Funktionalitäten des IPFS komplementär um die effizienten Fähigkeiten einer Datenbank ergänzen. Für die konkreten Anforderungen digitaler Editionen bzw. Editionsinfrastrukturen und ihren engen Bezügen zur Revisionssicherheit und deren Kriterien lassen sich vor allem Parallelen zur entsprechenden Einordnung und Bewertung der reinen Blockchain-Technologien ziehen (ausführlicher in Kapitel 7.2 Blockchain-Technologien). Hervorstechend sind hier allerdings die charakteristischen Merkmale einer Datenbank, welche die Anforderungen für die Editionsdaten aus dem Umfeld der Publikation und damit auch Aspekte der Nachnutzbarkeit, der Anschlussfähigkeit und der Bewahrung in besonderem Maße adressieren.

8. Zusammenfassung

Die vorliegende Arbeit stellt die digitalen Editionen und ihre vielschichtigen Herausforderungen in den Mittelpunkt der Untersuchungen. Ziel ist es, die komplexen und oft konfligierenden Kräfte im Spannungsfeld des Medienwechsels von der gedruckten zur digitalen Edition aufzuspüren, ihre Ursprünge, Bedingungen und Wechselwirkungen zu identifizieren und diese durch Adaption bzw. Kombination verschiedener Konzepte und Ansätze entsprechend reflektierter verstehen und konsolidierter beschreiben zu können. Gestützt auf diese theoretischen Grundlagen und Methodiken werden konkrete, technische Anforderungen an moderne digitale Editionen bzw. Editionsinfrastrukturen abgeleitet und systematisiert, um diesen schließlich auf Basis von innovativen, technischen und für dieses Umfeld neuartigen Lösungsansätzen konstruktiv, praxisorientiert und zukunftsfähig begegnen zu können.

Um sich dem umfangreichen und zu Anfang recht unübersichtlichen Themenkomplex der digitalen Editionen zu nähern, werden in Kapitel 2 (Herausforderungen digitaler Editionen) zunächst die dynamischen Entwicklungsprozesse anhand wichtiger Weg- und Wendepunkte ausführlich untersucht. Im Fokus der Beobachtungen steht dabei insbesondere der Medienwechsel von der gedruckten zur digitalen Edition sowie seine Implikationen und Auswirkungen. Durch eine Identifikation der Potenziale digitaler Editionen, aber auch ihrer Nachteile gegenüber den gedruckten Buchausgaben, werden sukzessive sehr facettenreiche Herausforderungen herausgearbeitet, die dann im Weiteren entsprechend aufgegriffen und analysiert werden.

In einem ersten Schritt (Kapitel 2.1 Technologische Genese digitaler Editionen) wird dazu eine überwiegend technisch geprägte Perspektive eingenommen, um die entsprechenden Entwicklungen im Umfeld der digitalen Editionen zu beschreiben. Als wichtige Eckpunkte werden zunächst der bereits frühe Einsatz von Datenbanktechnologien im Umfeld digitaler Editionen sowie die Weitergabe digitaler Editionsdaten auf Datenträgern und ihre Wiedergabe mittels neuartiger Präsentationsformen statt einer gedruckten Reanalogisierung eingehend untersucht, um damit zwangsläufig einhergegangene Herausforderungen kritisch zu rekapitulieren und in die Gegenwart zu übertragen. Anschließend hervorgehobene Konvergenzen zwischen zunehmend digitalen editorischen Konzepten und den Theorien des Hypertexts beförderten ebenfalls frühzeitig ein nicht mehr zwangsläufig linear und statisch gedachtes Editionsverständnis, so dass sich Aspekte der Mehrdimensionalität und Multimedialität sowie der Dynamik und Interaktivität im Umgang mit digitalen Editionen deutlich stärker herausbilden konnten. Offengelegt wird aber auch, dass die in diesem Zusammenhang als zukunftsweisend gehandelten Hypertexteditionen niemals vollumfänglich den sehr komplexen Hypertextkonzepten folgen konnten. Proprietäre Hypertextsysteme wurden letztendlich von den Technologien des »World Wide Web« (WWW) abgelöst, dessen Konzepte zwar grundsätzlich an die Hypertexttheorien angelehnt sind, aber anfangs an vielen Stellen stark vereinfacht und abstrahiert wurden. Es wird aufgezeigt, dass insbesondere standardisierte Protokolle und Präsentationsformen sowie leicht zugängliche Distributionswege die wesentlichen Treiber dieser Entwicklungsprozesse waren, aber für das Umfeld der digitalen Editionen gleichzeitig auch zahlreiche neue Herausforderungen aufwarfen. Um die technisch geprägte Betrachtungsweise abzurunden, werden schließlich die im Umfeld digitaler Editionen genutzten Auszeichnungssprachen der »Text Encoding Initiative« (TEI) und der »Music Encoding Initiative« (MEI) detailliert untersucht und in das Gesamtbild eingeordnet, um auch für diesen Bereich die wesentlichen Herausforderungen und insbesondere technischen Implikationen zu erfassen. Insgesamt ergibt sich so eine thematisch und größtenteils auch chronologisch geordnete sowie mit einschlägiger Literatur unterfütterte Übersicht der technologischen Genese digitaler Editionen mit einer Akzentuierung auf den jeweils abgeleiteten und größtenteils technischen Herausforderungen.

In einem zweiten Schritt (Kapitel 2.2 Beobachtungen im Umfeld digitaler Editionen) wird die technisch fokussierte Perspektive im Umfeld der digitalen Editionen in vielfältige Richtungen ausgeweitet. Dazu werden zunächst alle direkt oder indirekt beteiligten Akteure identifiziert und der Wandel ihrer Rollenbilder im Medienwechsel von der gedruckten zur digitalen Edition systematisch untersucht, um die Ursachen und Auswirkungen dieser Veränderungen zu verstehen und entsprechende Herausforderungen abzuleiten. Durch die Analyse verschiedener Aspekte mit Bezug zum Urheberrecht und zur Autorschaft unter dem Gesichtspunkt ebendieses Medienwechsels werden zahlreiche und durch die Digitalisierung verschärfte Urheberrechtskonflikte festgestellt sowie ein deutlich differenzierteres und kollaborativeres Verständnis von Autorschaft für den Bereich der digitalen Editionen herausgearbeitet. Über die Ausweitung der Tätigkeits- und Aufgabenbereiche durch die steigende Komplexität einer zunehmenden Digitalisierung wird die Herausbildung von Spezialisten im editorischen Umfeld abgeleitet und anhand einer Diversifikation der Kompetenzen ein erhöhter Bedarf an Kollaboration und Kommunikation innerhalb der Editionsprozesse beobachtet, aus dem weitere Herausforderungen abgeleitet werden. Anschließend werden die sehr vielschichtigen Annotationen als wesentliches Arbeits- und Ausdrucksmittel der Editoren hervorgehoben und in das sehr dynamische Umfeld der digitalen Editionen eingeordnet. Über das problematische Referenzieren bzw. Zitieren dynamischer, kontinuierlich fortgeschriebener Editionen wird darüber hinaus eine stark zunehmende Kontextualisierung der digitalen Editionen betont, die ebenfalls wiederum zahlreiche Herausforderungen impliziert. So entsteht ein weiterer, thematisch gegliederter und ebenfalls mit passender Literatur untermauerter Überblick, der über die technische Fokussierung hinaus ein weiträumigeres Umfeld der Editionen abdeckt und die entsprechenden Herausforderungen der einzelnen Bereiche identifiziert und entsprechend markiert.

Auf Basis dieser beiden grundlegenden Untersuchungsschritte entsteht in Kapitel 2 somit ein umfassender und detaillierter Überblick der sehr zahlreichen und insbesondere äußerst vielfältigen (technischen, kulturellen, traditionellen, institutionellen, rechtlichen, sozialen, kollaborativen, kommunikativen und kontextuellen) Herausforderungen im Umfeld der digitalen Editionen unter den signifikanten Bedingungen des Medienwechsels. Die besondere, chronologische und thematische Breite des Untersuchungsbereichs ist an dieser Stelle eine wesentliche Voraussetzung, um die facettenreichen und oft voneinander abhängigen oder aber auch diametral gegenüberstehenden Herausforderungen sowie ihre Ursprünge, Bedingungen und Wechselwirkungen entsprechend vollständig und umsichtig ergründen zu können. Die spezielle Perspektive der Informatik verstärkt in Ergänzung zum editionswissenschaftlichen Blickwinkel die implizit technisch-medialen Aspekte dieser Herausforderungen, zeigt aber ebenfalls deutlich auf, dass sehr differenzierte, oft disziplinäre Grenzen überschreitende Betrachtungsweisen für ein vollständiges Verständnis dieser äußerst dynamischen Entwicklungsprozesse im Gesamtkontext der digitalen Editionen von entscheidender Bedeutung sind.

Ausgehend von diesen vielfältigen und vielschichtigen Herausforderungen sowie den entsprechenden Erkenntnissen ihrer Ursachen und Auswirkungen wird in Kapitel 3 (Editionsinfrastrukturen) die Notwendigkeit von Infrastrukturen als eine übergeordnete, verbindende und integrierende Lösungsstrategie abgeleitet, um dieser komplexen Thematik überhaupt in der besonderen Bandbreite des zuvor eröffneten und analysierten Blickfeldes begegnen zu können. Es wird aufgezeigt, dass insbesondere eine zunehmende Kontextualisierung digitaler Editionen als hochgradige Vernetzung von verteilten Inhalten bzw. Diensten eine gewisse Kompatibilität zugrunde liegender Systeme, Methoden und Schnittstellen voraussetzt. Standardisierte Auszeichnungssprachen wie TEI oder MEI schaffen hier die Grundlagen, auf denen miteinander kompatible Werkzeuge und Protokolle entwickelt werden können, so dass entsprechende Implementierungen auf Basis technischer und modularer Editionsbaukästen untereinander inkompatible Insellösungen ablösen können. Darüber hinaus wird aus der zunehmenden Komplexität einer sich diversifizierenden Kompetenzverteilung und der dadurch geförderten Kollaboration unterschiedlicher Akteure und Institutionen, dem Abbau von Grenzen zwischen Arbeits-, Publikations- und Rezeptionsumgebungen sowie dem verstärkten Einbezug des Gesamtkontextes und daraus entstehender Abhängigkeiten abgeleitet, dass auch für diese Bereiche eine durchgängige Integration auf technologischer Ebene notwendig ist. Auch die Fähigkeit, konfligierende Herausforderungen durch entsprechenden Technikeinsatz austarieren zu können, wird als ein wesentlicher Beitrag des beschriebenen Ansatzes hervorgehoben. Schließlich kann auf Basis dieser vielsträngigen Argumentationsketten die Notwendigkeit zur Entwicklung und Etablierung solcher Editionsinfrastrukturen als grundlegender Baustein für die digitalen Editionen und ihre technische Realisierung überzeugend begründet werden.

Viele der zuvor genannten Herausforderungen haben bereits einen technischen Ursprung, aber auch nicht technische Herausforderungen lassen sich offensichtlich durch Technikeinsatz auflösen oder zumindest in ihren Auswirkungen entsprechend unterstützen bzw. abmildern. Dennoch lassen sich nicht immer alle der identifizierten Herausforderungen zielgerichtet koordinieren, einhellig harmonisieren oder zeitgleich parallelisieren, vielmehr stehen sich die ausschlaggebenden Kräfte oft gegenläufig und damit konfligierend gegenüber. Die unter Berücksichtigung dieser komplexen Bedingungen in Kapitel 3 herausgearbeiteten, modular ausgerichteten und auf gemeinsamen Standards basierenden Editionsinfrastrukturen können diese Konflikte an vielen Stellen austarieren, indem sie je nach Ausrichtung und Zielstellung der Editionsvorhaben flexibel und individuell gestaltbare Ausprägungen digitaler Editionen erlauben und insbesondere die dadurch ermöglichte »kompatible Heterogenität« nicht auf ein verlustbehaftetes Zugeständnis reduzieren, sondern bewusst als ein notwendigerweise kompromissbildendes sowie die Vielfalt und Innovation förderndes Leitbild propagieren. Die facettenreichen Herausforderungen selbst ermöglichen es, Argumentationsstränge aus sehr unterschiedlichen Richtungen zu führen, um die Entwicklung und die Etablierung sowie insbesondere die Vorteile solcher Editionsinfrastrukturen als eine logische Konsequenz und notwendigen Paradigmenwechsel dieser komplexen Thematik sowie als ein grundlegendes Fundament digitaler Editionen deutlich zu untermauern. Darüber hinaus zeichnet sich ebenfalls die Erkenntnis ab, dass viele der propagierten Infrastrukturkomponenten über diese fachlichen Grenzen hinaus gedacht werden können bzw. idealerweise sogar müssen, um gemeinsame Standards und Konventionen zu fördern, entsprechende Synergien zu nutzen und damit einer Strategie zukunftsfähiger Forschungsdateninfrastrukturen zu folgen.

Um diese bereits wesentlichen Erkenntnisse zu vertiefen und mit theoretischen Konzepten zu unterfüttern und zu präzisieren, werden in Kapitel 4 (Produkt-Prozess-Komplementarität) die Editionen im Zeichen des Medienwechsels zuerst aus zwei zusätzlichen, für das weitere Verständnis (der Herausforderungen und möglicher Lösungswege) wichtigen Perspektiven beleuchtet. Es wird aufgezeigt, dass die gedruckte Edition auf Grund ihres statischen und abgeschlossenen Charakters aus einem produktorientierten Blickwinkel betrachtet wird und die Sicht auf die inhärenten Erschließungs- und Entstehungsprozesse aus vielfältigen, insbesondere medialen Gründen verdeckt ist. Erst der Medienwechsel hebt diese Beschränkungen auf und die prozessorientierte Perspektive kann durch die digitalen Editionen stärker in den Vordergrund rücken. Es wird aber gleichzeitig festgestellt, dass beide Sichtweisen weder strikt und scharf getrennt werden können, noch dass Produkt- oder Prozessmerkmale jeweils auf die gedruckte oder die digitale Edition beschränkt sind. Durch das Konzept der Produkt-Prozess-Komplementarität aus der Softwareentwicklung flankiert mit einer Theorie zur Wissensarbeit werden diese Feststellungen sowohl auf der Ebene der kollaborativen Editionsarbeit als auch auf der technischen Ebene der Editionsinfrastrukturen zusätzlich und ausführlich belegt. Es wird aufgezeigt, dass zwar die Prozessperspektive mit der fortschreitenden Digitalisierung der Editionen zunehmend dominiert, die produktorientierte Sicht aber nicht vollständig ausgeblendet werden kann. Für eine generelle Betrachtung produkt- oder prozessorientierter Merkmale wird schließlich hervorgehoben, dass diese im Digitalen nicht einfach nur alternativ ausschließend, sondern wechselseitig ergänzend und damit komplementär erfolgen muss. Darüber hinaus wird mit der dominierenden Prozessperspektive ein implizit umsichtiger Einbezug des vielschichtigen Gesamtkontextes propagiert.

Auf diese Weise wird mit der Adaption der Produkt-Prozess-Komplementarität in Kapitel 4 eine neuartige, präzise und theoretisch fundierte Basis für ein umfassenderes Verständnis der digitalen Editionen bzw. Editionsinfrastrukturen und ihrer dynamischen Entwicklungen unter den Bedingungen des Medienwechsels und seiner facettenreichen Herausforderungen gelegt. Diese komplementäre Betrachtungsweise fördert und festigt maßgeblich die Erkenntnis, dass der Einbezug verschiedener Akteure, insbesondere der Nutzer, mit teils heterogenen Interessen und Zielen, die erhöhte und notwendige Kooperation und Kommunikation untereinander, die Dynamik der Weiterentwicklung (insbesondere auch während der Nutzung/nach der Veröffentlichung), die inkrementelle Versionierung aller Fortschritte sowie die Einbettung in einen sozialen Kontext und damit einhergehenden Wechselwirkungen aus traditionellen, kulturellen, institutionellen, rechtlichen oder kollaborativen Bereichen essenzielle Voraussetzungen digitaler Editionen sind. Gleichzeitig zeigt das Konzept der Produkt-Prozess-Komplementarität aber auch deutlich die Ambivalenz dieser vom Medienwechsel forcierten Prozesse auf, dessen diametrale Positionen und Konflikte zwischen technischen und sozialen, tradierten und modernen, konträren und gemeinsamen sowie produkt- und prozessorientierten Kräften nicht als ein »Entweder-Oder« betrachtet werden können, sondern stattdessen ein wechselseitiges Ergänzen und Austarieren zwingend erforderlich machen. Neben dem umsichtigen Einbezug des durch vielschichtige Herausforderungen in einer großen Bandbreite geprägten Gesamtkontextes sind auch die hier als fundamental herausgestellten Aspekte und Strategien der Komplementarität und Kompromissfindung ein entscheidendes Argument für eine verbindende, integrative sowie im Umgang mit Konflikten entsprechend flexibel austarierende Editionsinfrastruktur.

In Kapitel 5 (Abgeschlossenheit vs. Offenheit) wird das Konzept der Produkt-Prozess-Komplementarität aufgegriffen, um die ergänzenden Wechselwirkungen durch eine genauere Analyse der verantwortlichen Kräfte mit Hilfe des Konzepts der Gestaltungskonflikte weiter zu systematisieren und ein besseres Verständnis für ihr komplexes Zusammenspiel im Umfeld der digitalen Editionen zu entwickeln. Mit der konfligierenden Formulierung

»Abgeschlossenheit vs. Offenheit« als Gestaltungskonflikt wird zunächst noch einmal die abgeschlossene, gedruckte Edition (mit Attributen der Endgültigkeit, der Dauerhaftigkeit und der Vollständigkeit) in Kontrast zur offenen, digitalen Edition (mit Merkmalen der Dynamik, der Volatilität und des Unfertigen) gestellt. Es wird aber erkannt, dass viele Argumente für die Abgeschlossenheit der gedruckten Edition einer genaueren Untersuchung nicht standhalten. Ebenso wird beobachtet, dass die Öffnungsprozesse der digitalen Editionen durch den Verlust oder die Abschwächung von Merkmalen der Abgeschlossenheit zwangsläufig zu Akzeptanzproblemen und neuen Konflikten führen und eine zunehmende Digitalisierung und ein steigender Technikeinsatz diese Probleme weiter verschärfen. Neben den unbestreitbaren Vorteilen der digitalen Editionen werden einer sich dementsprechend ausweitenden Offenheit somit auch unerwünschte oder unvorteilhafte Nebenwirkungen attestiert, deren Ursachen im Medienwechsel und damit im Verlust oder der Abschwächung von Merkmalen der gedruckten Edition liegen. Um diesen erst im Digitalen entfesselten Kräften entgegenwirken zu können, wird die Übernahme oder technische Nachbildung dieser Eigenschaften diskutiert, da das digitale Medium als Auslöser auch gleichzeitig die Gestaltungspotenziale für das komplementäre Austarieren dieser Konflikte bereithält.

Schlussendlich kann so in Kapitel 5 für die Ambivalenz des Gestaltungskonflikts »Abgeschlossenheit vs. Offenheit« und seines gleichzeitig kompetitiven, aber insbesondere auch komplementären Kräfteverhältnisses ein theoretisch fundierter Unterbau geschaffen werden, dessen Adaption als Konzept und Instrument passgenau auf das Umfeld der digitalen Editionen bzw. Editionsinfrastrukturen übertragen und angewendet werden kann. Durch die enge Verbundenheit mit dem Konzept der Produkt-Prozess-Komplementarität entsteht somit eine neuartige Betrachtungsweise, die zum einen den Medienwechsel im Umfeld der Editionen und insbesondere seine vielschichtigen Herausforderungen als Gestaltungskonflikte verständlicher erklären und zum anderen auch mögliche Lösungswege in Form einer Kompromissfindung bzw. -bildung einfacher identifizieren und schlussendlich besser begründen kann. Ausgehend von diesen theoretischen Erkenntnissen und den ausführlich herausgearbeiteten Kräften und ihren konfligierenden Wechselwirkungen werden dann für die weiteren Untersuchungen ganz konkrete, anwendungsnahe und entsprechend auszutarierende Anforderungen der digitalen Editionen bzw. der Editionsinfrastrukturen abgeleitet, um auf diese im Weiteren praxisorientierter Bezug nehmen zu können.

Diese konkreten Anforderungen an digitale Editionen bzw. Editionsinfrastrukturen werden in Kapitel 6 (Revisionssicherheit digitaler Editionen) für weitere Untersuchungen aufgegriffen. Zunächst werden ihre Ursprünge noch einmal anhand des Gestaltungskonflikts »Abgeschlossenheit vs. Offenheit« und des Konzepts der Produkt-Prozess-Komplementarität nachgezeichnet, bevor die generelle Aufzeichnung von Geneseinformationen als zentrales Moment sowie implizite und notwendige Vorbedingung aller konkreten Anforderungen in den Fokus der Betrachtung gerückt wird. Es wird festgestellt, dass bisher ein geeigneter Untersuchungsansatz fehlt, um dieses komplizierte und konfligierende Spannungsfeld insbesondere der konkreten Anforderungen an die digitalen Editionen bzw. Editionsinfrastrukturen reflektierter verstehen und konsolidierter beschreiben zu können. Als passende Methodik wird das Konzept der Revisionssicherheit eingeführt und die bereits dem Namen nach inhärente Sicherstellung versionierter Geneseinformationen als erstes Argument für weitere Untersuchungen angeführt. Nach einer detaillierten Erläuterung des Konzepts, einer Einordnung in den Kontext der digitalen Editionen bzw. Editionsinfrastrukturen und der Herausarbeitung erster Parallelen und Schnittmengen beider Seiten wird das Konzept der Revisionssicherheit schließlich anhand seiner Kriterien in eine enge Relation mit den konkreten Anforderungen gesetzt. Dabei wird zwischen den einzelnen Kriterien zur Bestimmung und Überprüfung der Revisionssicherheit auf Grund der gemeinsamen Wirkrichtung mit den Vorgaben und Zielsetzungen der konkreten Anforderungen eine eindeutige Korrelation identifiziert. Aus diesen Erkenntnissen wird dann ein strukturierender, systematisierender und qualifizierender Bezugsrahmen für die konkreten Anforderungen der digitalen Editionen bzw. Editionsinfrastrukturen abgeleitet. Auf der einen Seite fördert und festigt dieser Ansatz das grundlegende Verständnis für die konkreten Anforderungen und ihre komplexen Ursprünge als Gestaltungskonflikte einer zunehmend dominierenden Prozessorientierung, auf der anderen Seite bietet er auch eine klassifizierende und überprüfende Methodik, die auf bestimmte Eigenschaften und Merkmale von digitalen Editionen bzw. Editionsinfrastrukturen einordnend und bewertend angewendet werden kann.

Auf Basis dieses in Kapitel 6 adaptierten Konzepts der Revisionssicherheit und seiner Kriterien als ein für diesen Untersuchungsbereich neuartiges und innovatives Instrument können sowohl das komplexe Spannungsfeld der Gestaltungskonflikte unter den Bedingungen des Medienwechsels und einem dementsprechenden Verlust von Produktmerkmalen durch eine zunehmende Prozessorientierung als auch die daraus abgeleiteten konkreten Anforderungen digitaler Editionen bzw. Editionsinfrastrukturen konkreter beschrieben, stringenter diskutiert und entsprechende Entscheidungen schlussendlich auch fundierter begründet werden. Neben der Etablierung und Konventionalisierung einer einheitlichen Betrachtungs- bzw. Sprechweise lässt sich der gewählte Ansatz auch als funktionales Instrument zur Klassifikation und Überprüfung von bestimmten Eigenschaften und Merkmalen von digitalen Editionen bzw. Editionsinfrastrukturen anwenden. Dementsprechend dient diese konzeptuelle Adaption der Revisionssicherheit im Anschluss auch der praxisorientierten bzw. anwendungsnahen Einordnung und Bewertung konkreter, technischer Lösungsansätze. Ein solcher Ansatz schlägt die Brücke zwischen den theoretischen Konzepten und Erkenntnissen hin zu den praktischen bzw. technischen Lösungsansätzen. Vor allem auch die generelle Stärke dieser Methodik bei der Untersuchung von Systemen mit einer dominierenden Prozessebene bei gleichzeitigem und komplementärem Einbezug produktorientierter Eigenschaften und dem dafür notwendigen und austarierenden Technikeinsatz soll an dieser Stelle deutlich herausgestellt werden.

In Kapitel 7 (Technische Lösungsansätze zur Revisionssicherheit) werden schließlich der Technikeinsatz sowie entsprechende Gestaltungspotenziale und Unterstützungsfunktionen in den Fokus der Untersuchungen gestellt, um technische Lösungsansätze für die zuvor anhand der Produkt-Prozess-Komplementarität und des Gestaltungskonflikts »Abgeschlossenheit vs. Offenheit« herausgearbeiteten, durch das Konzept der Revisionssicherheit systematisch eingerahmten, konkreten Anforderungen im Umfeld der digitalen Editionen bzw. der Editionsinfrastrukturen vorzustellen. Über einen Verweis auf die Ursprünge dieser Anforderungen im Medienwechsel sowie den schwindenden Produktmerkmalen und einer zunehmend dominierenden Prozessperspektive wird noch einmal die komplementäre Ergänzung bzw. Erhaltung bestimmter Eigenschaften im Digitalen durch entsprechenden Technikeinsatz als besonders geeigneter Lösungsweg hervorgehoben. Es wird aufgezeigt, dass das Konzept der Revisionssicherheit diese Theorie bzw. eine solche Vorgehensweise zwar deutlich untermauert, aber keine praktischen bzw. technischen Vorgaben zur Erfüllung dieser Anforderungen vorgibt, so dass folgerichtig der Bedarf an innovativen und konkreten Lösungsansätzen abgeleitet wird. Die Vorstellung entsprechender Lösungswege wird auf die Verwaltung und (Nach-)Nutzung von Editionsdaten sowie die damit zusammenhängenden Aspekte der Editionsinfrastrukturen zugeschnitten und das adaptierte Konzept der Revisionssicherheit und seine Kriterien dabei als Instrument zur entsprechenden Einordnung und Bewertung der konkreten Lösungsansätze genutzt.

Der Einstieg in die Vorstellung konkreter Lösungsansätze beginnt in Kapitel 7.1 (Versionsverwaltungssysteme) mit der Untersuchung spezialisierter Systeme zur versionierten Verwaltung von Daten und ihren Veränderungen. Nach einer grundlegenden Beschreibung von Konzepten und Funktionalitäten solcher Systeme sowie der Vorstellung einer konkreten Umsetzung namens »Git« und wichtiger Implementierungsdetails wird gezeigt, dass der Einsatz von Versionsverwaltungssystemen für die kollaborative Arbeit mit digitalen Editionsdaten im TEI- bzw. MEI-Format viele Vorteile bietet. Sowohl die konkreten Anforderungen als auch die damit in engem Bezug stehenden Kriterien der Revisionssicherheit können auf der Ebene der Editionsdatenverwaltung mit den Eigenschaften und Funktionalitäten solcher Systeme nahezu vollständig abgebildet und erfüllt werden. Insbesondere die implizite Versionierung von kollaborativen Erstellungs- bzw. Entstehungsprozessen, ein eindeutiges und inhaltsbasierendes Referenzieren, die feingranulare Aufzeichnung von autor- bzw. urheberschaftsrelevanten Informationen sowie die inhärente Integritäts- und Konsistenzsicherheit bereits auf Ebene der zugrunde liegenden Datenstrukturen werden als bedeutende Merkmale hervorgehoben. Darüber hinaus werden Versionsverwaltungssysteme als ein grundlegender Baustein für die Umsetzung von Editionsinfrastrukturen herausgestellt. Es wird aber auch aufgezeigt, dass diese Merkmale schlussendlich alle von den Betreibern solcher Systeme als vertrauenswürdige Intermediäre abhängig sind und diese nachteiligen Aspekte andere oder ergänzende Lösungsansätze und damit prinzipiell ein weiteres technisches Austarieren notwendig machen.

Die zuvor als besonders bedeutend hervorgehobenen Merkmale der Versionsverwaltungssysteme werden in Kapitel 7.2 (Blockchain-Technologien) aufgegriffen und noch einmal vor dem Hintergrund einer als problematisch betrachteten Intermediation durch zentrale Vertrauensinstanzen als Betreiber solcher Systeme kritisch diskutiert. Aus einem Vergleich zur Situation bei den gedruckten Editionen und unter der Prämisse technologischer Gestaltungspotenziale wird abgeleitet, dass eine Disintermediation durch technische Unterstützungsfunktionen eine innovative und zukunftsfähige Lösung für die Aspekte von Authentizität und Vertrauen sein kann. In Anknüpfung an diese bedeutenden Aspekte sowie über Gemeinsamkeiten im Aufbau der Datenstrukturen wird schließlich von den Versionsverwaltungssystemen zu den »Blockchain«-Technologien und der als grundlegendes Beispiel angeführten Implementierung »Bitcoin« übergeleitet. Auf Grund von konzeptuellen und technologischen Gemeinsamkeiten werden einige grundsätzliche Ideen und Methoden der Blockchain-Technologien zunächst am Beispiel eines Zeitstempeldienstes eingeführt, um bereits wesentliche Theorien und Ansätze zur Disintermediation und Dezentralisierung herauszuarbeiten. Insbesondere die lineare sowie integritäts- und konsistenzgeschützte Verkettung von zu Blöcken zusammengefasster Daten, eine dezentrale Datenhaltung, die Verwendung asymmetrischer Verschlüsselung für Signaturen, verteilt auszuhandelnde Konsensmechanismen und die vollständige, aber dennoch anonyme bzw. pseudonyme Transparenz zur lückenlosen Nachverfolgung aller Operationen werden hier in besonderem Maße herausgestellt. Am Beispiel der Bitcoin-Blockchain werden dann konzeptuelle Weiterentwicklungen sowie technologische Details und Verfeinerungen ausführlich erläutert. Vor allem die von Bitcoin erstmals allein durch Technikeinsatz erreichte Disintermediation durch eine innovative Verknüpfung von kryptografischen und dezentralisierten Methoden und Mechanismen wird dabei als fundamental und bahnbrechend unterstrichen. Im Spannungsfeld zwischen Vertraulichkeit, Sicherheit, Transparenz und Geschwindigkeit solcher Technologien werden zudem die offenen oder geschlossenen, aber auch die genehmigungsfreien oder genehmigungspflichtigen Varianten einer Blockchain vorgestellt sowie jeweils die Vor- und Nachteile innerhalb bestimmter Einsatzszenarien erläutert. Darüber hinaus werden erweiternde Blockchain-Konzepte, beispielsweise aus dem Umfeld der »Smart Contracts« eingeführt, bevor dann mit dem Blick auf die Disintermediation als wichtigste Charaktereigenschaft der Blockchain-Technologien und deren Implikationen auf Authentizität und Vertrauen zu den digitalen Editionen und konkreten Lösungsansätzen bzw. Einsatzszenarien übergeleitet wird. Es wird ausführlich untersucht, inwieweit die Blockchain-Technologien und ihre technischen Ausprägungen oder konzeptuellen Erweiterungen die konkreten Anforderungen an die digitalen Editionen bzw. Editionsinfrastrukturen sowie die entsprechenden Kriterien zur Bestimmung und Überprüfung der Revisionssicherheit erfüllen können. Dazu werden sowohl Szenarien erörtert, in denen Blockchain-Systeme nahezu alle Anforderungen selbst adressieren, aber auch Ansätze beschrieben, bei denen eine Blockchain in Kombination mit anderen Systemen wie beispielsweise zur Versionsverwaltung genutzt wird, um auf diese Weise Aspekte der Disintermediation zu ergänzen. Es werden auch negative Implikationen der Blockchain-Technologien insbesondere beim Datenschutz angeführt und als sehr problematisch eingestuft, zugleich aber auch gangbare Kompromisse für einen Umgang mit diesen Konflikten aufgezeigt. Schlussendlich können Blockchain-Technologien und ihre Ausprägungen als wichtige technische Werkzeuge hervorgehoben werden, um digitale Editionen, die Verwaltung von Editionsdaten und nicht zuletzt auch die Ausgestaltung von Editionsinfrastrukturen im Sinne einer Disintermediation entscheidend zu verbessern, so dass ein deutlicher Beitrag zur Erfüllung der konkreten Anforderungen auch im Sinne der Revisionssicherheit und ihrer Kriterien geleistet werden kann.

In Kapitel 7.3 (Weitere Technologien und Konzepte) werden in Bezug auf einige zuvor genannte Defizite der Blockchain-Technologien in Unterkapitel gegliedert weitere Technologien und Konzepte untersucht, die auch aus einem von Dezentralisierung und Disintermediation geprägten Umfeld stammen, aber durchaus unterschiedliche, aber ebenso innovative Ansätze und Ziele verfolgen und somit die bereits genannten technischen Lösungsansätze in Bezug auf die konkreten Anforderungen und den damit in enger Relation stehenden Kriterien der Revisionssicherheit um wichtige Eigenschaften und Funktionen ergänzen.

Als Anknüpfungspunkt zu den Blockchain-Technologien werden in Kapitel 7.3.1 (Peer-to-Peer Dateisysteme) die damit einhergehenden Restriktionen bei der Speicherung umfangreicher Daten angeführt, um eine passende Alternative aus dem Bereich der verteilten Dateisysteme ins Blickfeld zu rücken. Mit dem »InterPlanetary File System« (IPFS) wird dazu ein konkretes Konzept zur Speicherung und zum Austausch von Daten auf Basis eines »Peer-to-Peer«-Netzwerks vorgestellt und aufgezeigt, dass dabei ebenfalls viel Wert auf Dezentralisierung und Disintermediation sowie die technologische Zukunftssicherheit gelegt wird. Als weitere Kerneigenschaften werden die integrierte Versionsverwaltung sowie das inhaltsbasierte Adressieren von Dateien herausgestellt, was die Aufzeichnung von Schreib- und Änderungsprozessen sowie ein eindeutiges Referenzieren ermöglicht und gleichzeitig den Manipulations- und Integritätsschutz sicherstellt. Die Verschlüsselung, Signierung und der sichere Transfer der Daten sowie die Verwendung eines stabilen Adressraums ohne referentielle Abhängigkeit von Inhalten werden ebenfalls erläutert. Darüber hinaus wird hervorgehoben, dass ein ereignisbasierter Mechanismus die Automatisierung definierbarer Abläufe bis hin zur Entwicklung von komplexeren Anwendungen erlaubt. In Anlehnung an bestimmte Blockchain-Typen wird aufgezeigt, dass auch das IPFS als ein privat oder konsortial geführter »Cluster« betrieben und zentral administriert werden kann, um den Kreis der Teilnehmer und ihre Daten sowie die Funktionalitäten des Systems besser verwalten und steuern zu können. Ein vom IPFS verwendetes, aber auch unabhängig nutzbares Datenmodellierungskonzept wird mit Blick auf Interoperabilität sowie Einsatzszenarien in heterogenen Systemlandschaften besonders unterstrichen. Schlussendlich wird festgehalten, dass das IPFS ein tragfähiges Konzept für die digitalen Editionen bzw. für die Verwaltung von Editionsdaten sowie eine zukunftssichere und grundlegende Komponente einer Editionsinfrastrukur sein kann, da die Dezentralisierung, die Disintermediation, die konzeptuelle und funktionale Nähe zu Versionsverwaltungssystemen sowie die hohe Integrationsfähigkeit im Hinblick auf Blockchain-Technologien die konkreten Anforderungen und die damit in engem Bezug stehenden Kriterien der Revisionssicherheit erfüllen. Zudem wird hervorgehoben, dass das IPFS auch im Umfeld von Bibliotheken und Archiven als ein technischer Lösungsweg für eine einheitlichere, interoperablere, transparentere und zukunftssicherere Bereitstellung und Bewahrung digitaler Editionen und ihrer Quellen in Frage kommen kann.

In Kapitel 7.3.2 (Blockchain-Datenbanken) wird das Konzept spezieller Datenbanktypen untersucht und aufgezeigt, dass solche Systeme die Funktionalitäten klassischer Datenbankkonzepte um die charakteristischen Merkmale der Blockchain-Technologien wie beispielsweise die Disintermediation oder den besonderen Integritätsschutz ergänzen können. Als konkrete Implementierung einer Blockchain-Datenbank wird die »InterPlanetary Database« (IPDB) angeführt und ihre Komponenten und Funktionsweisen im Einzelnen beschrieben, es werden aber auch konzeptuell anders gestaltete Umsetzungen solcher Datenbanksysteme angesprochen. Als gemeinsame und grundlegende Eigenschaften bzw. Vorteile der Blockchain-Datenbanken werden vor allem die Möglichkeiten betont, beliebig strukturierbare Daten speichern, indexieren und vor allem effizient abfragen zu können. Als Besonderheit der IPDB wird zudem die Aufteilung der gespeicherten Daten in feste, unveränderliche Bestandteile und dynamische, manipulierbare Metadaten hervorgehoben, so dass zu jeder Operation auf der Datenbank gleichzeitig auch eine Änderungshistorie aufgezeichnet werden kann. Für die Verwendung der IPDB im Umfeld digitaler Editionen wird zunächst der Einsatz zur Verwaltung von Editionsdaten diskutiert. Insbesondere die Kompatibilität des Speicherformats mit den TEI- bzw. MEI-Formaten sowie die Möglichkeiten zur versionierten Fortschreibung in dieser Form codierter Daten werden herausgestellt. Darüber hinaus wird das Potenzial solcher Datenbanken durch komplexe Indexierungs- und Abfragemechanismen für unterschiedliche (Nach-)Nutzungszenarien von Editionsdaten betont. In Analogie zum

IPFS wird auch für die IPDB der Betrieb durch ein Konsortium sowie der Einsatz als Komponente einer Editionsinfrastruktur diskutiert. Für die aufgestellten konkreten Anforderungen und ihre Bezüge zur Revisionssicherheit lassen sich vor allem Parallelen zu den reinen Blockchain-Technologien ziehen. Besonders hervorgehoben werden aber die charakteristischen Merkmale einer Datenbank, welche die Anforderungen aus dem Umfeld der Publikation und damit auch Aspekte der Nachnutzbarkeit, der Anschlussfähigkeit und der Bewahrung in besonderem Maße unterstützen.

In Kapitel 7 werden zunächst die Versionsverwaltungssysteme als ein technischer Lösungsansatz eingeführt und sowohl in Bezug auf die konkreten Anforderungen und entsprechender Kriterien der Revisionssicherheit als auch auf Grund spezieller, technisch-konzeptueller Merkmale als eine geeignete Komponente der Editionsinfrastrukturen mit besonderem Potenzial herausgestellt. Die starke Abhängigkeit von den Betreibern solcher Systeme als vertrauenswürdige Intermediäre wird allerdings als nachteilig betrachtet und die Notwendigkeit eines weiteren technischen Austarierens dieses Konflikts betont. Anschließend wird einer entsprechenden Disintermediation durch unterstützenden Technikeinsatz ein enormes und disruptives Potenzial im Spannungsfeld von Authentizität und Vertrauen attestiert. Unter dieser Prämisse werden die »Blockchain«-Technologien und ihre Konzepte eingeführt sowie die erstmals allein durch Technikeinsatz erreichte Disintermediation als wegweisend hervorgehoben. Diese und weitere Konzepte bzw. Technologien aus dem Umfeld der Disintermediation und Dezentralisierung werden dann in Bezug auf die konkreten Anforderungen und den entsprechenden Kriterien der Revisionsarbeit beleuchtet, ihre Stärken aber auch Schwachstellen analysiert und ihre Potenziale und konkreten Beiträge als Komponenten einer innovativen und zukunftsfähigen Editionsinfrastruktur bewertend eingeordnet. Schlussendlich entsteht so eine prospektiv verfasste und durch den Bezugsrahmen der Revisionssicherheit strukturierte, systematisierte und qualifizierte Übersicht innovativer und zukunftsfähiger Komponenten einer modernen Editionsinfrastruktur. In Abhängigkeit ihrer Ausprägungen und Funktionalitäten können diese Komponenten allein oder integrativ einen bedeutenden Beitrag für das Umfeld der digitalen Editionen leisten, indem sie zum einen die grundsätzlichen Herausforderungen einer zunehmenden Prozessperspektive adäquat adressieren und zum anderen vor allem die durch den Medienwechsel entfesselten und oft im Verlust von Produktmerkmalen begründeten Konflikte durch konstruktiv komplementären Technikeinsatz flexibel austarieren.

Angefangen mit den Herausforderungen der digitalen Editionen, der daraus abgeleiteten Notwendigkeit entsprechender Editionsinfrastrukturen, einer theoretischen Vertiefung dieser Thematik durch verschiedene, interdisziplinäre Konzepte und Ansätze bis hin zu den konkreten, praxisorientierten Lösungsansätzen zeichnen die hier verfassten Ausführungen nun insgesamt das eingangs propagierte Gesamtbild der digitalen Editionen aus der Perspektive der Informatik detailliert nach und gleichzeitig durch die konkreten Lösungsansätze und ihrer Impulse auch ein Stück weit prospektiv vor. Auf diese Weise werden die Eröffnung neuer Blickwinkel und die Entwicklung alternativer Herangehensweisen für diesen Themenkomplex sowie das Setzen innovativer, technischer Impulse für die konkrete Umsetzung digitaler Editionen auf Basis geeigneter Editionsinfrastrukturen gemäß der zu Anfang gesetzten Aufgaben- und Zielstellungen dieser Arbeit entsprechend adressiert. Schlussendlich können auf Basis der hier gelegten Grundlagen in Form theoretischer Konzepte und konkreter Lösungsansätze die vielschichtigen Prozesse dieser sehr dynamischen Entwicklungen im Umfeld der digitalen Editionen besser verstanden, technisch unterstützend begleitet sowie an bestimmten Stellen auch innovativ und konstruktiv gestaltet bzw. gesteuert werden.

8.1 Ausblick

Die im Rahmen dieser Arbeit prospektiv aufgezeigten Lösungsansätze werden zuvor mit Hilfe vielschichtiger Untersuchungen und durch die Adaption verschiedener, theoretischer Konzepte abgeleitet und entsprechend begründet herausgearbeitet, bedürfen aber konsequenterweise noch einer konkreten und alltagstauglichen Umsetzung. Als wesentliche Komponenten einer Editionsinfrastruktur und als grundlegende Bausteine konkreter, digitaler Editionsvorhaben müssen sie ihre Praxistauglichkeit erst durch eine längerfristige Anwendung beweisen. Die zum Teil sehr heterogenen Ausprägungen und die flexiblen Ausgestaltungsmöglichkeiten dieser Komponenten (auch im integrativen Zusammenspiel miteinander) müssen sich darüber hinaus in unterschiedlichen Editionsszenarien bewähren, um gewisse »Best Practices« erkennen, fördern und gegebenenfalls als eine Art Konvention propagieren und etablieren zu können. Das Potenzial der Lösungsansätze wird in dieser Arbeit an vielen Stellen deutlich herausgestellt und ausführlich belegt, ob und in welchem Maße diese Impulse im Umfeld der Editionswissenschaft bzw. der Editorik aufgenommen und umgesetzt werden, muss jedoch die Zukunft zeigen und kann an dieser Stelle noch nicht abschließend bewertet werden. Dieser noch offene Ausgang bietet aber durchaus interessante Anknüpfungspunkte für weitere, praxisnahe Untersuchungen und Evaluationen entsprechender Implementierungen und deren Anwendung innerhalb konkreter Editionsprojekte.

Das Thema der Infrastrukturen wird in dieser Arbeit im Wesentlichen auf das Umfeld der digitalen Editionen und den daran beteiligten Akteuren zugeschnitten. Insbesondere für die Rolle von Bibliotheken und Archiven als bedeutende Institutionen im Kreis dieser Akteure wird jedoch an einigen Stellen angemerkt, dass eine strategische Planung und Ausrichtung bestimmter Infrastrukturkomponenten sinnvollerweise über die Grenzen dieses Umfeldes hinaus geschehen sollte, um Synergien erzeugen und ausnutzen sowie Konventionen und Standards schaffen und etablieren zu können. Zu den relevanten Akteuren in diesem Zusammenhang zählen auch die eingangs bereits erwähnten und aktuell sehr interdisziplinär diskutierten »Nationalen Forschungsdateninfrastrukturen« (NFDI) bzw. ihre entsprechenden Konsortien. Für den Themenkomplex dieser Arbeit ergeben sich somit zwei mögliche Wege der Anknüpfung; zum einen in Form einer eher passiven Beobachtung und anschließenden Adaption bzw. Integration möglicher Entwicklungen innerhalb der entsprechenden Konsortien aus dem Blickfeld der Editorik, zum anderen aber vor allem auch ein aktives Propagieren der hier vorgestellten Lösungsansätze sowie des theoretischen Rahmenwerks als wegweisende und zukunftsfähige Komponenten bzw. Systematiken einer NFDI und zwar über die spezielle Thematik der Editorik hinaus. Vom theoretischen Standpunkt betrachtet scheint neben dem Konzept der Produkt-Prozess-Komplementarität und dem der Gestaltungskonflikte (möglicherweise sogar in Anlehnung an den Konflikt von »Abgeschlossenheit vs. Offenheit«) vor allem das adaptierte Konzept der Revisionssicherheit und seiner Kriterien ein geeignetes und flexibles Instrument zu sein, das sich zur entsprechenden Betrachtung, Untersuchung, Einordnung und Bewertung unterschiedlichster Forschungsdateninfrastrukturen und ihrer inhärenten, oft konfligierenden Anforderungen übertragen und anwenden lässt. Aus der praktischen bzw. technischen Perspektive wird insbesondere den Blockchain-Technologien sowie den verteilten Dateisystemen das entsprechende Potenzial angerechnet, eine tragende und interdisziplinär verbindende Rolle in diesem Umfeld einnehmen zu können. Es handelt sich aber auch an dieser Stelle noch um einen Blick in die Zukunft, so dass es ebenfalls einer praxistauglichen Adaption bzw. Integration dieser Konzepte in ein entsprechend alltagstaugliches Anwendungsszenario jenseits der Editionsdateninfrastrukturen bedarf.

Die Notwendigkeit von Editionsinfrastrukturen wird im Wesentlichen aus dem Medienwechsel von der gedruckten zur digitalen Edition und seiner vielschichtigen Implikationen abgeleitet und anschließend sowohl bei der Analyse und Adaption theoretischer Konzepte als auch bei der Vorstellung, Entwicklung und Bewertung konkreter Lösungsansätze als ein zentraler Untersuchungsschwerpunkt gesetzt. Die Gestaltungspotenziale digitaler Medien spielen dabei eine sehr bedeutende Rolle und werden auch an vielen Stellen als wesentliche Faktoren für den Wegfall diverser medialer Beschränkungen und die Erlangung neuer Gestaltungsfreiheiten hervorgehoben. Eine konkrete und tiefgreifende Betrachtung der Nutzungsperspektive jenseits der Editionsinfrastrukturen mit Hilfe softwareergonomischer Konzepte für Oberflächendarstellungen und Benutzungsschnittstellen wird aber allenfalls nur angedeutet, so dass auch für die Editorik im Bereich solcher Forschungsfelder wichtige, bislang noch unbetrachtete Anknüpfungspunkte existieren.

Innovative Technologien und Konzepte sowie ihre stetige Weiterentwicklung, das aktuell hochdynamische Umfeld der NFDI und ihrer Konsortien, eine angestrebte (inter-)nationale Vernetzung dieser Einrichtungen sowie nicht zuletzt eine grundsätzliche und in nahezu allen Bereichen zunehmende Digitalisierung erhalten mit hoher Wahrscheinlichkeit auch in Zukunft ein immer noch konfliktreiches und wechselwirkendes Spannungsfeld im Bereich der digitalen Editionen bzw. der Editorik und ihrer Herausforderungen, aber auch jenseits dieser fachlichen Grenzen aufrecht. Theoretische Grundlagen, konzeptuelle Entwicklungen, technische Lösungsansätze und praktische Impulse aus dieser Arbeit können diese Prozesse aber durchaus befruchtend beeinflussen, unterstützend begleiten und an bestimmten Stellen auch konstruktiv gestalten sowie ihre Konflikte und dafür ausschlaggebenden Kräfte entsprechend identifizieren und austarierend entschärfen.

9. Literaturverzeichnis

Albrecht, Monika, und Dirk Göttsche. »Vom Schicksal eines elektronischen Editionsvorhabens«. In *»Über die Zeit schreiben«: Literatur- und kulturwissenschaftliche Essays zu Ingeborg Bachmanns Todesarten- Projekt*, herausgegeben von Monika Albrecht und Dirk Göttsche. »Über die Zeit schreiben«: Literatur- und kulturwissenschaftliche Essays zu Ingeborg Bachmanns Todesarten-Projekt, Bd. 2. Königshausen & Neumann, 1998.

Assmann, Bernhard, und Patrick Sahle. *Digital ist besser: die Monumenta Germaniae Historica mit den dMGH auf dem Weg in die Zukunft – eine Momentaufnahme*. Schriften des Instituts für Dokumentologie und Editorik. Books on Demand, 2008.

Ateniese, Giuseppe, Bernardo Magri, Daniele Venturi, und Ewerton Andrade. »Redactable Blockchain – or – Rewriting History in Bitcoin and Friends«. In *2017 IEEE European Symposium on Security and Privacy (EuroS&P)*, 111–26. Paris, France: IEEE, 2017.

Atzeni, Paolo, Christian S. Jensen, Giorgio Orsi, Sudha Ram, Letizia Tanca, und Riccardo Torlone. »The relational model is dead, SQL is dead, and I don't feel so good myself«. *SIGMOD Rec.* 42, Nr. 2 (Juli 2013): 64–68.

Back, Adam. »Hashcash – A Denial of Service Counter-Measure«. *White Paper*, 2002.

Baillot, Anne. »Formen der Kooperation. Vielfache Autorschaft und ihre digitale Abbildung«, Archive ouverte en Sciences de l'Homme et de la Société, 2017, 10.

Baillot, Anne, und Markus Schnöpf. »Von wissenschaftlichen Editionen als interoperable Projekte, oder: Was können eigentlich digitale Editionen?« *Historische Mitteilungen der Ranke-Gesellschaft*, 2015.

Barthes, Roland. »La mort de l'auteur«. *Manteia* 5 (1968): 12–17.

Barwell, Graham. »Electronic editions: an overview«. *Bulletin (Bibliographical Society of Australia and New Zealand)* 19, Nr. 2 (1995): 79.

Bauer, Wilhelm. *Einführung in das Studium der Geschichte*. J. C. B. Mohr (P. Siebeck), 1921.

Bayer, Dave, Stuart Haber, und W. Scott Stornetta. »Improving the Efficiency and Reliability of Digital Time-Stamping«. In *Sequences II*, herausgegeben von Renato Capocelli, Alfredo De Santis, und Ugo Vaccaro, 329–34. New York: Springer, 1993.

Benaloh, Josh, und Michael de Mare. »Efficient Broadcast Time-Stamping«. Clarkson University, Department of Mathematics and Computer Science, 1991.

Benet, Juan. »IPFS – Content Addressed, Versioned, P2P File System«. *White Paper*, 2014.

Benet, Juan, und Nicola Greco. »Filecoin: A Decentralized Storage Network«. *White Paper*, 2018.

Berners-Lee, Tim, James Hendler, und Ora Lassila. »The Semantic Web. A new form of Web content that is meaningful to computers will unleash a revolution of new possibilities«. *Scientific American* 284, Nr. 5 (2001): 3.

BigchainDB GmbH. »BigchainDB 2.0 – The Blockchain Database«. *White Paper*, 2018.

Bolter, Jay David. *Writing Space: The Computer, Hypertext, and the History of Writing*. Hillsdale, NJ, USA: L. Erlbaum Associates Inc., 1991.

Bray, Tim, Jean Paoli, und Christopher M. Sperberg-McQueen. »Extensible Markup Language (XML) 1.0«. *W3C recommendation*, 1998.

Brockbank, Philip. »Towards a Mobile Text«. In *The Theory and Practice of Text-Editing: Essays in Honour of James T. Boulton*, herausgegeben von Ian Small und Marcus Walsh. Cambridge University Press, 1991.

Burnard, Lou. *What is the Text Encoding Initiative?: How to add intelligent markup to digital resources*. Encyclopédie numérique. OpenEdition Press, 2014.

Burrows, T. *The Text in the Machine: Electronic Texts in the Humanities*. Taylor & Francis, 1999.

Busa, Roberto. *Index Thomisticus Sancti Thomae Aquinatis Operum Omnium Indices Et Concordantiae in Quibus Verborum Omnium Et Singulorum Formae Et Lemmata Cum Suis Frequentiis Et Contextibus Variis Modis Referuntur*, 1974.

———. »The annals of humanities computing: The index Thomisticus«. *Computers and the Humanities* 14, Nr. 2 (Oktober 1980): 83–90.

Bush, Vannevar. »As We May Think«. *The Atlantic Monthly*, 1945.

Buzzetti, Dino. »Diacritical Ambiguity and Markup«. *Augmenting Comprehension: Digital Tools and the History of Ideas*, 2004, 175–88.

Caton, Paul. »Markup's Current Imbalance«. *Markup Languages* 3, Nr. 1 (Dezember 2000): 1–13.

Ceynowa, Klaus. »Was zählt und was stört – Zukunftsperspektiven der Bibliothek«. In *Kooperative Informationsinfrastrukturen als Chance und Herausforderung: Festschrift für Thomas Bürger zum 65. Geburtstag*, herausgegeben von Achim Bonte und Juliane Rehnolt. Berlin, Germany: De Gruyter, 2018.

Chacon, Scott, und Ben Straub. *Pro Git – Everything to know about Git*. Bd. 2. 2 Bde. The expert's voice. Apress, 2014.

Chamberlin, Donald D., und Raymond F. Boyce. »SEQUEL: A Structured English Query Language«. In *Proceedings of the 1974 ACM SIGFIDET (Now SIGMOD) Workshop on Data Description, Access and Control*, 249–64. SIGFIDET '74. New York, NY, USA: ACM, 1974.

Chaum, David. »Security Without Identification: Transaction Systems to Make Big Brother Obsolete«. *Commun. ACM* 28, Nr. 10 (Oktober 1985): 1030–44.

Chaum, David, Amos Fiat, und Moni Naor. »Untraceable Electronic Cash«. In *Proceedings on Advances in Cryptology*, 319–27. CRYPTO '88. Berlin, Heidelberg: Springer-Verlag, 1988.

Chen, Peter Pin-Shan. »The Entity-relationship Model – Toward a Unified View of Data«. *ACM Transactions on Database Systems* 1, Nr. 1 (1976): 9–36.

Codd, Edgar. F. »A Relational Model of Data for Large Shared Data Banks«. *Commun. ACM* 13, Nr. 6 (Juni 1970): 377–87.

Conner, Patrick W. »Lighting out for the Territory: Hypertext, Ideology, and Huckleberry Finn«. In *Electronic Text*. Oxford: Oxford University Press, 1997.

Cover, Robin C., und Peter M. W. Robinson. »Encoding Textual Criticism«. *Computers and the Humanities* 29, Nr. 2 (1995): 123–36.

Crane, Gregory, David Bamman, und Alison Jones. »ePhilology: When the Books Talk to Their Readers«. In *A Companion to Digital Literary Studies*, 27–64. John Wiley & Sons, Ltd, 2013.

Culler, Jonathan. *The Pursuit of Signs: Semiotics, Literature, Deconstruction*. Routledge & Kegan Paul, 1981.

Dai, Wei. »b-money«. *White Paper*, 1998.

Delany, Paul, und John K. Gilbert. »HyperCard Stacks for Fielding's Joseph Andrews: Issues of Design and Content«. In *Hypermedia and Literary Studies*, herausgegeben von Paul Delany und George P. Landow. Technical Communications and Information Series. Mit Press, 1991.

Delany, Paul, und George P. Landow. *Hypermedia and Literary Studies*. Technical Communications and Information Series. Mit Press, 1991.

Detering, Heinrich. *Autorschaft: Positionen und Revisionen*. Germanistische Symposien, Berichtsbände. Metzler, 2002.

Donaghy, Greg. »Look before you leap. Elektronische Publikationen in neuer Sicht«. *Vierteljahrshefte für Zeitgeschichte*, 1998, 101–7.

Douceur, John R. »The Sybil Attack«. In *Revised Papers from the First International Workshop on Peer-to-Peer Systems*, 251–60. IPTPS '01. London, UK, UK: Springer-Verlag, 2002.

Dreyer, Mechthild. »Forum für Editionen der philosophischen und theologischen Mediävistik«. *Editio* 13 (1999): 223.

Drucker, Peter F. *The Age of Discontinuity Guidelines to our Changing Society*. New York, 1969.

Dwork, Cynthia, und Moni Naor. »Pricing via Processing or Combatting Junk Mail«. In *Proceedings of the 12th Annual International Cryptology Conference on Advances in Cryptology*, 139–47. CRYPTO '92. London, UK, UK: Springer-Verlag, 1992.

Engelbart, Douglas C. »Augmenting Human Intellect: A Conceptual Framework«. Technical report. Air Force Office of Scientific Research, 1962.

Feltham, Mark, und William Barker. »The Web and the Book: The Memorial Electronic Edition of Andrea Alciato's Book of Emblems«. In *Early Modern Literary Studies 5/3, Special Issue* 4, 2000.

Ferrer, Daniel. »Hypertextual Representation of Literary Working Papers«. *Literary and Linguistic Computing* 10, Nr. 2 (1995): 143–45.

Floyd, Christiane. »Outline of a Paradigm Change in Software Engineering«. In *Computers and Democracy, A Scandinavian Challenge*, herausgegeben von Gro Bjerknes, Pelle Ehn, und Morten Kyng, 185–202. Avebury: Dower Publishing, 1987.

———. »Process-Oriented Approach to Software Development«. In *Sixth ACM European Regional Conference*, 285–94, 1981.

Floyd, Christiane, und Ralf Klischewski. »Modellierung – ein Handgriff zur Wirklichkeit: Zur sozialen Konstruktion und Wirksamkeit von Informatik-Modellen«. In *Modellierung'98 – Proceedings des GI- Workshops in Münster*, herausgegeben von Klaus Pohl, Andy Schürr, und Gottfried Vossen, 9:21–26, 1998.

Foroglou, George, und Anna-Lali Tsilidou. »Further applications of the blockchain«. In *12th Student Conference on Managerial Science and Technology*, 2015.

Foucault, Michel. *Qu'est-ce qu'un auteur?* Honoré Champion, 1969.

Frühwald, Wolfgang. »Formen und Inhalte des Kommentars wissenschaftlicher Textausgaben«. *Probleme der Kommentierung: Kolloquien der Deutschen Forschungsgemeinschaft Frankfurt am Main, 12.-14. Oktober 1970*, 1970, 13–32.

Gamma, Erich. *Design Patterns: Elements of Reusable Object-Oriented Software*. Addison-Wesley professional computing series. Pearson Education, 1995.

Geißler, Sabrina. »Mediale Destillation als innovative Qualität sozialer Software: ein informationstechnischer und medientheoretischer Ansatz zur Erschließung softwarebasierter Medien«. Dissertation, Universität Paderborn, 2008.

Goldfarb, Charles F. »A Generalized Approach to Document Markup«. In *Proceedings of the ACM SIGPLAN SIGOA Symposium on Text Manipulation*, 68–73. New York, NY, USA: ACM, 1981.

———. »Design considerations for integrated text processing systems«. *IBM Cambridge Scientific Center Technical Report G320-2094*, 1973.

Goldfarb, Charles F., und Yuri Rubinsky. *The SGML Handbook*. Clarendon Press, 1990.

Goldwasser, Shafi, Silvio Micali, und Charles Rackoff. »The Knowledge Complexity of Interactive Proof-systems«. In *Proceedings of the Seventeenth Annual ACM Symposium on Theory of Computing*, 291–304. STOC '85. New York, NY, USA: ACM, 1985.

Göttsche, Dirk. »Ausgabentypen und Ausgabenbenutzer«. In *Text und Edition: Positionen und Perspektiven*, herausgegeben von Rüdiger Nutt- Kofoth. E. Schmidt, 2000.

Greenstein, Daniel I. »Conceptual Models and Model Solutions: A Summary Report of the TEI's Working Group on Historical Studies«. In *Modelling historical data: towards a standard for encoding and exchanging machine-readable texts*, herausgegeben von Daniel I. Greenstein. Scripta-Mercaturae-Verlag, 1991.

Grimminger, Rolf. *Deutsche Aufklärung bis zur Französischen Revolution 1680-1789*. Bd. 3. Hansers Sozialgeschichte der deutschen Literatur vom 16. Jahrhundert bis zur Gegenwart. Hanser, 1980.

Haber, Stuart, und W. Scott Stornetta. »How to Time-Stamp a Digital Document«. In *Advances in Cryptology-CRYPTO' 90*, herausgegeben von Alfred J. Menezes und Scott A. Vanstone, 437–55. Berlin, Heidelberg: Springer Berlin Heidelberg, 1991.

———. »Secure Names for Bit-Strings«. In *Proceedings of the 4th ACM Conference on Computer and Communications Security*, 28–35. CCS '97. New York, NY, USA: ACM, 1997.

Habermas, Jürgen. *Theorie des kommunikativen Handelns: Zur Kritik der funktionalistischen Vernunft*. Edition Suhrkamp. Suhrkamp, 1981.

Hadjakos, Aristotelis, Joachim Iffland, Reinhard Keil, Andreas Oberhoff, und Joachim Veit. »Challenges for Annotation Concepts in Music«. *International Journal of Humanities and Arts Computing* 11, Nr. 2 (2017): 255–75.

Hartling, Florian. *Der digitale Autor: Autorschaft im Zeitalter des Internets*. Kultur- und Medientheorie. Bielefeld: transcript Verlag, 2015.

Hartmann, Doris Annette, und Andreas Oberhoff. »Kulturerbe digital – Bewahrung und Erschließung im virtuellen ›Studiolo‹«. In *Digitales Kulturerbe: Bewahrung und Zugänglichkeit in der wissenschaftlichen Praxis*, herausgegeben von Caroline Y. Robertson-von Trotha und Ralf H. Schneider, Bd. 2. Kulturelle Überlieferung – Digital. KIT Scientific Publishing, Karlsruhe, 2015.

———. »Studiolo communis – Digitale Unterstützung des Forschungsdiskurses in der Kunst- und Architekturgeschichte«. In *studiolo: Kooperative Forschungsumgebungen in den eHumanities*, herausgegeben von Eva-Maria Seng, Reinhard Keil, und Gudrun Oevel. Berlin, Boston: De Gruyter, 2017.

Hartwig, Maja, und Johannes Kepper. »Die Spuren des Digitalen – Über die Nachnutzbarkeit digitaler Inhalte«. In *»Ei, dem alten Herrn, Zoll' ich Achtung gern«. Festschrift für Joachim Veit zum 60. Geburtstag*, herausgegeben von Kristina Richts und Peter Stadler, 319–30. Allitera München, 2016.

Harvey, Charles, und Jon Press. »Databases in Historical Research«. In *Databases in Historical Research: Theory, Methods and Applications*, 1–21. London: Macmillan Education UK, 1996.

Henrichs, Norbert. »Bericht über die Arbeit der Kommission Technik«. *Philosophische Editionen: Erwartungen an sie - Wirkungen durch sie. Beiträge zur VI. Internationalen Fachtagung der Arbeitsgemeinschaft philosophischer Editionen (11.-13. Juni 1992 in Berlin)*, 1994.

Herberger, Maximilian. »Plädoyer für eine ›elektronische Edition‹ – zusätzlich zur gedruckten«. In *Mathesis rationis: Festschrift für Heinrich Schepers*, herausgegeben von H. Schepers, A. Heinekamp, W. Lenzen, und M. Schneider. Nodus, 1990.

Hinman, Charlton. *The Printing and Proof-reading of the First Folio of Shakespeare*. The Printing and Proof-reading of the First Folio of Shakespeare, Bd. 2. Clarendon Press, 1963.

Hockey, Susan M. »Creating and Using Electronic Editions«. In *The Literary Text in the Digital Age*, herausgegeben von Richard J. Finneran. Editorial theory and literary criticism. University of Michigan Press, 1996.

———. *Electronic Texts in the Humanities: Principles and Practice*. Oxford University Press. Oxford University Press, 2000.

Hoffmann, Dierk O. »Gedanken zu dem Konzept einer holistischen Edition basierend auf der Konsequent Synoptischen Methode (KSM)«. In *Von der ars intelligendi zur ars applicandi: Festschrift für Willy Michel zum 60. Geburtstag*, herausgegeben von Dirk Winkelmann und Alexander Wittwer. Iudicium, 2002.

Hoffmann, Dirk, Peter Jörgensen, und Otmar Foelsche. »Computer-Edition statt Buch-Edition. Notizen zu einer historisch-kritischen Edition – basierend auf dem Konzept von hypertext und hypermedia«. *editio* 7 (1993): 211.

Hofmann, Johanna M., und Paul C. Johannes. »DS-GVO: Anleitung zur autonomen Auslegung des Personenbezugs: Begriffsklärung der entscheidenden Frage des sachlichen Anwendungsbereichs«. *Zeitschrift für Datenschutz*. 2017, 221–26.

Horstmann, Wolfram. »Zur Rolle von Bibliotheken in digitalen Forschungsinfrastrukturen«. In *Kooperative Informationsinfrastrukturen als Chance und Herausforderung: Festschrift für Thomas Bürger zum 65. Geburtstag*, herausgegeben von Achim Bonte und Juliane Rehnolt. Berlin, Germany: De Gruyter, 2018.

Huszai, Villö. »Digitalisierung und Utopie des Ganzen: Überlegungen zur digitalen Gesamtedition von Robert Musils Werk«. In *Literatur und Literaturwissenschaft auf dem Weg zu den neuen Medien: eine Standortbestimmung*, herausgegeben von Michael Stolz, Lucas Marco Gisi, und Jan Loop. Literaturwissenschaft und neue Medien. Germanistik.ch - Verlag für Literatur- und Kulturwissenschaft, 2007.

Indrawan-Santiago, Maria. »Database Research: Are We at a Crossroad? Reflection on NoSQL«. In *Proceedings of the 2012 15th International Conference on Network-Based Information Systems*, 45–51. NBIS '12. Washington, DC, USA: IEEE Computer Society, 2012.

Ingold, Felix P., und Werner Wunderlich. *Fragen nach dem Autor: Positionen und Perspektiven*. Deutschland: Universitätsverlag Konstanz, 1992.

ISO 8879:1986. »Information processing – Text and office systems – Standard Generalized Markup Language (SGML)«. Standard. International Organization for Standardization, 1986.

ISO 14721:2012. »Space data and information transfer systems – Open archival information system (OAIS) – Reference model«. Standard. International Organization for Standardization, 2012.

ISO 15489-1:2016. »Information and documentation – Records management – Part 1: Concepts and principles«. Standard. International Organization for Standardization, 2016.

Jakobsson, Markus, und Ari Juels. »Proofs of Work and Bread Pudding Protocols«. In *Secure Information Networks: Communications and Multimedia Security IFIP TC6/TC11 Joint Working Conference on Communications and Multimedia Security (CMS'99) September 20–21, 1999, Leuven, Belgium*, herausgegeben von Bart Preneel, 258–72. Boston, MA: Springer US, 1999.

Jannidis, Fotis. *Rückkehr des Autors*. Studien und Texte zur Sozialgeschichte der Literatur. Niemeyer, 1999.

Juels, Ari, Ahmed Kosba, und Elaine Shi. »The ring of gyges: Using smart contracts for crime«. *aries* 40 (2015): 54.

Just, Mike. »Some Timestamping Protocol Failures«. In *In Internet Society Symposium on Network and Distributed System Security*, 1998.

Kammer, Manfred. *Literarische Datenbanken: Anwendungen der Datenbanktechnologie in der Literaturwissenschaft*. W. Fink, 1995.

———. »On problems of literary databanks.« In *Proceedings of XIIth International ALLC Conference (Nice 1985)*. Computers in Literary & Linguistic Research. Nizza, 1986.

Kampffmeyer, Ulrich. *Dokumenten-Technologien: Wohin geht die Reise?: Die Bedeutung von DRT Document Related Technologies für Wirtschaft und Gesellschaft*. Project Consult, 2003.

Kampffmeyer, Ulrich, und Jörg Rogalla. *Grundsätze der elektronischen Archivierung: »code of practice« zum Einsatz von Dokumenten- Management- und elektronischen Archivsystemen*. Kompendium. VOI, 1997.

Kamzelak, Roland. »Edition und EDV. Neue Editionspraxis durch Hypertext-Editionen«. In *Text und Edition: Positionen und Perspektiven*, herausgegeben von Rüdiger Nutt-Kofoth. E. Schmidt, 2000.

Karlsson, Lina, und Linda Malm. »Revolution or remediation? A study of electronic scholarly editions on the web«. *Human IT: Journal for Information Technology Studies as a Human Science* 7, Nr. 1 (2004).

Keil, Reinhard. »Das Differenztheater. Koaktive Wissensarbeit als soziale Selbstorganisation«. *Automatismen. München: Wilhelm Fink Verlag. S*, 2010, 205–29.

———. »Medienqualitäten beim eLearning: Vom Transport zur Transformation von Wissen«. *Bibliothek - Forschung und Praxis* 3(1) (2007): 41–50.

———. »Perspektiven der Wissensarbeit im digitalen Zeitalter«. In *Digitale Edition zwischen Experiment und Standardisierung: Musik - Text - Codierung*, herausgegeben von Peter Stadler und Joachim Veit. Beihefte zu Editio. Niemeyer, 2009.

Keil, Reinhard, und Christian Schild. »Gestaltungskonflikte in der Softwareergonomie«. In *Mensch & Computer 2013: Interaktive Vielfalt*, herausgegeben von Susanne Boll, Susanne Maaß, und Rainer Malaka, 67–77. München: Oldenbourg Verlag, 2013.

Keil-Slawik, Reinhard. »Denkmedien – Mediendenken: Zum Verhältnis von Technik und Didaktik (Media For Thinking – Thinking About Media: On the Relationship of Technology and Didactics)«. *it – Information Technology* 44, Nr. 4 (1. Januar 2002).

Keil-Slawik, Reinhard, und Harald Selke. »Mythen und Alltagspraxis von Technik und Lernen«. In *Informatik-Forum*, 2:98, 1998.

Kepper, Johannes. *Musikedition im Zeichen neuer Medien: historische Entwicklung und gegenwärtige Perspektiven musikalischer Gesamtausgaben*. Schriften des Instituts für Dokumentologie und Editorik 5. Norderstedt: BoD, 2011.

Kimm, Reinhold, Wilfiried Koch, Werner Simonsmeier, und Friedrich Tontsch. *Einführung in Software Engineering*. Berlin: de Gruyter, 1979.

Kohle, Hubertus. »Digitales Publizieren«. In *Digital Humanities: Eine Einführung*, herausgegeben von Fotis Jannidis, Hubertus Kohle, und Malte Rehbein, 199–205. Stuttgart: J.B. Metzler, 2017.

Kõlvart, Merit, Margus Poola, und Addi Rull. »Smart Contracts«. In *The Future of Law and eTechnologies*, herausgegeben von Tanel Kerikmäe und Addi Rull, 133–47. Cham: Springer International Publishing, 2016.

Krawczyk, Hugo, und Tal Rabin. »Chameleon Hashing and Signatures«. *IACR Cryptology ePrint Archive* 1998 (1998): 10.

Kropač, Ingo H. »Quellenbanken als Editionsmedien und ihre Rolle in fachspezifischen Informationssystemen«. In *Historische Edition und Computer: Möglichkeiten und Probleme interdisziplinärer Textverarbeitung und Textbearbeitung*, herausgegeben von Anton Schwob, Karin Kranich-Hofbauer, und Diethard Suntinger. Leykam- Verlag, 1989.

Kuhlen, Rainer. *Hypertext: Ein nicht-lineares Medium zwischen Buch und Wissensbank*. Edition Alcatel SEL Stiftung. Springer Berlin Heidelberg, 1991.

Kwon, Jae. »Tendermint: Consensus without mining«. *White Paper*, 2014.

Lamport, Leslie. »The part-time parliament«. *ACM Transactions on Computer Systems (TOCS)* 16, Nr. 2 (1998): 133–69.

Lamport, Leslie, Robert Shostak, und Marshall Pease. »The Byzantine Generals Problem«. *ACM Trans. Program. Lang. Syst.* 4, Nr. 3 (1982): 382–401.

Landow, George P. *Hyper/text/theory*. Johns Hopkins University Press, 1994.

Lie, Håkon Wium, und Bert Bos. »Cascading Style Sheets, Level 1«. *W3C recommendation*, 1996.

Luehrs, Kai. »Verwirklichung oder Entzweiung? Zur Edition des Musil- Nachlasses auf CD-ROM«. *editio* 8 (1994): 158.

Lumb, Richard, David Treat, und Owen Jelf. »Editing the uneditable blockchain – Why distributed ledger technology must adapt to an imperfect world«. *Accenture*, 2016.

Maas, Paul. *Einleitung in die Altertumswissenschaft: Textkritik*. Bd. 2. Teubner, 1927.

Mainelli, Michael, und Chiara von Gunten. »Chain of a lifetime: How blockchain technology might transform personal insurance«. *Long Finance and Z/Yen Group*, 2014.

Marnau, Ninja. »Die Blockchain im Spannungsfeld der Grundsätze der Datenschutzgrundverordnung«. In *INFORMATIK 2017*, herausgegeben von Maximilian Eibl und Martin Gaedke, 1025–36. Gesellschaft für Informatik, Bonn, 2017.

Martini, Mario, und Quirin Weinzierl. »Die Blockchain-Technologie und das Recht auf Vergessenwerden: zum Dilemma zwischen Nicht-Vergessen-Können und Vergessen-Müssen«. *Neue Zeitschrift für Verwaltungsrecht* 17 (2017): 1251–59.

Mazières, David David Folkman. »Self-certifying File System«. PhD Thesis, Massachusetts Institute of Technology, 2000.

McConaghy, Trent, Rodolphe Marques, Andreas Muller, Dimitri De Jonghe, Troy McConaghy, Greg McMullen, Ryan Henderson, Sylvain Bellemare, und Alberto Granzotto. »BigchainDB: A Scalable Blockchain Database«. *White Paper*, o. J., 65.

McGann, Jerome J. »Endnote: what is text?« In *Ma(r)king the Text: The Presentation of Meaning on the Literary Page*, herausgegeben von J. Bray, M. Handley, und A.C. Henry. Routledge Revivals. Taylor & Francis, 2018.

———. »The Rationale of Hypertext«. In *Electronic Text*. Oxford: Oxford University Press, 1997.

Mentzel-Reuters, Arno. »Der unendliche Plan: Der Mediävist und sein Handwerkszeug im frühen 21. Jahrhundert«. Herausgegeben von Ingrid Bennewitz, Klaus van Eickels, und Ruth Weichselbaumer. *Mediaevistik und Neue Medien*, 2002, 14.

Merkle, Ralph Charles. »A Digital Signature Based on a Conventional Encryption Function«. In *Advances in Cryptology — CRYPTO '87*, herausgegeben von Carl Pomerance, 369–78. Berlin, Heidelberg: Springer Berlin Heidelberg, 1988.

———. »Secrecy, Authentication, and Public Key Systems«. PhD Thesis, Stanford University, 1979.

Morgan, Paul. »Hypertext and the Literary Document«. *Journal of Documentation* 47, Nr. 4 (1991): 373–88.

Münzmay, Andreas. »Lesen und Schreiben im digitalen Dickicht. Musikwissenschaft, Digital Humanities und die hybride Musikbibliothek«, 2018, 17.

Nakamoto, Satoshi. »Bitcoin: A Peer-to-Peer Electronic Cash System«. *White Paper*, 2008.

Nathan, Senthil, Chander Govindarajan, Adarsh Saraf, Manish Sethi, und Praveen Jayachandran. »Blockchain Meets Database: Design and Implementation of a Blockchain Relational Database«. *arXiv.org, Cornell University*, 2019.

Nelle, Dietrich. »Die Verantwortung wissenschaftlicher Bibliotheken im Zeitalter der Digitalisierung«. In *Kooperative Informationsinfrastrukturen als Chance und Herausforderung: Festschrift für Thomas Bürger zum 65. Geburtstag*, herausgegeben von Achim Bonte und Juliane Rehnolt. Berlin, Germany: De Gruyter, 2018.

Nelson, Theodor H. »Complex Information Processing: A File Structure for the Complex, the Changing and the Indeterminate«. In *Proceedings of the 1965 20th National Conference*, 84–100. ACM '65. New York, NY, USA: ACM, 1965.

———. »Getting it Out of Our System«. In *Information Retrieval: A Critical Review*, herausgegeben von George Schecter, 191–210. Washington, USA: Thompson Books, 1967.

———. *Literary Machines: the Report On, and Of, Project Xanadu Concerning Word Processing, Electronic Publishing, Hypertext, Thinkertoys, Tomorrow's Intellectual Revolution, and Certain Other Topics Including Knowledge, Education and Freedom*. Herausgegeben von Theodor H. Nelson. Sausalito, California, USA: Mindful Press, 1981.

O'Donnell, William H., und Emily A. Thrush. »Designing a Hypertext Edition of a Modern Poem«. In *The Literary Text in the Digital Age*, herausgegeben von R.J. Finneran. Editorial Theory and Literary. University of Michigan Press, 1996.

Oellers, Norbert. »Interpretierte Geschichte, Geschichtlichkeit der Interpretation. Probleme wissenschaftlicher Edition.« In *Geist, Geld und Wissenschaft: Arbeits- und Darstellungsformen von Literaturwissenschaft*, herausgegeben von Peter J. Brenner. Suhrkamp Taschenbuch. Suhrkamp, 1993.

Pemberton, Steven, Murray Altheim, Daniel Austin, und andere. »XHTML™ 1.0 The Extensible HyperText Markup Language«. *W3C recommendation*, 1997.

Raggett, Dave, Arnaud Le Hors, Ian Jacobs, und andere. »HTML 4.0 Specification«. *W3C recommendation*, 1997.

Raymond, Darrell Ronald, Frank William Tompa, und Derick Wood. »Markup reconsidered«. Washington DC: Citeseer, 1993.

Renear, Allen. »Out of Praxis: Three (Meta)Theories of Textuality«. In *Electronic Text*. Oxford: Oxford University Press, 1997.

———. »Representing text on the computer: lessons for and from philosophy«. *Bulletin of the John Rylands Library* 74, Nr. 3 (1992): 221–48.

Ricklefs, Ulfert. »Zur Systematik historisch-kritischer Ausgaben«. *editio* 13 (1999): 1.

Robinson, Peter. »Electronic editions which we have made and which we want to make.« In *Digital Philology and Medieval Texts*, herausgegeben von Arianna Ciula und Francesco Stella. Pisa: Ospedaletto, 2007.

———. »Where we are with electronic scholarly editions, and where we want to be«. *Jahrbuch für Computerphilogie* 5 (2003): 123–43.

Robinson, Peter, und Kevin Taylor. »Publishing an Electronic Textual Edition: The Case of The Wife of Bath's Prologue on CD-ROM«. *Computers and the Humanities* 32, Nr. 4 (Juli 1998): 271–84.

Roland, Perry. »XML4MIR: Extensible Markup Language for Music Information Retrieval«. In *ISMIR 2000, 1st International Symposium on Music Information Retrieval, Proceedings*. Plymouth, Massachusetts, USA, 2000.

Romano, Diego, und Giovanni Schmid. »Beyond Bitcoin: A Critical Look at Blockchain-Based Systems«. *Cryptography* 1, Nr. 2 (2017): 15.

Ross, Charles L. »A Future for Editing: Lawrence in Hypertext«. In *Textual Studies and the Common Reader: Essays on Editing Novels and Novelists*, herausgegeben von Alexander Pettit. University of Georgia Press, 2000.

———. »The Electronic Text and the Death of the Critical Edition«. In *The Literary Text in the Digital Age*, herausgegeben von Richard J. Finneran. Editorial theory and literary criticism. University of Michigan Press, 1996.

Rück, Peter. *Methoden der Schriftbeschreibung*. Historische Hilfswissenschaften. Jan Thorbecke, 1999.

Sahle, Patrick. *Befunde, Theorien und Methodik*. Digitale Editionsformen, zum Umgang mit der Überlieferung unter den Bedingungen des Medienwandels; 2. Norderstedt: Book on Demand, 2013.

———. *Das typografische Erbe*. Digitale Editionsformen, zum Umgang mit der Überlieferung unter den Bedingungen des Medienwandels; 1. Norderstedt: Book on Demand, 2013.

———. »Digitale Edition«. In *Digital Humanities: Eine Einführung*, herausgegeben von Fotis Jannidis, Hubertus Kohle, und Malte Rehbein, 243–49. Stuttgart: J.B. Metzler, 2017.

———. »Digitales Archiv–Digitale Edition. Anmerkungen zur Begriffsklärung«. Herausgegeben von Michael Stolz, Lukas Marco Gisi, und Jan Loop. *Literatur und Literaturwissenschaft auf dem Weg zu den neuen Medien. Zürich*, 2007, 64–84.

———. *Textbegriffe und Recording*. Digitale Editionsformen, zum Umgang mit der Überlieferung unter den Bedingungen des Medienwandels; 3. Norderstedt: Book on Demand, 2013.

———. »Vom editorischen Fachwissen zur digitalen Edition: Der Editionsprozeß zwischen Quellenbeschreibung und Benutzeroberfläche«. *FUNDUS – Forum für Geschichte und ihre Quellen* Heft 2 (2003): 75–102.

———. »Zwischen Mediengebundenheit und Transmedialisierung«. *editio* 24 (2010): 23.

Sasson, Eli Ben, Alessandro Chiesa, Christina Garman, Matthew Green, Ian Miers, Eran Tromer, und Madars Virza. »Zerocash: Decentralized Anonymous Payments from Bitcoin«. In *2014 IEEE Symposium on Security and Privacy*, 459–74. San Jose, CA: IEEE, 2014.

Schadwaldt, Daphne. »Erfahrungen beim Einsatz der EDV«. In *Stand, Aufgaben und Perspektiven territorialer Urkundenbücher im östlichen Mitteleuropa*, herausgegeben von W. Irgang und N. Kersken. Tagungen zur Ostmitteleuropa-Forschung. Herder-Inst., 1998.

Schepers, Heinrich. »Elektronische Edition – Alternative oder Ergänzung«. In *Philologie und Philosophie: Beiträge zur VII. Internationalen Fachtagung der Arbeitsgemeinschaft Philosophischer Editionen (12.-14. März 1997 München)*, herausgegeben von Hans Gerhard Senger. Beihefte zu Editio. De Gruyter, 1998)

Schneider, Ute. »Neuprofilierung eines Autors: Karl F. Gutzkows Schriften und Briefe im Internet.« In *Edition und Internet*, herausgegeben von Jörg Meier und Arne Zeigler. Beiträge zur Editionsphilologie. Weidler, 2004.

Schulte, Jonas, Reinhard Keil, und Andreas Oberhoff. »Unterstützung des koaktiven Forschungsdiskurses durch Synergien zwischen E-Learning und E-Science«. In *Wissensgemeinschaften: Digitale Medien - Öffnung und Offenheit in Forschung und Lehre*, herausgegeben von Th. Köhler und J. Neumann. Waxmann Verlag, Münster, 2011.

Seiffert, Hans Werner. *Untersuchungen zur Methode der Herausgabe deutscher Texte*. Veröffentlichungen des Instituts für Deutsche Sprache und Literatur. Akademie-Verlag, 1963.

Shillingsburg, Peter L. *Scholarly Editing in the Computer Age: Theory and Practice*. Editorial theory and literary criticism. University of Georgia Press, 1996.

Simanowski, Roberto. »Literaturwissenschaft und neue Medien«. *Internationales Archiv für Sozialgeschichte der deutschen Literatur (IASL)* 26, Nr. 1 (2001): 1–35.

Springer Fachmedien Wiesbaden. *Gabler Wirtschaftslexikon*. Springer Fachmedien Wiesbaden, 2018.

Steding, Sören A. *Computer Based Scholarly Editions: Context, Concept, Creation, Clientele*. Logos-Verlag, 2002.

Storrer, Angelika. »Hypertext und Texttechnologie«. In *Angewandte Linguistik: Ein Lehrbuch*, herausgegeben von Karlfried Knapp. Tübingen: A. Francke Verlag, 2004.

Sutherland, Kathryn. »Material text, immaterial text, and the electronic environment«. *Literary and Linguistic Computing* 24, Nr. 1 (2009): 99–112.

Szabo, Nick. »A Formal Language for Analyzing Contracts«. *White Paper*, 2002.

———. »Bit gold«. *White Paper*, 2008.

———. »Smart contracts«. *White Paper*, 1994.

———. »The idea of smart contracts«. *White Paper*, 1997.

Thaller, Manfred. »Automation on Parnassus: CLIO – A Databank Oriented System for Historians [1980]«. *Historical Social Research, Supplement*, Nr. 29 (2017): 113–37.

———. »Clio – ein datenbankorientiertes System für die historischen Wissenschaften: Fortschreibungsbericht«. *Historical Social Research* 12, Nr. 1 (1987): 88–91.

———. »Data bases v. critical editions«. *Historical Social Research* 13, Nr. 3 (1988): 129–39.

———. »Datenbasen als Editionsformen«. In *Historische Edition und Computer: Möglichkeiten und Probleme interdisziplinärer Textverarbeitung und Textbearbeitung*, herausgegeben von A. Schwob, K. Kranich-Hofbauer, und D. Suntinger. Leykam-Verlag, 1989.

———. »Geschichte der Digital Humanities«. In *Digital Humanities: Eine Einführung*, herausgegeben von Fotis Jannidis, Hubertus Kohle, und Malte Rehbein, 3–12. Stuttgart: J.B. Metzler, 2017.

———. »Ungefähre Exaktheit: theoretische Grundlagen und praktische Möglichkeiten einer Formulierung historischer Quellen als Produkte ›unscharfer‹ Systeme [1984]«. *Historical Social Research, Supplement*, Nr. 29 (2017): 138–59.

Tuschling, Jeanine. *Autorschaft in der digitalen Literatur*. Materialien und Ergebnisse aus Forschungsprojekten des Institutes. Institut für kulturwissenschaftliche Deutschlandstudien (ifkud), 2006.

Vanhoutte, Edward. »An Introduction to the TEI and the TEI Consortium«. *Literary and Linguistic Computing* 19, Nr. 1 (2004): 9–16.

———. »Display or Argument: Markup and Visualisation for Electronic Scholarly Editions«. In *Standards und Methoden der Volltextdigitalisierung: Beiträge des Internationalen Kolloquiums an der Universität Trier, 8./9. Oktober 2001*, herausgegeben von Ulrike Eich. Abhandlungen der Geistes- und Sozialwissenschaftlichen Klasse. Akademie der Wissenschaften und der Literatur, 2003.

Veit, Joachim. »Es bleibt nichts, wie es war – Wechselwirkungen zwischen digitalen und ›analogen‹ Editionen«, 2010, 16.

———. »Musikedition 2.0: Das ›Aus‹ für den Edierten Notentext?« *editio* 29, Nr. 1 (2015).

Veit, Joachim, und Kristina Richts. »Stand und Perspektiven der Nutzung von MEI in der Musikwissenschaft und in Bibliotheken«. *Bibliothek Forschung und Praxis* 42, Nr. 2 (2018): 292–301.

Viglianti, Raffaele. »The Music Addressability API: A Draft Specification for Addressing Portions of Music Notation on the Web«. In *Proceedings of the 3rd International Workshop on Digital Libraries for Musicology - DLfM 2016*, 57–60. New York, USA: ACM Press, 2016.

Voshmgir, Shermin. »Blockchains, Smart Contracts und das Dezentrale Web«. *Technologiestiftung Berlin, Blockchains, Smart Contracts und das Dezentrale Web*, 2016, 17–35.

Weber, Hartmut. »Archiv-Server/Server-Archive – Wie sehen die Kulturspeicher der Zukunft aus«. In *Computergestützte Text-Edition*, herausgegeben von Roland Kamzelak, 135–41. Beihefte zu Editio. Niemeyer, 1999.

Wettmann, Andrea. »Die Archive und der ›Digital Turn‹. Eine Standortbestimmung«. In *Kooperative Informationsinfrastrukturen als Chance und Herausforderung: Festschrift für Thomas Bürger zum 65. Geburtstag*, herausgegeben von Achim Bonte und Juliane Rehnolt. Berlin, Germany: De Gruyter, 2018.

Wetzel, Michael. »Der Autor zwischen Hyperlinks und Copyrights«. In *Autorschaft: Positionen und Revisionen*, 278–90. Springer, 2002.

Wiering, Frans, Tim Crawford, und David Lewis. »Digital Critical Editions of Music: a multidimensional model«. In *Modern Methods for Musicology*. London: Goldsmiths College, 2009.

Winkelnkemper, Felix, und Andreas Oberhoff. »WebArena – Räumliche Strukturen für die Lernorte der Zukunft«. In *20 Jahre Lernen mit dem World Wide Web: Technik und Bildung im Dialog*, herausgegeben von Reinhard Keil und Harald Selke. Verlagsschriftenreihe des Heinz Nixdorf Instituts. Paderborn: Heinz Nixdorf Institut, Universität Paderborn, 2015.

Wirth, Uwe. »Literatur im Internet. Oder: Wen kümmert's, wer liest?« In *Mythos Internet*, herausgegeben von Stefan Münker und Alexander Roesler. Frankfurt am Main: Suhrkamp, 1997.

Witkowski, Georg. *Textkritik und Editionstechnik neuerer Schriftwerke: Ein methodologischer Versuch*. Haessel, 1924.

Wizisla, Erdmut. »Archive als Editionen? Zum Beispiel Bertolt Brecht«. In *Text und Edition: Positionen und Perspektiven*, herausgegeben von Rüdiger Nutt-Kofoth. E. Schmidt, 2000.

Wright, Aaron, und Primavera De Filippi. »Decentralized blockchain technology and the rise of lex cryptographia«. *Available at SSRN 2580664*, 2015.

10. Abbildungsverzeichnis

Bielefeld University Press

Pablo Alabarces
Pospopulares
Las culturas populares después de la hibridación

April 2021, 188 p., kart., Dispersionsbindung, 1 SW-Abbildung
15,00 € (DE), 978-3-8376-5642-8
E-Book: kostenlos erhältlich als Open-Access-Publikation
PDF: ISBN 978-3-8394-5642-2

Klaus Meschkat
La crisis de los regímenes progresistas y el legado del socialismo de Estado

April 2021, 108 p., kart., Dispersionsbindung, 1 SW-Abbildung
15,00 € (DE), 978-3-8376-5641-1
E-Book: kostenlos erhältlich als Open-Access-Publikation
PDF: ISBN 978-3-8394-5641-5

Jeffrey Gould
Entre el bosque y los árboles
Utopías Menores en El Salvador, Nicaragua y Uruguay

April 2021, 120 p., kart., Dispersionsbindung
15,00 € (DE), 978-3-8376-5640-4
E-Book: kostenlos erhältlich als Open-Access-Publikation
PDF: ISBN 978-3-8394-5640-8

Leseproben, weitere Informationen und Bestellmöglichkeiten finden Sie unter www.bielefeld-university-press.de